Hoffmann • Die Vernunft in den Kulturen - Das Menschenrecht auf kultureigene Entwicklung

THEOLOGIE INTERKULTURELL FRANKFURT

Johannes Hoffmann (Hrsg.)

Die Vernunft in den Kulturen -
Das Menschenrecht auf kultureigene Entwicklung

Band III der Symposien

Das eine Menschenrecht für alle und die vielen Lebensformen

IKO-Verlag für Interkulturelle Kommunikation

Die Deutsche Bibliothek – CIP–Einheitsaufnahme

Die Vernunft in den Kulturen - das Menschenrecht auf kultureigene Entwicklung : Band 3 der Symposien Das eine Menschenrecht für Alle und die Vielen Lebensformen / Theologie Interkulturell, Frankfurt. Johannes Hoffmann (Hrsg.). - Frankfurt (Main) : IKO – Verl. für Interkulturelle Kommunikation, 1995
 ISBN 3-88939-384-5
NE: Hoffmann, Johannes [Hrsg.]: Symposium Das eine Menschenrecht für Alle und die Vielen Lebensformen <3. 1992, Frankfurt, Main>; Theologie Interkulturell am Fachbereich Katholische Theologie der Johann-Wolfgang-Goethe-Universität Frankfurt am Main e.V.

© IKO – Verlag für Interkulturelle Kommunikation
 Postfach 900421
 D - 60444 Frankfurt

Umschlaggestaltung: Petra Weimar, Frankfurt am Main
Herstellung: F.M.-Druck, 61184 Karben

Inhalt

Johannes Hoffmann
Das Menschenrecht auf kultureigene Entwicklung:
Eine Einführung in Inhalt, Ziel und Gestaltung der
Dokumentation eines interkulturellen Dialogs   9

Grußworte

Für die Johann Wolfgang Goethe-Universität, Frankfurt a.M.:
Der Präsident, Herr Prof. Dr. Klaus Ring   21

Für die Gastgeberin, die Kreditanstalt für Wiederaufbau:
Staatssekretär a.D. und Vorstandsmitglied der KfW,
Herr Dr. Manfred Schüler   25

Einstieg in die Fragestellung aus einer westlichen Perspektive

Hermann Pius Siller
Für die Respektierung eines eigenen Weges   31

Hermann Pius Siller
Die Frage nach kultureigenen Rationalitäts- und
Entwicklungspotentialen   39

Ethisch-kulturelle Zusammenhänge von Ökonomie und Politik
Eine Konfrontation mit dem Ist-Stand gegenwärtiger
Entwicklungskonzepte in einigen Statements

Uwe Simson,
Bundesministerium für Wirtschaftliche Zusammenarbeit,
Bonn
Sollen wir entwickeln, und wenn ja, woraufhin?   59

Walter Thomi,
Kreditanstalt für Wiederaufbau, Frankfurt a.M.
Thesen zum Kontext von Ökonomie und Politik in der
Entwicklungszusammenarbeit   67

Johannes Hoffmann
Praxis der Entwicklungszusammenarbeit und die
Frage nach Alternativen
Ein Gespräch zwischen Praktikern der Entwicklungszusammen-
arbeit in Deutschland und Vertretern aus unterschiedlichen
Kulturen   71

Sektion Afrika

Guido Knörzer
Rapport über das Kolloquium mit Experten aus Afrika
am 20./21. Juni 1992   95

John Mary Waliggo
Die Rolle von Kultur und Religion in der authentischen
Entwicklung Afrikas   107

Obiora Ike
Die kulturellen, ethischen und religiösen Aspekte
von Entwicklung
(Einige Determinanten für die Modernisierungspotentiale Afrikas)   131

Obiora Ike
Entwicklungspotentiale innerhalb traditionaler, sozialer und
ökonomischer Strukturen in West-Afrika   161

Hartmut Sommer
Rapport zur Sektion I: Afrika   177

Sektion Indien

Maria Hungerkamp
Rapport über das Kolloquium mit Experten aus Indien
am 16./17. Mai 1992   187

Felix Wilfred
Kulturelle Identität und Entwicklung
Kritische Reflexion über Kultur und menschliche Entwicklung
mit besonderer Berücksichtigung der Kirche   197

Felix Wilfred
Soziale Institutionen und Protestbewegungen in Indien
- zu einer alternativen, im Lande selbst begründeten soziopolitischen Konzeption und Praxis -   223

Francis X. D'Sa
Die Vernünftigkeit der Vernunft
Eine Untersuchung zum kosmotheandrischen Wesen der Vernunft   247

Rao Narahari
Warum sollen andere Traditionen 'respektiert' werden?   267

Georg Evers
Rapport zur Sektion II: Indien   285

Sektion Lateinamerika

Hans Josef Wüst
Die Lebensbewältigung der Menschen in Amazonien
und am Rio Negro
- ihre Bedrohung durch Modernisierung -   299

Enrique Dussel
Kultureigene Entwicklungspotentiale Lateinamerikas   307

Stefan Menne:
Rapport zur Sektion III: Lateinamerika   315

Johannes Hoffmann
Möglichkeiten zur Verbesserung interkultureller Kommunikationskompetenz in ökonomischen, gesellschaftlichen und
kirchlichen Kontexten   333

Johannes Hoffmann

Das Menschenrecht auf kultureigene Entwicklung: Eine Einführung in Inhalt, Ziel und Gestaltung der Dokumentation eines interkulturellen Dialogs

Im Rahmen des Projektes von Theologie Interkulturell zum Thema „Das eine Menschenrecht für alle und die vielen Lebensformen" haben wir uns in drei Dialogrunden sozusagen in konzentrischen Kreisen zunächst mit Fragen einer universalen Begründung der Menschenrechte und ihrer kulturellen Voraussetzungen befaßt. Damit kamen u.a. folgende Problembereiche in den Blick. Inwieweit kann und muß nicht nur für individuelle, sondern auch für soziale Rechte und sogar für Rechte von Kollektiven, von Kulturen universale Geltung eingefordert werden? Da diese Probleme sowohl unter interdisziplinärer, interreligiöser und internationaler bzw. interkultureller Beteiligung als auch zusammen mit Praktikern aus Kirche, Politik, Administration und Wirtschaft erörtert wurden, konnten die Fragen der Kommunizierbarkeit, der Realisierbarkeit, der weltweiten Durchsetzbarkeit nicht außer acht gelassen werden. Sehr bald zeigt sich ja das Dilemma der Realisierung von Menschenrechten im Kontext konkreter ökonomischer Strukturen.
Dies wiederum verlangte die systematische Erkundung der Methoden interkultureller Kommunikation und die Erprobung interkultureller Handlungskompetenz.

Im vorliegenden Band wird über die Arbeit und die Ergebnisse des dritten Symposiums zu Menschenrechtsfragen berichtet. Das Symposium trug den Titel „Die Vernunft in den Kulturen. Das Menschenrecht auf kultureigene Entwicklung". In einem Forschungsseminar über einen Zeitraum von 1 ½ Jahren versuchten wir, ausgehend von der Erklärung der Vereinten Nationen über das Recht auf Entwicklung aus dem Jahr 1986, zunächst einmal Klarheit darüber zu gewinnen, welcher Begriff von Entwicklung für diese Erklärung kennzeichnend ist. Meint Entwicklung einfach ökonomische Entwicklung? Hier war es für uns im Forschungsseminar aufschlußreich, den Zusammenhang von Religion, Kultur und Entwicklung in den Blick zu nehmen.[1] Wenn Max Weber es richtig gesehen hat, daß etwa die abendländische Kultur und in ihr die christliche Religion jenen Rationalisierungsprozeß ausgelöst hat, der für die Entwicklung der modernen Industriegesellschaften typisch ist und wenn Modernisierung als besondere abendländische Ausprägung eines allgemeinen Rationalisierungsprozesses behauptet werden soll, dann müssen wir uns fragen, welcher Art die Rationalisierungspotentiale sind, wo die Grenzen liegen, welches seine konstruktiven bzw. welches seine destruktiven Kräfte sind.[2] Schließlich müssen wir klären, ob es in anderen Kulturen andere Rationalisierungspotentiale gibt, die zu einer ganz anderen Bestimmung von Entwicklung führen.

In zahlreichen makrosoziologischen Analysen versuchte die moderne Soziologie "die besonderen 'qualitativen' und 'deskriptiven' Merkmale der vor-modernen europäischen und nicht-europäischen Gesellschaften" zu vergleichen und "im Gegensatz zu den Merkmalen der modernen (europäischen) Gesellschaften zu sehen und zu verstehen".[3] Die Vergleiche dienten ihnen zum Nachweis, "daß die universelle Entwicklungstendenz der menschlichen Gesellschaft in Richtung auf Freiheit, Rationalität und Fortschritt weist ... Der Ausgangspunkt blieb der gleiche, nämlich der qualitative und organisationelle Vergleich dieser Gesellschaften mit modernen und westlichen Gesellschaften".[4] Max Weber hat diese Vergleiche ebenfalls angestellt. Allerdings ging es ihm weniger darum, "eine postulierte universelle Entwicklung sämtlicher Gesellschaften zu illustrieren", sondern eher "um eine in einer Gesellschaft oder Gruppe von Gesellschaften hervorstechende Tendenz zu erklären".[5]

Hermann Pius Siller hat unsere Diskussionen auf der Grundlage des Weberschen Verstehensansatzes zur Frage nach den kultureigenen Rationalitäts- und Entwicklungspotentialen zusammengetragen und reflektiert. Das Ergebnis wurde in zwei Expertenrunden jeweils Afrikanern und Indern zur Diskussion vorgelegt. Dabei zeigte es sich, daß für die Vertreter aus indischen und afrikanischen Kulturen die Weber-

---

[1] Samuel N. Eisenstadt, Tradition, Wandel und Modernität, Frankfurt 1979.
[2] Tzvetan Todorov, Die Eroberung Amerikas. Das Problem des Anderen, Frankfurt 1985.
[3] Samuel N. Eisenstadt, a.a.O., 42.
[4] Ders., ebd., 42 f.
[5] Ebd., 43.

sche Beschreibung des Rationalisierungs- und Modernisierungsprozesses zwar eine Möglichkeit der Deutung des abendländischen Entwicklungsweges darstelle, aber eigentlich eine Beschreibung repräsentiere, die eher einer hinter uns liegenden Epoche gemäß gewesen sei, die aber auf keinen Fall hinsichtlich des Rationalitätsverständnisses wie auch hinsichtlich der Verhältnisbestimmung von Religion, Kultur und Entwicklung afrikanischen oder indischen Kulturen angemessen sei.

In gewisser Weise waren wir durch unser Forschungsseminar auf die Ablehnung des Weberschen Verstehensansatzes durch die Auseinandersetzung mit verschiedenen afrikanischen Philosophen[6] und Theologen[7] vorgewarnt. Aber wir waren noch nicht in der Lage, das als Störung unserer Denkmuster wahrzunehmen, daß und wie wir für andere Kulturen zu Störungen geworden sind. Offensichtlich kommt erst in der unmittelbaren Begegnung und im Dialog mit den Fremden, mit der Andersheit des Anderen ein kultureller Perspektivenwechsel in Gang, der die Irrationalität überwinden hilft, die gerade aus der Absolutsetzung der eigenen Perspektive resultiert. Es ist wohl so, wie Francis X. D'Sa es im Gespräch artikulierte: "In der Fremde lernt man die Heimat kennen". Erst in der Fremde werden uns die Störungen bewußt, die wir für andere sind.[8] Nur so gewinnen wir Distanz zur Priorisierung unserer eigenen Verstehensansätze, öffnet sich der Blick für einen Perspektivenwechsel. Ich denke, wir haben uns dem Widerspruch der Anderen aus anderen Kulturen gegen unsere eurozentrisch begründeten Universalisierungsansprüche gestellt und den Perspektivenwechsel eingeleitet. Wir haben den anderen zugehört und so wurden wir gewahr, daß Kultur verstehen, nicht heißen kann, Kultur nur als Rahmenbedingung zu nutzen, um den Modernisierungsprozeß weltweit effektiver durchsetzen zu können. Kultur kann nicht nur Rahmenbedingung für die Durchsetzung eines ökonomischen Prozesses sein, der zwar für die westlich orientierten Industrienationen ty-

---

[6] Johannes Heising, Entwicklung und moderne Philosophie in Schwarzafrika. Wege zu einer unbekannten geisteswissenschaftlichen Tradition, Frankfurt 1990.
[7] Bénézet Bujo, Verantwortung und Solidarität. Christliche Ethik in Afrika, in: Stimmen der Zeit, 202 (1984), 795-804; Ders., Afrikanische Theologie in ihrem gesellschaftlichen Kontext, Düsseldorf 1986.
[8] Walter Michler, Weißbuch Afrika, 2. völlig überarbeite und erweiterte Auflage, Bonn 1991.

pisch und der aber auch hier angesichts weiter wachsender sozialer und ökologischer Probleme in eine fundamentale Krise geführt hat. Kultur ist vielmehr die Voraussetzung, conditio sine qua non, von der die Prioritäten für eine integrale Entwicklung erst in den Blick kommen. Damit ist Kultur aber auch Voraussetzung für ökonomische Entwicklung. Die den Kulturen inhärente Vernunft und das darin gegebene Deutungspotential von Wirklichkeit ist die Bedingung der Möglichkeit für eine daran angepaßte ökonomische Entwicklung, die die gegenwärtigen Probleme der Armut und der Umweltzerstörung in Angriff nehmen kann. Jeder Versuch z.B. des Westens, der G-7 Staaten, des IMF oder der WTO, die ihr ökonomisches System einfach transplantieren möchten, ist zum Scheitern verurteilt. Dies läßt sich auch nicht vermeiden, wenn man Kultur als Rahmenbedingung zu instrumentalisieren versucht. Kultur ist Möglichkeitsbedingung ebenso für die Schaffung und Umsetzung nationaler und internationaler Wirtschaftsordnungen wie auch für die Sicherung bestehender und die Entwicklung neuer inner- und intergesellschaftlicher Sozialordnungen. Für ein Umdenken in diese Richtung und für eine Konversion bei den Mächtigen der Industrienationen gibt es genügend Signale aus aller Welt, von allen, die unter den Zerstörungen kultureller, sozialer, ökologischer und ökonomischer Strukturen durch die Kolonisatoren und ihre Nachfolger leiden. So zeigen etwa afrikanische Philosophen und Theologen, daß Entwicklung als Rationalisierung, Modernisierung und Industrialisierung im Sinne etwa von M. Weber verstanden, gerade verfehlt, daß "Entwicklung etwas Geistiges"[9] ist, die daran gemessen werden muß, inwieweit ihre Rationalität Denkgewohnheiten durchdrungen hat und davon getragen ist. Die intellektuellen Grundlagen für Entwicklung und Modernität, nämlich die religiösen, kulturellen und moralischen Aspekte müssen in einem weltgeschichtlich zu sehenden Entwicklungsprozeß wieder Priorität erhalten. Die westliche Welt, die die Entwicklung in Kategorien von Modernisierung, Technologischer Entwicklung und Industrialisierung gesehen hat und sieht, ist gerade deswegen nur "relativ entwickelt", ja eher als "unterentwickelt"[10], zu betrachten. Wiredu folgert daraus: "Der Vorteil einer solchen Betrachtungsweise liegt für Afrika im folgenden: Die Bewegung in Richtung Modernisierung in Afrika wird nicht wesentlich als ein Prozeß gesehen, bei dem die Afrikaner ihr

---

[9] Kwasi Wiredu, Rationalität als entscheidendes Wesenselemente und als Gradmesser der Entwicklung, in: Johannes Heising, a.a.O., 158.

[10] Ders., ebd., 159.

eigenes Gedankenerbe in der Übernahme westlichen Lebensstils aufgeben. Vielmehr geht es darum, gemeinsam mit allen anderen Völkern das spezifisch Menschliche zu entfalten ... Modernisierung der Lebensbedingungen sollte immer verbunden sein mit der Modernisierung aller Aspekte des menschlichen Denkens ... mit der Kultivierung der Rationalität".[11]

In eine ähnliche Richtung zielen die Argumente von Ntumba Tshiamalenga: Entwicklung heißt Beherrschung von Fortschritt, das verlangt "gleichzeitig wissenschaftlich-technische und philosophisch-ethische"[12] Bemühung. Technisch-naturwissenschaftliche Rationalität muß in ihrer Partialität gesehen und in ästhetische, ethische, religiöse und metaphysische Erfahrung eingebettet werden. Die durch technische Überlegenheit bedingte Domination und Unterwerfung von Menschen in der sogenannten Dritten Welt muß durchbrochen und der ethischen Perspektive und Normierung unterworfen werden, die in den Sprachspielen der Menschen und Gruppen zum Ausdruck kommen, z.B. in "Gebet; Segen; Fluch; Ratsversammlung; Nachbarschaftsgespräch; Wissenschaftsgespräch, Lösungssuche; Textinterpretation; Dichtung; Disput; Liebesgeflüster" etc.[13] Diesen positiven Zugängen standen auch kritische Anfragen gegenüber. Bleibt der Begriff der Entwicklung nicht ein Mythos, insofern er bestimmte Interessen inländischer und ausländischer Gruppen verschleiert ebenso wie die Bedeutung herrschender Sozialstrukturen? Handelt es sich bei den Entwicklungspotentialen der sogenannten Ersten Welt und der sogenannten Dritten Welt um Alternativen, die nicht kommunizierbar nebeneinander stehen? Bilden Moderne und Tradition nicht doch unvereinbare Gegensätze, was auch die westliche Theologie respektieren müßte?
Die beiden Kolloquien boten durch die konkreten Begegnungen mit indischen und afrikanischen Gästen die Chance, diese Frage in einer neuen Qualität nochmals aufzugreifen.

Einmal geschah ein Zurechtrücken durch die indischen Teilnehmer. Felix Wilfred aus Südindien forderte z.B. das Recht des Menschen

---

[11] Ders., ebd., 159.
[12] Ntumba Tshiamalenga, Les ambiguités du progrès scientifique et technique, in: RPA 5(1980) 151-160; hier: zitiert nach Johannes Heising, Hrsg., a.a.O., 153-157; hier: 153.
[13] Ders., a.a.O., 156.

auf seinen eigenen religiösen, philosophischen und kulturellen background: denn das, was einen Menschen ausmache, was notwendig zu ihm gehört, könne nicht von einer diesem fremden Kultur definiert und bestimmt werden. In bezug auf die Thesen von Max Weber merkte er kritisch an, daß Wert- und Zweckrationalität zum innerwestlichen Diskurs gehöre und daher nicht hilfreich sei zum Verstehen anderer Menschen und Kulturen.

Dafür wurden auf diesem indischen Kolloquium einige visionäre Lösungsansätze vorgestellt: Francis D'Sa entwarf die Vision, die Wirklichkeit, die Welt mit einem westlichen, eher anthropozentrischen Auge und einem östlichen, mehr kosmozentrischen Auge gleichermaßen zu sehen. Rao Narahari plädierte dafür, den je eigenen Lebensbewältigungsstrategien (den Skills) mehr Beachtung zu schenken. Felix Wilfred setzte teleologisch an. Ihm ging und geht es um Möglichkeiten einer polychronen Weltgestaltung in Gerechtigkeit.

Auf dem zweiten Kolloquium beschrieb John Mary Waliggo aus Uganda seinen Ansatz mit dem gebräuchlichen Begriff der integralen Entwicklung. Sie geschieht nur in einem kontinuierlichen Prozeß, welcher im Palaver mit allen Menschen in einem Land geplant werden muß. Wesentlichstes Ziel ist die Steigerung von Lebensqualität auf allen Ebenen, d.h. der ganze, umfassende Background gehört konstitutiv dazu.

Entwicklung so verstanden stellt dann, wie Obiora Ike aus Nigeria weiterführte, kein isoliertes Problem der sogenannten Drittweltländer mehr dar. Auf Zukunft hin gehe es nur in Zusammenarbeit, wozu neue Wege von interkultureller und interreligiöser Kommunikation gefunden werden müssen.[14]

Sowohl die Statements/Referate dieser Kolloquien sind in diesem Band enthalten. Sie sind den entsprechenden Sektionen zugeordnet. Die Ergebnisse der Diskussionen haben in den Rapporten von Maria Hungerkamp (Indien) und Guido Knörzer (Afrika) ihren Niederschlag gefunden. Sie sind den Referaten der jeweiligen Sektion vorangestellt. Die Rapporte über die Diskussionen während des Symposiums folgen im Anschluß an die Referate (Hartmut Sommer/Georg Evers/Stefan Menne).

---

[14] Vgl. hier aus: Peter Atteslander, Hrsg., Kulturelle Eigenentwicklung. Perspektiven einer neuen Entwicklungspolitik, Frankfurt 1993.

Während des Symposiums wurde darüber hinaus die Sektion Lateinamerika gebildet, in der einerseits ein Frankfurter Pfarrer, der längere Zeit am Rio Negro gelebt und gearbeitet hat, und der über die Bedrohung der dortigen Menschen durch die Modernisierung berichtete. Andererseits setzte sich Prof. Dr. Enrique Dussel, Mexiko, Gastprofessor von Theologie Interkulturell im Jahre 1992, mit der Frage nach den kultureigenen Entwicklungspotentialen in Lateinamerika auseinander. Er erhob den Vorwurf, die Moderne sei Ausgeburt einer eurozentrischen Vernunft, die die Anderen, die Nichteuropäer marginalisiert und die das gewaltsam tut. Er ging davon aus, diese sei schlechterdings unfähig, die Andersheit des Anderen zu verstehen, geschweige denn ihr gerecht zu werden. Wenn das zutrifft, ist dann nicht auch gerade in der Theologie eine gründliche Auseinandersetzung mit der Moderne unerläßlich? Die Fragen zogen sich wie ein roter Faden durch alle Beiträge und Diskussionen.

Einen besonderen Akzent bildete eine mehrstündige Podiumsdiskussion zum Abschluß des Symposiums. Hier gaben zunächst Praktiker aus der kirchlichen, staatlichen und finanziellen Zusammenarbeit Statements, nämlich Uwe Simson für das Bundesministerium für wirtschaftliche Zusammenarbeit (= BMZ), Walter Thomi für die Kreditanstalt für Wiederaufbau (= KfW) und Bischof Franz Kamphaus als Vorsitzender der Bischöflichen Kommission Misereor, und stellten diese den Kollegen aus anderen Kulturen zur Diskussion. Dazu gehörten: Bénézet Bujo aus Afrika, Francis X. D'Sa aus Indien, Enrique Dussel aus Argentinien, John Fernandes aus Indien, Peter Hebblethwaite aus England, Obiora F. Ike aus Nigeria, John D'Arcy May aus Australien, Shi Ming aus China, Narahari Rao aus Indien, N. M. Saveri(muttu) aus Sri Lanka, Sulak Sivaraksa aus Thailand und Felix Wilfred aus Indien.

Obwohl diese Diskussion sozusagen den Abschluß des Symposiums bildete, haben wir die Statements und den Bericht darüber in diesem Band den Referaten und Rapporten der drei Sektionen vorangestellt. Dies geschieht, weil die beteiligten Praktiker aus der Entwicklungszusammenarbeit nur an der Podiumsdiskussion teilnahmen. Die Experten aus unterschiedlichen Kulturen dagegen auf der Basis des Austausches während des Symposiums die Praktiker daraufhin befragten, inwieweit in der Entwicklungszusammenarbeit die jeweiligen Kulturen eine Rolle spielen. Die interkulturelle Kommunikation und Verständigung zum Erwerb interkultureller Handlungskompetenz in der Zusammenarbeit zwischen den verschiedenen Kulturen bildete sowohl den Auftakt für die Dialoge und war auch zugleich das Ziel der Arbeit aller Symposien zu den Menschenrechtsfragen.

Wir hoffen, daß dieser Band einerseits die kulturspezifischen Positionen angemessen dokumentiert und andererseits auch einen Einblick in die Bemühungen der Teilnehmer gibt, einen Weg für interkulturelle Kommunikation zu finden, der zwischen den universalen Geltungsansprüchen und den partikularen und kultureigenen Bedürfnissen und Traditionen in hinreichender Weise zu vermitteln vermag.

Symposien und ihre Dokumentation verlangen das Zusammenwirken vieler auf unterschiedlichen Ebenen. Unser Dank gilt zunächst allen Referenten und Teilnehmern für ihre intensive Mitarbeit. Sodann möchte ich der Gastgeberin, der Kreditanstalt für Wiederaufbau, danken, allen voran Herrn Dr. Manfred Schüler vom Vorstand, dem die Arbeit von Theologie Interkulturell ein besonderes Anliegen ist, aber auch dem engagierten Team mit Herrn Reinhard Manthey und Herrn Frank W. Stüttgen, die für die ausgezeichnete Organisation, die Technik und unser leibliches Wohl gesorgt haben.

Sodann möchte ich denen danken, die die Kommunikation durch Übersetzen der Texte und durch Simultanübersetzungen während des Symposiums außerordentlich erleichtert haben. Bei allen Menschenrechtssymposien waren sie uns fachkundige, erfahrene und außerordentlich engagierte Mitarbeiter, die ganz erheblich zum Gelingen der interkulturellen Diskurse beigetragen haben. Es waren: Frau Sylvia Hewuszt aus Recklinghausen, Herr Dr. Frederick Gardiner aus Wedel und Herr Dr. Dieter Maier aus Frankfurt.

Ganz herzlich danke ich meinen Mitarbeiterinnen und Mitarbeitern, die mit mir alle Symposien vorbereitet und durchgeführt haben. Viele wichtige Hinweise, Ideen und Verbesserungsvorschläge sind von ihnen ausgegangen. Wachsam mitdenkend wurden Pannen verhindert. Nicht zuletzt war die gute Atmosphäre beim Symposium zu einem beachtlichen Teil auch ihr Verdienst. In den drei Jahren intensiver Zusammenarbeit wuchsen wir zu einem guten Team zusammen. Nach getaner Arbeit danke ich Maria Hungerkamp, Birgit Menzel, Barbara Wieland und Matthias Lutz. Nicht genug danken kann ich Gundula

Herr, die alle Manuskripte für das Symposium geschrieben hat, in deren Händen die finanzielle Planung und Abrechnung lag und die schließlich zusammen mit Maria Hungerkamp dafür gesorgt hat, daß die Ergebnisse des Symposiums in einem schönen Buch präsentiert werden können.

Eppenhain, den 29. Juni 1995

Grußworte

Für die Johann Wolfgang Goethe-Universität, Frankfurt a.M.:
Der Präsident, Herr Prof. Dr. Klaus Ring

Meine sehr verehrten Damen und Herren,

„il retourne chez ses égaux - er kehrt zu seinesgleichen zurück" stand unter dem Titelkupfer von Rousseaus Abhandlung über die Ungleichheit. Das Kupfer zeigt, wie ein Hottentotte, den die Holländer europäisch erzogen, in mehreren Sprachen unterrichtet und sogar bis nach Indien geschickt hatten, die europäische Kleidung abgelegt, vor den Gouverneur tritt und erklärt, er wolle wieder zu seinesgleichen zurückkehren.

Das Kupfer nutzt als Vorwurf für die Komposition die biblische Geschichte vom verlorenen Sohn, verdeutlicht also noch einmal, daß der Aufklärer Rousseau sich nicht für die Möglichkeit solcher Rückkehr aussprach. Dennoch ist es alsbald Sinnbild geworden für das Schlagwort, das eine angemessene Rezeption von Rousseaus Werken solange verhindert hat: „Zurück zur Natur".

Die kleine Geschichte ist der Beginn einer zwangsläufigen Entwicklung, deren Auswirkungen wir heute erkennen, wenn wir uns zur Diskussion um ein Menschenrecht auf kultureigene Entwicklung zusammenfinden.

Mag auch der Mensch der Aufklärung ihre dunklen Seiten zuweilen gefürchtet haben, mag er den Wunsch gehabt haben, sich ihr zu entziehen. Die Philosophen der europäischen Aufklärung jedenfalls zweifelten nicht daran, daß ihr Mensch-zentriertes und rational begründetes Weltbild universell Geltung hat. Parallel hierzu entstand eine - für die Beibehaltung anderer als der europäischen Kultur ebenso verhängnisvolle - Tradition: der Evolutionismus.

Die Überzeugung, daß alle Gesellschaften und Kulturen auf dieselben Ziele hinsteuern, führte zur „mission civilisatrice" der europäischen kolonialen Expansion, die nicht-europäische Kulturen dem weltweit herrschenden europäischen Machtgefüge einverleibte. Ziel waren deren Modernisierung, die zu Wohlstand, Entwicklung und Demokratie führen sollte - selbstverständlich all dies nach europäischem Verständnis.

Wer Wissenschaft und Technik nicht zur Mehrung des Einflußbereiches und politischen Emanzipation im westlichen Sinne einsetzte, galt als untauglich für Modernisierung und geschichtlichen Fortschritt.

So ist es kein Wunder, daß Herder von den Chinesen glaubte, daß ihnen „die Gabe der freien großen Erfindung in den Wissenschaften die Natur versagt" habe, da es ihnen doch „am geistigen Fortgange und am Triebe zur Verbesserung" d.h. zur Modernisierung fehle.

Auch für Hegel führt die Verhaftung im Empirischen bei den Chinesen zu einer außergewöhnlichen Geschicklichkeit im Nachahmen, eine Fähigkeit, die die Europäer nie erlangen, „eben, weil sie Geist haben". Weil es ihnen nun an aufklärerischer Vernunft gebreche, folgert Hegel: „Es ist das notwendige Schicksal der asiatischen Reiche, den Europäern unterworfen zu sein, und China wird auch einmal diesem Schicksale sich fügen müssen."

Hegel hatte recht mit dieser Einschätzung, wenngleich seine und Herders Beurteilung der chinesischen Wissenschaft und Kultur mehr von eurozentrischem Sendungsbewußtsein denn von Sachkenntnis geprägt war.

Welche politischen Verwerfungen durch Unkenntnis und Mißachtung der kulturellen Eigenständigkeit Anderer entstehen können, haben wir Menschen des 20. Jahrhunderts zur Genüge erfahren. Wir wissen inzwischen auch, daß solche Konflikte, wenn sie nicht mehr regional eingrenzbar sind, das Zusammenleben der Menschen auf dieser Erde insgesamt erschüttern können.

Für uns Europäer bedeutet das, anderen Kulturen ohne Vorurteile, d.h. ohne Mißachtung aber auch ohne romantische Verklärung zu begegnen; es heißt womöglich einzugestehen, daß sie in manchem unserer Kultur überlegen sind. Wer aber einen anderen als sich ebenbürtig erkennt, kann wohl mit ihm streiten, er kann ihn aber nicht mehr um einer Idee willen erschlagen.

Der Dialog wird nicht einfach sein. Gerade wir Deutschen erfahren zur Zeit, wie schwierig selbst der Dialog zwischen Menschen *einer* Sprache ist, die in unterschiedlichen Systemen aufgewachsen sind.

Vielleicht befähigt diese Erfahrung aber Theologie Interkulturell um so eher, zusammen mit den Vertretern der praktischen Entwicklungszusammenarbeit aus Kirche und Staat, den Weg der kleinen Schritte zu gehen auf der Suche nach der Verständigung mit Vertretern anderer Kulturen über das „eine Menschenrecht für alle in unterschiedlichen Lebensformen".

Ich freue mich sehr darüber, daß Vertreter asiatischer, afrikanischer und amerikanischer Kulturen das Gespräch mit unserer Universität suchen.

Der Kreditanstalt für Wiederaufbau danke ich im Namen der Universität dafür, daß sie die Fortführung dieses Diskurses hier und heute möglich macht.

Schließlich spreche ich den Vertretern unseres Fachbereichs Katholische Theologie meine Freude darüber aus, daß sie mit ihrem Bemühen um das Verstehen des Anderen die Tradition unserer liberalen Stiftungsuniversität aufs beste vertreten.

Für die Gastgeberin, die Kreditanstalt für Wiederaufbau:
Staatssekretär a.D. und Vorstandsmitglied der KfW,
Herr Dr. Manfred Schüler

Sehr geehrter Herr Vorsitzender,
meine Damen und Herren,

ich freue mich, daß ich Sie zum dritten Symposium über Fragen der Menschenrechte wieder im Hause der Kreditanstalt für Wiederaufbau begrüßen kann. Wir leben ja nicht nur in unmittelbarer räumlicher Nähe zur Universität, sondern wir glauben, daß wir durch solche Begegnungen auch ein besseres gegenseitiges inhaltliches Verständnis gefunden haben. Das kommt auch in der Teilnahme unserer Mitarbeiter an diesem Symposium zum Ausdruck, die der Herr Vorsitzende hier begrüßt hat.
Als deutsche Entwicklungsbank, wie wir uns verstehen, sind wir den Fragestellungen dieses Symposiums durchaus verbunden. Zwar liegt das Schwergewicht unserer Tätigkeit nach wie vor im Inland, bei der inländischen Investitionsfinanzierung, aber seit der Wiedervereinigung haben wir wieder zu unserer Rolle als Bank für Wiederaufbau zurückgefunden.
Unser zweiter Tätigkeitsbereich ist die Export- und Projektfinanzierung, und in diesem Rahmen liegt ein Schwergewicht in den Beziehungen zu den Entwicklungsländern. Der dritte Tätigkeitsbereich, die Finanzielle Zusammenarbeit mit den Entwicklungsländern im Auftrag der Bundesregierung, bringt uns unmittelbar in das Zentrum Ihrer Themen.
Gerade das heutige Motto "Das Menschenrecht auf kultureigene Entwicklung" stellt für uns in der praktischen Tätigkeit eine durchaus relevante Fragestellung dar. Es hat einen realen Bezug zu unserer Projektarbeit.
Soziokulturelle Fragestellungen haben im Rahmen der Finanziellen Zusammenarbeit mit den Entwicklungsländern in den letzten Jahren erheblich an Bedeutung gewonnen. Prof. Siller hat recht, wenn er ausgeführt hat, daß dies zwar eine späte entwicklungsökonomische Einsicht ist, die aber inzwischen eine allgemeine Einsicht geworden ist. Für uns kommt es aber darauf an, diese allgemeine Einsicht

operabel zu machen. So haben wir versucht, das vom BMZ verabschiedete Rahmenkonzept der sozio-kulturellen Kriterien für Vorhaben der Entwicklungszusammenarbeit für unsere Arbeit durch konkrete Anleitungen zu operationalisieren. Einen redaktionellen Beitrag unseres Hauses finden Sie im übrigen auch in den Ihnen ausgehändigten Materialien des BMZ zu sozio-kulturellen Fragen in der Entwicklungspolitik. Insofern verfolgen wir Ihre Diskussion mit Interesse.

Seit der Beendigung des Ost-West-Konfliktes hat sich für uns aber eine zusätzliche Dimension in der Aufgabenstellung ergeben, nämlich die Unterstützung der Länder Mittel- und Osteuropas sowie der GUS bei dem Wandel vom planwirtschaftlichen oder realsozialistischen Entwicklungsmodell zu einem marktwirtschaftlichen System. Sicherlich verfügen diese Staaten in wichtigen Bereichen wie Bildung, Gesundheit und ansatzweise auch bei den sozialen Sicherungssystemen im Vergleich zu den meisten Entwicklungsländern über höhere Standards. Gleichzeitig ist nach einer zum Teil über sieben Jahrzehnte hinweg unterdrückten Privatinitiative ein weiter Weg bis zu einer marktwirtschaftlichen Wirtschaftsform zurückzulegen. Damit stehen wir bei unserer täglichen Arbeit in diesen Ländern vor ganz neuen Herausforderungen. Unsere Erfahrungen aus der Dritten Welt werden uns dabei helfen. Aber auch hier möchte ich Prof. Siller zustimmen: in jeder Region der Welt haben wir es mit besonderen Voraussetzungen zu tun.

Von unseren unterschiedlichsten Aufgaben in diesem Bereich will ich nur einige hier kurz aufführen. Relativ weit fortgeschritten ist das Wohnungsbauprogramm für die aus den neuen Bundesländern abziehenden Soldaten der GUS. Hierfür wurde aus dem Bundeshaushalt ein Zuschuß in Höhe von 7,8 Mrd DM bereitgestellt, wobei als Zielgröße 36.000 Wohnungen einschließlich zugehöriger Infrastruktur ausgegangen wird. Als begleitende Ergänzungsmaßnahme ist ein Umschulungsprogramm der in die Reserve entlassenen Soldaten einschließlich ihrer Familienmitglieder für zivile Berufe mit einem Zuschuß in Höhe von 200 Mio. DM vorgesehen.

Hinzu kommen vielfältige Aufgaben wie die Gewährung von Beistands- und Strukturanpassungskrediten an verschiedene mittel- und osteuropäische Länder oder z.B. die Beratung von Entwicklungsbanken in Rußland, in den baltischen Staaten, Polen und Kroatien.

Von besonderer Bedeutung im Zusammenhang mit den hier diskutierten Fragen ist die uns vom Bundesminister für Wirtschaft übertragene Koordinierungsfunktion der wirtschaftlichen Beratung in Osteuropa und der GUS. Ziel dieser Maßnahmen ist es, durch die Übertragung der ordnungspolitischen Vorstellungen einer privatwirtschaftlich organisierten sozialen Marktwirtschaft die wirtschaftliche Leistungsfähigkeit der osteuropäischen Länder zu sichern und zu stärken. Neben der Schaffung von geeigneten wirtschaftlichen, rechtlichen und sozialen Rahmenbedingungen wird es auch darum gehen, mittelständische Strukturen aufzubauen und z.B. die Entwicklung eines Steuer- und Bankwesens zu unterstützen.

Es gibt wohl kein Beispiel in der jüngeren Geschichte, bei dem in kürzerer Zeit und in einer solchen Dimension nicht nur ein Wirtschaftssystem durch ein anderes ersetzt werden muß, sondern ein fundamentaler Wandel der Gesellschaft zur Diskussion stand. Wie schwierig ein solcher Prozeß ist, sehen wir in Ostdeutschland, und nirgendwo in der Welt werden wir so gute Voraussetzungen für diese Aufgabe wie hier haben. Wie schwer es für die Bevölkerung der mittel- und osteuropäischen Länder ist, diesen "kulturellen Schock" der politischen, wirtschaftlichen und sozialen Veränderungen zu verkraften, zeigt sich darin, daß sich in einzelnen dieser Länder bei den letzten Wahlen Rückwendungen zu alten Strukturen durchgesetzt haben.

Meine Damen und Herren, Sie sehen, daß die Fragestellung dieses Symposiums auch uns direkt berührt, und ich wünsche Ihnen interessante und produktive Diskussionen.

Einstieg in die Fragestellung aus einer westlichen Perspektive

Hermann Pius Siller

Für die Respektierung eines eigenen Weges

Vor acht Jahren haben wir am Fachbereich Katholische Theologie der Johann Wolfgang Goethe-Universität begonnen, uns auf das Gespräch mit Theologen aus nichteuropäischen Kulturen einzulassen. Damals war es für uns nicht absehbar, wohin uns die diesen Gesprächen immanente Logik treiben würde. Für unsere beschränkte Kapazität und für unsere zunächst auf Theologie eingeschränkte Kompetenz viel zu schonungslos haben uns diese Gespräche die brisanten Themen unserer Zeit aufgenötigt.

Auf interkulturelle Weise Theologie zu treiben, haben wir von Anfang an und, wie mir immer noch scheint, völlig sachgemäß als Sicheinlassen in kulturelle Perspektivenübernahme verstanden. Allerdings ist das, was sich schlicht als Perspektivenübernahme definieren läßt, ein höchst komplexer und für den einzelnen zuweilen beinahe unerträglich spannungsreicher Wahrnehmungsprozeß. In ihm sind gleichzeitig mehrere Sichtweisen auf die eine Sache der Theologie festzuhalten, denn die von der eigenen Kultur bedingte Sicht darf nicht völlig außer Kraft gesetzt werden, wenn ein kulturell anders bestimmter Standpunkt eingenommen wird. Die Perspektivenübernahme verlangt, die Äußerungen des kulturell anders bestimmten Gesprächspartners als Instruktionen zu empfangen, um neue Bedeutungszusammenhänge, andere Welten, neue Sinnhorizonte zu rekonstruieren. Äußerungen des kulturell Fremden können nur in seinem kultureigenen Horizont zureichend verstanden werden. Sie müssen also gleichzeitig als Information über eine andere Kultur und als Hinweise zum Entwurf der Verständnisbedingungen eben dieser Informationen entgegengenommen werden: als Anweisungen, einen fremdkulturellen Horizont notdürftig und fragwürdig genug, aber auch treffend genug zu entwerfen, damit er Möglichkeitsbedingung des Verstehens sei.

Das erste Forschungsprojekt, das wir angepackt haben, war deshalb, diese rekonstruktive Tätigkeit in der Begegnung der Kulturen selber zu untersuchen. Daher haben wir den Synkretismus zum Thema gemacht. Der Synkretismus entsteht ja aus der Bemühung, die Identität der eigenen Lebenswelt auch dann aufrecht zu erhalten, wenn sie die Invasion durch eine fremde Kultur erleidet. Die Analyse des Synkretismus als konstruktive Aneignung fremder Kulturelemente machte uns zurückhaltend gegenüber schnellen und kulturüberlegen erscheinenden Universalisierungen. Sie machte uns sensibel für die kulturellen Unterstellungen, die wir fast unvermeidlich dem Fremden gegenüber machen. Sie war uns eine Warnung vor dem Zynismus, der übersieht, daß die Konstrukteure von Synkretismen leidende und um Lebenssinn ringende Menschen sind. Dieser Erkenntnisgewinn bereitete uns vor, uns kritisch der suggestiven Kraft universal erscheinender Menschenrechte zuzuwenden. In zwei Symposien stellte sich heraus, daß erstens so unmittelbar und undifferenziert die codifizierten "Menschenrechte" nicht universalisierbar sind, daß vielmehr die Charta der Menschenrechte stark von der okzidentalen Tradition geprägt ist. Zweitens stellte sich heraus, daß den Menschenrechten Menschenpflichten entsprechen. Rechte können nur in Anspruch genommen werden bei Übernahme der Pflichten. Das aber heißt: Menschenrechte müssen zuerst zugestanden, bevor sie in Anspruch genommen werden.

Mit diesen Feststellungen sind wir schnell und hart auf einen engeren Problemkreis gestoßen worden: Wenn es, wie die Menschenrechtskommission der Vereinten Nationen behauptet, "human rights on development" gibt, dann darf eine solche Entwicklung nicht gedacht werden als Vernichtung der kultureigenen Traditionen, sie muß vielmehr verstanden werden als Entwicklung der kultureigenen Traditionen. In einem Kolloquium haben wir 1 1/2 Jahre an diesem Problemkomplex gearbeitet. Staatssekretär a. D. Winfried Böll hat uns gelegentlich dabei beraten. Das Land Hessen hat unser Unternehmen als ein kleines Forschungsprojekt gefördert, so daß wir im vergangenen Sommersemester zwei Hearings, das eine mit indischen Theologen und Philosophen und das andere mit afrikanischen Theologen halten konnten. Das Ergebnis der Hearings geht in Form von zwei Rapports in unser Symposium ein.

Um unsere Fragestellung für das Symposium deutlicher herauszuarbeiten, will ich kurz auf den Stand der entwicklungspolitischen Diskussion eingehen. Ulrich Menzel hat meines Erachtens überzeugend dargestellt, daß die beiden ökonomischen Großtheorien, die Dependenztheorie und die Modernisierungstheorie, in ihrem universalen Erklärungsanspruch und in ihrem universalen Anspruch handlungso-

rientierend zu sein, als gescheitert anzusehen sind. Sie können nicht mehr lupenrein weiterverfolgt werden. Ich stelle die Argumentation in groben Zügen dar.
Die Dependenztheorie führt die Probleme der Entwicklungspolitik auf Faktoren zurück, die außerhalb der eigenen Gesellschaft und außerhalb der Wirtschaft der sogenannten Entwicklungsländer liegen. Die derzeitigen wirtschaftlichen Deformationen der sogenannten "Dritten Welt" seien ausschließlich als Erbe des Kolonialismus und als Folge der Einbindung ins kapitalistische Wirtschaftssystem zu verstehen. Diese Einbindung habe Ausbeutung und Abhängigkeit zur Folge. Die Dependenztheorie wurde vor allem von den Ländern vertreten, die sich an den Staaten des Staatssozialismus orientieren. Der Zusammenbruch dieses Systems hatte auch im Süden einen Dominoeffekt zur Folge. Die Dependenztheorie als Erklärungsmodell und Handlungsmuster für Entwicklungspolitik wurde zunehmend als unzureichend erkennbar. Dies aus folgenden Gründen:

1. Der Kolonialismus allein ist kein zureichendes Erklärungsmodell. Ohne seine schlimmen Folgen zu bestreiten, erklärt die Dependenztheorie nicht, wie unterschiedlich der Kolonialismus verarbeitet wurde. Es gibt ehemalige Kolonien, die längst blühende Wachstumsregionen sind (der Süden der USA im Gegensatz zu Mexiko, die ehemaligen japanischen Kolonien im Gegensatz zu den Philippinen, Indochina und Indonesien). Die vier ostasiatischen Tiger waren ebenfalls Kolonien. Manche Staaten mit ehemals reichem Kolonialbesitz sind so arm wie ihre Kolonien (Portugal, Rußland) oder mindestens so arm wie andere nichtkolonialisierende Staaten. Es spielen also offensichtlich eine Reihe den Kulturen endogene Faktoren mit eine wichtige Rolle. Außerdem hat seit der Unabhängigkeit der Kolonien eine Heterogenisierung der sogenannten "Dritten Welt" eingesetzt. Sie bietet kein einheitliches Bild mehr: die Schwellenländer, die Staaten der OPEC, die Länder mit relativer Verarmung (auch in Europa), die ganz armen Länder. Der pauschale Begriff "Dritte Welt" ist eine irreführende Fiktion. (Menzel 13f).

2. Die Dependenztheorie hat für die Staaten der "Dritten Welt" kaum einen handlungsorientierenden Sinn. Für die herrschenden Eliten, für die rechten und linken Despoten, für die Militärdiktatoren, für die Chefs der Einparteienregimes hat diese Theorie als Alibi und als

Legitimation ihrer Unfähigkeit und Untätigkeit, ihrer Mißwirtschaft und Korruption gedient.

3. Die Dependenztheorie wird auch im linken Lager nur noch sehr gemäßigt vorgetragen, weil sie pauschale und undifferenzierte Urteile veranlaßt.

4. Vor allem: Die Staaten, die sich daran orientiert haben, sind inzwischen volkswirtschaftlich bankrott oder nicht auf eigene Beine gekommen (Cuba, Nicaragua, Mozambique, Angola, Vietnam, Äthiopien).

Die Modernisierungstheorie setzt auf einen welthistorisch zwangsläufigen eindimensionalen Prozeß. Entwicklung bedeutet demnach, wie übrigens auch bei der Dependenztheorie, Wirtschaftswachstum, Industrialisierung, Urbanisierung, Demokratisierung. Die ökonomischen Verzerrungen im Wettbewerb werden auf "Rückständigkeit" zurückgeführt. Die Stagnation wird also ausschließlich aus innergesellschaftlichen Gründen erklärt. Deshalb kommt es in dieser Sicht vor allem auf die Veränderung der Gesellschafts- und Bewußtseinsstrukturen im Sinn der technischen Zivilisation an. Auch diese Modernisierungstheorie ist als gescheitert anzusehen.

1. Die Prognose und die Argumentationsachse der Modernisierungstheorie, daß es zu einem weltweiten wirtschaftlichen, sozialen und politischen Wandel kommen wird, in dem sich die Länder der Dritten Welt den Industrieländern strukturell annähern werden, hat sich als Irrtum herausgestellt. Selbst dort, wo solche Angleichungen geschehen sind, fand keine Demokratisierung und keine gesellschaftliche Befriedung statt (Lateinamerika und Ostasien).

2. Die Modernisierungstheorie unterstellt hinsichtlich des Entwicklungszieles und hinsichtlich des Entwicklungsweges den okzidentalen Modernisierungsprozeß als Maßstab. Dieser hat aber kulturelle, und zwar spezifisch okzidentale Voraussetzungen.

3. Die ökonomische Zusammenarbeit hat sich vielleicht nicht immer bewußt, aber in der Sache als weitere Ausbeutung des wirtschaftlich schwächeren Partners herausgestellt. Insofern stimmt es, daß sich aus der Wirtschaftshilfe oder der wirtschaftlichen Zusammenarbeit viel-

fach eine Fortsetzung der Kolonialisierung auf kultureller und wirtschaftlicher Ebene ergeben hat. Ein Exempel aus der neueren Geschichte kann dies erläutern: Die staatliche Unterstützung zum Aufbau der neuen Bundesländer hat sich im Westen als ökonomischer Schub, in den neuen Bundesländern mindestens als weiteres Ausbluten herausgestellt.

4. Diese entwicklungstheoretisch universalisierte Modernisierungstheorie hat sich bezüglich der kulturell eigenen Identitäten und ihrer eigenen kulturschaffenden Kraft verheerend ausgewirkt.

Im Scheitern der beiden Großtheorien haben sich ihr Gegensatz, aber auch ihre gemeinsame Voraussetzung als wirklichkeitsfremd gezeigt. Die pauschalen und vereinfachenden Erklärungen der Dependenztheorie müssen zugunsten differenzierter Analysen zurückgenommen werden. In jeder Region sind die Verhältnisse, d.h. die endogenen historischen, ökonomischen und kulturellen Faktoren unterschiedlich. Auch die Interessen sind im Lager der sogenannten "Dritten Welt" längst nicht mehr einheitlich, sondern häufig widersprüchlich, ja untereinander kompetitiv (vgl. die OPEC, die Exportoffensive der Schwellenländer, die Überrüstung). Die Faktoren sind also komplexer und differenzierter als es in den beiden Modellen und Theorien abgebildet werden kann.

Vor allem aber scheinen auch die Voraussetzungen, die beide, die Modernisierungstheorie und die Dependenztheorie, machen, falsch und schlimm zu sein. Sie unterstellen beide, daß die okzidentale Lebensführung die eigentlich rationale und deshalb der okzidentale Modernisierungsprozeß der eigentlich maßgebliche sei. Die Entwicklung könne nur in diese vorgezeichnete Richtung gehen. Die okzidentale Rationalität habe lediglich einen zeitlichen Erfahrungsvorsprung. Das Problem der Entwicklung sei nur ein Problem der Ungleichzeitigkeit. Damit tangieren wir einen entscheidenden Faktor wirtschaftlicher Zusammenarbeit.

Keine Frage dürfte es mehr sein, daß die kulturelle Situation der Partner mit ihren normativen Erwartungen und mit ihren wechselseitigen Einschätzungen kultureller Bedingtheit bei jedweder Zusammenarbeit eine überaus wichtige Rolle spielt. Die Reziprozität ist eine interaktionelle Grundregel, die gerade beim interkulturellen Handeln ein enormes Gewicht hat. Diese ist zwar eine späte entwicklungsökonomische, aber inzwischen allgemeine Einsicht geworden. Es hat deshalb wenig Sinn, endogene Faktoren von exogenen säuberlich zu trennen. Jedes interkulturelle Handeln sucht vernünftigerweise, kulturelle Faktoren auf der Seite des Partners in Rechnung zu stellen. Sucht dieses Handeln die kulturellen Faktoren auf der Gegenseite lediglich taktisch oder strategisch ins Kalkül zu ziehen, um die eigenen ferneren oder näheren, wenngleich helfensollenden Ziele durchzusetzen, dann hat die Kultur des Partners und damit seine kulturelle Identität in der wirtschaftlichen Zusammenarbeit lediglich die Funktion einer das eigene (sich vielleicht für hilfreich haltende) Handeln einschränkenden Rahmenbedingung. Insoweit nimmt die derzeitige Entwicklungstheorie die kulturellen Faktoren als Ausgangs- und Rahmenbedingung inzwischen zur Kenntnis. Sie werden in ihr aber immer noch lediglich als Gründe für die volkswirtschaftlichen Deformationen oder als Einschränkungen für die wirtschaftliche Zusammenarbeit eingeschätzt.

Um diese Problemstellung schärfer auszuarbeiten, habe ich in dem Grundlagenpapier für dieses Symposium Rückhalt an Max Weber genommen. Weber hat den Rationalisierungsprozeß in unterschiedlichen Kulturen beschrieben. Außer Frage steht für ihn: Die Modernisierung der okzidentalen Kultur hat einen historischen Vorsprung im Rationalisierungsprozeß gebracht, von dem man annehmen muß, daß er in seiner Zielhaftigkeit universal ist. Rationalität ist für ihn also univok, in eine Richtung verlaufend. Immerhin sieht er aber in allen Kulturen aus der Religion einen eigenen Rationalisierungsprozeß entspringen, so daß sich auf diesem Hintergrund einige Thesen artikulieren lassen, die sich fragend in ein noch nicht geklärtes Gebiet vortasten.

1. Rationalitäten der Kulturen

Mit Max Weber läßt sich Rationalität als systematische Lebensführung beschreiben. Die okzidentale Form der Lebensbewältigung ist durch den Vorrang der Zweckrationalität und durch die formale Rationalität gekennzeichnet. Diese haben Vorrang vor der Wertrationalität und vor der Tradition. Die so beschriebene Art von Rationalität prägt die Organisation der Produktion und die Organisation des Marktes, sie befähigt zur Bedienung des Telefons, des Autos und des Wasserkrans. Mittels welcher Form von Rationalität ordnen aber andere Kulturen ihr Handeln und bewältigen ihr Leben? Vermutlich spielt bei ihnen die in ihrer Tradition hinterlegte Erfahrung die entscheidende Rolle. Solche Traditionen sind in der Nordatlantischen Region durch die Aufklärung für das Leben weitgehend außer Kraft gesetzt worden. Das handlungsleitende Wissen, das der Tradition entnommen wird, hat sie, wie auch Max Weber, gering gewertet.

2. Tradition als Möglichkeitsbedingung von Entwicklung

Ein Differenzierungsprozeß im Sinn zunehmender Problembewältigung läßt sich apriori von der kultureigenen Tradition ebenso annehmen wie von der okzidentalen Zweck- und Wertrationalität, sofern die Tradition problemoffen und nicht problemabweisend gehandhabt wird. Es läßt sich also durchaus so etwas wie eine formale Rationalität von Traditionen denken. Wenn das so ist, brauchen kulturelle Traditionen nicht nur als einschränkende Rahmenbedingungen des okzidental gedachten Entwicklungsprozesses fungieren, sie können auch als geschichtliche Möglichkeitsbedingungen kultureigener Entwicklungen in Rechnung gestellt werden.

3. Selbstbegrenzung der Zweckrationalität

Wenn die beiden genannten Formen formaler Rationalität, also systematischer Lebensführung, nämlich Zweckrationalität und Tradition, aufeinanderstoßen, dann scheint nach den okzidentalen Erfahrungen die Tradition aufgelöst zu werden. Der Tradition wird höchstens ein vorübergehender und bedingter Geltungsanspruch zugebilligt als Ausgangspunkt für ein nachfolgendes wert- oder möglichst zweckrationales Argument. Die Tradition hat den Charakter eines argumentum ad hominem. In der Aufklärung der eigenen Erkenntnisbedingungen hält die Tradition anscheinend dem absoluten Begründungsanspruch der zweckrationalen Vernunft nicht stand. Wenn aber die okzidentale Rationalität sich selber als geschichtlich bedingt, also von Traditionen ermöglicht verstehen könnte, dann könnte sie sich als von der "traditionsgeleiteten Rationalität" anderer Kulturen begrenzt erfahren.

4. Integrale Entwicklungen

Eine Entwicklung der kultureigenen Tradition bräuchte vielleicht bestimmte Problemfelder nicht in Segmente wie öffentlich/privat, religiös/profan, politisch/moralisch trennen. Die Religion als Rückbindung der vielen Erfahrungen in eine Einheit verbürgte für diese Kulturen eine "integrale Entwicklung". Die integrale Entwicklung und damit die Religion als integralisierende Erfahrungskompetenz des Subjekts ist der Punkt, woran der Theologe in der Entwicklungsökonomie besonders interessiert ist.

5. Zuletzt eine Meinung zu einer künftigen sozialen Weltwirtschaftsordnung

Gegen das Behauptete wird in folgender Weise argumentiert: Die "Dritte Welt" ist ein Teil des kapitalistischen Weltsystems, dem sie sich anpassen muß, wenn sie ein die Politik mitbestimmender Faktor werden will. Das bedeutet: Die nichtokzidentalen Traditionen haben sich der okzidentalen Zweckrationalität einzuordnen. Genau dies scheint aber für die nichtokzidentalen Kulturen das Problem zu sein. Es erhebt sich die Frage, ob eine Weltwirtschaftsordnung nicht folgendes leisten müßte:

1. die Selbstbegrenzung eines sich liberalistisch und kapitalistisch verstehenden Wirtschaftssystems;

2. die Respektierung einer auch wirtschaftlich anderen Ordnung;

3. die Ergänzung durch eine starke soziale und ökologische Komponente, in der die wirtschaftlich schwachen Regionen der Erde auf Dauer subventioniert werden, damit sie einen gerechten Anteil am Wohlstand bekommen. An die Stelle der Entwicklungshilfe müßte dann ein Rechtsanspruch auf Subvention der kultureigenen Entwicklung treten. Die Subventionen wären wie Steuern ein Instrument des gerechten Ausgleichs, aber zugleich auch eine Förderung, um die kultureigenen Potentiale zu nützen.

Hermann Pius Siller

Die Frage nach kultureigenen Rationalitäts- und Entwicklungspotentialen

0. Das Recht auf Entwicklung als Menschenrecht

Auf der 41. Sitzung der 97. Vollversammlung der Vereinten Nationen am 4. Dezember 1986 wurde die "Declaration on the Right of Development" verabschiedet. Der Absatz 1 des ersten Artikel lautet: "The right to development is an inalienable human right by virtue of which every human person and all peoples are entitled to participate in, contribute to, and enjoy economics, social, cultural and political development, in which all human rights and fundamental freedoms can be fully realized." Dieses Recht auf Entwicklung ist ohne Zweifel ein wichtiger Durchbruch in der Entfaltung der Menschenrechte. Allerdings wird in der Deklaration von Entwicklung im Singular gesprochen und dabei wie selbstverständlich vorausgesetzt, daß die fundamentalen anthropologischen Ausgangsbedingungen gleich sind und die Entwicklungen deshalb überall gleichsinnig verlaufen. Genau dieses kann aber nicht vorausgesetzt werden. Die kulturellen Ausgangsbedingungen sind durchaus verschieden und die Entwicklung, auf die ein Menschenrecht besteht, kann auf Grund dieser kulturellen Bedingungen durchaus unterschiedlich verlaufen. Das Problem besteht gerade in der Unterstellung einer universalen Gleichsinnigkeit von Entwicklungen, etwa im Sinn des okzidentalen Modernisierungsprozesses. Dies scheint zu einem guten Teil von der westlichen Entwicklungspolitik unterstellt zu werden. Auf der anderen Seite kann die Deklaration auch in Entsprechung zum Internationalen Pakt über wirtschaftliche, soziale und kulturelle Rechte vom 19. Dezember 1966 gelesen werden: als Recht zur Teilnahme an dem (besonderen) kulturellen Leben der Staaten. Das Menschenrecht auf Entwicklung darf also nicht nur als Recht auf Teilnahme an einer okzidentalen Modernisierungsgeschichte, sondern muß auch als Recht auf Teilnahme an kultureigenen Entwicklungen verstanden werden.

1. Die Frage nach kultureigenen Entwicklungen

1.1 Neueinschätzung der Traditionen

In der Neuzeit kam die Tradition in den Ruf, dem permanenten Wandel entgegenzustehen und entwicklungshemmend zu wirken.[1] Weber beurteilt traditionsgeleitetes Handeln als irrational.[2] Im Zusammenhang mit den Entwicklungsproblemen der Dritten Welt wurde die Tradition ebenfalls zumeist kritisch eingeschätzt: Sie behindert wirtschaftliche Effektivität und macht eine kontinuierliche technische und wissenschaftliche Einstellung nicht möglich. In den Befreiungsbewegungen und in dem wachsenden kulturellen Selbstbewußtsein zeigte sich inzwischen zunehmend bei den Völkern der Dritten Welt eine Hochschätzung der eigenen Traditionen. Diese Traditionen erweisen sich wider Erwarten weiterhin als Sinnresourcen; sie haben identitätsstiftende Bedeutung und werden als kulturelle Antriebskräfte entdeckt. Eine Neueinschätzung der Traditionen als richtungsweisend und als Entwicklungen stimulierend wurde von Gusfield[3] und Eisenstadt[4] veranlaßt:

a) Traditionen ermöglichen einen eigenen Entwicklungsweg. Sie wahren innerhalb der kulturellen Wandlungen die Kontinuität. Dabei ist allerdings eine Unterscheidung angebracht.[5]

- Gesellschaften mit geringer sozialer Differenzierung (Überschaubarkeit der Zugehörigen, hohe und direkte Kommunikationsdichte und gegenseitige soziale Kontrolle) haben nur ein begrenztes endogenes Konflikt- und Wandlungspotential. Weil sie geschlossen sind, haben sie nur eine geringe Aneignungsfähigkeit. Die in diesen Gesellschaften praktizierte mündliche Tradierung erlaubt keine Abweichung, sondern fordert Detailtreue. Aber selbst in diesen Gesell-

---

1 In einem vorbereitenden Seminar wurde die Neueinschätzung der Traditionen ausführlich diskutiert.
2 M. Weber, Wirtschaft und Gesellschaft, Tübingen 1956 (4. Aufl.) 64, 246f.
3 J. R. Gusfield, Tradition and Modernity, in: A. Etzioni, E. Etzionie-Halevy (Hg.), Social Change, Sopurces, Patterns and Consequences, 1973, 333-341.
4 S. N. Eisenstadt, Tradition, Wandel und Modernität, Frankfurt am Main 1979.
5 K.-G. Riegel, Tradition und Modernität. Zum Modernisierungspotential traditioneller Kulturen nichtwestlicher Entwicklungsgesellschaften, in: D. Nohlen und F. Nuscheler (Hrg.), Handbuch der Dritten Welt Bd. 1, Hamburg 1982 (2. Aufl.) 73-91, hier: 75-84.

schaften zeigt sich die Tradition in der wichtigen Funktion der Identitätswahrung und als Widerstandkraft bei exogenem Druck.

- Gesellschaften mit hoher sozialer Differenzierung haben ein distanzierteres Verhältnis zur eigenen Tradition und zu ihrer kulturellen Identität. Die schriftliche Überlieferung bringt ein höheres Maß an Reflexion, Auslegung und kritischer Aneignung mit sich. Dabei wird auch von anderen Kulturen entlehnt und gelernt. Es geschieht Anpassung und Bereicherung des Eigenen. Eine Vielzahl von Schulen und Richtungen entstehen, die sich auf die gemeinsame Tradition berufen. Die Wandlungs- und Aneignungsfähigkeit wächst. Die Begegnungen mit fremden Kulturen stellen eine Herausforderung für die Entwicklung der eigenen Tradition dar.

b) Der kulturelle Wandel ist eine Herausforderung zur Neubestimmung der eigenen Identität. Bestanden wird diese Herausforderung bei gleichzeitiger Wahrung der kulturellen Kontinuität. Führt eine Totalidentifizierung mit der kulturellen Überlieferung in Asyle, in kommunikationslose Isolierung und in Lernunfähigkeit, so führt der Verlust der eigenen kulturellen Kontinuität zu Selbst- und Sinnverlust, zu Manipulierbarkeit und Überfremdung. Auch so geht Lernfähigkeit und Aneignungsfähigkeit verloren. Tradition ist also bei einer Neubestimmung von Identität ein unübergehbarer Faktor.

1.2 Das Problem der Universalisierbarkeit eines Entwicklungsbegriffs

Es ist höchst problematisch, die Vorstellung einer historischen und sozialen Entwicklung zu verallgemeinern. Die Ausgangsbedingungen sind von einer solchen Komplexität, daß nicht alle Faktoren erfaßbar und in ihrem Zusammenwirken abschätzbar sind. Deshalb hat sich Weber enthalten, verallgemeinernde Theorien zu bilden. Er hat im Gegensatz zu Parsons[6] den okzidentalen Modernisierungsprozeß nicht als Fall eines Allgemeinen, sondern als einen singulären historischen Prozeß untersucht. Die dabei gewonnenen Kategorien hat er zurückhaltend, eher heuristisch auf andere kulturelle Rationalisierungsprozesse angewendet. Allerdings steckt auch darin schon die Annahme, daß es in den unterschiedlichen Religionen und Kulturen

---

[6] Dazu hat Dr. Guido Knörzer im Seminar referiert.

Vergleichbares gibt. Unvermeidbar ist also die vorsichtige und korrigierbare Voraussetzung, daß in der Geschichte von Kulturen Vergleichbares zum Vorschein kommt.

1.3 Die Diskussionslage zum Problem universaler Rationalität[7]

Max Weber hat sich wie einer allgemeinen Theorie der Entwicklung oder des kulturellen Wandels, so auch einer Definition von Rationalität bewußt enthalten. Seine Erwartung war, daß sich in der Beschreibung historischer Prozesse auch der besondere Begriff von Rationalität kläre. Aber selbst wenn man der vorsichtigen und zurückhaltenden Methode Webers folgen will, wird man nicht umhin können, die in den USA, in Frankreich und in Deutschland laufende Debatte zum Thema Rationalität in Umrissen zur Kenntnis zu nehmen. Ausserdem ist bei einer Suche nach einem Begriff von Rationalität auch ein Suchbild leitend, dessen Problematik sich der Suchende bewußt sein muß.
Eine nachhaltige Neuformulierung der Diskussionslage in der westlichen Philosophie fand durch Wittgenstein, den Wiener Kreis und den Behaviorismus statt. Die Fundierung alles Handelns in der Sprache und deren sektorale Differenzierung in Sprachspielen hatte bei Winch und bei Philipps zur Folge, daß die Regeln von Erkenntnis, von Logik und deshalb von Rationalität unabhängig vom jeweiligen Sprachspiel nicht zu haben sind. Quine und Sellars geben die Unterscheidung des analytischen (transzendentalen) vom synthetischen (empirischen) Urteil auf. Feyerabend und Rorty begründen Rationalität in der jeweiligen sozialen Praxis. Universale Kriterien für Rationalität gibt es demzufolge nicht. Jede Übersetzung von einer Sprache in eine andere bleibt deshalb unbestimmt (Quine). Eine Wirklichkeit jenseits der Sprache ist der Erfahrung prinzipiell unzugänglich. Sie hat deshalb keine legitimierende oder erkenntniskritische Bedeutung. "Wahr" und "unwahr" sind nur relativ zu einem Sprachspiel oder zu den in einer Tradition gültigen Begriffe. Allenfalls die Konsistenz innerhalb eines Sprachspiels könnte den Charakter eines Kriteriums haben. - Diese Positionen sind relativistisch. Sie setzen die in ein Sprachspiel oder in eine soziale Praxis eingelassenen Traditionen partikulär und behaupten, sie seien rational nicht kritisierbar.

---

[7] Dieser Abschnitt bezieht sich auf ein Referat von Herrn Stud. phil. Julio Lambing.

Dagegen formulieren Habermas, Apel und Mac Carthy noch einmal eine universalistische Position, die die semantische, Wirklichkeit bedeutende Kraft der Sprache und damit den Anspruch von "wahr" und "unwahr" aufrecht erhält. Die Übersetzbarkeit von Sprache zu Sprache ist möglich. Kriterien für das Gelingen von Übersetzung gibt es. Traditionen haben keine absolute Geltung, sondern müssen rational kritisierbar sein. Eine eindeutige Entwicklung zu mehr Rationalität ist möglich.

Zwischen diesen beiden Positionen scheint ein eingeschränkter Universalismus denkbar, der sowohl einen Universalismus wie auch einen Relativismus vermeiden kann. Er müßte einerseits die Analogizität und die semantische Kraft der Sprache aufrecht erhalten. Er müßte andererseits aber auch die Identifizierung von Rationalität mit vorzüglich einer Tradition und mit einem geschichtlichen Prozeß vermeiden. Bemerkenswert erscheinen in dieser Hinsicht die Beiträge der Kommunitaristen.

2. Webers sozialgeschichtliche Beschreibung von Rationalisierungsprozessen als Anfrage an andere Kulturen

2.1 Zur Einschätzung von Rationalisierungspotentialen bei Max Weber

Obgleich es sich nahe zu legen scheint, geht es im Folgenden - wie auch bei Max Weber selber - nicht um eine Evolutionstheorie, wie sie etwa Dux und Parsons im Anschluß an Max Weber entfalten wollen; es geht nicht um eine Theorie kulturellen Wandels, wie sie etwa Sprondel und andere bei Max Weber finden; es geht auch nicht um die Evolutionsskalen von Religion, wie sie Bellah entwickelt. Wenn eine einheitliche Entwicklungstheorie oder eine Theorie kulturellen Wandels zur Verfügung stünden, dann wäre das für unsere Fragestellung zwar hilfreich, aber doch auch höchst problematisch. Das ist aber nicht der Fall. Es geht nicht um einen Beitrag zu der unübersehbaren Debatte um die Interpretation von Max Weber. Obgleich es in mancher Hinsicht unvermeidbar ist, in dieser Debatte Stellung zu beziehen, soll das lediglich implizit geschehen. Es geht im folgenden Abschnitt um die Ausarbeitung einer relativ deutlichen These, die bei nichtwestlichen und westlichen Gesprächspartnern die Frage anstoßen soll, wie sich die Wandlungs- und Rationalitätspotentiale nichtwestlicher Kulturen einschätzen lassen.

Diese Frage wird in einem doppelten Interesse ausgearbeitet:
1. Die Frage wird an Kulturexperten anderer Kulturen gestellt mit der Absicht von ihnen eine Antwort zu bekommen, ob Webers Beschreibungen in ihrer Kultur greifen, und ob sie mittels seiner oder anderer Kategorien die eigene Kultur einschätzen können.
2. Die Frage wird an westliche Kultur- und Entwicklungsexperten gestellt mit der Absicht, von ihnen eine Antwort auf die Frage zu bekommen, ob diese Kategorien sich mit ihren Vorstellungen und mit ihrem Arbeitsinstrumentar decken.

Die Erfahrung und der Begriff der Modernisierung betrifft einen zentralen Vorgang in der westlichen Kultur. Dieser Vorgang hat seine besonderen Voraussetzungen und muß auf diese kulturellen Voraussetzungen hin reflektiert werden. Eine derartige Reflexion hat Max Weber unter Aufbietung eines komplexen Instrumentars, aber auch unter Verzicht auf geschlossene Theorien geleistet. Er hat an einem einmaligen geschichtlichen Prozeß Kategorien entwickelt, die er dann zurückhaltend auf andere Kulturen anzuwenden versucht hat. Er sieht in der Modernisierung die besondere okzidentale Ausformung eines allgemeinen Rationalisierungsprozesses. Deshalb ist unsere Anlehnung an Weber sachlich gerechtfertigt und geboten.
Für jeden Rationalisierungsprozeß spielt bei Weber die Religion eine vorrangige Rolle. Er sieht in den Religionen ein Rationalisierungspotential. Der Grund liegt in einer spezifischen Affinität der Religion zur Rationalität. Und dies gilt von jeder Religion.[8] In jeder Religion liegt die Chance und der Antrieb sich systematisch zu entwickeln mit entsprechenden Konsequenzen für die Lebensführung. Religion spielt dabei allerdings nicht die einzige Rolle. Weber zählt in "Wirtschaft und Gesellschaft" neben der Religion noch weitere Komponenten im okzidentalen Rationalisierungsprozeß auf: Kunst, Wissenschaft, Recht, Stadt und Staat. Die Rationalisierung muß also in einem allgemeineren Zusammenhang gesehen werden. Sie darf nicht auf Technologie und Naturwissenschaften eingeschränkt werden. Allerdings bleibt dann immer noch die Frage: Wieso kommt es denn

---

[8] G. Dux, Religion, Geschichte und sozialer Wandel in Max Webers Religionssoziologie, in: C. Seyfarth und W.M. Sprondel (Hrg.), Seminar: Religion und gesellschaftliche Entwicklung. Studien zur Protestantismus-Kapitalismus-These Max Webers, Frankfurt am Main 1973, 313-337, hier: 316ff.

gerade im Westen zu einer solchen Häufung von rationalisierenden Komponenten? Die vorrangige Rolle der Religion bleibt also unübersehbar.

2.2 Entzauberung - Sachlichkeit - Herrschaft

Für westliche Augen selbst ist es zunächst vielleicht eine befremdliche Einsicht, wenn festgestellt wird, daß die westliche Religion selbst Grund der Entzauberung der Wirklichkeit war, daß sie selbst ein versachlichtes Verhältnis zur Wirklichkeit hergestellt hat, und daß sie die Wirklichkeit als Herrschaftsbereich erfahrbar gemacht hat. Die Einsicht Webers lag darin, daß er den Rationalisierungsprozeß vom Zwang einer inneren Logik getragen sehen konnte. Für Weber führte der Rationaliserungsprozeß der okzidentalen Religion zu einem religionsgeschichtlichen Entzauberungsprozeß. Er bildete die langfristige Grundlage der Modernisierung. Er legte die spezifische Wirklichkeitsauffassung frei, "das Wissen davon oder den Glauben daran: daß man, wenn man nur wollte, es jederzeit erfahren könnte, daß es also prinzipiell keine geheimnisvollen, unberechenbaren Mächte gebe, die da hineinspielen, daß man vielmehr alle Dinge - im Prinzip - durch Berechnen beherrschen könne. Das aber bedeutet: die Entzauberung der Welt."[9] Das Jenseitige bedeutet für Weber keine Transzendenz, sondern den Entzug der Verfügungsgewalt über Dinge und Vorgänge aus unzugänglicher Subjektivität. "Sachlich" meint soviel wie unpersönlich, meint beherrschbar.[10] Die Entzauberung ist deshalb gleichbedeutend mit einer Versachlichung der Wirklichkeit und der Lebensführung "durch die Gewinnung von sachlich rationaler Herrschaft."[11] Deshalb kann in der Folge an die Stelle des Themas "Erlösung" der sichtbare Erfolg als dessen Substitut treten.[12]

2.3 Methodische Lebensführung und Beruf

Das Christentum und mit ihm die okzidentale Rationalität scheint eine einmalige Einstellung zu Arbeit und Beruf herbeigeführt zu ha-

---

[9] M. Weber, Gesammelte Aufsätze zur Wissenschaftslehre, Tübingen 1968 (3. Aufl.), 594.
[10] M. Weber, Wirtschaft und Gesellschaft, Tübingen 1956 (4. Aufl.), 324.
[11] G. Dux, a.a.O., 328.
[12] C. Seyfarth, Protestantismus und gesellschaftliche Entwicklung: Zur Reformulierung eines Problems, in: C. Seyfarth und W.M. Sprondel, a.a.O., 361.

ben. Die umfassende Rationalisierung der Wirklichkeit, wie sie aus der religionsgeschichtlichen Entzauberung und theologischen Vereinheitlichung der Welt hervorging, konnte sich nur durchsetzen bei einer "Disziplinierung der Interessen im Sinne einer rational methodischen Lebensführung".[13] In einer von Magie gereinigten, entzauberten Wirklichkeit stellt sich nach Weber die rational disziplinierte und methodisierte Lebensführung als innerweltliche Askese dar. Die innerweltliche Wirksamkeit und nicht die Weltflucht wird normativ für das Alltagshandeln (Luther). Das Motiv ist allein die größere Ehre eines weltüberlegenen Gottes (Calvin). Nicht einzelne gute Werke, sondern die Systematik der Lebensführung, die keine ausserhalb des Heilsinteresses liegenden Zwecke zuläßt, entscheidet über das gute Leben. So wird die Arbeit zum "Beruf". "Der Unternehmer betrieb sein Geschäft in dem festen Glauben, daß er letztlich mit seinem Reichtum Gottes Ruhm mehre, und daß daher sein Erfolg als sichtbares Zeichen der Gnade Gottes aufzufassen sei. Auf der anderen Seite leitete der Handwerker mit seiner Bereitschaft zur Arbeit die Gewißheit eines religiösen Gnadenstandes aus seiner Gewissenhaftigkeit in der beruflichen Normenerfüllung ab."[14] Das Zusammentreffen von innerweltlicher Orientierung und religiöser Triebkraft hat der okzidentalen Kultur die Schubkraft verliehen.

2.4 Funktion religiöser Weltbilder

Im Gegensatz zu der einseitigen Annahme, daß (materielle und ideelle) Interessen das Handeln bestimmen, hat Weber gezeigt, wie Ideen, im Sinn von Weltbildern, in dieses Handeln eingreifen und so den Modernisierungsprozeß bestimmt haben. "Interessen (materielle und ideelle), nicht Ideen beherrschen unmittelbar das Handeln der Menschen. Aber: die >Weltbilder<, welche durch >Ideen< geschaffen wurden, haben sehr oft als Weichensteller die Bahnen bestimmt, in denen die Dynamik der Interessen das Handeln fortbewegte. Nach dem Weltbild richtet es sich ja: >wovon< und >wozu< man >erlöst<

---

[13] F. H. Tenbruck, Das Werk Max Webers, in: Kölner Zeitschrift für Soziologie und Sozialpsychologie 27 (1975), 663-702, hier: 689.
[14] W. M. Sprondel, Sozialer Wandel, Ideen und Interessen: Systematisierungen zu Max Webers Protestantischer Ethik, in: C. Seyfarth und W.M. Sprondel, a.a.O., 206-224, hier: 214f.

sein wollte und - nicht zu vergessen: - konnte."[15] Es gibt also langfristige Abläufe, in denen die Interessen "doch nur das Wasser der Geschichte auf die Mühle der Ideen leiten."[16] Die List der Ideen ist es, Interessen in ihren Dienst zu nehmen. Interessen sind blind. Sie treiben nur kurzfristig und partiell zur Sättigung. Dann sind sie eher ein Hindernis für Weiterführendes. Solche partielle Rationalisierungen aus Interessen bleiben im Wirtschaftlichen, im Technischen, Militärischen und Verwaltungsmäßigen. Sie bleiben in einem Wirklichkeitsausschnitt stecken. Die in den Weltbildern wirksamen Ideen bestimmen die grundliegenden Aspekte des Verhältnisses zur Wirklichkeit im ganzen. Solche Ideen sind der Monotheismus, die das ethische Verhalten sanktionierende Gottheit, die Sendungsprophetie, die Erlösungslehre, die Lehre von der Prädestination. Die Dynamik ihrer Eigenlogik macht die Religion zum Weichensteller der Universalgeschichte. Diese Eigenlogik entläßt aus sich so grundsätzliche und langfristige Einstellungen und Verhaltensweisen wie das, was wir Rationalisierung nennen. Rationalität gewinnt der Mensch - nach Webers Meinung - nicht unmittelbar aus der Wirklichkeit, nicht "im Dienst seiner vernünftigen Interessen, welche zugleich auf die kognitive wie auf die praktische Bewältigung der Tatsachen hinauslaufen."[17] Religiöse Weltbilder, nicht Interessen, stehen am Ursprung des okzidentalen Modernisierungsprozesses. Sie treffen zusammen mit bereits vorhandenen wirtschaftlichen Strukturen (Markt), sozialen Strukturen (Bürgertum) und aufkommenden Naturwissenschaften. Sie betten diese ein in einen umfassenden Rationalisierungsprozeß.

2.5 Rationalisierungsprozesse

Die Modernisierung der Wirtschaft im Kapitalismus, die Modernisierung der Gesellschaft, der Technik, der Verwaltung, des Rechts hat ihren Grund und ihren Rahmen in einem umfassenden Rationalisierungsprozeß. Was ist Rationalität? Weber legt sich begrifflich nicht fest. Rationalität ist ein historischer Begriff. Er muß sich in seiner Bedeutung selber historisch klären.[18] Rationalisierungsprozesse fanden nicht nur im Okzident, sondern auch in anderen Kulturen statt.

---

[15] M. Weber, Gesammelte Aufsätze zur Religionssoziologie I, Tübingen 1947, 252.
[16] F.H. Tenbruck, a.a.O., 684.
[17] Ebd., 683.
[18] M. Weber, Gesammelte Aufsätze I, a.a.O., 62, 252, 265.

Dort haben sie zu anderen Ergebnissen geführt. Sie blieben partikulär. Eine universalgeschichtliche Bedeutung wie die Modernisierung erlangten sie nicht.

Der Grundzug von Rationalität liegt in seinem Zug zur Vereinheitlichung. Diese Dynamik stellt die Tatsachen, das Handeln und das Denken bei wachsender Differenzierung unter den Druck einer vereinheitlichenden Systematik. Damit kommt es zu der Not-wendigkeit, in Beziehungen und Zusammenhängen zu sehen. Das nachhaltigste Instrument, Zusammenhänge zu artikulieren, ist das Begründen. "Daher wird man auch erwarten dürfen, daß Rationalisierungsprozesse sich nicht zuletzt einem zunehmenden Druck, Gründe anzuführen, verdanken."[19] Rationalität hat deshalb nach Weber seinen Ort nicht im traditionellen und affektuellen Handeln, sondern im zweckrationalen und wertrationalen Handeln. Eine Handlung wird rational durch zweckrationale (umzu) oder wertrationale (weil) Begründung. Die wertrationale Begründung des Handelns geschieht durch den Verweis auf einen inhaltlichen Wert. Sie ist eine materiale Rationalisierung. Die zweckrationale Begründung eines Handelns dagegen geschieht entweder durch materiale Rationalisierung, also durch Bezugnahme auf einen Zweck, oder durch formale Rationalisierung, also durch die Wahl aus alternativen Mitteln und Handlungsformen, um einen Zweck optimal zu erreichen. Soweit Max Weber.

Von diesen sich auf einzelnes Handeln sich beziehende Rationalisierungen ist eine andere Rationalisierungsebene zu unterscheiden. Es gibt eine "formale Rationalisierung in einem stärkeren Sinn". Döbert nennt Beispiele. Hinsichtlich des Wirtschaftens: "Bei bewußter Mittelabwägung ist Handeln formal-zweckrational. Nun kann man offensichtlich noch einmal fragen: Wie ist dieser Abwägungsprozeß organisiert? Muß, wie bei jeder Naturalrechnung, grob geschätzt werden oder kann exakt gerechnet werden? Wenn ja, dann liegt ein Höchstmaß an formaler Rationalität des Wirtschaftens vor, nämlich Rechenhaftigkeit. Und Rechenhaftigkeit ist mehr als Zweckrationalität, nämlich formal rationalisierte Zweckrationalität im starken Sinne. Mit Rechenhaftigkeit wird ersichtlich ein neues Kriterium in den Komplex der Handlungsorientierungen eingeführt."[20] Hinsichtlich der bürokratischen Verwaltung führt Döbert aus: "Es ist eine

---

[19] R. Döbert, Max Webers Handlungstheorie und die Ebenen des Rationalitätskomplexes, in: J. Weiß (Hrg.), Max Weber heute, Frankfurt am Main 1989, 210-249, hier: 229.
[20] Ebd., 241.

Sache, einzelne Handlungen zweck- oder normrational zu gestalten; es ist eine ganz andere Sache, ein ganzes Feld kontinuierlichen Handelns so zu organisieren, daß mit Sicherheit jede Handlung zu jedem Zeitpunkt Rationalitätsstandards genügt ... >Wie muß zweck- oder normrationales Handeln gestaltet werden, damit kontinuierlich, sicher, berechenbar erwartet werden kann<, so lautet nun die Frage. Die formale Rationalität der Bürokratie ist die Antwort auf diese Frage."[21]

In beiden Beispielen wird nicht nur eine Handlung, sondern ein ganzes Handlungsfeld unter dem Gesichtspunkt der Berechenbarkeit, der Verhaltenssicherheit gestaltet. Formale Rationalisierungen in dieser starken Bedeutung orientieren Sinnsysteme auf bestimmte formale Zwecke und Werte. Die Gründe für ein bestimmtes Handeln, werden "Meta-gründen" unterworfen wie Berechenbarkeit, Sicherheit des Erfolges, Dauerhaftigkeit, "maschinenmäßiges Funktionieren" (Weber). Eine solche formale Rationalisierung verbirgt sich auch in dem Begriff der "Persönlichkeit". Er veranlaßt den Handelnden, in seiner Lebensführung methodisch zu sein, also seine Motive konstant zur Geltung zu bringen. - Zweckrationalität ist also noch nicht ohne weiteres formale Rationalität. "Rechtsentscheidungen müssen nicht nur gerecht sein, sondern auch >konstruiert< werden können; Glaubenssätze müssen nicht nur religiöser Erfahrung entsprechen, sondern auch dogmatisch >kompatibel< sein; Naturrechtssätz müssen nicht nur moralischen Intuitionen entsprechen, sondern auch systematisierungsfähig sein; Verwaltungshandeln muß nicht nur Untertanenbedürfnisse befriedigen, sondern auch von Verwaltungsvorschriften gedeckt sein etc. Immer wird dadurch Handeln nicht einfach >zweckmäßig< oder im weitesten Sinn >sachangemessen<, sondern auch wiederholbar und anschlußfähig."[22] Formale Rationalität bestimmt also den Einheitszusammenhang gesellschaftlichen Handelns. Sie ist bei Weber die zentrale Entwicklungsdimension.

2.6 Rolle der Religion im Rationalisierungsprozeß

Noch einmal kann und muß die Frage gestellt werden, woraus eine solche formale Rationalität entspringt, die ganze Handlungsfelder bestimmt und langfristige Rationalisierungsprozesse etwa in der

---

[21] Ebd., 242.
[22] Ebd., 243.

Wirtschaft, im Recht, in der Verwaltung, im Beruf und vor allem in der Lebensführung einleitet. Weber zeigt auf, daß die "Grundsätze der praktischen Lebensführung, und somit auch die Auseinandersetzung des Menschen mit der Wirklichkeit, im Banne der religiösen Ethik verbleibt."[23] Der Mensch gewinnt seine Rationalität nicht unmittelbar aus dem Ringen seiner Interessen mit der Wirklichkeit. Interessen sind vielmehr bei ihrer Auseinandersetzung mit der Wirklichkeit von Ideen gelenkt. Von dort scheint also die Rationalität herzukommen, auf die beim Handeln zurückgegriffen wird. So kommt auch in der formalen Rationalität, die beim Rationalisierungsprozesses leitend ist, die Welt der Ideen, die Religion zum Tragen.

Die Vorrangigkeit der Religion in diesem Prozeß kommt einerseits aus ihrer das Leben und die Wirklichkeit umgreifenden und sie zugleich distanzierenden Macht und andererseits aus der Eigenlogik der Religion eigenen Rationalität. Die Theodizeefrage ist die spezifische Eigenproblematik, an dem Religion fortschreitet. In ihr werden die Tatsachen und Erklärungen systematisiert und vereinheitlicht, so daß die Religion immer umfassendere Weltbilder aus sich heraustreibt. Diese fungieren als die Weichensteller der Interessen.

2.7 Das Ende der Moderne

Es spricht einiges dafür, daß der Rationalisierungsprozeß der Moderne sich zum Ende neigt. Weber selbst geht am Ende seines Lebens eine Ahnung davon auf: "Die alten, vielen Götter, entzaubert und daher in Gestalt unpersönlicher Mächte, entsteigen ihren Gräbern, streben nach Gewalt über unser Leben und beginnen untereinander wieder ihren ewigen Kampf."[24] Inzwischen weisen zahlreiche Beobachtungen darauf hin, daß Webers Befürchtungen nicht so weit hergeholt sind. Auf dem Hintergrund des oben Ausgeführten, seien einige Hinweise gegeben.

- Es kann kein Zweifel sein, daß sich das Verständnis des Berufs für die meisten Zeitgenossen gewandelt hat. Berufung, Auftrag und nicht funktionale ethische Ansprüche sind bei der Arbeit kaum mehr tragend, wohl aber besserer Verdienst, Unabhängigkeit, "Spaß an der Tätigkeit", Verantwortung für das Funktionieren.

---

[23] F.H. Tenbruck, a.a.O., 683.
[24] M. Weber, Wissenschaft als Beruf, in: Gesammelte Aufsätze zur Wissenschaftslehre, Tübingen 1968 (3. Aufl.), 605.

- Die innerweltliche Askese ist einem neuen Hedonismus gewichen.
- Neben die Produktion ist mindestens gleichgewichtig die Konsumption getreten. Sie ist für die meisten Menschen sinngebend und Motivationsressource.
- Die formale Rationalität ist selber nicht mehr zweckrational zu rechtfertigen. Sie rechtfertigt sich selber.
- Teile der Wirklichkeit scheinen dem Handelnden nicht mehr durch Sinn, also in "Lebenswelten" erschließbar zu sein. Sie scheinen vielmehr systemisch okkupiert, "kolonialisiert" zu sein.
- Religion scheint keine Ressource mehr zu sein, die umfassend Sinn und Rationalität aktiviert. Sie gilt lediglich als eine therapeutische Institution, um disfunktionale Restkontingenzen herauszusteuern und zu verarbeiten.

3. Randbemerkungen christlicher Theologie zum Thema Entwicklung und Rationalität

Die Beiträge der christlichen Kirchen und der christlichen Theologien zu den fundamentalen Problemen der Gesellschaft werden nur als marginal wahrgenommen. Der okzidentale Entwicklungs- und Rationalisierungsprozeß hat sich so formalisiert, daß er scheinbar keines äußeren, etwa von der Religion gestifteten Zwecks oder Wertes mehr bedarf. Das Christentum scheint seine Funktion als Weichensteller des okzidentalen Rationalisierungsprozesses eingebüßt zu haben. Bei Überlegungen, wie sie hier angestellt werden, kann es lediglich darum gehen, diesem Rationalisierungsprozeß den Schein eines ihm äußeren religiösen Zweckes und Wertes zu nehmen. Theologisch ist es nicht mehr tragbar, den Schein einer christlichen Zweck- und Wertsetzung aufrechtzuerhalten. Die theologischen Einsprüche vom Rande her sollen dem okzidentalen Interessenbündel den Anschein nehmen, diese Interessen seien von der Rationalität christlicher Ideen getragen. Die Behauptung der eschatologischen Bestimmung der Wirklichkeit steht zu der herrschenden formalisierten Zweckrationalität quer.

3.1 Kritik der Zweckrationalität

Die Behauptung der eschatologischen Bestimmung aller Wirklichkeit impliziert deren Finalität: Die Geschichte geht auf ein gutes, bejahbares Ende zu. In diesem Gang der Geschichte ist der Mensch ein wissender und wollender Mittäter des Endgültigen. Zweckrationalität scheint deshalb eine umfassende Bestimmung seines Handelns sein zu müssen. Aber in seiner Endlichkeit bewirkt der Mensch nicht die Bestimmung der Wirklichkeit im ganzen. Er kann nicht die Wirklichkeit als ganze zu seinem Handlungszweck haben. In doppelter Hinsicht ist Zweckrationalität begrenzt.

a) Unverfügbarkeit des Vorgegebenen
Jedes Handeln muß in inhaltlicher und situativer Hinsicht bestimmte Voraussetzungen machen, die weder konstruierbar noch rekonstruierbar sind. Sie sind zu komplex, um adäquat durchschaubar zu sein. Deshalb kann die Gesamtgeschichte kein Gegenstand rational begründbaren Handelns sein.[25] Die in der Wirklichkeit angelegten Potentiale sind nicht an jedem beliebigen Ort der Geschichte in gleicherweise zugänglich. Aber auch die die davon realisierten oder nicht realisierten Möglichkeiten verändern das Ausgangspotential für weiteres Handeln. Planende Vernunft verändert sich geschichtlich selbst und ist deshalb innerhalb der Wirklichkeit eine "prognostische Unschärfebedingung"[26]

b) Unverfügbarkeit der Folgen
Die Gesamtgeschichte ist aber auch deshalb kein Gegenstand rational begründbaren Handelns, weil nicht nur die Voraussetzungen des Handelns, sondern auch seine Folgen nicht umfassend abschätzbar und verfügbar sind. Jede Handlung ist bezüglich ihrer Folgen vieldeutig. Sie löst Nebenwirkungen aus, die nicht gewußt und nicht gewollt sind, aber doch auf nicht abschätzbare Weise in das Voraussetzungsgefüge weiteren Handelns eingreifen. Von keinem Standpunkt aus ist die ganze Wirklichkeit, oder auch nur ein sehr weitreichender Bereich der Wirklichkeit erreichbar. Die prognostische Vernunft ist deshalb von vornherein fragmentarisch. Ihre Entwürfe bleiben prinzipiell falsifizierbar. Daraus folgt: Niemand kann nicht einmal für sich selbst absolut sicher sein, was für ihn selber gut oder auch nur besser ist.

---

[25] K. Rahner, Die Frage nach der Zukunft, in: Schriften zur Theologie Bd. IX, Einsiedeln, Zürich, Köln 1970, 519-540; vgl. O. Marquard, Ende des Schicksals?, in: ders., Abschied vom Prinzipiellen, Stuttgart 1983, 76f.
[26] Ebd., 531, Anm. 10.

3.2 Kritik formaler Rationalität

Wenn nicht nur einzelne Handlungen, sondern ganze Handlungsfelder unter bestimmten Zwecken zu Funktionen formalisiert werden, dann schließen solche formale Rationalisierungen tendenziell das Unberechenbare, das Persönliche, das Unzuverlässige, das Versagen aus, zugunsten von Sicherheit, Effektivität, Dauerhaftigkeit. Die Formalisierungen von Wirklichkeitsfeldern mindern die Besonderheiten von Überlieferung von Kulturen, geschichtlichen Ereignissen, Biographien und reduzieren sie auf dem Inhalt gegenüber beliebige, systemische Formalstrukturen. Hat die Moderne die Zweckrationalität stark gemacht, um das Schicksal abzuschaffen, so kippt die formale Rationalität wieder ins Schicksalhafte, insofern sie den Einzelnen seiner Handlungszwecke und Sinngebungen beraubt und anonymen Zwecken unterwirft. Er wird Ausführender von Funktionen, die systemisch prädefiniert sind. Formale Rationalität wird wenigstens regional zum anonymen Schicksal. Sie begrenzt tendenziell zugunsten von Prognostizierbarkeit die Freiheit des Handelnden. Bürokratie, Konsum und Produktion sind Bereiche solcher formaler Rationalität. Mögen einer hochkomplexen Gesellschaft solche Systeme unvermeidbar erscheinen, sie dürfen - laut der Rede von eschatologisch bestimmter Wirklichkeit - nicht total werden.

3.3 Kritik monolinearer Deutungsrationalität

Die eschatologische Bestimmung universaler Wirklichkeit und die antizipatorische Realisierung dieser Bestimmung im christologischen Ereignis wären mißverstanden, wenn dem nur eine einzige geschichtliche Bewegung entsprechen würde. Von vielen Ausgangsorten zu einem einzigen Ziel führen viele Wege. Der einen transzendentalen Geschichte Heilsgeschichte entsprechen eine Vielzahl kategorialer Heilsgeschichten. Diese Vielzahl impliziert eine Vielzahl von Aneignungsgeschichten, Freiheitsgeschichten, Erfahrungsgeschichten, Zwecksetzungen, die alle der eigenen Kultur als Sinnresource entspringen. In der Vielzahl kulturbedingter Rationalisierungsprozesse spiegelt sich also die Vielzahl der kategorialen Heilsgeschichten. Diese Vielzahl ist nicht nur legitim, sondern auch notwendig. Wenn eine kategoriale Heilsgeschichte ein besonderes Gewicht hat - das christologische Ereignis - , dann bedeutet dies keine Ausserkraftsetzung der anderen Heilswege, sondern lediglich die Aufgabe, im

Gespräch der Kulturen und Religionen die gemeinsame eschatologische Bestimmung offen zu halten. Die Gewißheit in dieser universalen eschatologischen Bestimmung fordert gerade die Respektierung kultureigener Rationalisierungsprozesse, Deutungshorizonte und Planungskompetenzen. Niemand kann absolut sicher sein, was für den anderen gut oder auch nur besser ist.

3.4 Die Ungleichzeitigkeit kultureigener Rationalisierungsprozesse

Max Weber erklärt den Erfolg der okzidentalen Moderne damit, daß ein bestimmter religiöser Rationalisierungsprozeß mit den wirtschaftlichen Interessen zur Deckung kommt und sich somit als Motivationsschub im Modernisierungsprozeß auswirkt. Dieses Zusammentreffen ist derzeit wieder in Auflösung begriffen. Entweder muß sich die Wirtschaft eine neue Religion suchen, um weiterhin den nötigen Motivationsschub zu haben - dafür spricht manches - oder die Religion sucht sich eine andere Wirtschaft - dafür spricht wenig -. Jedenfalls ist die Frage wieder offen.
Nach Weber bildet sich die der Religion eigene Rationalität an der Bewältigung von Wirklichkeit aus. Deshalb ist für ihn die Figur der Theodizee der durchgehende Paramenter zur Einschätzung der kulturell differierenden Rationalisierungsprozesse. Im Umgang mit dem Leiden arbeitet eine Religion jeweils die ihr angemessene Rationalität aus. Die Leidensgeschichte ist ein inneres Moment der Freiheitsgeschichte.[27] In diesen Zusammenahng gehört auch die theologische Option für die Armen. Der okzidentale Modernisierungsprozeß wird sichtbar als eine Geschichte des Imperialismus, des Kolonialismus und als eine Verdrängungsgeschichte des Leidens. Die Unfähigkeit im okzidentalen Rationalisierungsprozeß, die Andersheit des kulturell Fremden wahrzunehmen, anzuerkennen und eine Ethik des wechselseitigen kulturellen Respekts zu entwickeln, ist ein nachhaltig wirksamer Defekt. In der Gegenwart ist die interkulturelle Solidarität für alle Seiten, auch für die vorherrschende Kultur, zu einer Bedingung des Überlebens geworden. Deshalb ist die wechselseitige kulturelle Respektierung bei wechselseitiger Zumutung weiterer kultureigener Rationalisierungsprozesse eine Frage des gemeinsamen Überlebens geworden. Dabei stellt die Ungleichzeitigkeit der kultureigenen Rationalisierungsprozesse ein Hauptproblem dar. Jeder

---

[27] J.B. Metz, Glaube in Geschichte und Gesellschaft, Mainz 1977, 98.

kulturell Handelnde kann nur insoweit handeln, als andere zuvor ihm nicht seinen kulturellen Handlungsspielraum durch exzessive Ausdehnung des ihren genommen haben. Die Ethik wechselseitigen Respekts und interkutureller Solidarität ist genötigt, Zumutbarkeitskriterien zu entwickeln für den interkulturellen Umgang miteinander: Auf Grund welcher Kriterien kann die Zustimmung des kulturell Fremden antizipiert werden, um ihm das ihm fremde, mir eigene kulturbedingte Handeln zuzumuten?

Ethisch-kulturelle Zusammenhänge von Ökonomie und Politik

Eine Konfrontation mit dem Ist-Stand gegenwärtiger Entwicklungskonzepte in einigen Statements

Uwe Simson
Bundesministerium für Wirtschaftliche Zusammenarbeit, Bonn

Sollen wir entwickeln, und wenn ja, worauf hin?

Eines der größten Probleme der heutigen Welt (vielleicht das größte neben dem Umweltproblem) besteht darin, daß eine sehr spezielle Art von "Entwicklung" in einem kleinen, abgelegenen und bis dahin ziemlich unwichtigen Erdteil stattgefunden hat. Dieser Erdteil dient jetzt als Vorbild für prinzipiell alle Gesellschaften der Welt, die sich die Ergebnisse des dort durchlaufenden Entwicklungsprozesses aneignen, m.a.W. "entwickelt" werden wollen. Die Forderung nach Entwicklung richtet sich an uns. Da ihre Nichterfüllung gefährliche Weltkonflikte ausgelöst hat und weitere, vielleicht tödliche, auslösen kann, sprechen für ihre Erfüllung nicht nur humanitäre, sondern eminent realpolitische Gründe. *Es ist also eindeutig klar, daß wir entwickeln sollen.* Und die historische Erfahrung zeigt, daß Außenbeiträge bei "nachholender" Entwicklung sinnvoll sein können: im ersten Drittel des vorigen Jahrhunderts haben die Europäer englische, im letzten Drittel die Japaner europäische Experten mit Erfolg eingesetzt.

Tatsächlich "entwickeln" wir ja auch seit über vier Jahrzehnten. Dieser relativ lange Zeitraum einer weltweiten Entwicklungsprogrammatik hat allerdings nicht dazu geführt, daß die Lage der Entwicklungsländer heute hoffnungsvoller wäre als zu Ende des Zweiten Weltkrieges. Die (wenigen) Ausnahmefälle zeigen aber, daß bei dieser Verschlechterung der Lage keine Naturgesetzlichkeit am Werke war, sondern daß der jetzige Zustand das Ergebnis menschlichen Handelns ist. Irgend jemand muß also irgend etwas grundlegend falsch gemacht haben. Sehen wir uns daraufhin die für gesamtgesellschaftliche Entwicklungen in erster Linie verantwortlichen Akteure an: die "politischen Klassen" in den Entwicklungsländern und in den Industrieländern.

Zuerst zu den Entwicklungsländern: die meisten von ihnen bieten heute das Bild auseinanderfallender Gesellschaften, die der Mehrheit ihrer Angehörigen jede Hoffnung genommen haben, daß ihre Bedürfnisse jemals auch nur annähernd befriedigt werden können. Nun wird kein sachkundiger Beobacher die riesigen realen Schwierigkeiten, vor denen jede nachholende Entwicklung steht, unterschätzen. Wenn aber die Aufgabe in der überwiegenden Mehrzahl der Entwicklungsländer nicht nur nicht gelöst, sondern überhaupt noch nicht ernsthaft angegangen worden ist, dann muß auf ein nicht fallweises oder partielles, sondern grundsätzliches Fehlverhalten der politischen Elite geschlossen werden.

Meiner Meinung nach handelt es sich dabei in zweifacher Hinsicht um Wunschdenken:

Erstens: Die Führungsschichten der meisten Entwicklungsländer erwarten von "Entwicklung" die Förderung ihrer partikularen Interessen auf Kosten der Mehrheit ihrer Bevölkerung;

sie unterziehen daher - *zweitens* - das "Gesamtangebot" des Okzidents einer sehr spezifischen Auswahl - unter dem Gesichtspunkt der Erhaltung ihrer Herrschaft.

Dieses selektive Wunschdenken ist nicht neu. Es läßt sich z.B. schon vor über 200 Jahren im alten Omanischen Reich beobachten, dessen Führungsschicht klar sah, daß die Beibehaltung des ptolemäischen Weltbildes für das Weiterbestehen der gegebenen Herrschaftsverhältnisse ebenso wichtig war wie der Nachbau der jeweils modernsten Geschütz- und Schiffstypen. Ins allgemeine gewendet besagt diese Auffassung, daß bestimmte Aspekte (z.B. die Technik) aus dem Gesamtzusammenhang der westlichen Kultur gelöst und übernommen, während andere, z.B. so unbequeme Dinge wie Demokratie oder Rechtsstaat, risikolos abgewiesen werden können. Die Auswahl erfolgt dabei im Namen der "kulturellen Identität"; als solche wird ein recht heterogenes Konglomerat präsentiert: auf der einen Seite Versatzstücke der eigenen Tradition, die der okzidentalen Tradition oft als "werthafter", moralisch höherstehend entgegengehalten werden, auf der anderen Seite "moderne" westliche Elemente, die nach Gesichtspunkten des Konsums und der Herrschaftsstabilisierung ausgewählt sind. Die dynamischen Elemente der eigenen Tradition (sofern vorhanden) werden negiert. So ist die "Kultur" vieler Entwicklungsländer (jedenfalls soweit es nach den Wünschen ihrer Herrscher geht) eine ungute Mischung: Der Beitrag des Westens wird "falsch" assimiliert, der eigene Beitrag besteht im wesentlichen nur noch aus Folklore und sozialen Mißständen. Die gesellschaftlichen Ressourcen - auch die von außen beigesteuerten! - werden in erster

Linie für die "innere Sicherheit" eingesetzt. Demokratie ist dann z.B. "unisla-misch", wie kürzlich der König von Marokko erklärt hat.

Jetzt zu den "Entwickelten" auf der anderen Seite des Grabens: Läßt sich auch hier ein analoges Verhältnis zwischen Herrschern und Beherrschten feststellen?
Wir können die Situation in den "entwickelten" Ländern nur verstehen, wenn wir uns klarmachen, daß ihre Gesellschaften *als ganze* - also ohne Unterschied zwischen Herrschern und Beherrschten - *im weltweiten Kontext eine herrschende Schicht darstellen:* eine gut organisierte Minderheit, durchaus im Sinne der Terminologie von Gaetano Mosca, innerhalb derer (bei aller vorhandenen Binnendifferenzierung) weitgehende Interessenidentität herrscht. Auch diese Schicht verteidigt ihre Stellung u.a. mit Hilfe eines Wunschdenkens, das auf Mißverständnissen über sozio-kulturelle Zusammenhänge beruht, und sie kommt zum selben Ergebnis: Nichts spricht dagegen, daß "wir" unsere Form der Entwicklung, die unsere Gesellschaft so zufrieden, jedenfalls aber so leicht regierbar macht, weiter betreiben.
Die Entwicklungsländer? Aber wir geben ihnen doch eine faire Chance mit unserer Entwicklungshilfe: Wir verhelfen ihnen dazu, so zu leben wie wir - vielleicht nicht morgen, aber übermorgen bestimmt. Und wenn sie diese Chance nicht nutzen, dann drängt sich eben die Frage auf, ob sie zu unserer Art von Entwicklung überhaupt bereit sind. Eine negative Antwort auf diese Frage würde die Sache natürlich ungeheuer erleichtern und es ist daher nicht erstaunlich, daß auch manche von den "Entwickelten" eine maßgeschneiderte Ideologie zur Hand haben. Ironischerweise trägt sie den selben Namen wie bei den Führern der "Unterentwickelten": Kulturelle Identität. Sie besagt, ganz kurz gefaßt, folgendes: Die anderen sind völlig anders als wir, sie haben also nicht nur völlig andere Fähigkeiten, sondern bestimmt auch völlig andere Bedürfnisse. So sind Autos z.B. Teil unserer - zugegebenermaßen ein bißchen materialistischen - Lebensform; bei Buddhisten, Hindus oder Moslems hingegen spielen geistige, religiöse Faktoren noch die bestimmende Rolle. Die westliche Entwicklung mit ihrer Konsumorientierung hat die Gesellschaften der Dritten Welt um ihre kulturelle Identität gebracht, die sie jetzt, z.B. mit Hilfe von Fundamentalismus, wiedergewinnen wollen. Der Gedanke, daß sie keine Autos haben, braucht uns also nicht zu beunruhigen, und wir dürfen unsere Zweitwagen mit gutem Gewissen weiter betätigen.

Bevor wir nun nach dem *Ziel der Entwicklung* fragen, müssen wir in zwei Punkten Klarheit gewinnen:

1. An die Adresse der Unterentwickelten:
Entwicklung ist nicht teilbar. Die führenden Kräfte in den Entwicklungsländern müssen sich mit der Erkenntnis anfreunden, daß sie aus dem westlichen Warenhaus nicht nach Gusto auswählen können. Wer Technik will, muß z.B. auch Wissenschaft wollen - und die gesellschaftlichen Bedingungen, unter denen Wissenschaft funktioniert. Aber damit hört es noch nicht auf. Daß "Entwicklung" nur Erfolg haben kann, wenn sie im sozialen und kulturellen Gesamtsystem verankert ist, wenn die Menschen an ihr aktiv partizipieren, und daß als Folge einer solchen Entwicklung eventuell sogar die Revision von Herrschaftsverhältnissen in Kauf genommen werden muß, haben offenbar nur wenige Entwicklungsländer erkannt: die ostasiatischen "success stories". *Sie* bemühen sich um die Endfassung der gesamten okzidentalen Kultur (einschließlich ihrer Entstehungsgeschichte, ihrer Philosophie, ihrer gesellschaftlichen Dynamik, Musik und Alpinismus) - *sie* haben diejenige Entwicklung der produktiven Kräfte in Gang gebracht, die heute erstklassige Autos und morgen vielleicht etwas langfristig Sinnvolleres ermöglicht. Man kann den Gegensatz auch so sehen: Während die Vertreter des selektiven Wunschdenkens westlichen *Konsum* für eine *Minderheit* anstreben, ist das Ziel hier westliche *Produktion* zuerst *durch* und dann *für* die Mehrheit.
Dazu ein Zitat: *"Hunger und Massenelend in der Dritten Welt bestehen nicht, weil der europäische Entwicklungsweg nachvollzogen wurde, sondern weil dies genau nicht der Fall war."*
Die Formulierung stammt nicht von einem älteren konservativen Ökonomen des Internationalen Währungsfonds, sondern von Dieter Senghaas (epd 14/92).

2. An die Adresse der Entwickelten:
Entwicklung ist nicht teilbar. Natürlich wäre es praktisch, wenn die Unterentwickelten in erster Linie an der ökonomisch (und ökologisch) nicht besonders kontroversen kulturellen Identität interessiert wären. Dies ist aber leider nicht der Fall. Es gibt im späten 20. Jahrhundert auf der Welt keine Gesellschaft, die gegen Autos, Kühlschränke und Unterhaltungselektronik immun wäre, und sicherlich nur sehr wenige Individuen, die der Meinung sind, diese schönen Dinge seien zwar für andere, aber nicht für sie da. Wenn in den Ländern der Buddhisten,

Hindus und Moslems weniger Autos fahren als bei uns, dann liegt das nicht an unterschiedlichen Präferenzen, sondern an unterschiedlichen Einkommensverhältnissen. Die Hauptstädte, die ja die Entwicklung dieser Länder anführen, haben im übrigen das internationale Niveau zumindest in dieser Hinsicht meist erreicht.

Max Weber hat einmal die Ansicht, in den vorindustriellen asiatischen Gesellschaften sei der Erwerbsbetrieb weniger stark ausgeprägt als im Okzident, eine "kindliche Idee" genannt; wir müssen heute feststellen, daß in Indien oder Ägypten der Verteilungskampf mit wesentlich härteren Bandagen geführt wird als in Deutschland oder Frankreich, da in den Entwicklungsländern die Möglichkeiten zur Realisierung der Wünsche unendlich viel geringer, *die Wünsche selbst aber im Prinzip die gleichen sind.* "Identität" ist (für unsere Fragestellung) nicht die Übereinstimmung mit irgendeiner Tradition, sondern die Übereinstimmung zwischen "Ist-Zustand" und "Soll-Zustand". Und was die *kulturelle Identität* betrifft, so müssen wir uns klarmachen, daß in den Entwicklungsländern (genauso wie in den Industrieländern) "kulturelle Identität" in erster Linie ein Versatzstück der im Verteilungskampf eingesetzten politischen Rhetorik ist. Zielgruppen dieser Rhetorik (z.B. der fundamentalistischen) sind in den Entwicklungsländern junge Männer oberhalb des Primarschulniveaus, die zu der Erkenntnis gekommen sind, daß sie in ihrer Gesellschaft rebus sic stantibus nie ein eigenes Auto fahren werden (und die nicht vorhaben, dieses Problem durch Auswanderung zu lösen). Der Schah hat das Rennen im Iran nicht deswegen verloren, weil er sich das falsche, das westliche Ziel gesetzt hat, sondern weil er dieses Ziel nicht erreicht hat.

Wenn der bis hierher vorgetragenen Argumentation zugestimmt wird, so kann es nicht mehr zweifelhaft sein, daß für die Welt längerfristig nur *ein* Entwicklungsweg denkbar ist. Der Versuch, *verschiedene Entwicklungsziele* aufzustellen, etwa weitere Zunahme des Wohlstands bei uns, in den Entwicklungsländern aber die Befriedigung von Grundbedürfnissen, hat dann keine Aussicht auf Erfolg.
Heißt das, daß wir den Entwicklungsländern unsere gegenwärtige Lebensform empfehlen (und durch Entwicklungshilfe ermöglichen) sollen? Die Antwort auf diese Frage ergibt sich, wenn wir uns überlegen, wohin z.B. diejenigen Entwicklungsländer, die heute den Giftmüll der "ersten Welt" aufnehmen, nach erfolgter "moderner" Entwicklung ih-

ren eigenen exportieren sollen, oder woher der Sauerstoff zum Atmen kommt, wenn alle Inder und Chinesen Privatautos kriegen. Die Lebensform, bei der wir uns treffen müssen, kann aber auch nicht die der Majorität im heutigen Indien oder Ägypten sein - gekennzeichnet durch Massenelend und Unterdrückung. *Der Imperativ der Entwicklung und der Veränderung gilt also für beide Weltteile.*

Man könnte in diesem Zusammenhang eine lange Liste von "Wünschbarkeiten" aufstellen; ich möchte mich auf zwei Schlüsselbegriffe beschränken: *Nachhaltigkeit* und *Gleichheit*.

- *Zum Thema "Nachhaltigkeit"*: Die bisher eindimensional angestrebte Naturbeherrschung unter Mißachtung des Nachhaltigkeitsprinzips ist zu ersetzen durch den Gedanken einer umfassenden Steuerung der Interaktion mit der natürlichen Umwelt. *Diese Forderung richtet sich in erster Linie an die Entwickelten.* Die Tatsache, daß die Bevölkerung der europäischen Industrienationen nicht mehr wächst, darf nicht von der Erkenntnis ablenken, daß Übervölkerung (sinnvollerweise nur als "Verhältnis von Nutzungsdruck zu Ressourcen" aufzufassen) in erster Linie ein Problem der Industrieländer ist. Übervölkerte Länder sind z.B. England, Benelux, Deutschland, Italien und Japan. Natürlich besteht das Problem nicht nur in den Industrieländern (Extremfall: Bangladesch); es stellt sich aber in den meisten Entwicklungsländern eher in der Form dar, daß durch die schnelle Zunahme der Bevölkerung die Entwicklungsleistungen pro Kopf nicht im gewünschten Umfang steigen. Familienplanung ist daher auch in Entwicklungsländern sinnvoll.

- Die zweite Forderung ist die nach *Gleichheit; sie richtet sich an die Unterentwickelten mindestens ebenso wie an die Entwickelten.* Der Gleichheitsgedanke ist ein Ergebnis der westlichen Entwicklung. Ob konkrete gesellschaftliche Gleichheit, also nicht eine abstrakte "Gleichheit vor Gott", in irgendeiner außerokzidentalen Kultur authentische Wurzeln hat, erscheint mir zweifelhaft; in der einzigen, die ich näher kenne, der islamischen, ist dies nicht der Fall, und ich vermute, daß auch z.B. dem Hinduismus der Gleichheitsgedanke fremd ist. Die führenden Schichten der Entwicklungsländer, die den Industrieländern gegenüber so gern mit der Idee der Gleichheit operieren, dürfen analoge Forderungen ihrer eigenen Bevölkerungen nicht mehr mit Terror beantworten.

In den Industrieländern stellt sich das Gleichheitsproblem in einer speziellen Form: wenn Wachstum nicht mehr als Ersatz für Gleichheit angeboten werden kann, dann muß - jedenfalls solange eine freiheitliche Verfassung der Gesellschaft angestrebt wird - die Gleichheit selbst zum politischen Programm werden. Und die Eliten, die sich mit diesem Programm schwer tun, sitzen nicht nur in den Entwicklungsländern.

Jetzt zu der heiklen Frage, ob diejenige Weltkultur, die ein Weiterleben aller Menschen ohne Not und Unterdrückung gestattet, eine bloße Ausweitung der okzidentalen Lebensform von heute sein wird - oder ob sie entscheidende Beiträge aus außerokzidentalen Kulturen aufnehmen kann.

Ich meine, daß zentrale Elemente der okzidentalen Kultur von allen anderen Kulturen unbedingt übernommen werden müssen - so der eben diskutierte Gedanke der Gleichheit: das Prinzip der Gleichheit zwischen Freien und Sklaven, Mann und Frau, Gläubigen und Ungläubigen, eigener Gruppe und Fremdgruppen. Unverzichtbar sind sicher auch diejenigen westlichen Denkformen und Einstellungen, die moderne Technik und Organisation ermöglichen. Offensichtlich ist der Schritt zur Industriegesellschaft eine "evolutionäre Universalie" (T. Parsons), wie vor 6.000 Jahren der Schritt zum Ackerbau (und ebenso wie dieser wird er nicht von allen potentiellen Kandidaten gleichzeitig vollzogen).

Völlige Freiheit herrscht dagegen im Bereich der Folklore, die ja heute schon von vielen ethnischen Gruppen als Identitätsersatz fleißig benutzt wird. Nicht notwendig berührt wird der ästhetische Bereich; ebenso der religiöse. Religion hat sich in der Geschichte oft als äußerst anpassungsfähig erwiesen: So hat das Christentum die verschiedensten Gesellschaftsformen *und die Opposition gegen sie* gestützt (Bauernkrieg, Südafrika). Und hier liegt wahrscheinlich auch der wichtigste potentielle Beitrag außereuropäischer Kulturen/Religionen zur künftigen Weltkultur: in der Legitimation des überlebenswichtigen Gedankens, daß die prinzipiell unendlichen Möglichkeiten von Technik und Organisation im Namen des Menschen zu beschränken sind. Erleichtert wird dies durch die Tatsache, daß heilige Schriften meist sehr interpretationsfähig sind.

Was können wir (= die "Entwickelten") tun?

Ein gemeinsames Handeln zwischen "erster" und "dritter" Welt wird nur zustande kommen, wenn ein Tempo des Wandels gefunden wird, das *uns* nicht zu schnell und *ihnen* nicht zu langsam ist. Hier werden beide Seiten Kompromisse machen müssen. Uns wird, wenn wir (wieder) glaubhaft werden wollen, sehr bald eine Selbstbeschränkung abverlangt, die den meisten Menschen in unserer Gesellschaft sehr schwerfallen wird. Um nur zwei Dinge herauszugreifen: nicht mehr völlig selbstverständlich an weit auseinanderliegenden Orten wohnen, arbeiten, einkaufen und Erholung suchen; zum Joghurtkaufen in den Supermarkt ein Gefäß mitbringen. Kurz, es geht darum, unsere seit über 40 Jahren eingeübte, uns heute fast "natürlich", jedenfalls notwendig erscheinende Lebensform drastisch zu verändern. Darin wird unser entscheidender Beitrag zu einem zukünftigen Miteinander bestehen. Die Alternative zu unserer Lebensform kann nicht von außen kommen: Ein solcher Versuch ist vor ziemlich genau drei Jahren fast lautlos zusammengebrochen.

Erlauben Sie mir zum Schluß, sozusagen als Plädoyer in eigener Sache, einen kleinen Rückfall in eine bescheidenere Perspektive: die der *Entwicklungszuammenarbeit*. Entwicklungszusammenarbeit ist direkte Kommunikation zwischen Gesellschaften verschiedenen Entwicklungsstandes. Diese Kommunikation hat ihre optimale Form heute noch nicht gefunden; sie hat bis jetzt noch nicht geleistet, was sie im Prinzip leisten kann. Wir versuchen aber, diesem Ziel näher zu kommen, indem wir unseren finanziellen und personellen Beitrag stärker an den Bedürfnissen, Motiven und Fähigkeiten der Bevölkerungsmehrheit in den Entwicklungsländern ausrichten. Mit Armutsorientierung, Selbsthilfe, Frauenförderung und der Einbeziehung der sozio-kulturellen Dimension kommen wir hier schrittweise voran. Und die Betonung der Menschenrechte, von der Sie vielleicht aus den Medien erfahren haben, ist nicht die zeitweilige Marotte eines bestimmten Politikers, sondern der Versuch, Entwicklung so zu gestalten, wie sie einzig Erfolg haben kann: als Entwicklung *für* und *durch* die Menschen.

Walter Thomi
Kreditanstalt für Wiederaufbau

Thesen zum Kontext von Ökonomie und Politik in der Entwicklungszusammenarbeit

Will man ethnisch-kulturelle Zusammenhänge und Bedingungen von Ökonomie und Politik im Kontext der internationalen Entwicklungszusammenarbeit thematisieren, so erscheint eine kurze Vergegenwärtigung der Entwicklung ihrer Rahmenbedingungen zur Begründung der nachfolgenden Thesen hilfreich:

Überspringt man den Kolonialismus und betrachtet das internationale System am Ende des Zweiten Weltkrieges, so sieht man die Herausbildung von neuen internationalen Institutionen (Bretton Woods Institutionen / Vereinte Nationen), deren Gestaltungs- und Handlungsspielräume in dieser Phase in entscheidender Weise durch den sich rasch entwickelnden Ost-West-Gegensatz geprägt wurden. Indem die damalige Entwicklungszusammenarbeit die gesellschaftspolitische Dimension von Entwicklung negierte und vorrangig mit zweidimensionalen Modellen von Technik und Ökonomie operierte, konnte sie in diesem Ost-West-Verhältnis entsprechend leicht instrumentalisiert werden.

Die Begrenztheit des zweidimensionalen Entwicklungsansatzes zeigte sich, trotz aller Professionalisierung spätestens dann, wenn man sich mit den längerfristigen Resultaten der Entwicklungszusammenarbeit auseinandersetzte bzw. wenn man ihr Ergebnis an dem selbst postulierten Ziel der nachholenden Entwicklung maß. Während nun auf der Umsatzebene von Entwicklungszusammenarbeit die Erkenntnis eines sehr engen Zusammenhangs von Projekt und Umfeld (Rahmenbedingungen) heranreifte, verdeutlichte spätestens die Veröffentlichung des Brundlandt-Reports, aber auch die durch das "Ozonloch" ausgelöste Klima-Diskussion, daß die westliche Bewirtschaftung der natürlichen Ressourcen in unveränderter Form weder ein übertragbares Modell sein, noch dauerhaft aufrecht erhalten werden kann. Hier wurde eines der zentralen Leitbilder der Entwicklungszusammenarbeit in Frage gestellt. Doch damit nicht genug, gleichzeitig veränderte sich mit dem Zusammenbruch des kommunistischen Blocks das internationale System in dramatischer Weise. Für die Entwicklungszusammenarbeit wurde "plötzlich" die Dimension des "Politischen" thematisierbar, und das Wort von "good governance" gehört heute schon fast zum Alltagswortschatz ihrer Akteure. Gleichwohl glaube ich, daß die mit den hier nur kurz angedeuteten Entwicklungen verbundenen Möglichkeiten noch nicht in ausreichender Weise in das Instrumentarium der Entwicklungszusammenarbeit integriert worden sind, und daß wir erst am Anfang einer hoffentlich für alle Betroffenen fruchtbaren Diskussion stehen:

1. Wir befinden uns gegenwärtig noch in einer Übergangsphase des internationalen Systems, in dem sowohl die multilateralen Organisationen als auch die einzelnen Nationalstaaten oder Staatengruppen ihre Rollen neu definieren müssen. Das Aufbrechen regionaler Konfliktzonen gehört ebenso zu diesem Prozeß wie beispielsweise die Diskussion über die zukünftige Rolle der Bundesrepublik im Rahmen der Vereinten Nationen. Ob dieser Prozeß eine verstärkte Fragmentierung oder eine verstärkte Integration der Welt vollziehen wird, ist derzeit noch offen. Mit der Herausbildung und Konsolidierung dieser neuen Weltordnung werden sich auch Inhalt und Formen der Kooperation mit den Entwicklungsländern neu definieren.

2. Wenn sich die positiven Ansätze einer neuen Weltordnung durchsetzen, so wird eine wahrscheinlich auf international definierten Menschenrechten beruhende Handlungsethik - dem das Prinzip der nationalstaatlichen Souveränität untergeordnet sein muß - der multilateralen Institutionen erforderlich, die nicht nur Minimalforderungen sondern vielleicht auch eine positive Utopie enthalten sollte.

3. Bei allen Rufen nach einer neuen Weltgesellschaft sollte nicht mißverstanden werden, daß es sich hier nicht um einen Prozeß der Nivellierung, Anpassung und letztlich Auflösung regionaler Kulturen handeln darf. Erst die Akzeptanz und Toleranz des Andersartigen bietet die Voraussetzung zur Entwicklung eines darüber hinausgehenden Gemeinsamen. Nur in der Vielfalt der verschiedenen Kulturen kann ihre Einheit sich entwickeln.

4. Mit der Problematisierung des Leitbildes von der industrialisierten Weltgesellschaft sind nicht nur die Industrieländer aufgerufen, eine neue Vision einer zukünftigen Weltzivilisation zu entwickeln. Die Aggressivität des westlichen Entwicklungsmodells gegenüber den natürlichen Ressourcen verdeutlicht, daß wir die Werte und Kosmologien vieler Kulturen brauchen, um die Nachhaltigkeit unserer Existenz auf diesem Planeten gewährleisten zu können. Armuts- und Selbsthilfeorientierung sind dabei sicherlich auch zukünftig wesentliche Elemente der Entwicklungszusammenarbeit, aber reichen sie aus? Brauchen wir nicht auch eine positive Vision von zukünftiger Entwicklung, die über Aspekte der Verhinderung und des Abbaues sozialer und materieller Mißstände hinausgeht? Ich glaube, hier sind die afrikanischen, asiatischen und lateinamerikanischen Völker aufgerufen, ihre Stimme zu erheben, und diese Konferenz ist sicherlich ein wichtiger Beitrag zur Artikulation ihrer Vorstellungen.

5. Auch die Entwicklungszusammenarbeit und die sie tragenden Organisationen sind aufgerufen, ihre Erfahrungen und ihre Professionalität einzubringen, um ihren Beitrag zur Überwindung der technisch ökonomischen Entwicklungsmodelle durch Integration der gesellschaftspolitischen Dimension zu leisten. Kultur darf auch in der praktischen Zusammenarbeit nicht länger eine unbekannte, retardierende Restgröße bleiben, sondern muß als positiver Nährboden sozialer, politischer und ökonomischer Entwicklung begriffen werden.

Johannes Hoffmann

Praxis der Entwicklungszusammenarbeit und die Frage nach Alternativen

Ein Gespräch zwischen Praktikern der Entwicklungszusammenarbeit in Deutschland und Vertretern aus unterschiedlichen Kulturen

Es gehörte von Anfang an zur Methodik der Forschungsarbeit von Theologie Interkulturell, bei konkreten Konflikten, bei Störungen der interkulturellen Kommunikation anzusetzen. Dies schien uns für die Erforschung der Bedingungen interkultureller Kommunikation und für den Erwerb interkultureller Handlungskompetenz insofern dem Forschungsgegenstand angemessener zu sein, weil Interkulturalität sein Spezifikum ist und nicht - wie etwa bei Interdisziplinarität - auf eine mehr oder minder klar umrissene Verständigung über Theorien und Methoden zurückgegriffen werden kann. Die systematische Bearbeitung von Fragen interkultureller Kommunikation ist aufgrund der weltweiten Migrationsbewegungen im letzten Jahrzehnt und aufgrund der Globalisierung des marktwirtschaftlichen Systems in ein neues Stadium getreten. Sowohl die Situation multikultureller Gesellschaften wie auch die globalen interkulturellen und internationalen Verflechtungen verlangen etwa im Interesse des Zusammenwachsens der Kulturen zu einer Weltkultur nach der Erarbeitung von kulturübergreifenden, universalen Standards. Das ist die eine Seite. Gleichzeitig erhebt sich massiver Protest von jenen Kulturen und Völkern, die sich durch die Globalisierungstendenzen in ihrer kulturellen Eigenheit und Identität bedroht sehen, gerade deswegen ihre kulturelle Besonderheit einklagen und das in ihren Traditionen enthaltene Ordnungs- und Gestaltungswissen und die damit gegebenen Fertigkeiten keinesfalls aufgeben möchten, weil sie darin für ihre jeweiligen Kontexte die entscheidenden Möglichkeiten für die Lösung der Probleme sehen, die sich ihnen stellen.

Das Symposium „Die Vernunft in den Kulturen. Das Menschenrecht auf kultureigene Entwicklung" sollte sich in besonderer Weise diesem Konfliktfeld stellen. Aus diesem Grunde haben wir zunächst einmal mit Wissenschaftlern aus unterschiedlichen Kulturen Diskurse über die gängigen Entwicklungstheorien, wie Dependenztheorie, Modernisierungstheorie etc. geführt, um uns einerseits die mit diesen Konzepten gegebenen Grenzen und Mängel zu vergegenwärtigen, um sie in ihren universalen Geltungsansprüchen zu hinterfragen und um andererseits in interkulturellen Dialogen nach alternativen Verstehensansätzen Ausschau zu halten, die sich gerade dadurch auszeichnen, daß sie die Spannung zwischen kulturübergreifenden und universalistischen Geltungsansprüchen einerseits und den Forderungen nach Partikularität und kultureller Besonderheit und Identität andererseits aufrecht erhalten. Diese Spannung darf nicht vorzeitig nivelliert werden, sei es im Interesse derer, die aus ökonomischen, politischen oder auch ethischen Gründen nach mehr Uniformität unter den Kulturen, nach mehr Globalisierung und nach einem Weltethos[1] und gar einer Weltkultur suchen, sei es im Interesse derer, die gegenüber universalen Ansprüchen etwa des Menschenrechtes auf Leben oder auf Recht zur Rechtfertigung von Menschenrechtsverletzungen (Beispiel: China) auf sogenannte kultureigene Verstehensansätze als Alibi rekurrieren, sei es im durchaus berechtigten Interesse derer, die das in ihren Traditionen aufbewahrte Ordnungswissen und die Fertigkeiten bewahren wollen, weil sie darin die ihren Kulturen angemessenen Möglichkeiten wahrnehmen, ihre eigenen Probleme zu definieren und zu lösen.

Die dazu ermöglichten interkulturellen Dialoge und der Austausch im KollegenInnenkreis konnte zwar keinen abschließenden Konsens herbeiführen, aber es sind in den wissenschaftlichen Diskursen Klärungen zum Begriff „Entwicklung" aus der Sicht unterschiedlicher kultureller Kontexte und eine interkulturelle Verständigung über die bisher vorherrschenden Theorien und Konzepte erzielt worden. Diese wurden im Gespräch mit den Praktikern aus der Entwicklungszusammenarbeit deutlich. Ich hoffe, diese im Bericht über das Gespräch ein wenig charakterisieren zu können.

Um den Teilnehmern einen gezielten Impuls für den Einstieg in das Gespräch zu ermöglichen, wurden die Praktiker aus der Entwicklungszusammenarbeit gebeten, aus der Erfahrung ihrer Arbeit über den gegenwärtigen Stand der Entwicklungszusammenarbeit zu berichten und die Möglichkeiten aufzuzeigen, auf welche Weise Entwicklung gefördert werden könnte, die die in den jeweiligen Tra-

---

[1] Hans Küng, Projekt Weltethos, München/Zürich 1990.

ditionen vorhandenen kultureigenen Entwicklungspotentiale nicht nur berücksichtigt, sondern diese zum Ausgangspunkt der Überlegungen macht.

Unter der thematischen Zuspitzung „Sollen wir entwickeln, und wenn ja, worauf hin?" machte zunächst Uwe Simson vom Bundesministerium für Wirtschaftliche Zusammenarbeit (BMZ) deutlich, daß - von einigen wenigen Ausnahmen abgesehen - die Entwicklungszusammenarbeit der letzten vier Jahrzehnte gescheitert sei. Unter ökonomischen Auspizien hatte Präsident Truman in seiner Regierungserklärung vom 20. Januar 1949 „den größten Teil der Welt zu 'unterentwickelten Gebieten' erklärt"[2] und das bis heute noch - wenn auch mit Varianten versehene - praktizierte Konzept der „nachholenden Entwicklung" auf den politischen Weg gebracht.

Für das Scheitern dieser Entwicklungsidee machte Uwe Simson menschliches Versagen bei den „verantwortlichen Akteuren", den „politischen Klassen in den Entwicklungsländern und in den Industrieländern", verantwortlich. Sodann zeigte er auf, daß angesichts der Ressourcenknappheit und angesichts weiter zunehmender Umweltbelastung und -verschmutzung Entwicklung für den ganzen Globus nur als *eine* konzipiert werden kann. Entwicklung sei unteilbar. Unter den Kriterien von „Nachhaltigkeit" und „Gleichheit" betrachtet, sei nur „ein gemeinsames Handeln zwischen 'erster' und 'dritter' Welt" vorstellbar, „wenn ein Tempo des Wandels gefunden wird, das *uns* nicht zu langsam ist. Hier werden beide Seiten Kompromisse machen müssen". Er plädierte abschließend für ein Konzept von Entwicklungszusammenarbeit, die sich als „direkte Kommunikation zwischen Gesellschaften verschiedenen Entwicklungsstandes versteht. Damit war von seinem Statement her der Ball in die Runde geworfen, in der nach den Bedingungen gefragt werden sollte, auf welche Weise interkulturelle Kommunikation zu einer für alle Betroffenen angemessenen Gestaltung von Entwicklung gelingen kann.

Das zweite Statement kam von der Seite der finanziellen Zusammenarbeit. Walter Thomi von der Kreditanstalt für Wiederaufbau (KfW), also von der Deutschen Entwicklungsbank, bestätigte aus seiner Erfahrung die Position von Uwe Simson, indem er ausführte, „daß die westliche Bewirtschaftung der natürlichen Ressourcen in unveränderter Form weder ein übertragbares Modell sein, noch dauerhaft auf-

---

[2] Wolfgang Sachs, Zur Archäologie der Entwicklungsidee. Planet als Managementobjekt, Frankfurt 1992, 25.

recht erhalten werden kann". Gleichzeitig fügte er wichtige Ergänzungen an. Für die gegenwärtige Situation in der Entwicklungszusammenarbeit sei durch den „Zusammenbruch des kommunistischen Blocks das internationale System in dramatischer Weise" verändert worden, was neue Möglichkeiten und neue politische Spielräume für die Entwicklungszusammenarbeit eröffne und alte politische Restriktionen aufhebe, um zu einer neuen Weltordnung zu kommen, in der eine Verständigung zwischen den Kulturen über „eine positive Vision von zukünftiger Entwicklung" denkbar wäre. Ob unter diesen neuen Bedingungen soziokulturelle Zusammenhänge nicht nur als Schmiermittel in der Zusammenarbeit mißbraucht wird, hänge davon ab, ob es in der interkulturellen Kommunikation zu Aufmerksamkeit auf die jeweiligen kulturellen Besonderheiten und zur Akzeptanz von Partikularität im politischen Geschäft der Mächte kommt.

Von der kirchlichen Entwicklungszusammenarbeit sprach Bischof Franz Kamphaus, der Vorsitzende der Bischöflichen Kommission Misereor. Er bezog sich zustimmend auf die beiden vorangegangenen Statements und stellte auf dieser Basis die Frage: „Wie läßt es sich verwirklichen, daß es tatsächlich zu *einer* Entwicklung, zu einem Entwicklungsweg, zu einer Weltkultur kommt?" Er wies in diesem Zusammenhang darauf hin, daß gegenwärtig die „Einheit Deutschlands und Europas die Aufmerksamkeit" absorbiere und es fraglich sei, ob die vorgetragenen Überlegungen zur Entwicklungszusammenarbeit im Bewußtsein der Politiker und der Gesellschaft sei. Daher ist die Frage, wie es zu bewerkstelligen ist, daß das, was die Schrift von Justitia et Pax mit „sozialer Bewegung für eine Welt" meint, tatsächlich auf den Weg gebracht wird und gelingt.
Einen Schwerpunkt für die Zukunft sieht Bischof Kamphaus in der Betonung der Menschenrechte als gemeinsamer Basis. Dazu gehöre es, daß die katholische Kirche ihre Gebrochenheit mit der Menschenrechtstradition offen eingestehe und aus der eigenen Vergangenheit lerne. Dazu gehöre aber auch, daß Kirche darüber hinaus offensiv in den Dialog mit den anderen Religionen, insbesondere mit dem Islam, eintrete. Das sei einfach unverzichtbar, um eine gemeinsame Basis zwischen den Religionen zu schaffen, von der Schritte in Richtung auf *eine* Weltkultur ermöglicht werden könnten.

Damit wurde die Dialogrunde mit den Vertretern unterschiedlicher Kulturen eröffnet. Dazu gehörten: Bénézet Bujo (Zaire), Francis X.

D'Sa (Indien), Enrique Dussel (Argentinien), John Fernandes (Indien), Peter Hebblethwaite (Großbritannien), Obiora F. Ike (Nigeria), John D'Arcy May (Australien), Shi Ming (China), Rao Narahari (Indien), N. M. Saveri(muttu) (Sri Lanka), Sulak Sivaraksa (Thailand) und Felix Wilfred (Indien).
In der Diskussion kristallisierten sich drei Schwerpunkte heraus: Zunächst ging es um die Klärung des Begriffs von Entwicklung. Was wird unter Entwicklung verstanden? Welche Perspektiven gibt es? Einen zweiten Schwerpunkt bildete die Frage nach der Rolle der Macht. Und schließlich ging es um die Frage der Verwirklichung eines neuen Entwicklungskonzeptes und entwicklungspolitischen Kurses, in dem dem Prinzip der Gleichheit ebenso Rechnung getragen wird wie den Bedingungen interkultureller Kommunikation.

Als erster griff Rao Narahari in die Diskussion ein und erklärte, er halte es für wenig sinnvoll, zwischen westlichen und nicht-westlichen Modellen zu unterscheiden und zu sagen, die westlichen sind gut für den Westen und die nicht-westlichen sind gut für den Nicht-Westen. Er kritisiere bestehende Entwicklungsmodelle, nicht weil sie im Westen ihren Ursprung hätten, sondern weil sie die Entwicklungssituationen verzerrten und keine Hilfe für die Bewältigung der Entwicklungsaufgaben und Probleme böten. So wie die Dinge nun einmal lägen, rühre die Motivation für viele Entwicklungsmodelle von anderen Interessen her als von der Absicht, nicht-europäische soziale Milieus zu verstehen und zu respektieren. Im Gegenteil seien sie dazu geeignet, die Besonderheit des westlichen Milieus gegenüber allen anderen Milieus herauszustellen und konstituieren daher lediglich eine Zweiteilung der Welt in eine Welt des Westens und in eine solche des Nicht-Westens. Aus dieser Sicht werden nicht-europäische Milieus entweder zu Gegenbildern gemacht oder werden als Vorstufen für einen Milieutyp klassifiziert, der mit dem europäischen verwandt ist. Insofern ist es nicht sinnvoll, mit dem Weberschen Verstehensansatz weiter zu operieren. Die Idee, eine besondere Gruppe besitze die richtigen Einsichten und Überzeugungen und das wahre Wissen bzw. den wahren Glauben, während andere nur Mythen hätten, sei eine weitverbreitete Vorgehensweise zur Abgrenzung westlicher und nicht-westlicher Kulturen. Wenn man - anstatt die Aufmerksamkeit auf die realen Fragen und Probleme zu richten - solche Modelle zur Analyse des Entwicklungsmilieus ansetze, dann drehe sich der Diskurs nur um die Frage, ob Westernalisierung gut oder schlecht sei. Das seien Pseudo-Fragen und sie seien völlig irrelevant für die Lösung der eigentlich anstehenden Fragen. Er schlage dagegen vor, die Aufmerksamkeit mehr auf die Fertigkeiten zu richten als auf sogenannte wahre Feststellungen oder Beschreibungen, wenn man aus einer Denkstruktur herauskommen wolle, innerhalb derer die Frage nach dem Rationalisierungspotential einer Kultur erst sinnvoll erscheint. Es mache auch wenig Sinn, sich bei solchen Gelegenheiten moralisch an die Brust zu klopfen oder nur gute Absichten und Gefühle auszutauschen. Aber leider hänge das nicht mit der schon beschriebenen Vorgehensweise zusammen. Wenn man Entwicklungsfragen im Schema „West" versus „Nicht-West" diskutiert, dann ist die Versuchung zu groß, über die Übel des Westens oder über die Fehler der Nicht-Europäer zu grübeln. Diesem Denken habe auch Uwe Simson angehangen, aber das bringe im besten Fall eine Wiederholung alter Weisheiten und im ungünstigsten Fall führt es zur Herausstellung von moralischen Fehlern bei dieser oder jener Gruppe. Wenn man über Bedingungen von Entwicklung auch unter Berücksichtigung des Kriteriums „Gleichheit" reflektieren wolle, müßte man z.B. fragen: Inwieweit oder in welchem Sinne sind die sogenannten traditionellen Gesellschaften tatsächlich traditionell? Oder: Inwieweit ist die Annahme valide, daß die sogenannten Dritt-Welt-Länder ländlich seien? Können beispielsweise Länder wie Brasilien, Indien oder Indonesien überhaupt für das Wohl ihrer Bürger sorgen, wenn sie einfach davon ausgingen, daß ihre Bevölkerung hauptsächlich als ländlich zu betrachten sei und Städte lediglich Verirrungen der wirklichen Natur ihrer Gesellschaften darstellten? Oder es ist die Frage wichtig, inwieweit sich der Nationalstaat als hilfreich oder hinderlich erweist für ein friedliches Zusammenleben von Menschen aus unterschiedlichen Völkern? Das seien seiner Ansicht nach Fragen, die den Kern der Wechselbeziehungen zwischen unterschiedlichen Regionen, Milieus, Klassen und Traditionen betreffen. Es komme darauf an, Entwicklung als einen Prozeß zu verstehen, der einerseits das durch ökonomische Benachteiligung verursachte Leiden mindere und gleichzeitig andererseits den Erhalt und die Weiterentwicklung der Fertigkeiten fördere, die im Wissen früherer Generationen überliefert und verankert seien. Jede Kultur sei im Besitz solcher Wissenssysteme, mit deren Hilfe sie in der Lage seien, ihre Probleme zu lösen. Sie dürfen daher weder unterdrückt, noch auf die vorherrschenden ökonomisch orientierten Modelle der Mächtigen hin funktionalisiert wer-

den, sondern müssen als kultureigene Möglichkeiten wahrgenommen und respektiert werden.
Der Zielrichtung dieser Argumentation schlossen sich verschiedene Diskussionsteilnehmer aus jeweils ihrer Perspektive und mit weiteren Argumenten an.

Felix Wilfred mahnte die dreifache Unschuld des Westens an, der so tue, als sehe er die tiefe Krise nicht, in der sich die westlichen Gesellschaften befinden und als hätten die nicht-westlichen Kulturen keine innere Dynamik und Kraft zu einer menschlichen Gestaltung ihrer gesellschaftlichen Systeme. Das schlimmste aber sei, daß man mit dem Dünkel, mit dem die Moderne daherkomme und „Tradition" als etwas Überholtes betrachte, die Durchsetzung des eigenen Modernisierungskonzeptes rechtfertige und sich nicht scheue, auch auf Macht jederzeit zurückzugreifen.

Was Felix mit der dreifachen Unschuld des Westens meinte, das versuchte Enrique Dussel mit seinem Hinweis auf die mit dem entwicklungsideologischen Fehlschluß gegebenen Irrtümer zu verdeutlichen. Als „entwicklungsideologischen Fehlschluß" definierte Enrique Dussel "das einlinige Verständnis der Entwicklung der verschiedenen Völker und Kulturen, die dem tatsächlichen konkret-historischen Weg Europas (...) folgen mußten. Der konkrete europäische Prozeß seit seinem eigenen sogenannten 'Mittelalter' schuf die moderne kapitalistische Gesellschaft, ging aus Kultur und System des Feudalismus hervor und etablierte sich seit 1492 als 'Zentrum' des ersten Weltsystems ...; d.h. er schuf eine 'Perspektive' ... als ergänzenden, aber wesentlichen Ausgangspunkt seiner eigenen Entwicklung als 'Zentrum'. Der 'entwicklungsideologische Fehlschluß' verfällt demnach zwei fundamentalen theoretischen Irrtümern. Erstens ignoriert er die um einer ausgebeuteten und in ihrer eigenen Entwicklung beherrschten 'Peripherie' willen in Europa ausgeübte Funktion als 'Zentrum'. Zweitens betrachtet er die peripheren Länder als rückständig, d.h. als einen Moment, der dem des Entwicklungsprozesses in Europa zeitlich vorausliegt. Er versteht weder, daß die Ausbeutung der Peripherie eine Quelle seiner eigenen Entwicklung darstellt, noch den Charakter der Unterentwicklung der Peripherie ... Die differenzierte 'Entwicklung' der Peripherie müßte den Weg einer pluralen Weltentwicklung verfolgen, die auch die Mitwirkung der entwickelten Länder einschließt. ... Darum ist die *Befreiung der Peripherie* ... der Ausgangspunkt für jede integrierte Entwicklung."[3]

Obiora Ike und Bénézet Bujo sekundierten dieser Argumentation, indem sie herausstellten, daß der Gleichheitsgedanke und der Partizipationsgedanke nicht etwa nur von Europa komme. In den afrikanischen Stammestraditionen gab und gibt es ausgefeilte Gleichheitssysteme. Es gab in Afrika keine Klassen wie etwa in Europa. Insofern ist es wirklich die Frage, was Entwicklung ist und ob die von Europa importierte nur vermeintlicher Fortschritt ist.

Francis D'Sa bezweifelte, ob es faktisch und theoretisch möglich sei, einen einzigen Entwicklungsweg zu gehen. Jede Kultur habe einen eigenen Verstehensweg. Auch wenn alle von Gleichheit sprächen, werde überall aus den jeweiligen Kontexten heraus etwas anderes darunter verstanden. Die Frage ist, wie wir uns darüber verständigen können. Vielleicht gelingt es uns, das herauszufinden, was uns alle verbindet. Das könnte dann als Grundlage dienen, um die verschiedenen Wege zu ermöglichen. Aber das sei nicht leicht. Als geschichtliche Wesen sind wir von Vorverständnissen geprägt. Um in der interkulturellen Kommunikation soweit zu kommen, daß wir uns unsere verschiedenen Wege gegenseitig zur Kenntnis nehmen und gegenseitig gestatten, müssen wir die auch bei vielen Menschen nichtwestlicher Kulturen angeeigneten westlichen universalen Geltungsansprüche für Entwicklung Schritt für Schritt dekonstruieren und dann können wir unsere jeweils eigenen Wege und kulturellen Verstehensweisen rekonstruieren. Einer Rekonstruktion muß die Dekonstruktion von Verstehensweisen, die mit einem universalen Anspruch auftreten, ebenso vorausgehen, wie die Revision die Voraussetzung dafür sei, daß wir dann zu einer gemeinsamen Vision finden. Es gelte so etwas wie ein Inter-face zu entwickeln, mit dessen Hilfe interkulturelles Verstehen möglich werde.
In ihrer Replik auf diesen ersten Diskussionsschwerpunkt stimmten die Experten aus der Praxis der Entwicklungszusammenarbeit überein, daß die „alten Ziele der Modernisierung nicht aufrechterhalten werden können" (Thomi). Da es zu wenig interkulturelle Kommunikation gebe, wisse man überhaupt nicht, wohin man entwickeln solle. Es gebe keine langfristigen, allenfalls mittelfristige Zielvorstellungen,

---

[3] Enrique Dussel, Kultureigene Entwicklungpotentiale Lateinamerikas, in diesem Band, S. 297-298.

die wiederum sehr auf Hilfe, auf Unterstützung bei der Bildung von Infrastruktur bei der Entstehung und beim Wachsen der Städte reduziert sei. Daher sei es nach Simson vielleicht eher eine Möglichkeit, dadurch Hilfe zu gewähren, „daß wir nicht etwas tun, sondern etwas lassen."

Bischof Kamphaus stellte daran anschließend die Frage, woher denn unsere Ratlosigkeit komme und er meinte: Vielleicht rühre sie daher, „daß wir im Westen viel zu sehr davon ausgegangen sind, daß wir bestimmen könnten, was Entwicklung ist." Aber aus dieser Ratlosigkeit, in die wir uns hineinmanövriert haben, können wir uns nur in einer gemeinsamen, interkulturellen Bemühung Schritt für Schritt herausarbeiten. So müßten „die zum Schweigen verurteilten 4/5 der Menschheit mitreden" können. Dabei müßten wir im Westen eingestehen, daß „wir selbst in einer tiefen Krise" stecken, „damit wir nicht Modelle exportieren, an denen wir selbst kranken." Wir haben auch „kein Recht, von Gleichheit zu sprechen, wenn wir in unserer Art, wie wir leben, die Gleichheit aufs Schlimmste verletzen".

Der zweite Diskussionsschwerpunkt ergab sich auf dem Hintergrund der Rolle von Macht in der Entwicklungszusammenarbeit. Die Bedeutung der Machtfrage sprachen alle Diskussionsteilnehmer an. Selbst wenn man die Zeit der Kolonisation einmal beiseite lasse, so habe sich, was die Machtfrage und die Machtverhältnisse betrifft, unter dem Konzept der nachholenden Entwicklung faktisch nichts geändert. Die ökonomischen Interessen des Zentrums wurden und werden notfalls mit Gewalt durchgesetzt. Die Gleichheit wird auf allen Ebenen internationaler und interkultureller Kommunikation mit Füßen getreten, auch beispielsweise im GATT trotz gegenteiliger Behauptungen. Diese Macht im Gewande des neoliberalen Kapitalismus trete seit dem Zusammenbruch des Systems des realen Kommunismus immer unverfrorener auf. Wie sollen da interkulturelle Verständigungen überhaupt möglich sein und gestaltet werden?

Sulak Sivaraksa gab hierzu aus buddhistischer Sicht zu bedenken, daß die Errungenschaften des Westens ein ungeheures destruktives Potential darstellten, da sie auf einer maßlosen Begierde basierten und sich ungezügeltem Machtstreben verdankten. Das sei die Ursache des Leidens, mit dem wir jetzt konfrontiert seien. Der Fortschritt in Europa habe nicht den Frieden geschaffen. Wir sollten uns daher vergegenwärtigen, wer wir wirklich sind und aus dieser Selbsterfahrung und dem Selbstbewußtsein vom buddhistischen Konzept lernen, das davon ausgeht, daß alle und alles miteinander in Beziehung steht und ein Netz von Beziehungen bildet. Immerhin wächst das Bewußtsein weltweit, daß die Globalisierung des kapitalistischen Wirtschaftssystems nur der „konsumistischen, individualistischen und gewaltausübenden Kultur des Marktes"[4] dient. „Eine von Tag zu Tag deutlicher sichtbar werdende Tatsache ist die Todeswirklichkeit, die in den armen Ländern und bei den Armen aller Länder immer schneller wächst ... Zwei Todestendenzen erscheinen in der neuen internationalen 'Ordnung': Die Zerstörung der Natur und der Ausschluß der Mehrheiten. Das neoliberale Bankett ist wunderbar, aber nur wenige Gäste sind da, und die natürliche Umgebung wird von Tag zu Tag mehr zerstört. Der 'Ausschluß' ist ein neues Phänomen, das zu der bereits bestehenden Armut und der äußeren Verelendung noch hinzukommt. Der Ausgeschlossene ist derjenige, der in der Logik des Marktes nicht vorkommt, der ausgesondert werden kann, dessen Tod die Effizienz und die Produktivität des Systems nicht beeinträchtigt"[5], so formuliert es der Chilene Pablo Richard. Wenn dieses Bewußtsein Schule macht, dann wird sich für alle Beteiligten des Marktes zeigen, daß der Ausschluß aus dem ökonomischen System auch nicht grenzenlos ist und das Überleben des Systems von einer für die Wachstumsbedürfnisse des Systems hinreichenden Menge an Beteiligten und Partizipierenden abhängen wird. Das aber könnte den Mächtigen die Bereitschaft zur Kooperation sinnvoll erscheinen lassen und einen Kompromiß zwischen Reichen und Armen, Mächtigen und von Macht Ausgeschlossenen anbahnen. Gelingt das nicht, bleibt als Endstation nur eine totalitäre Weltbeherrschung, in der 4/5 der Weltgesellschaft durch 1/5 unterdrückt und in Armut und Elend gehalten werden.

Vielleicht vermag das Modell vom Gefangenendilemma diese Hoffnung auf eine Kooperation der Kontrahenten einsichtig und nachvollziehbar zu machen. Ich habe es ja gegen Ende der Podiumsdiskussion ins Gespräch eingebracht. Douglas R. Hofstadter nennt das Gefangenendilemma „ein äußerst lebensnahes Paradox, das Melvin Dresher und Merill Flood von der Rand-Corporation im Jahr 1950 entdeckt haben. Den ersten Artikel darüber schrieb Albert W. Tucker,

---

[4] Pablo Richard, Der Gott des Lebens und die Wiedergeburt der Religion, in: Concilium, 31 (April 1995), 165-171; hier: 170.
[5] Ders., ebd., 169.

und darin gab er ihm seinen mittlerweile berühmt gewordenen Namen".[6]

Ich will das Gefangenendilemma zunächst als Spiel vorstellen und es dann als Paradigma in seinen formalen Möglichkeiten zur Entwicklung von Lösungen in unterschiedlichen paradoxen gesellschaftlichen und wirtschaftlichen Kontexten zu nutzen versuchen.

In einem Übungsbuch mit Psycho-Spielen wird das „Gefangenenspiel" mit dem Hinweis vorgestellt: „Sie können in diesem Spiel viel über Ihr Verhalten in Konkurrenzsituationen aller Art lernen!"[7]

Das besondere dieser Spielsituation ist es nun, daß zwei Gruppen in einer Konkurrenzsituation gegenüberstehen, daß aber alle Mitglieder der Gruppe innerhalb der Gruppe voneinander isoliert operieren müssen. Niemand der Gruppenmitglieder hat die Möglichkeit, weder mit einem anderen Mitglied der eigenen Gruppe, noch mit einem Mitglied der Konkurrenzgruppe zu kommunizieren. Jede/r einzelne muß sich also sehr genau überlegen, wie er/sie in dieser Konkurrenzsituation handelt, daß für die eigene Gruppe das Optimum erreicht wird.[8]

---

[6] Douglas R. Hofstadter, Das Gefangenendilemma. Computer-Turniere und die Evolution der Kooperation, in: Ders., Meta magicum. Fragen nach der Essenz von Geist und Struktur, Stuttgart 1988, 781-802; hier: 781.

[7] Rainer E. Kirsten, Joachim Müller-Schwarz, Gruppentraining. Ein Übungsbuch mit 59 Psycho-Spielen. Trainingsaufgaben und Tests, 51-53. Tausend Auflage, Reinbek 1986, 78-81.

[8] Die Spielsituation wird folgendermaßen beschrieben:
"Sie haben gemeinsam mit den Mitgliedern der anderen Gruppe in einem ausländischen Staat eine Revolution geplant, um den dortigen Diktator zu stürzen. Sie sind jedoch alle von der Geheimpolizei des Diktators entdeckt und verhaftet worden. Man hat beide Gruppen im Gefängnis getrennt untergebracht, und sie haben keine Möglichkeit, Verbindung miteinander aufzunehmen. Eigentlich hat der Ankläger keinen sicheren Beweis, um die Revolutionäre in einem Prozeß zu überführen. Er kann sie aber nur in einem ordentlichen Gerichtsverfahren verurteilen, denn der Diktator fürchtet die Meinung der Weltpresse. Gestehen beide Gruppen nicht, dann können die Revolutionäre nur wegen illegalen Waffenbesitzes zu einer geringen Freiheitsstrafe verurteilt werden. Der Ankläger will aber ein abschreckendes Exempel statuieren! Er geht daher nacheinander zu den beiden Gefangenengruppen und macht jeder den folgenden Vorschlag:
Am besten sei es für die Gefangenengruppe, wenn sie gestehen würde, der Ankläger ließe sie dann sofort als Kronzeugen frei. Die Gefangenen der anderen Gruppe wären dann überführt und würden zu zehn Jahren Haft verurteilt. Gestehen beide Gruppen, läßt der Ankläger 'Milde' walten. Die Revolutionäre beider Gruppen müssen dann mit einer Freiheitsstrafe von sechs Jahren rechnen. Gestehen alle Gefangenen nicht, werden sie dennoch auf jeden Fall wegen illegalen Waffenbesitzes zwei Jahre ins Gefängnis gesteckt." In: Dies., ebd., 78f.

Die Möglichkeit kann sich jeder Spieler in einer Entscheidungsmatrix wie der folgenden auflisten.

	schweigen	gestehen
schweigen	2 / 2	0 / 10
gestehen	10 / 0	6 / 6

Natürlich versuchen die meisten Mitglieder beider Gruppen zunächst den für sie allein günstigsten Fall zu erreichen. Sie gestehen und setzen darauf, daß die jeweils anderen nicht gestehen. Die jeweiligen Mitglieder der Gruppen versuchen also zunächst über eine Kooperation mit dem Ankläger für sich das beste herauszuholen. Nach einigen Durchgängen des Spiels entdecken sie, daß es zu einer Kooperation der konkurrierenden Gruppen kommen muß, wenn beide glimpflich bzw. mit einem Minimum an Nachteilen und einem Maximum an Nutzen davonkommen wollen. Dabei stellt sich ferner heraus, daß das Optimum für beide erreicht werden kann, wenn jede Gruppe nicht nur das eigene Interesse verfolgt, sondern sich die Perspektive der rivalisierenden Gruppe zu eigen macht und deren Interesse in gleicher Weise berücksichtigt wie das der eigenen.

Schließlich zeigt sich gerade in dieser Spielsituation, daß jeder Mitspieler bei seiner Entscheidung auf sich selbst gestellt ist. Er muß die Entscheidung ohne Kommunikation mit den anderen fällen. Jedes Mitglied ist also als sittliches Subjekt herausgefordert, eine Entscheidung zu fällen, die für alle Beteiligten - auch für die Konkurrenten - das Optimum bringt. Niemand kann sich der Entscheidung entziehen. Und jeder fällt eine solche Entscheidung in der Hoffnung, daß alle - ganz gleich wie sie zueinander stehen - sich die Situation eines jeden vergegenwärtigt und das Interesse jedes Mitgliedes gleichermaßen berücksichtigt. Jede/Jeder handelt also in der Erwartung, daß dann, wenn sie/er eine Entscheidung als einzelne/einzelner fällt, die das Interesse aller berücksichtigt, auch die Gruppen als ganze zu dieser Entscheidung gelangen. Letzteres ist unbedingt erforderlich, wenn das Optimum für alle erreicht werden soll. Und noch eines: Die allein aus der eigenen Perspektive betrachtete Wahl der "schlechteren Alternative"⁹ ist die, die für alle Interaktionspartner das bestmögliche Ergebnis bringt. Wenn dies bewußt wird, entwickelt sich daraus die Hoffnung, daß immer mehr dies begreifen und realisieren. Dies wiederum stärkt das Vertrauen in jede/jeden anderen Interaktionspartner, daß im gesellschaftlichen Handeln einer/eines jeden mein Interesse angemessen respektiert wird.

Bisher bin ich entsprechend der Anlage des Gefangenenspiels immer davon ausgegangen, daß die Konkurrentinnen und Konkurrenten in einer symmetrischen Beziehung stehen. Das ist aber in der Wirklichkeit selten der Fall. Sehr häufig haben wir es mit asymmetrischen Verhältnissen zu tun, z.B. aufgrund unterschiedlicher Macht, unterschiedlicher Kenntnisse, unterschiedlichem Besitz etc. Um angesichts solcher Verhältnisse in einer Situation ein kooperatives Handeln beider Partner zu erwirken, mit deren Ergebnis beide gleich gut leben können, bedarf weiterer Erörterung.

Was hier zunächst aus sozialpsychologischer Sicht für die Interaktion von Menschen und Gruppen in einer Situation gesagt werden kann, die der des Gefangenendilemmas entspricht, läßt sich ergänzen durch Erkenntnisse, die bei einem vom Politologen Robert Axelrod veranstalteten Computer-Turnier gewonnen wurden. 1979 lud Axelrod Spieltheoretiker ein, die sich u.a. auch mit dem Gefangenendilemma in Veröffentlichungen befaßt hatten. Er forderte alle auf, Handlungsstrategien für das Gefangenenspiel in Form von Computerprogrammen einzusenden, damit er diese Strategien gegeneinander antreten lassen und untersuchen könnte, welches das erfolgreichste sei. Nach Axelrod ist das Gefangenendilemma "eine abstrakte Formulierung einiger sehr verbreiteter und sehr interessanter Situationen, in denen Defektion (im Spielbeispiel hier identisch mit "gestehen" = Einfügung J.H.) für jede Person individuell am vorteilhaftesten ist, während andererseits jeder durch wechselseitige Kooperation besser gestellt wäre."¹⁰

Die Frage, die ihn zu seinem Versuch veranlaßte, ist für unsere Frage äußerst interessant und bedeutsam, nämlich: "Unter welchen Bedingungen entsteht Kooperation in einer Welt von Egoisten ohne zentra-

---

[9] Werner Herkner, Einführung in die Sozialpsychologie, 3. Aufl. Bern/Stuttgart/ Wien 1983, 428.

[10] Robert Axelrod, Die Evolution der Kooperation, übersetzt und mit einem Nachwort von Werner Raub und Thomas Voss, Studienausgabe 2. Auflage, München 1991, 8.

len Herrschaftsstab?"[11] Er hatte festgestellt, daß in der Situation des Gefangenendilemmas "bei einer unbestimmten Anzahl von Interaktionen Kooperation entstehen" konnte und deswegen wollte er mit seinen Versuchen "die notwendigen und hinreichenden Bedingungen für die Entstehung von Kooperation ausfindig" machen.[12] Im Grunde verlangt dies die systematische Bearbeitung der folgenden Fragen:

1. Wie kann Kooperation überhaupt entstehen?
2. Können Kooperationsstrategien besser überleben als die mit ihnen rivalisierenden Nicht-Kooperationsstrategien?
3. Welche Kooperationsstrategien schneiden am besten ab, und wie gelangen sie zur Vorherrschaft?

Das Ergebnis ist frappierend: Es siegte das Programm, das der Psychologe und Philosoph Anatol Rapoport von der Universität Toronto entwickelt hatte. Es war das einfachste Programm und erwies sich zugleich als das beste. Die Taktik des Programms war mit einer kooperativen Wahl zu beginnen und "danach das zu tun, was der andere Spieler im vorangegangenen Zug getan hat."[13] Er nannte das Programm TIT FOR TAT, was in der alttestamentlichen Regel "Auge um Auge, Zahn um Zahn" zum Ausdruck kommt. Formal gesehen umschreibt diese alttestamentliche Regel eine Interaktionsstrategie, in der auf eine Schädigung durch einen anderen nicht mehr mit allen Mitteln sozusagen unkontrollierter Rache geantwortet wird, sondern Vergeltung im gleichen Umfang der Schädigung an die Stelle tritt. Aus der Perspektive des Liebesgebotes gesehen, erscheint uns die Regel "Auge um Auge, Zahn um Zahn" wenig befriedigend, erst recht nicht christlich zu sein. Denn das Liebesgebot bedingt ja eine Interaktionsstrategie, die von unbedingter Kooperationsbereitschaft ausgeht. Wie wir jedoch sehen werden, ist bedingte Kooperationsbereitschaft als Interaktionsstrategie in Situationen, wie sie das Gefangenendilemma umschreibt, wesentlich erfolgreicher, vermag sogar zur Entstehung und Festigung von Kooperation bei konfligierenden Individuen und Gruppen eher beizutragen als unbedingte und prinzipielle Kooperation. Wenn wir uns die Regel "Auge um Auge - Zahn um Zahn" genauer anschauen und nach den Ursachen für den Erfolg der Strategie fragen, werden wir entdecken, daß es zunächst eine "freundliche"

---

[11] Ders., ebd., 3.
[12] Ders., ebd., 9.
[13] Ders., ebd., 28.

Strategie ist, weil sie prinzipiell die Kommunikation mit jedem Kontrahenten mit einer Kooperation beginnt und nicht mit Schädigung, nicht mit "Defektion". Erst wenn der Kontrahent mit einer Schädigung aufwartet, wird Vergeltung geübt, allerdings ohne nachtragend zu sein. Man/Frau übt "Nachsicht" und ist jedesmal - "abgesehen von einer einzigen Bestrafung"[14] - erneut bereit zu kooperieren. Damit vereinigt nach Axelrod diese Strategie alle "wünschenswerten Eigenschaften". Sie sei freundlich, nachsichtig und schlage zurück. Sie defektiere nie als erste, sie verzeihe eine isolierte Schädigung, nachdem sie sie einmal beantwortet habe; aber sie übe auch für jede Schädigung Vergeltung, unabhängig davon, wie gut die Interaktion bis dahin verlaufen sei.[15] Darüber hinaus profitiert die Strategie "von der eigenen Verständlichkeit".[16] Sie ist daher robust und kann nicht ausgebeutet werden, weil es eine beachtliche Wahrscheinlichkeit gibt, auf sie zu treffen, weil es leicht ist, sie zu erkennen und wenn man/frau sie erkannt hat, weiß, daß man sie nicht ausbeuten kann.[17] Mit anderen Worten: Wenn es sich bei der Strategie "Auge um Auge, Zahn um Zahn" um eine Strategie handelt, die leicht verständlich, weil einfach und damit gut erkennbar ist, und wenn es sich um eine Strategie handelt, die einerseits "freundlich" ist und auf jeden Fall erst kooperiert bzw. niemals als erste defektiert, die andererseits aber klar provozierbar ist und auf jede Schädigung durch eine andere mit Vergeltung reagiert ohne nachtragend zu sein, dann ist diese Strategie kollektiv stabil, "vorausgesetzt" - wie Axelrod es formuliert - "die Zukunft wirft einen ausreichend großen Schatten auf die Gegenwart."[18] Wenn also die Wahrscheinlichkeit hoch ist, daß man/frau wieder auf die Leute trifft, die sich dieser Strategie in der Interaktion bedienen, dann ist auch die Wahrscheinlichkeit hoch, daß sie sich gegenüber solchen Leuten kooperativ verhalten. Das Prinzip der Gegenseitigkeit wird dadurch als Verhaltensmaxime gefördert. Die Interaktionsstrategie "Auge um Auge, Zahn um Zahn" ist "erfolgreich, weil sie bei anderen Kooperation hervorlockt, nicht dadurch, daß sie sie besiegt ... Der Schlüssel zum Erfolg liegt nicht darin, andere zu bezwingen, sondern sie zur Kooperation zu ermuntern."[19] Dies gilt nicht nur für Interak-

---

[14] Ders., ebd., 38.
[15] Ders., ebd., 41.
[16] Ders., ebd., 47.
[17] Ders., ebd., 47.
[18] Ders., ebd., 53.
[19] Ders., ebd., 171.

tionen zwischen einzelnen Individuen, sondern auch zwischen einzelnen Gruppen.
Dieses Programm siegte, weil es zunächst eine "anständige" Strategie ist, da sie niemals zuerst aussteigt. Ferner ist sie "nachsichtig". Auf einen Ausstieg des Anderen reagiert sie zwar sofort, sie ist "provozierbar" und eindeutig, aber sie kooperiert unmittelbar danach wieder. Das Computerspiel "Auge um Auge" gewann nach Axelrod nicht deswegen, weil es den anderen Spieler besiegte, sondern weil es ihn zu einem Verhalten nötigte, das beide gut abschneiden ließ. Im Grunde kitzelt es beim Gegenüber die Kooperation durch freundliche entgegenkommende Maßnahmen heraus. Aber es profitiert auch von seiner Unausnutzbarkeit. Sofern klar ist, daß weitere Begegnungen wahrscheinlich sind, dann ist Auge um Auge leicht zu erkennen und nach dem Erkennen ist es leicht, sich von der Unausnutzbarkeit zu überzeugen.
Somit ergibt sich als Fazit: Wer in Situationen, die dem Gefangenendilemma analog sind, auf der Basis der Regeln des Programms Auge um Auge operiert, der verhält sich anständig, ist provozierbar, reagiert immer klar erkennbar und ist nachsichtig und offen für weitere Kooperation. Das alles macht seine Überlebensfähigkeit gerade auch in einem Heer von Egoisten und bedingungsloser Aussteiger aus. Nur durch ein paar Akteure in diesem Heer, die sich gemäß den Regeln von Rapoport verhalten, also bedingt kooperativ sind, wird immer wieder die Tür der Kooperation geöffnet, durch die die Erfahrung von Vorteil gemacht wird. So evolutioniert bedingte Kooperation auch die Kooperation bei ausgefuchsten Egoisten. Schließlich bringt dieses Verhalten auch Stabilität. Man kann mit diesem Programm zwar in eine Welt von Egoisten und Widerlingen eindringen. Das aber ist letzteren nicht möglich. Axelrod kommentiert das so: "Das Zahnradgetriebe der sozialen Evolution hat eine Rückschlagsperre."

Ich hoffe, damit deutlich gemacht zu haben, daß es auch in unserer Situation zur Kooperation unter den Kontrahenten kommen kann, wenn sich alle Beteiligten der Angewiesenheit aufeinander bewußt werden, um für alle die optimale Lösung zu erzielen. Die Erfahrung, daß wir global in einem voneinander abhängigen Netz von Beziehungen leben, wie Sulak Sivaraksa zu verdeutlichen versuchte, könnte uns zu dieser Kooperation befähigen. Die Einsicht, daß wir selbst auf diesem Globus nur überleben können, wenn wir allen gleichermaßen eine menschenwürdige Lebensweise zugestehen und die Erfahrung, daß wir selbst nur die Sicherheit haben werden, die wir allen anderen gleichermaßen gewähren, könnte alle - gerade auch die Mächtigen und Reichen - dazu veranlassen, die aus ihrer Sicht gesehene zweitbeste Lösung zu akzeptieren. Das aber heißt konkret, die Reichen und Mächtigen könnten sich bereit finden, ihren Konsumismus zurückzufahren und ihren Lebensstil, der nur auf Kosten anderer zu halten ist, grundlegend zu ändern.

Bleibt nun noch über den dritten Schwerpunkt im Rahmen der Podiumsdiskussion zu berichten, nämlich um die Frage der Verwirklichung eines neuen Entwicklungskonzeptes und eines entsprechenden entwicklungspolitischen Kurses. Neben Hinweisen von verschiedenen Teilnehmern gab John D'Arcy May ein umfangreiches Statement ab, das er auch ausgearbeitet schriftlich nachgereicht hat. Es handelt sich dabei um ein konkretes Projekt der Entwicklungszusammenarbeit in Papua-Neuguinea, für dessen Bewertung das Missionswerk der Evangelisch-Lutherischen Kirche in Bayern dem Starnberger Institut einen Auftrag gegeben hatte. Sein Bericht darüber und sein Statement zur Logik der Entwicklung im Pazifik sollen daher im vollen Wortlaut in den Bericht über die Podiumsdiskussion an dieser Stelle aufgenommen werden:

<<In den letzten Monaten haben die Auseinandersetzungen um die "Starnberger Studie"[20] zur Umweltbelastung durch das Bergbauprojekt Ok Tedi im Rahmen der Entwicklungspolitik Papua-Neuguineas Schlagzeilen gemacht. Der vorläufige Höhepunkt war die Tagung "Kein Stiller Ozean" an der Evangelischen Akademie Tutzing (23.-26. April 1992), zu der die Auftraggeber und Autoren der Studie, Vertreter der Regierung Papua-Neuguineas und - unangekündigt und überraschend - der betroffenen Landbesitzer, nicht aber der beteiligten Bergbaukonzerne, gekommen waren.[21] Dieses nicht ganz vollständige, aber intensiv geführte Gespräch dürfte für viele Konflikte um integrale und humane Entwicklung im Pazifik exemplarisch sein.

Im Kontext unseres Symposiums zur Rationalität kultureigener Entwicklungspotentiale ist die Rolle der Wissenschaft in der Auseinan-

---

[20] Otto Kreye und Lutz Castell, Entwicklung und Umwelt. Ökonomisch-ökologische Entwicklung in Papua-Neuguinea. Eine Untersuchung des Starnberger Instituts im Auftrag des Missionswerkes der Evang.-Luth. Kirche in Bayern, Hamburg-München 1991.

[21] Vgl. Testfall Ok Tedi, epd-Entwicklungspolitik 13. Juli 1992.

dersetzung um Ok Tedi von besonderer Bedeutung. Auf der einen Seite steht die "engagierte" Wissenschaft der Starnberger, die ihre Untersuchungen auf Einladung der Kirchen Papua-Neuguineas durchgeführt haben. Ihre Studie wurde durch die "interessierte" Wissenschaft der Beauftragten des Bergbauunternehmens Ok Tedi Mining Limited (OTML) und des Department of Minerals and Energy (DME) "in einer Art und Weise abgelehnt, die aufhorchen ließ".[22] In diesen Streit der Experten hat sich allerdings eine andere Stimme ungebeten eingeschaltet: die der aus unmittelbarer Betroffenheit argumentierenden Landbesitzer. Ich möchte die These vertreten, daß ihre Sorge um die Erhaltung ihrer Umwelt genauso "rational" ist wie die Zahlenspiele der Experten, und daß sie wegweisende Vorstellungen über die wahre Natur menschlich verantwortbarer Entwicklung enthält.

1. Der amerikanische Entwicklungsethiker Denis Goulet hat unter Hinweis auf Max Weber drei Rationalitäten herausgearbeitet, die bei Entwicklungsvorhaben immer im Spiel sind.[23] Da gibt es einmal die technologische Rationalität derjenigen, die zweckrational bestimmte Ziele durch passende technische Mittel erreichen wollen. Diese Rationalität ist bei westlich konzipierten Großprojekten wie Ok Tedi besonders ausgeprägt, aber sie wohnt prinzipiell jeder Organisation von Ressourcen zur Verbesserung der Lebensumstände inne. Von ihr klar unterschieden ist eine politische Rationalität derjenigen, unter deren Verantwortung ein Entwicklungsprojekt fällt. Sie konzipieren das Projekt nicht, noch führen sie es aus, aber sie sehen Vorteile darin, ob für ihr Volk oder für sich. Dies gilt genauso für die Dorfpolitik wie für die Machthaber größerer politischer Einheiten.

Von den beiden genannten Rationalitäten selten mitthematisiert wird schließlich eine ethische Rationalität, die auf dem in religiösen Mythen und Riten gespeicherten und in der Umgangssprache zum Ausdruck kommenden Sinnkonsens der sozialen Lebenswelt basiert. Sie birgt das Potential einer wirksamen Kritik an den sozial-ökologischen Auswirkungen der technologischen sowie an den versteckten Machtinteressen der politischen Rationalität, vorausgesetzt, daß alle drei

---

[22] Stellvertretender Akademiedirektor Jürgen Micksch in seiner Einleitung zur Tutzinger Tagung, epd-Dokumentation 8.
[23] Vgl. Denis Goulet, Three Rationalities in Development Decision-making, in: World Development 14 (1986) 301-317; s.a. ders., In Defense of Cultural Rights: Technology, Tradition and Conflicting Models of Rationality, in: Human Rights Quarterly 3 (4/1981) 1-18; ders., The Cruel Choice, New York 1985.

Rationalitäten ihre jeweiligen Anliegen in einen offenen Dialog einbringen können. Es ist Goulets These, daß dieser Dialog äußerst selten zustandekommt. Statt einander zirkulär zu ergänzen, werden die drei Rationalitäten der Zweckmäßigkeit der Technik oder dem Machtkalkül der Politik entsprechend hierarchisiert.

Am Beispiel Ok Tedi läßt sich diese These im pazifischen Kontext erhärten. Politik und Technik verschreiben sich gleichermaßen der "Logik der Entwicklung", die aus Riesenprojekten wie Ok Tedi und Bougainville Copper wirtschaftliche Vorteile verspricht - es fragt sich nur, ob in erster Linie für die beteiligten Firmen oder für das Land. Ihr gegenüber steht eine "Logik der Sorge", die an die so konzipierte Entwicklung eine moralische Anfrage stellt. Sie wird in der Regel von Kirchen und Landbesitzern zur Geltung gebracht, obwohl es keinen prinzipiellen Grund gibt, warum Techniker und Politiker sie nicht auch teilen sollten. In dieser Anfrage klingt nach und nach eine ökologische Ethik an, die nicht nur die Rechte von Menschen, sondern auch die Sorge um die Erde zum Ausdruck bringt. Die Ausformulierung einer solchen Ethik halte ich für einen außerordentlich bedeutsamen Beitrag nicht nur zur Entwicklungsethik, sondern zur dringend notwendigen Entwicklung der von der Aufklärung bestimmten westlichen Ethik überhaupt.[24] Dies wäre ein kulturspezifischer Beitrag der Völker des Pazifik zur Humanisierung und zur ökologischen Ergänzung der einseitig technologisch konzipierten westlichen "Entwicklung".

2. In seinem Beitrag zur Tutzinger Tagung hat der damalige Justizminister von Papua-Neuguinea Bernard Narokobi offen zugegeben, "daß wir Ihre Zusammenarbeit benötigen, um die Vision und die Ziele zu erreichen, die wir haben" (10).[25] "Es ist nicht so", führt er fort, "daß wir nicht definiert haben, was wir wollen. Aber wir werden immer beherrscht von überlegener Technologie" (ebd.). Die technologische Rationalität dominiert also derart, daß die politische und ethische ihr untergeordnet werden. "Wir sind ihrem Modell gefolgt", fährt Narokobi fort, doch "wir sind lediglich Amateure in dieser Zivilisation. Wir haben unsere eigene Zivilisation, unsere eigene Technologie, die Holz- und Steintechnologie" (10-11). Ihm ist also die technologische

---

[24] Vgl.: D. May, Towards the Development of Ethics, in: Catalyst 17 (1987), 235-251; ders., Christus Initiator. Theologie im Pazifik, Düsseldorf 1990, 71-83.

[25] Seitenzahlen in Klammern beziehen sich auf die epd-Dokumentation zur Tutzinger Tagung "Kein Stiller Ozean".

Rationalität keineswegs fremd, sie ist nur in einer anderen, der Umwelt angepaßten Form präsent. "Wir versuchen zu sehen, was wir daraus machen können, und allzu oft sind wir verwirrt, weil es scheint, daß selbst Sie sich nicht darüber einigen können, was gut ist" (11). Die westliche Technologie verfährt blind, weil die Verantwortung für ihre Folgen keinen Platz hat in einer technisch und wirtschaftlich bestimmten Logik der Entwicklung. Narokobi hatte dennoch keine Hemmungen, am Ende der Tagung dann "Hilfe in großem Maßstab" zu fordern, denn es stehe fest, "daß Sie den Preis für Entwicklung zahlen müssen", d.h. für frische Luft, sauberes Wasser und lebendige Wälder (56). Selbst "wenn wir eben unseren Stolz um unserer eigenen Leute willen hinunterschlucken" müssen (57), ist großzügige Hilfe von außen nötig; allerdings "darf es uns nicht abhängiger machen" (ebd.). Narokobi verweigert also keineswegs den von Goulet geforderten Dialog der drei Rationalitäten. Selbst an der Starnberger Studie stellt er scharfsinnig "eine Fehlanzeige hinsichtlich Nächstenliebe, ... hinsichtlich der geistlichen Dimension von christlichen Wissenschaftlern" fest (10).
Seinem Beitrag hat Rex Dagi von der Gegend um den von Ok Tedi verseuchten Fly River das Zugeständnis vorangestellt: "Ich bin kein Wissenschaftler, sondern nur ein einfacher Landbewohner" (32). Seine plastischen Schilderungen des ihm und seinen Landsleuten angetanen ökologischen Unrechts "waren in ihrer Schlichtheit ungeheuer eindringlich"; für die "Tatsachen", die er aus nächster Beobachtung kennt, "brauche er keine wissenschaftliche Bestätigung" (ebd.).[26] Dafür bringt er die in der Umgangssprache gespeicherten Wertvorstellungen in das Gespräch ein. In starkem Kontrast dazu stehen die Ausführungen des Botschafters Papua-Neuguineas in Brüssel, Charles W. Lepani, der zwar die "innere Logik von Abhängigkeit/Integration" kenntnisreich darstellt (18-19), aber die defensive Ablehnung der Starnberger Studie durch seine Regierung und die dahinterstehende politische Rationalität voll und ganz unterstützt (20-22).
In diesen Zeugnissen kommt umgangssprachlich zum Ausdruck, was wir auf diesem Symposium theoretisch zu thematisieren versucht haben. Die Menschen im Pazifik, sofern sie nicht von den Beteuerungen westlicher "Experten" und den Versprechungen machthungriger Politiker verblendet werden, haben sehr genaue Vorstellungen, nicht nur

---

[26] Zu ausführlich, um hier mit einbezogen zu werden, sind die detaillierten Analysen von Alex Maun, dem Sprecher der Anwohner der Ok Tedi- und Fly-Flüsse, Ok Tedi Mining: Human and Environmental Tragedy, 33-38.

von den Entwicklungszielen, die sie erreichen wollen, sondern ebenfalls von den Mitteln, um sie verantwortungsvoll und umweltbewußt zu verwirklichen. Zwar kann die "Logik der Sorge" die Bedürfnisse eines arbeitsteilig differenzierten Nationalstaates nicht so ausdrücklich formalisieren wie die von Technikern und Politikern verwendete "Logik der Entwicklung", doch die Sorge um den Erhalt der Erde, die von vielen Pazifikvölkern "Gebärmutter" (*vanua* [Melanesien], *whenua* [Polynesien]) genannt wird, bildet die Grundlage einer Ethik, die mit Recht radikal-ökologisch genannt werden könnte.[27] Ihre Radikalität besteht darin, daß sie die sozialen Beziehungen, die die menschliche Gemeinschaft aufrechterhalten, und die Aufeinanderbezogenheit aller Lebewesen, ja des ganzen Kosmos zusammendenkt. Eine solche Ethik entspringt unmittelbar dem pazifischen Geist, und sie bildet die dringend benötigte Korrektur zur aggressiven und destruktiven Technokratie des Westens.>>

Soweit also Bericht und Statement von John D'Arcy May. Sein Beispiel macht die Schwierigkeiten deutlich, die sich im Kontext von Machtstrukturen beim Diskurs über entwicklungspolitische Entscheidungen auf nationaler und internationaler Ebene ergeben. Zugleich ist dieses Beispiel ein Hinweis dafür, daß das Gespräch über die Erarbeitung von Methoden interkultureller Kommunikation und der Erwerb interkultureller Handlungskompetenz und die Anwendung dieser Kompetenz in konkreten politischen Kontexten und Machtgefügen noch am Anfang steht.

Fazit: Das Ergebnis unserer interkulturellen Kommunikation zwischen Wissenschaftlern und Praktikern zur Frage der Entwicklung in der Welt brachte Francis X. D'Sa auf den Punkt, wenn er dafür plädierte: Einer möglichen Rekonstruktion müsse die Dekonstruktion vorausgehen. Wir könnten nicht von Vision sprechen und zu irgendeiner kommen, wenn wir uns nicht den Weg zu ihr über eine grundlegende Revision der vorherrschenden universalen Geltungsansprüche

---

[27] Diese Gedanken werden weiter ausgeführt von John D. May, Menschenrechte als Landrechte im Pazifik. Vier Fallstudien, in: Johannes Hoffmann, Hrsg., Menschenrechte als Leitlinien auf dem Weg der vielen Lebensformen in die "eine Welt"? Bd. 2 der Dokumentation zum Frankfurter Symposium 'Das eine Menschenrecht für alle und die vielen Lebensformen'; ders., 'Rights of the Earth' and 'Care for the Earth': Two Paradigms for a Buddhist-Christian Ecological Ethic, in: Horizons (USA); [erscheinen demnächst].

gebahnt haben. Dies hat ja die interkulturelle Kommunikation über Menschenrechtsfragen in den Symposien, die diesem vorausgegangen waren, immer mehr zutage gefördert. Bevor wir nicht diese Dekonstruktion der universalen Geltungsansprüche leisten, sondern vorschnell nach ihnen greifen, um aus unseren Ausweglosigkeiten in der Entwicklungszusammenarbeit, in unserem Wirtschaftssystem und auch in der Kirche herauszukommen, in die wir uns hineinmanövriert haben, solange werden wir keine nachhaltigen Lösungen finden oder Visionen generieren können.

Damit sind wir mit diesem interkulturellen Dialog auch methodisch ein Stück weitergekommen. In Ermangelung methodischer Klarheit haben wir uns zunächst mit interkulturellen Konflikten befaßt und nach Lösungen in interkultureller Kommunikation gesucht. Wir haben dabei gelernt, daß zuerst die Dekonstruktion universal auftretender Geltungsansprüche unserer Systeme in Gesellschaft, Politik, Wirtschaft, Kirche und Religionen geleistet werden muß und daß ihre Verflechtungen untereinander aufgedeckt werden müssen. Erst dann, wenn wir diesen dornenreichen Weg gegangen sind, werden wir offen und miteinander fähig für Rekonstruktionen und für eine gemeinsame Vision. Vielleicht finden wir miteinander zur Vision der Versöhnung zwischen Mensch und Natur und zwischen den Menschen und Gesellschaften unterschiedlicher Kulturen. Vielleicht entdecken wir, daß die Vision dieser Versöhnung die wichtigste Aufgabe für alle Menschen in der Welt ist und daß die Vision von der Versöhnung zur gemeinsamen Basis einer Weltkultur wird, die Einheit in der Vielfalt garantiert, die ihre bezaubernde Gestalt gerade aus der Wahrnehmung und Akzeptanz des Anderen in seiner Andersheit gewinnt, deren Wirklichkeit im Dialog in einem Meer „homöomorphischer Entsprechungen"[28] verschmilzt.

---

[28] Raimon Panikkar gebrauchte diesen Ausdruck in der Diskussion anläßlich einer Tagung in Salzburg zum Thema: „Dialog der Religionen" am 15.6.93. Ich verwende den Ausdruck „homöomorphische Entsprechungen" hier, weil er mir den Prozeß interkultureller Verständigung in adäquater Weise zu umschreiben vermag.

Sektion Afrika

Guido Knörzer

Rapport über das Kolloquium mit Experten aus Afrika am 20./21. Juni 1992

I. Referate

Beide Referate (Prof. Dr. Obiora Ike: "Die kulturellen, ethischen und religiösen Aspekte der Entwicklung [Einige Determinanten für Modernisierungspotentiale Afrikas]"; Dr. John Mary Waliggo: "Die Rolle der Kultur und der Religion für eine authentische Entwicklung in Afrika") bezogen sich auf die Ausarbeitung "Rationalisierungspotentiale nicht-westlicher Gesellschaften" von Prof. Dr. H. P. Siller, Frankfurt.

Zum Referat von Obiora Ike

In einer Vorbemerkung zu seinem Referat appelliert Obiora Ike an alle Beteiligten, die Diskussion um die Entwicklungsproblematik aus dem engen Rahmen einer Universitätswissenschaft hinauszutragen. Er beschreibt die desolate Situation in Afrika, die wenig Aussicht auf Besserung verheißt. Entwicklung wurde im afrikanischen Kontext, wie überall auf der Welt, lediglich gemäß ökonomischen Vorgaben definiert. Religiöse und kulturelle Probleme kamen so praktisch nie in das Blickfeld der "Entwickler". Viele afrikanische Staaten erlagen selbst der Illusion einer primär ökonomischen Ausrichtung der Entwicklung. Jeder Versuch einer kultureigenen Entwicklung wird von der Basis der ökonomischen, westlichen Rationalität aus als irrelevant zurückgewiesen. Max Weber hat hier einen Paradigmenwechsel vollzogen, insofern er der Religion die zentrale Rolle im Entwicklungsgeschehen zuweist.

Kultur ist für Ike der allgemeine Lebensweg eines bestimmten Volkes. Kultur ist Ergebnis der Aktivität eines bestimmten Volkes, seiner Tradition, Erziehung, Mythen, Wissenschaft, Kunst, Philosophie... Die allgemeine Erfahrung des Afrikaners ist die des Mangels als

Einwohner eines Landes, das nur unter extrem schwierigen Bedingungen Essen bereitstellen kann. Eine andere prägende Erfahrung ist die des Sklavenhandels, der Kolonisation, der Vernichtung indigener Religionsformen, gegenwärtiger ökonomischer Ausbeutung, einem ambivalenten Status als Schrottplatz des Jahrhunderts der Industrie.
Bei dem Stichwort "Kultur" weist Ike auf das grundlegende Problem der Zeit hin. Denn Zeit ist kein Problem der Messung allein, sondern bezeichnet innerhalb einer Kultur einen Kairos, ein inhaltlich angefülltes Stehen in einem Zeitstrom. In Afrika ist dieses grundlegende Verhältnis zur Welt anders als in Europa. Deswegen hat der Afrikaner auch Schwierigkeiten mit einer chronologischen Auffassung von Zeit, die sich im europäischen Kontext im Laufe der Industrialisierung durchgesetzt hat.
Für den Afrikaner fließt die Zeit wesentlich im Kreis, sie ist zyklisch.

Für eine denkbare und sinnvolle Zusammenarbeit im Bereich der Entwicklung stellt Ike folgende Forderungen:

1. Die Probleme des Nordens und des Süden sind miteinander verbunden. Verschiedene Formen von Unterentwicklung finden sich auch in den reichen Ländern des Nordens. Er nennt in diesem Zusammenhang Probleme der Ökologie, der kulturellen Entfremdung, aber auch Probleme wie die Entwurzelung (Obdachlosigkeit). Für Ike bedeutet dies: Einwicklung ist kein isoliertes Problem der Länder der Dritten Welt.

2. Reziprozität der Entwicklung im Norden und im Süden. Entwicklung muß innerhalb eines demokratischen Prozesses und unter Berücksichtigung aller Aspekte des menschlichen Lebens redefiniert werden.

3. Jeder Eingriff in eine fremde Gesellschaft kann nur auf der Basis der Gegenseitigkeit gerechtfertigt werden. So können nicht automatisch Systeme der ersten Welt auf die Kontexte der Dritten Welt übertragen werden (z.B. das Mehrparteiensystem).

4. Kooperative Entwicklung erfordert neue Formen der Kommunikation und Analyse mit den Betroffenen. Kulturelle, soziale, emotionale und symbolische Aspekte müssen zukünftig so wichtig genommen werden wie die ökonomische Dimension.

5. Kooperative Entwicklungszusammenarbeit ist nicht nur eine Sache der Regierungsorganisationen, sondern vor allem auch der Kirchen und anderer Organisationen. Ike stellt hier auf die Bedeutung der Förderung kleinerer "grass-root" Projekte in allen Teilen der Welt ab. In diesem Zusammenhang stellt sich auch die Frage nach der Problematik multi-nationaler Konzerne, d.h. des Zusammenspiels verschiedener nationaler und internationaler Ebenen. Die Soziallehre der Kirche kann seiner Ansicht nach den Prozeß der Vermenschlichung der Marktwirtschaft fördern.

Zum Referat von John Mary Waliggo

Der Zentralbegriff in Waliggos Referat lautet: "Integrale Entwicklung". Hierunter versteht er eine Entwicklung, die sich im Einklang weiß mit den zentralen weltanschaulichen Grundlagen der betroffenen Menschen und die den ganzen Mensch im Blickfeld behält. Der zentrale Grund für die Unterentwicklung Afrikas ist in der Unfähigkeit kolonialer und post-kolonialer Phasen zu suchen, Entwicklung innerhalb einer afrikanischen Weltsicht zu präsentieren. Solange nicht Pluralismus auf allen Ebenen des Lebens herrscht (einschließlich der Entwicklung) steht der künftigen Weltgesellschaft eine ungeheure Zerreißprobe bevor.
Auch wenn zwischen den einzelnen Staaten und Stämmen in Afrika erhebliche Unterschiede bestehen, liegen ihnen dennoch eine einheitliche Weltsicht zugrunde. Für den Afrikaner zentral ist die Kategorie des Lebens, bzw. die Frage, was dieses Leben befördert oder hemmt. Dies führt zu einer dynamischen Weltsicht. Das Übernatürliche wird respektiert und verehrt, weil es Leben schafft und erhält. Die Ahnen, die Lebend-Toten werden ebenfalls respektiert und verehrt, da sie ins tägliche Leben eingreifen und es befördern. Der Medizinmann hat deswegen eine besondere Rolle inne, weil er Leben erhält und heilt. Eine Frau, die zehn Kinder geboren hat, ist höherrangig gegenüber einer Frau, die lediglich einige Kinder geboren hat. Denn sie tut mehr für das Leben.
Deshalb muß auch der zentrale Begriff der integralen Entwicklung auf diese Vorgaben Rücksicht nehmen.
Waliggo bestimmt Entwicklung in Termini des "Pro-life". Dabei ist "Leben" für ihn ein sehr umfassender Begriff und bezieht sich nicht nur auf das biologisch-organische Leben.

Waliggo formuliert thesenhaft seine Forderungen an die Entwicklungspolitik aus der Sicht des Afrikaners:
- Entwicklung muß für die Menschen dasein.
- Entwicklung kann nicht ohne Demokratisierung gedacht werden.
- Entwicklung hat Prioritäten und muß Gerechtigkeit zur Grundlage haben.
- Entwicklung muß auf die Weltsicht der Menschen Rücksicht nehmen.

Kultur und Religion formen im afrikanischen Kontext eine bestimmte Sicht der Welt und können bei der Frage nach der Entwicklung nicht draußen gelassen werden.

Die wichtigste Kategorie in diesem Zusammenhang ist die Bedeutung des Bezuges: Person/Gemeinschaft.

Für das Leben wichtig ist die Vorstellung des heilen Lebens. Heilung meint in Afrika: Die ganzheitliche Wiederherstellung des Menschen. Der traditionelle Weg der Heilung in Afrika ist ein ganzheitlicher Weg. Im entwickelten Norden dagegen sind sehr viele Menschen krank. Vielleicht ist diese Entwicklung dann falsch. Auf jeden Fall ist eine einseitige ökonomische Orientierung falsch.

Heimat und Umgebung sind für den Afrikaner sehr wichtig. Der Afrikaner ist dörflich orientiert. Auch wenn jemand in der Stadt lebt und arbeitet, wird er im Falle seines Todes in seinem Dorf bei seinen Ahnen beerdigt.

II. Diskussion am ersten Tag

1. Schwerpunkte der Diskussion nach den beiden Referaten (Stichpunkte):

Ähnlich wie bei dem ersten Kolloquium zu Indien blieb die Diskussion in der ersten Phase darauf beschränkt, die erheblichen Schwierigkeiten der Afrikaner mit der Terminologie und dem systematischen Grundansatz Webers zu klären. Als Schwerpunkte der Diskussion, die sich wie ein roter Faden durch die Diskussionen zogen, seien folgende Sachverhalte genannt:
1) Kann Entwicklung nur im Sinne Webers als zunehmende Differenzierung verstanden werden? Gibt es eine alternative Entwicklungsrichtung in Afrika? Wie sieht der Zusammenhang von Religion und Entwicklung in Afrika aus?

2) Welche Bedeutung hat die afrikanische Kultur als Grundlage der gemeinsamen Kommunikation zwischen Nord und Süd?
3) Wie kann man von anderen Kulturen lernen? Was heißt in diesem Zusammenhang Rationalität?
   1. Was ist die Basis der Entwicklung in der 1. und 2.Welt?
   2. Wie wird Entwicklung im Westen definiert?
   3. Die gegenwärtige europäische Entwicklungspolitik wird kritisiert. Wird hier nur ein Plan erfüllt?
   4. Ist die Entwicklung transponierbar wie eine Ware?

2. Einzelthemen der Diskussion

2.1 Ein gewichtiger Diskussionpunkt blieb bis zuletzt die Frage nach der *repräsentativen Demokratie*. Das Verhältnis der Bedeutung von Village und City ist in Afrika anders als in Europa. Repräsentationen bedeuten in Afrika etwas anderes als in Europa. In diesem Zusammenhang stellt sich unweigerlich das Problem der Komplexität einer Gesellschaft und der politischen Steuerungsmöglichkeiten. Ein sehr wichtiger Begriff in diesem Zusammenhang ist der der Partizipation der Betroffenen.

2.2 In der Entwicklung muß eine Priorisierung durch die Interessen der Beteiligten erfolgen gegen eine einseitige Ausrichtung an externen Prioritäten.

2.3 *Elite*. Bei einer Förderung oder Schaffung von Eliten in einzelnen Ländern stellt sich immer wieder die Frage nach einer Rückbindung dieser Eliten in die eigene Kultur und an die Menschen. Geht diese Bindung verloren, dann handeln diese Eliten nicht mehr aus einer Verantwortung für die Allgemeinheit heraus, sondern nur noch zu ihrem eigenen Nutzen.

2.4 Sehr deutlich wurde bei den Diskussionen, daß ein innerer Zusammenhang zwischen Weltsicht und Entwicklung besteht, was eine Übertragung eines westlichen *Entwicklungsmodells* schon kategorial schwierig macht.

2.5 Der Zusammenhang von Land und Leben stellt sich in Afrika anders dar: Die städtische Kultur wird nicht wirklich angenommen, auch

wenn Menschen in der Stadt leben. Das Land als Eigentum ist in vier Arten differenziert.
a) Communal ownership, gemeinsames Land des Dorfes.
b) Familiy ownership, z.B. Ike-Land.
c) Individueller Besitz.
d) Sakrale Orte, Orte für gute und böse Geister.

2.6 Wie stellt sich der Zusammenhang von *Modernisierung* zu anderen Formen der *Entwicklung* dar. Wie sieht der Zusammenhang zu der gesellschaftlichen Differenzierung aus? Gibt es Mechanismen zur Kontrolle der Modernisierung? Es gibt eine unterschiedliche Geschichte. Es stellt sich wiederholt die Frage, ob Afrika aus den Fehlern der Vergangenheit lernen könne.

2.7 Wie ist der Zusammenhang von *Religion* und *Entwicklung* zu denken? Wie ist der Zusammenhang zum Problem der Beherrschung zu denken? Ist das Christentum ein Hinderungsgrund für Modernisierung? Denn Mission und Missionierung stellten Europäisierungsversuche des Christentums dar und führten dadurch notwendig zur Entwurzelung des Menschen. Wiederholt wurde festgestellt, daß die Missionare das Christentum nicht von seinen kulturell bedingten Vorurteilen trennen konnten.

2.8 *Afrikanische Kirche.* Noch ist die Kirche nicht wirklich afrikanisch, d.h. es werden immer noch Bischöfe und Priester eingesetzt, die nicht in den eigenen Traditionen verwurzelt seien. Eine afrikanische Befreiungstheologie ist hier zu fordern.

2.9 *Tradition-Modernität.* In dieser Begriffsdichotomie ist die Tradition von vornherein per definitionem der Verlierer. Denn es wird unweigerlich eine positive Bedeutung des Begriffs "Modernität" unterstellt. Eine andere Begrifflichkeit ist hier wichtig.

2.10 *Bevölkerungsexplosion.* Sowohl Waliggo als auch Ike verwiesen auf die differenzierte Problematik der Bevölkerungsdichte. So sind viele afrikanische Länder im Vergleich mit Europa eher unterbesiedelt. Das Problem ist die Nahrungsproduktion sowie eine gerechte Verteilung und nicht primär die Menge der Menschen.

Die Fragerichtung, wenn es um Entwicklung geht, muß insgesamt die einer Förderung einer humaneren Gesellschaft sein. Falls die Entwicklung ein Leben inhumaner macht, dann sollte bei der Übertragung nach Afrika Vorsicht geboten sein. Es stellt sich auch die Frage eines besseren Entwicklungsweges mit Blick auf den Grundkonsens eines Wertesystems.

Es gibt eine für Afrika erschreckende Parallelität zwischen der Ausbreitung des Christentums und der Entwicklung. Sowenig wie das Christentum nach alternativen Inkulturationsmodellen fragte, sowenig wurde nach einer alternativen Entwicklungsperspektive gefragt. In beiden Fällen wurde ein europäisches Modell aus einem europäischen Kontext implantiert.

III. Diskussion am zweiten Tag

Am zweiten Tag des Kolloquiums wendete man sich verstärkt den Problemen Afrikas mit einer einseitig ökonomischen Orientierung der Entwicklung zu. Die Fragestellung war folgende: 1. Hat sich die Vision der Afrikaner von Entwicklung verändert? Wo wird der pro-life Aspekt gelebt? Wo glücken diese Aspekte? Wo scheitern sie? Sind diese Visionen einer Entwicklung für das Volk kommunikabel? 2. Welche Wünsche/Anfragen haben die Afrikaner an westliche Konzeptionen? 3. Aufgabe und Herausforderung der Befreiungstheologie?

Obiora Ike
1. In *ökonomischer* Hinsicht argumentiert Ike für eine Vermenschlichung der Marktwirtschaft. Es geht ihm wesentlich um eine gerechte und angemessene Verteilung innerhalb der gesamten Gesellschaft. Der Weg läßt sich folgendermaßen beschreiben: Die Marktwirtschaft muß sozial werden. Solidarität und Subsidiarität sind notwendige regulative Prinzipien innerhalb der Struktur einer Gesellschaft. Hinweis von Ike auf den Markt und die soziale Verantwortung des Eigentums.

2. *Modernisierung als Kulturkampf.* Der Kontakt der Kulturen war seiner Meinung nach von Invasion und Kulturkampf gegen Afrika bestimmt. Die Institutionen dieses Kulturkampfes waren die Marktwirtschaft und das Christentum. Die Europäer sollen vorsichtig sein, was die selbstverständlich angenommene Vorrangstellung ihrer eige-

nen Kultur betrifft. Reziprozität in der Entwicklung meint ein grundsätzliches Recht auf Eigenständigkeit und Ermöglichung der Andersartigkeit.

3. *Demokratie.* Es wurde angemahnt, daß das westliche Verständnis von Demokratie sich sehr einseitig auf die westliche Form einer repräsentativen Mehrparteiendemokratie beruft, in der die Entscheidungen per Mehrheit gefällt werden. Eine solche Form der Demokratie ist für eine Gesellschaft, die auf den Konsens der einzelnen Mitgleider der Gruppe ausgerichtet ist, nicht sinnvoll und kontraproduktiv. Beide Redner verwiesen darauf, daß eine Demokratie, in der die Entscheidung an hauchdünnen Mehrheiten hängt, breite Teile der Bevölkerung überhaupt nicht repräsentiert und von daher überhaupt keine Demokratie ist. Ein afrikanisches Modell muß auf jeden Fall breite Teile der Bevölkerung wirklich und direkt vertreten können.

John Mary Waliggo
John Mary Waliggo formuliert die zentrale Problematik

1. eines *Integral Development.* Er betont das gegenseitige Lernenmüssen und Lernen-wollen. Sowohl der Norden wie auch der Süden sind in gewisser Weise nicht zufrieden mit der jeweiligen Konzeption von Entwicklung bzw. Entwicklungspolitik. Eine neue Vision von Entwicklung muß kommunikabel gemacht werden. Wir stim-men überein in der Wechselseitigkeit der jeweiligen Entwicklungen auf der Welt.
Integral Development umfasst vier Punkte:
    a) Kontinuierlicher Prozeß.
    b) Er muß geplant werden.
    c) Er muß die Qualität des Lebens erhöhen.
    d) Er muß alle Menschen und alle Ebenen des Lebens umfassen.

2. Was läuft in der Entwicklung falsch? Hier muß die Rolle der *Kultur und Religion* vor allem benannt werden.
Im Westen hat die Entwicklung zu einer Marginalisierung von Religion und Kultur geführt. Es geht darum, einen Konsens zu finden. Denn religiöse und kulturelle Werte gelten nicht nur für Afrika, sondern für die ganze Welt.

3. Die *Weber-Hypothese einer Superiorität* einer kulturellen Region gegenüber einer anderen kann nicht akzeptiert werden, da sie vor allem ökonomisch argumentiert. Diese Rationalität läßt sich bis in die Bewertung von Europa nachverfolgen. Einem nördlichen, keltischen und höherbewerteten Europa steht ein lateinisches, südliches Europa gegenüber, das diese Modernisierungsleistungen nicht erbracht hat und von daher minderwertig ist.

4. Das einfache Volk bewertet den ökonomischen Faktor nicht als wichtigsten Punkt im Entwicklungsverständnis. Der wichtigste Faktor innerhalb dieses Prozesses ist die *Kultur*. Ein anderer wichtiger Faktor ist die Solidarität der einen menschlichen Familie.

5. Der Theologe hat hier eine prophetische Dimension, denn die Schere zwischen Reich/Arm kann nicht fortbestehen. Wir müssen die Armen ermutigen. Denn sie sind nicht in jeder Hinsicht arm. In kultureller Hinsicht sind die Armen möglicherweise sogar reicher. Das *Theologie-Treiben* muß geändert werden. Theologie treiben muß heißen, Theologie mit den Menschen zu treiben. Die Praxis und die Erfahrungsebene des einfachen Volkes erst macht eine solche Theologie zur Lösung praktischer Probleme tatsächlich relevant.

6. Das *Entwicklungsverständnis* muß demokratisiert werden. Entscheidungen in diesem Bereich dürfen nicht wenigen korrupten afrikanischen Politikern oder Personen und Gruppen überlassen bleiben, die lediglich selbstbezogen agieren. Es stellt sich die Frage, wie diese korrupte Clique entweder bekehrt werden kann oder im Sinne einer menschlichen Entwicklung ganz umgangen werden kann. Die Prioritäten jedes Handelns in diesem Bereich müssen überdacht werden.

7. Was heißt *Modernisierung*? Die Theologen und das soziale Bewußtsein müssen Wege suchen, um die tägliche Tyrannei der Technik zu kontrollieren. Wer kontrolliert wen? Sind Theologen heute in der Lage, technische Probleme ethisch zu beurteilen und steuernd einzugreifen? Nach Meinung der Afrikaner besteht eine Hauptschwierigkeit hier darin, daß Theologen und religiöse Führer sich nicht im Herzen der geistigen Kräfte der Gegenwart befinden und keine Möglichkeit haben, gegenwärtige Bewegungen zu beeinflussen.

8. Zur Frage der *Universalität* bzw. *Partikularität* von Werten wurde aus der Sicht der afrikanischen Kulturen angemerkt:
a) Bestimmte grundlegende Werte müssen bleiben und dürfen nicht verändert werden (Würde des Menschen, Personalität, Unversehrtheit).
b) Es gibt Werte, die geändert werden müssen, etwa die Unterdrückung der Frauen und der Kinder.
c) Kulturelle Praktiken müssen ersetzt werden. Vorstellungen, daß etwa Zwillinge ein böses Omen für die Familie seien.
d) Das, was Haß schafft, muß ohne jeden Ersatz eliminiert werden.

IV. Offenstehende Probleme aus der Sicht der Europäer

1. Ein erstes Problem ist das der Entwicklung überhaupt. Was heißt Entwicklung in einem kulturell ganz anders gearteteten Kontext?

2. Ein zweites Problem betrifft die Rolle der Menschenrechte. Was ist die genaue Funktion und Rolle der Menschenrechte in diesem Zusammenhang? Was heißt hier das vielfach proklamierte Menschenrecht auf kultureigene Entwicklung?

3. Ein weiteres Problem stellt die Marginalisierung der Religion in einer extrem segmentierten und hochdifferenzierten westlichen Gesellschaft dar. Wie kann die Theologie einen gesellschaftlich relevanten Platz einnehmen? Welche Veränderungen müssen mit der Theologie vor sich gehen?

4. Afrika wird aufgrund der Überbetonung der Technologie in der westlichen Hemisphäre vergessen (zunehmende Marginalisierung). Wie kann dieser Marginalisierung entgegengetreten werden?

5. Wie sieht konkret institutionalisierte Rationalität in Afrika aus? Wenn wir davon ausgehen, daß jede Kultur in den Bedingungen, unter denen sie agieren muß, Möglichkeiten zur Lösung menschlicher Probleme entwickelt, dann stellt sich die Frage, wie diese Lösungen aussehen, bzw. zukünftig aussehen sollten. Welche Bedeutung hat das Palaver im Zusammenhang mit der Lösung von Problemen? Wo ist eine traditionale Form zu transformieren?

6. Gibt es ein spezifisch afrikanisches Profil von Rationalität, das eventuell einem europäischen Rationalitätsmodell hinreichend distinkt entgegengesetzt werden kann? Gibt es einen alternativen afrikanischen Rahmen zur Lösung von Problemen?

7. Bildet Tradition und Modernität in Afrika einen anderen Zusammenhang, der aufgrund seiner differenten kulturellen Einbindung zu anderen Entwicklungsrichtungen führt?

8. Gibt es aus afrikanischer Sicht eine Alternative zu dem stark westlich und ökonomisch ausgerichteten Entwicklungskonzept?

John Mary Waliggo

Die Rolle von Kultur und Religion in der authentischen Entwicklung Afrikas

Einleitung

Das Hauptargument dieses Papiers ist, daß zumindest im afrikanischen Denken nicht alles, was als Fortschritt wahrgenommen wurde, authentische Entwicklung ist. Denn authentische Entwicklung, oder wie wir später definieren werden: integrale Entwicklung, sollte innerhalb des grundlegenden Weltbildes der Bevölkerung vonstatten gehen, wenn sie denn statthaben, akzeptiert werden und die gewünschte Veränderung in der Einstellung und Lebensweise der Gesellschaft erbringen soll. Im Falle Schwarzafrikas stehen kulturelle, religiöse und ethische Werte im Mittelpunkt dieses Weltbildes. Deshalb ist es wichtig zu verstehen, was die wesentlichen Bestandteile des afrikanischen Weltbildes sind und was die afrikanische Lebensphilosophie unter integraler Entwicklung versteht.

Daraus ergibt sich das zweite Argument, daß die Fehler, die sowohl während der kolonialen als auch der postkolonialen Ära bei der Darstellung und Wahrnehmung von Entwicklung innerhalb des afrikanischen Weltbildes gemacht wurden, die Haupterklärung für die Zurückgebliebenheit Afrikas sind, eines Kontinents, von dem wissenschaftliche Indikatoren zeigen, daß er auf unabsehbare Zeit das Krankenzimmer der Welt sein wird.

Daraus ergibt sich drittens, daß die zukünftige Weltgesellschaft eine tiefgreifende Krise zu durchlaufen hat, die womöglich alles zerstört, was die Menschheitsfamilie zugunsten einer besseren Zukunft ins Werk zu setzen sich bemüht hat, wenn nicht eine Kultur der positiven Akzeptanz und der Wertschätzung des Pluralismus in allen Lebensbereichen, darunter auch der Entwicklung, zu ihrem Recht kommt. Westliche Entwicklungsformen neigen dazu, alles Denken und Handeln zum Schweigen zu bringen, das von ihrem Grundansatz der Gesellschaftsorganisation und -entwicklung abweicht oder ihn gar in Frage stellt.

Daraus ergibt sich der Lösungsvorschlag, daß der Schlüssel zur Befreiung und Entwicklung Afrikas und sicher auch aller anderen nicht-westlichen Gesellschaften darin liegt, daß ohne Wenn und Aber anerkannt und gewürdigt wird, daß jeder, der einer bestimmten Kultur zugehört, das Recht, das Wissen und die Fähigkeit hat, sich innerhalb seines eigenen grundlegenden Weltbildes unterschiedlich zu entwickeln. Wenn dies einmal geschieht, wird die Schönheit der Einheit in der Vielfalt der einen menschlichen Familie der Nationen hervorbrechen.

Es gibt keine vorgefertigten Antworten und Lösungen der Problemlagen jeder Weltreligion. Die Bevölkerung jedes Kulturkreises weiß am ehesten, was für sie das Beste ist. Wird ihnen einmal die Gelegenheit gegeben und der gebührende Respekt gezollt, weiß sie, was für sie am besten ist und ist fähig, zu denken und Entwicklung zu planen und anzugehen.

Seitens der internationalen und vor allem der westlichen Gesellschaft erfordert dies das Grundvertrauen und die Achtung davor, daß jedes Volk in der Lage ist, von seinem Weltbild geleitet das beste für sich selbst zu wählen. Gefordert ist die einfache bescheidene Einsicht, daß der Westen zu guter letzt nicht das Denk- und Wissensmonopol für die gesamte Welt haben mag. Es ist der Glaube, daß Leute, auch wenn sie nach westlichen Begriffen Analphabeten sind, am besten beurteilen können, was für ihr Vorwärtskommen getan werden sollte. Es ist auch eine Aufforderung an die Bevölkerung des Westens, ihren eigenen Entwicklungsweg und dessen Auswirkungen kritisch zu untersuchen. Nur so kann klar werden, daß viele nicht-westliche Gesellschaften oft viele Aspekte der sogenannten westlichen "Entwicklung" in Frage stellen und sich nicht dasselbe jetzt und in der Zukunft für ihre eigenen Gesellschaften wünschen. Die Dritte Welt steht vor der Herausforderung, in ihren Entwicklungsbemühungen nicht zu kopieren, sondern Originalität auszubilden.

Die Quellen

Diese Studie beruht auf fünf Hauptquellen. Zuerst habe ich seit 1970 intensive Gesprächs- und Beobachtungsstudien meiner eigenen Bugandagesellschaft betrieben. Ich habe die Einstellung der Leute zu Veränderungen und ihre Fähigkeit oder Unfähigkeit, Veränderungen zu "domestizieren", kritisch untersucht. Ich bin dabei zu der Einsicht gelangt, daß nur effektive Inkulturation jedweden Aspektes von Entwicklung von den Gandas wertgeschätzt werden kann. Sie wollen die Kontrolle über Veränderung und Entwicklung haben. Sie sind entschlossen, diese ihrem grundlegenden und stets sich weiter gestaltenden Weltbild unterzuordnen.

Zweitens habe ich versucht, einige vergleichende Untersuchungen anderer Bantu- und Nichtbantugesellschaften Afrikas zu machen, um zu gemeinsamen Faktoren ihres grundlegenden Weltbildes zu gelangen. Ich war überrascht von der ähnlichen Rolle, die Kultur und Religion als Grundelemente im Weltbild spielen.

Drittens habe ich eine Menge von den afrikanischen Literaten und Theologen und von den politischen und wirtschaftlichen Fehlern der westlich erzogenen afrikanischen Elite gelernt, die Afrika in die Gegenwart geführt hat. Auch hier wurden gemeinsame Elemente des afrikanischen Weltbildes entdeckt, die über die Grenzen von Stämmen, Nationen und Regionen hinweg den ganzen schwarzen Kontinent umfassen.

Viertens habe ich seit meiner Rückkehr von Auslandsstudien nach Uganda 1976 mir klar vorgenommen, mit und unter einfachen Leuten zu sein. Ich habe die Rolle eines aufmerksamen Zuhörers und Animatoren für Befreiung und Entwicklung eingenommen. Ich komme auf über 200 Animationskurse mit Leuten aller Schichten. Was ich in diesem Kursen gelernt und aus den Antworten auf meine Darstellungen analysiert habe, ist grundlegend für dieses Papier. Im Gegensatz zu meiner früheren Sichtweise fand ich mich eher in der Rolle eines Schülers als eines Lehrers. Ich fand heraus, daß einfache Afrikaner sehr weise sind und hoch einzuschätzende Lösungen ihrer verschiedenen Lagen anzubieten haben, wenn man ihnen Gelegenheit dazu gibt. Sie können Entwicklung denken, planen und in die Wege leiten, wenn sie einmal davon überzeugt sind, daß es zu ihrem eigenen Besten und Teil ihres Weltbildes ist.

Zu guter Letzt bin ich seit März 1989 Mitglied der ugandischen Verfassungskommission. Es ist Aufgabe dieser Kommission, im ganzen Lande umherzureisen, um sich von den Leuten erzählen zu lassen, wie sie regiert werden wollen, wie sie ihr Land entwickelt sehen und ihre Menschenrechte geschützt und entwickelt haben wollen. Diese Übung, die erste in der afrikanischen Geschichte, hat viele Augen geöffnet. Die Kommission hat die Tagesordnung des Verfassungsentwurfs von der Bevölkerung bekommen. Die Leute haben überzeugend erklärt warum sie unterentwickelt sind. Sie haben erzählt, wie sie sich entwickeln wollen. Sie haben das Weltbild, die Philosophie artikuliert, auf denen ihre Zukunft aufgebaut werden sollte. Die Beiträge kamen von jedem Gesellschaftsbereich: 10.000 Denkschriften von Dörfern, 2.300 von parishes (Einheiten, die durchschnittlich zehn Dörfer umfassen), 580 Denkschriften von den 840 Kreisunterbezirken des Landes, 38 Denkschriften von allen Landesbezirken und über 1.000 Gruppendenkschriften von den religiösen, politischen, wirtschaftlichen, soziokulturellen, im Erziehungswesen arbeitenden und anderen Nichtregierungsgruppen und Vereinigungen, dazu 3.000 Denkschriften von Einzelnen. Ich habe etwa 5.000 Beiträge der lokalen Medien gesammelt, 300 Positionspapiere, 6.000 Studentenaufsätze und über 1.500 Berichte von Erziehungsseminaren im ganzen Land, die alle Aspekte unseres Gesellschaftslebens und unserer Entwicklung umfassen.

Zum ersten Mal in ihrem Leben sind die Ugander aufgefordert worden, frei alles zu sagen, was sie in ihrer Gesellschaft wünschen und nicht wünschen. Sie wurden aufgefordert, Lösungen für ihre Probleme zu benennen und die Art von idealer Gesellschaft vorzuschlagen, die sie einrichten wollen. Für mich war das eine reiche und einzigartige Quelle, als ich über dieses Papier nachdachte. Deshalb ist das, was ich hier vortrage, keine direkte "wissenschaftliche" Antwort auf Philosophen wie Max Weber, sondern eine praktische Bestätigung dessen, was Schwarzafrika unter Entwicklung und deren Grundlage versteht.

Das afrikanische Weltbild

Jedes Volk hat sein Weltbild, seine Philosophie und Kosmologie des Lebens. Dieses Weltbild bestimmt, beeinflußt und bedingt seine Beziehung mit der übernatürlichen Welt, mit der Welt der Leute nah und fern, mit der Welt der nicht-menschlichen animalischen Lebewesen, der Vegetation, des Unbelebten und der Unter-Welt. Dieses Weltbild stiftet die Einheit des Schöpfungsganzen. Es beeinflußt das Denken, Urteilen, Planen und die Entwicklung der Menschen.

Jeder, der sich am Kern dieses Weltbildes ausrichtet, wird als gut, normal, wohlerzogen und gesegnet angesehen. Jeder, der von diesem Weltbild oder einem wichtigen Aspekt davon abweicht, wird als Fremder, Rebell, außerhalb der Gesellschaft stehend, böse oder für sein oder ihr Volk verloren eingestuft. Wie man seine eigenen Eltern, Familie, Stamm, Nation oder Hautfarbe nicht ändern oder verleugnen kann, ohne in eine ernste und selbstzerstörerische Krise zu verfallen, so kann man auch sein eigenes Weltbild nicht ohne innere Unordnung verleugnen oder radikal ändern. Jemand mag sein Weltbild einfach ändern, verbessern oder bereichern, wenn er oder sie mit anderen Weltbildern in Kontakt kommt. Aber niemand sollte sich vornehmen, es vollständig abzuwerfen, denn das gelingt selten.

Wie sehr auch immer viele Leute in Schwarzafrika sich in vielen kulturellen Aspekten unterscheiden, verfügen sie doch über eine starke Ähnlichkeit im grundlegenden Weltbild. Eben darauf beruht ihre grundlegende Einheit.

Dieses Weltbild ist weder einem bestimmten Stammesgründer noch einer bestimmten Zeit geschuldet. Es ist Eigentum und Überlieferung einer gesamten Gemeinschaft, und da es auf die Grundfragen und -wirklichkeiten von Mann und Frau bezogen ist, ist es zeitlos.

Auf diesem Weltbild sollten die kulturellen und moralischen Werte der Afrikaner beruhen, ihre spirituelle und religiöse Erziehung, ihre politischen und wirtschaftlichen Organisationen und ihre Entwicklung, ihre körperliche und geistige Gesundung, ihre sozialen Interaktionen mit Angehörigen, Freunden und Fremden, ihre Grundsätze beim Umgang mit jedweder Krisensituation, in einem Wort ihr gesamtes Wachtum und Vorwärtskommen. Es ist dieses Weltbild, das sich in ihren Sprichworten, Scherzfragen, Märchen, Geschichten und Spruchweisheiten ausdrückt. Es ist die Grundlage ihres Verhaltenskodex.

Die Riten der Lebensstadien von Geburt über Pupertät, Ehe, Alter, Tod, Begräbnis, Abschlußriten und die Riten für die Zeit nach dem Tod, sie alle beruhen auf diesem Weltbild.

Von den vorausgehenden allgemeinen Bemerkungen ausgehend mögen zwei Folgerungen erlaubt sein. Erstens muß ein Afrikaner oder eine Afrikanerin ihre oder seine Identität bewahren, um persönliche Krisen oder Identitätskrisen zu vermeiden und um nicht ein Fremder unter den eigenen Leuten zu sein. Er oder sie müssen unbedingt dieses Weltbild gut kennen und sich bemühen, ihm anzuhängen. Zweitens muß jeder Nichtafrikaner, der die Afrikaner, ihre Lage, Wünsche, Probleme, Problemlösungen, inneren Spannungen, Stärken und Schwächen, ihren möglichen Beitrag zu anderen Kulturen und anderen Weltbildern zu verstehen wünscht, versuchen, dieses Weltbild zu verstehen und in diese Philosophie soweit es einem Fremden überhaupt möglich ist, einzudringen. Dies unterlassen zu haben, hat in der Zeit des Sklavenhandels, während der Kolonialzeit und bis heute eine lange Liste von Mythen, Vorurteilen und Mißverständnissen bezüglich der Afrikaner verursacht und weiter bestehen lassen.

Leben als die Grundlage des afrikanischen Weltbildes

Man kann guten Gewissens und ohne Übertreibung sagen, daß das Leben die Grundlage des afrikanischen Weltbildes war und ist. Alles, was das Leben fördert, weitergibt, zum Ausdruck bringt, bereichert, rettet, schützt, absichert und heilt, ist gut und muß von allen herbeigewünscht werden. Was immer das Gegenteil bewirkt, ist böse und muß von allen gemieden werden.

Dieses Leben ist nicht einfach das des einzelnen, sondern auch und sogar mehr noch das der Familie, des Clans oder des Stammes. Dieses Verständnis von Leben ist nicht auf das körperliche Leben begrenzt, sondern umfaßt die soziale, spirituelle, religiöse, wirtschaftliche und politische Dimension. Es ist das Leben der Menschen, Tiere und Pflanzen, von allem also, was lebt. Es ist das Leben der Vergangenheit, der Gegenwart und der Zukunft.

Die alte Geschichte vom Ursprung der Baganda ist ein Beleg dafür. Nambi, die Mutter der Baganda, ist göttlichen Ursprungs, sie ist die Tochter der Himmelsgottheit (Ggulu). Der Mann, der sie heiratete, Kintu, besaß eine Kuh, mit deren Hilfe er sich auf Erden ernährte. Nambi kam mit Samen von den Himmeln herab, die die Nahrung produzieren sollten, die ihre Kinder essen würden.

Als der Tod (Walumbe) Nambi auf die Erde folgte und einige ihrer Kinder zu töten begann, wurde die Gottheit der Himmel angefleht, Nambis Bruder Kayikuuzi zu schicken, um den Tod zu fangen und ihn zurück in die Himmel zu nehmen. Aber der Tod war schlauer und lief weg und versteckte sich in der Unter-Welt, von wo er immer wieder zurückkam und Nambis Kinder tötete. Der einzige Trost, den Nambi hatte, war, daß sie so viele Kinder gebären würde, daß der Tod sie niemals alle würde hinwegnehmen können.

In dieser Geschichte finden wir die drei Hauptdimensionen der Gandakosmologie: die Welt des Übernatürlichen, die Welt der Menschen und die Unter-Welt. Wir finden die Verbindung des Menschlichen mit dem Göttlichen, die vitale Rolle der Tier- und Pflanzenwelt für das menschliche Leben und die Erklärung für den Tod und dafür, wie Männer und Frauen mit dieser unausweichlichen Wirklichkeit umgehen sollten.

Afrikaner glauben, daß das Leben einer übernatürlichen Domäne entstammt. Sie glauben, daß es nach dem Tode in veränderter Form weiterbesteht. Dieses menschliche Leben wird nicht nur von den Eltern gefördert, sondern auch von den Gottheiten, den Vorfahren, der Gemeinschaft und der gesamten natürlichen Umgebung.
Afrikaner sind stark davon überzeugt, daß es überall Feinde des Lebens gibt. Dies können übernatürliche Wesen oder Mitmenschen oder die restlichen Lebewesen sein. Wegen der Allgegenwart dieser Feinde muß das Leben vom Moment der Empfängnis bis zum Tod dauernd vor Männern und Frauen und den restlichen Lebewesen geschützt werden. Mit dem Thema "Leben" stehen Tabus in Verbindung. Jemand, der sich im Sinne der Gemeinschaft gut verhält, wird mit einem volleren Leben beschenkt, und er würde gesund, wohlhabend in der Gesellschaft und reich an Weisheit sein und über die Gabe des Segnens verfügen. Von jemandem, der sich in einer dieses Weltbild schädigenden Weise verhält, würde man annehmen, daß er das Leben verkürze und einem selbst, der Familie und sogar dem gesamten Stamm Schaden zufüge.

Der Einfluß des Lebens auf die Afrikaner

Das Übernatürliche wird geachtet, heilig gehalten, angebetet und ihm wird Gehorsam gezollt, denn es gibt Leben, erhält Leben, hat die Macht, Leben zu verkürzen, hinwegzunehmen und in der einen oder anderen Weise zu schädigen.
Die Vorfahren, die Lebend-Toten, werden geachtet, verehrt, heilig gehalten, angebetet, in verschiedener Weise versöhnt und sanft gestimmt, denn auch ihnen wird Macht über das Leben zugesprochen.
Immer noch blicken sie auf das Leben, das gelebt, weitergegeben, geschützt und vermehrt wird. Sie haben Macht, Leben zu geben und zu schützen. Sie haben auch die Macht, Leben zu verkürzen oder wegzunehmen. Sie nehmen immer noch daran teil, wie Leben geachtet wird, wie Zeremonien ausgeführt werden, Menschen sich zueinander verhalten, wie sie ihre gegenseitigen Verpflichtungen und Rechte erfüllen.
Die Herrscher, Ältesten und Führer werden geachtet, weil von ihnen erwartet wird, daß sie ein volleres Leben haben, das sie anderen als Segen, aber auch als Fluch oder als Verleugnung weitergeben können, wobei sie das Leben der Menschen und sogar der Tiere und Pflanzen

verkürzen können. Eine Studie in Sambia fand heraus, daß die Bisa von den Chilueiinseln glaubten, der See habe so wenig Fische, weil einige Leute sich mit dem Häuptling gestritten hatten.

Man achtet Seinesgleichen oder Darunterstehende, denn diese haben Leben, dessen Blühen und Gedeihen unterstützt werden muß. Nach dieser afrikanischen Vorstellung ist ein Kind zugleich ein machtloses und ein potentiell sehr machtvolles Wesen. Für das, was es einmal werden mag, gebührt ihm jeder Respekt und Schutz.

Die Medizinmänner und -frauen spielen eine besondere Rolle in der Gesellschaft, denn sie haben Macht, Leben zu heilen und zu retten. Entsprechend wird der Priester hoch geachtet, der den Grund für das Fehlen von Leben oder für Unglück herausfindet. Auch der Medizinmann, der Leben rettet, indem er das Übel abhält, das andere Menschen oder Kräfte gesandt haben, ist hoch angesehen. Aber der böse Zauberer, der schadet und der Hexer, der antisoziale und gegen das Leben gerichtete Dinge praktiziert, werden gehaßt und müssen auf der Suche nach einer dauernden Unterkunft unstet umherziehen.

Eltern werden geachtet, da sie Leben weitergegeben und geschützt haben. In dem Maße, wie das Leben wächst, wachsen Achtung und Verantwortlichkeit dieses Menschen. Die afrikanische Gesellschaft ist hierarchisch, und diese Hierachie beruht auf dem Wachstum des Lebens. Das Alter wird höher geachtet, denn es ist das Ideal eines volleren, wohl gelebten und beschützten Lebens. Diese Achtung verlangt ihrerseits von den Alten, Weisheit weiterzugeben und mit den Jüngeren die Geheimnisse zu teilen, die es ihnen ermöglichen, ein so reifes Alter zu erreichen.

Das Leben wird auch danach bewertet, welche Stellung jemand in der Gesellschaft einnimmt. Ein Vater oder eine Mutter von zehn Kindern haben ein volleres Leben als jemand, der nur eines oder zwei hat.

Ein Ehemann von vier Frauen wird als mit einem volleren Leben gesegnet angesehen als einer, der nur eine Frau hat. Vater und Mutter von Zwillingen werden höher geachtet, denn das Übernatürliche gab ihnen zwei Leben in einem Zug. Jemandem, der mit einer großen Viehherde oder anderen Reichtümern gesegnet ist, spricht man ein volleres Leben zu als dem Armen und Abgestiegenen. Jemand mit vielen Freunden in der Gemeinschaft hat ein volleres Leben als der düstere Individualist. Jemand, der mit anderen teilt, wird höher geachtet als der Eigenbrödler. Aus diesem Verständnis von Leben entspringen alle Lebensbeziehungen der Afrikaner. Ein Mensch hat nicht nur eine Mutter, sondern hunderte von Müttern, dann alle Frauen (auch die weiblichen Babys) des Klans seiner Mutter sind seine Mütter. Auch hat er mehrere Väter seitens seines Vaterklans. Er hat mehrere Frauen, denn alle Schwestern seiner Frau sind seine Frauen. Diese Beziehungen machen den Klan und den gesamten Stamm zu einer Gemeinschaft, in der jeder mit jedem verwandt ist.

Jemand mit vollerem Leben wird sogar seinen Klan oder gar Stamm verlassen, um mit Mitgliedern eines anderen Stammes Blutsbrüderschaft zu schließen. Auf diese Weise bekommt er noch mehr Verwandte als ohnehin. Freundschaft und Gastfreundschaft fördern auch das Leben. Die Lebenskraft des Freundes und Fremden bereichern und segnen.

Anwendung auf das Übernatürliche

Da überall Leben ist und dauernd beschützt und gefördert werden muß, ist das Übernatürliche überall, um dies zu bewerkstelligen. Religion als die Beziehung eines Menschen oder einer Gemeinschaft zum Übernatürlichen ist in jedem Handeln eines Mannes oder einer Frau gegenwärtig. Es gibt sie in jedem Lebensbereich. Es gibt keine scharfe Trennung zwischen dem Weltlichen und dem Religiösen. Die Allgegenwart des Göttlichen kann überall entdeckt werden.

Da es einen heftigen Wettbewerb auf der Suche nach dem vollen Leben gibt, wurden die Gottheiten vervielfacht, um den vielen Kunden gerecht zu werden. Es gibt eine Gottheit für Fruchtbarkeit, eine für ein langes Leben, für Kriegsglück, für Jagdglück, für guten Fischfang und für Glück und mehrere für Lebensgefahren wie Pocken, Plagen usw. Einige dieser göttlichen Wesen waren Menschen, die in einer oder mehreren Lebenssphären Hoheit und ein volleres Leben erlangt hatten, von dem nun erwartet wurde, daß sie es an ihre Anhänger weitergeben würden.

Was immer größeres Leben ausdrückt - sei es ein großer Baum, ein großes Tier, ein großer Berg, See oder Stein - wird als Träger größerer übernatürlicher Macht wahrgenommen. Menschen, die das Leben suchen, kommen niemals daran vorbei. Sie werden ihm Trankopfer darbieten, es verehren und Tabus darum aufrichten. In der traditionellen Religion galt, daß eine Gottheit für einen zuständig war und man sich hilfesuchend an sie wandte; blieb der Erfolg aus, suchte man sich eine andere. Es gab wegen der Gottheiten keine Rivalitäten. Es gab so viele wie die Gemeinschaft wünschte.

Anwendung auf die Gemeinschaft

Aufgrund des Lebens wurde jeder zum Hüter seines Bruders. Die Gemeinschaft wurde wichtiger als das Individuum. Individuum ist man aufgrund der Gemeinschaft. In dieser Sicht ist es das Schlimmste, was einem Menschen passieren kann, von der Gemeinschaft ausgeschlossen zu sein. So ein Mensch kann als tot betrachtet werden. Verflucht sein oder verleugnet werden, war und ist die schlimmste Strafe, die eine Gemeinschaft oder Eltern gegen eine Person verhängen. Aufgrund dieser Einstellung zum Leben sollte es in einer authentischen afrikanischen Gesellschaft weder Waisen, noch Geringschätzung von Witwen, noch vernachlässigte alte Menschen geben.

Weil das Leben des Individuums vom Leben der Gemeinschaft abhängt, war auch jede Person verpflichtet, seinen/ihren Teil zur Gemeinschaft beizutragen. Dies brachte eine klare Arbeitsteilung in der Familie, über die Familie hinaus, im Dorf, im Clan und im Stamm. Es wurde sehr auf Gerechtigkeit geachtet. Sie war der Eckstein dies Friedens in der Gemeinschaft. Ohne Friede gäbe es Uneinigkeit in der Gemeinschaft und das widerspräche der Förderung des Lebens. Es gab moralische Normen zur Förderung von Gerechtigkeit, zum Teilen der Beute, der Ernte und von Erbschaft.

Anwendung auf den Einzelnen

Der oder die einzelne bewertete die Menschen und das Leben mehr als alles andere. Sein oder ihr Leben sollte auf die Menschen, auf Leben ausgerichtet sein. Er wuchs im Leben und gab sich alle Mühe, Leben weiterzugeben und die Verantwortung zum Schutz des Lebens zu übernehmen. Er wurde nicht dessentwegen geschätzt, was er hatte, sondern wegen der Qualität des von ihm gelebten Lebens. Die Fähigkeit, nach dem Tode weiterzuleben, hing stark von der Qualität des auf der Erde gelebten Lebens ab.

Das afrikanische traditionelle Weltbild und die Herausforderungen der Moderne

Das oben beschriebene Weltbild wurde verändert und weiterentwickelt, als es von Islam und Christentum, Kolonisierung und moderner

Wirtschaft, Schulerziehung und moderner Medizin, Kommunikation und Interaktion mit der Weltgemeinschaft in Frage gestellt wurde.
Das ist normal, denn alle Kulturen sind niemals statisch, sondern sie sind dynamisch. Durch Interaktion nehmen sie neue Werte in sich auf. Es muß aber festgehalten werden, daß die Grundwerte des Weltbildes eines Volkes gewöhnlich intakt bleiben, auch wenn sie in neuer Form und in veränderter Praxis ausgedrückt werden. Die Werte von Leben und Gemeinschaft und der durchgängige Einfluß religiöser Werte stehen immer noch im Mittelpunkt des gegenwärtigen afrikanischen Weltbildes.

Das Christentum und die zentrale Stellung des Lebens im afrikanischen Weltbild

Mehrere christliche Gelehrte in Afrika haben bemerkt, daß in der Bekehrung vieler Afrikaner zum Christentum utilitaristische Motive eine zentrale Rolle gespielt haben. Dies ist ein wichtiger Hinweis. Viele Afrikaner wurden Christen, weil sie ihren Königen, Häuptlingen, Ältesten oder denjenigen folgten, die größeren Einfluß auf ihr Leben hatten. Viele fühlten sich ursprünglich von materiellen Wohltaten wie kostenloser medizinischer Behandlung und Erziehung, Befreiung von der Sklaverei, von Geschenken und Waren der westlichen Zivilisation angezogen. Viele wurden Christen, denn sie sahen darin den besten Schutz ihres Lebens, als sie bemerkten, daß unter dem starken Einfluß der westlichen Mächte die Dinge in ihren traditionellen Gesellschaften auseinanderfielen. Aber das war nicht alles. Einige nahmen das Christentum an, denn es hatte eine sehr klare Vorstellung eines attraktiven Lebens nach dem Tode. Für viele afrikanische Christen bestand die zentrale Mission Christi nicht so sehr in der Predigt zur Bekehrung und dem Glauben ans Königreich oder den strengen, sich in Selbstverleugnung ausdrückenden Anforderungen der Jüngerschaft, sondern in dem, was Johannes sagt mit: "Ich bin gekommem, daß sie das Leben und es in Fülle haben" (Joh 10,11). Diesem Auftrag folgend haben einige Afrikaner nicht akzeptiert, dieses Leben in der Fülle nur auf die spirituelle Domäne zu begrenzen. Sie wollten, daß das Christentum das bewirkte, was seine Gründer taten, nämlich das Leben in allen seinen Aspekten zur Fülle zu bringen. Sie wenden sich gegen die Dichotomie von Christentum und Menschsein. Immer dann, wenn es das Christentum nicht schafft, auf ihre ganzheitlichen Bedürfnisse einzugehen, macht es sie zu "dualistischen" Christen, die zwei entgegengesetzten Weltbildern angehören. Dieser Herausforderung will die Bewegung oder der Prozeß der Inkulturation begegnen und sie lösen.

Viele afrikanische Theologen, darunter John Mbiti, John Pobee, Charles Nyamiti, Bénézet Bujo, Titianma Sanon, Gwinyai Muzorewa, Julien Penoukou, Elai Messi Metogo, T. A. Mofokeng, Laurenti Magesa wurden von verschiedenen Eckpunkten traditioneller Religion wie den Ahnen, den Lebenskräften, der schwarzen Befreiungstheologie und den Initiationsriten angeregt, ihre jeweiligen Theologien zu entwickeln.

Wenn das Leben einmal in den Mittelpunkt des afrikanischen Lebens gestellt ist, und die Leute weiter daran glauben, daß die traditionellen Medizinmänner, Wunderheiler und Priester für das Leben sind, das Leben schützen und fördern, Heilung bewirken, den bedrängten Hoffnung bringen und das Vertrauen der Leute haben, wird keine Verdammung stark genug sein, um die Leute davon abzuhalten, ihre Dienste aufzusuchen.

Die Juden sagten zu dem Blinden, den Jesus geheilt hatte: "Wir wissen, daß dieser Mensch ein Sünder ist". Der Mann antwortete: "Ob er ein Sünder ist, das weiß ich nicht, ich weiß nur, daß ich blind war und jetzt sehe" (Joh 9, 24-25).

Und da die Afrikaner glauben, daß Gottes Macht in allem wohnt, was ungewöhnlich ist, wäre es eine verlorene Schlacht, dies ins Lächerliche zu ziehen. Erst jetzt, im Zeitalter des Umweltschutzes, beginnen Wissenschaftler den tieferen Sinn des afrikanischen Weltbildes in bezug auf Umweltschutz zu verstehen. Große Bäume, Wälder, Flüsse, Sümpfe, Seen, Gebirge usw. wurden wegen der ihnen innewohnenden göttlichen Gegenwart geschützt. Jedermann achtete sie und nutzte sie nur in den Maß, wie es der Brauch erlaubte. Sie durften niemals zerstört oder mißbraucht werden. Erst während der kolonialen Epoche des Säkularismus begannen die Leute, unfromm die Umwelt zu zerstören.

Und da ein Afrikaner streng daran glaubt, daß das Leben von der Empfängnis bis zum Alter wächst und seine Vollendung im Nach-Tod findet, in den Ahnen, die ein beispielhaftes Leben gelebt haben, wird das Christentum niemals die Ahnenverehrung ausrotten können. Sie sind Bestandteil des Lebens der Leute, integraler Teil ihres Weltbildes.

In der gegenwärtigen Gesellschaft, in der Dinge (Macht, Reichtum, Sex) wichtiger geworden sind als Menschen und das Leben, fordert uns der afrikanische Wert des Lebens dazu heraus, Gemeinschaft und eine auf dem Menschen beruhende Sicht von Entwicklung wiederherzustellen. Er stellt die Übel des Individualismus als Frucht des Ausbeutungs- und Wettbewerbkapitalismus und die Staatsdiktatur des wissenschaftlichen Marxismus in Frage. Die Lebensphilosophie der Afrikaner sollte nicht nur von den Afrikanern benutzt und gefördert werden, sondern von allen, die ernsthaft nach einer besseren Vision des Menschen und der Gemeinschaft suchen.

Die afrikanische Zentralität des Lebens räumt allen Aspekten der Heilung eine prominente Rolle ein. Viele Afrikaner erkranken heute nicht nur körperlich, sondern leiden an gesellschaftlicher, moralischer, psychologischer, wirtschaftlicher und politischer Unordnung. Westlich ausgebildete Ärzte konzentrieren sich darauf, körperliche Krankheiten zu heilen. Der afrikanische traditionelle Heiler zielt auf den ganzheitlichen Ansatz, den Jesus benutzte. Diese Einstellung gegenüber der Heilung trug dazu bei, daß es über 10.000 Afrikanische Unabhängige Kirchen gibt, denen klar geworden war, daß Heilung in den wichtigsten Missionskirchen keine zentrale Rolle spielt. Hier gibt es etwas Zentrales zu lernen.

Das um das Leben zentrierte afrikanische Weltbild könnte, wie später ausgeführt werden wird, unsere integrale Entwicklung begründen. Es ist nicht einverstanden mit jenen, die große Institutionen für Waisen, Alte und Witwen außerhalb der Gemeindeumgebung einrichten wollen. Besonders jetzt inmitten der AIDS-Epidemie brauchen afrikanische Waise eine Atmosphäre von Gemeinschaft und Familie, um aufwachsen zu können. Die Regierung Ugandas hat dies in eine klare Politik umgesetzt. Alte Afrikaner müssen mit ihren Enkeln spielen, um sich wieder jung zu fühlen. Afrikanische Witwen brauchen die Pflege und Liebe der Angehörigen ihrer verstorbenen Ehemänner oder der Gemeinschaft, in der sie leben.

Die afrikanische Zentralität des Lebens setzt uns in die Lage, die gesamte Bibel neu zu lesen und die Geschichte des Christentums zu studieren. Dann wird es klar, daß die Bibel nichts anderes ist als eine Botschaft des Lebens, und daß das Christentum nichts als ein Glaube ist, der das Leben in seiner Gesamtheit gibt und fördert. Deshalb sollte das afrikanische Weltbild kein Hindernis, sondern eine Hilfe bei der Wertschätzung der christlichen Botschaft sein.

Die integrale Entwicklung wird international noch nicht wahrgenommen

Auf der 4. Nationalen Theologischen Woche in Uganda, die vom 8. bis 15. Januar 1989 stattfand und an der der Präsident des Landes, katholische und anglikanische Bischöfe, Theologen und Fachleute teilnahmen, wurde Entwicklung definiert und eine neue Vision nationaler Entwicklung formuliert. Der Wortlaut ist:
"Während in der Vergangenheit Entwicklung prinzipiell als wirtschaftlicher Fortschritt verstanden wurde, haben wir die Einsicht gewonnen und sind davon überzeugt, daß der angemessene Fortschritt integrale Entwicklung sein sollte. Diese Entwicklung muß auf den ganzen Menschen ausgerichtet sein und die Bevölkerung einer Nation als ganze umfassen, indem sie die spirituelle, religiöse, soziale, persönliche, kulturelle, wirtschaftliche, politische, mentale, erzieherische, physische und Umweltdimension des Lebens einbezieht".[1]
Die Teilnehmer definierten integrale Entwicklung als: "... einen dauernden und wohlgeplanten Prozeß der Verbesserung der Lebensqualität für jeden und alle in den verschiedenen Gesellschaftbereichen".[2]
Die Art, wie in der kolonialen und postkolonialen Ära in Afrika Entwicklung eingeführt und betrieben wurde, war schädlich. Die Art, wie die internationale Gemeinschaft immer noch Entwicklung plant, ist fehlerhaft, denn sie baut auf Ungerechtigkeit auf und enthält keinen klaren integralen Entwicklungsansatz. Ein paar Beispiele mögen dies zeigen: Während der Kolonialherrschaft wurde Entwicklung als etwas Neues dargestellt, etwas Fremdes, das keine Verbindung zum Weltbild der Leute hatte. Sie zielte darauf, einige Leute zu isolieren und sie auf Kosten der Gesellschaft reich zu machen. Das Motiv war, eine kleine Mittelklasse zu begründen, die aktiv mit den Kolonisatoren zusammenarbeiten würde. Diese Klasse bestand oftmals aus Fremden, die von außerhalb des Kontinents kamen: Indern, Libanesen oder weißen Migranten. Diese Klasse sollte große Landgebiete besitzen, um für die westlichen Industrien exportierbare Agrargüter (cash crops) anzubauen. Sie sollte den Handel monopolisieren und Arbeitsplätze für die Afrikaner schaffen. In afrikanischen Ländern wurden Monokulturen und namentlich Kaffee, Baumwolle, Tabak, Sisal, Kakao, Kautschuk und so weiter eingeführt. Die Nahrungsmit-

---

[1] The Church Contribution to Integral Development: A new Vision, S. 253
[2] Ebd., S. 248.

telproduktion wurde niemals gefördert, da sie für die Kolonialmächte nicht profitabel war.

Traditionelle Handwerker wie Schmiede, Tischler, Töpfer, Bootbauer usw. wurden nicht nur entmutigt, sondern oft regelrecht unterdrückt, um Afrika zu einem großen Markt für Europa zu machen. Nur einige wenige Afrikaner hatten Zugang zur Schulerziehung, um die Erziehungselite klein und kontrollierbar zu halten.

Die koloniale Entwicklung war sehr selektiv und konzentrierte sich auf eines oder zwei Gebiete eines Landes, während die anderen völlig unterentwickelt blieben. Zu den Zeichen der kolonialen Entwicklung gehörten einige wenige kleine Städte, die hauptsächlich von Ausländern bewohnt wurden, der Anbau von exportierbaren Agrarprodukten, bessere Straßen, Transport- und Kommunikationssysteme, ein verbessertes äußeres Erscheinungsbild der Afrikaner und Schulen und Krankenhäuser, die meist den Missionaren gehörten und unter ihrer Kontrolle standen.

Diese Art der Entwicklung stellten die Afrikaner seit den vierziger Jahren und mehr noch in den fünfziger Jahren in Frage. Nationale Bewegungen und politische Parteien wurden gegründet, um die Menschen für die Einheit und das Ende der Kolonialherrschaft in Afrika zu mobilisieren. Es gab im wesentlichen drei Einstellungen der christlichen Kirchen zu diesem Anliegen: Einige Kirchen in Südafrika und Kirchen, deren Missionare hauptsächlich aus Spanien und Portugal kamen, waren entschieden gegen den afrikanischen Nationalismus und seine Ziele. Diese und viele andere christliche Missionare betrachteten den Kolonialismus als etwas, was gut für die Afrikaner war, etwas Christliches, das nicht unterminiert und noch viel weniger zu einem Ende gebracht werden sollte. Für sie bedeutete Kolonialismus "Zivilisation, Christianisierung und Entwicklung".

Einige christliche Kirchen reichten den Afrikanischen Nationalisten und politischen Parteien die Hand, um den Weg für die afrikanische Unabhängigkeit zu pflastern. Das beste Beispiel hierfür sind die katholischen Missionare in Rwanda, die viel riskierten, indem sie die unterdrückte Mehrheit der Hutu unterstützten.

Die Mehrheit der christlichen Kirchen in Afrika ließ sich nicht mit dem Natioanlismus ein und verhielt sich als Zaungast, um das Ergebnis abzuwarten und dann den Sieger zu unterstützen. Ohne Umschweife identifizierten sie nationalistische Gefühle und Handlungen mit solchen des Kommunismus und Sozialismus, damals den beiden Hauptfeinden des Christentums.

Für die afrikanischen Eliten war der Nationalismus ein mächtiges Werkzeug, um die verschiedenen Stämme und Gruppen zu vereinen und die nötigen Kräfte zur Erreichung der Unabhängigkeit zusammenzubringen. Um die Massen mit sich zu ziehen wurde ein Traum oder eine Utopie geschaffen. Die Unabhängigkeit würde die Würde und die Menschenrechte der Afrikaner bringen, würde materielle Armut, Krankheit, Unwissen und Ausbeutung Afrikas beenden; sie würde die Macht in die Hände der einfachen Afrikaner legen und eine Ära des Friedens, der Freude und Zufriedenheit für alle einleiten.
Es gab keinen triftigen Grund, warum die Massen damals ihren eigenen, gebildeten Söhnen nicht hätten glauben sollen. Die Geschichte hat aber gezeigt, daß die meisten dieser afrikanischen Eliten, die die afrikanischen Staaten in die Unabhängigkeit führten, nicht das richtige Verständnis von Entwicklung hatten und das Weltbild ihrer Völker nicht teilten. Sie verrieten das Vertrauen, das die Leute ihnen entgegengebracht hatten.
Die sechziger Jahre wurden zu Zeugen der Überbetonung der landwirtschaftlichen Entwicklung in Afrika. Es schien, als sei vertraglich festgelegt worden, daß Afrika Rohmaterialien produzieren sollte und die westliche Welt es weiterverarbeiten und im Gegenzug Technologie an Afrika verkaufen sollte. Ein guter Führer war damals jemand, der diese klare Arbeitsteilung unkritisch akzeptierte. Je mehr Ernten Afrika aber produzierte, desto weniger Technologie konnte es einkaufen und für den Preis einer Ernte konnte es immer weniger kaufen. Armut schien in Afrika ein auf Dauer gestellter Teufelskreis zu sein. Da sie keine materiellen Verbesserungen sahen, wählten die Militärs den Weg der Rebellion und putschten, wobei sie ein afrikanisches Land nach dem anderen destabilisierten.
Für viele christliche Kirchen und die Massen war es ein Schock zu sehen, wie die Söhne, die sie erzogen hatten, nun als politische und militärische Führer die Menschenrechte der Bevölkerung verletzten, viele ins Exil trieben, sich über die Maßen korrumpierten und zerstörerische Diktatur praktizierten. Erst jetzt dämmerte es einigen christlichen Kirchenführern, daß politische Entwicklung und Partizipation nie Teil des von ihnen weitergegebenen Erziehungssystems waren. Wenn, wie es die Predigten darzustellen neigten, Politik schmutzig war, dann schien die Folgerung logisch, daß diejenigen, die sich damit befaßten, sich und ihre Poltiik beschmutzen sollten.
Angesichts der sich täglich gefährlich weitenden Kluft zwischen armen und reichen Nationen erklärten die Vereinten Nationen die sieb-

ziger Jahre zur Dekade des wirtschaftlichen Fortschritts und der gerechten Verteilung des Reichtums an die Dritte Welt. Die Sorge war, daß kein Planet in Frieden leben könne, wenn die wenigen sehr Reichen in luxuriösem Wohlstand schwimmen, während die arme Mehrheit an schierer Armut stirbt, unfähig, die Grundbedürfnisse des Lebens wie Essen, Trinken, Wohnung, Brennstoff und Erziehung zu befriedigen.

Diese Dekade sollte Wunder vollbringen. Es wurden Pläne, Programme und Projekte geschmiedet. Zu Ende der Dekade aber sahen sich die Vereinten Nationen vor die Tatsache gestellt, daß in der Dritten Welt wenig oder gar keine Entwicklung erreicht worden war. Die wenigen Reichen waren reicher geworden und die Armen ärmer als zu Beginn der Dekade. Eine kritische Diagnose dieses Scheiterns benannte als Grund, daß die Rolle der Frauen in der Entwicklung marginal geblieben war.

Die achziger Jahre wurden zur Dekade der Frauen in der Entwicklung erklärt. In einer machtvollen Kampagne sollte das Bewußtsein der Frauen geweckt werden. Man betonte die Frauenrechte. Hindernisse der Frauenbeteiligung in der Entwicklung wurden zur Sprache gebracht.

Als sich die Frauen allerdings 1985 in Nairobi trafen, um ihre Dekade zu evaluieren, waren die Ergebnisse enttäuschend. Für die Mehrheit der Frauen hatte sich sehr wenig geändert. Ihre Ausstrahlung auf die Entwicklung war immer noch gering. In Begriffen wirtschaftlicher Entwicklung stand Afrika schlechter da als in den sechziger Jahren, als es die Unabhängigkeit erreicht hatte.

Wegen dieses Scheiterns erklärten die Vereinten Nationen die neunziger Jahre zur Dekade für kulturelle Entwicklung. Der Hintergedanke liegt auf der Hand. Kultur, so dachte man, kann ein großer Beitrag oder ein Hindernis für Entwicklung sein.

In dieser Dekade befinden wir uns. Es scheint allerdings, als unterscheide sie sich nicht von früheren Dekaden, und namentlich deshalb, weil Entwicklung nicht in einzelnen Punkten oder Dimensionen verstanden werden kann. Sie ist nur sinnvoll als integral, wenn also jede Dimension im Gleichgewicht mit den anderen steht, die andere anstößt und sie sich gegenseitig unterstützen, um einen integralen Menschen und eine integrale menschliche Gesellschaft hervorzubringen.

Die Wirkungen von fehlerhafter Entwicklung auf Afrika

Heute gibt der afrikanische Kontinent ein sehr pessimistisches Bild ab. Die Hoffnungen der sechziger Jahre wurden enttäuscht. Unterernährung und Hungersnöte töten jährlich viel mehr Millionen Menschen als alle Kriege zusammengenommen. Die Antwort auf den Hunger ist Fallhilfe, aber nie ein Dauerprogramm.

In mehreren afrikanischen Nationen dauern Kriege und Stammeskonflikte an. Als Antwort erhält jede Konfliktseite mehr tödliche Waffen. Die Millionen offizieller und nichtoffizieller Flüchtlinge belegen anschaulich die afrikanische Krise. Die Antwort sind wiederum Hilfslieferungen für diese "Nicht-Bevölkerung", aber kaum je eine Bemühung, sie nach Hause zurückkehren zu lassen.

Krankheiten sind so verbreitet wie immer und AIDS breitet sich wie ein Steppenbrand aus. Die Technologie konzentriert sich immer noch auf die Raumforschung und kompliziertere Waffen.

Wegen des wachsenden wirtschaftlichen Chaos, das von der unethischen, im wahrsten Sinne die Dritte Welt strangulierenden Auslandsschuld verursacht wurde, wächst der Analphabetismus statt zurückzugehen.

In vielen afrikanischen Ländern regieren Diktatoren und es werden die Menschenrechte verletzt. Menschenleben werden zerstört und den Leuten drohen Verhaftungen. Viele dieser Diktaturen werden wegen wirtschaftlicher Interessen von den reichen Nationen unterstützt.

Die tieferen Gründe für diese traurige Wirklichkeit liegen sowohl innerhalb als auch außerhalb. Das Entwicklungsverständnis afrikanischer Führer muß sich ändern. Der Führungsstil muß demokratisch und für die Bevölkerung völlig nachvollziehbar sein. Der externe Faktor beruht auf der Ungerechtigkeit des Wirtschaftssystems und der Politik, die darauf ausgelegt sind, die Dritte Welt auf Dauer arm und schwach zu halten. Beiden Gründen für die Misere kann ohne religiöse Werte nicht effektiv begegnet werden.

Integrale Entwicklung innerhalb des afrikanischen Weltbildes

Bei der Analyse der Vorschläge für die Neue Nationalverfassung habe ich folgende Prinzipien herausfinden können:
Die Menschen möchten ihre Nation auf der Grundlage ihrer verehrten traditionellen Werte aufbauen. Sie deuten die Krise Ugandas nach der

Erlangung der Unabhängigkeit als Fehler, den Aufbau der Nation nicht auf den traditionellen Werten begründet zu haben, die die Menschen kannten, liebten und achteten. Stattdessen wurden ausländische Modelle importiert, die für Menschen in ganz anderen Situationen und mit ganz anderen Weltbildern angelegt waren.

Deshalb wollen die Menschen ein politisches System, das ihre eigene aktive Teilnahme beim Regieren wirklich zuließ. Sie wollen an der politischen Diskussion teilnehmen können, bis ein Konsens sich auftut. Sie wollen einen Führer, der die Interessen der Leute zur Sprache bringt, ihre Wünsche zusammenfaßt und, wie es in der Vergangenheit war, klaren moralisch-ethischen Kodizes unterliegt.

Die Gebiete, die früher Könige hatten, die 1967 diktatorisch abgesetzt wurden, wollen diese Könige zurück, wenn auch als bloße kulturelle und gesellschaftliche Führer ohne politische Macht.

Land wird nicht nur als rein wirtschaftlicher Besitzstand verstanden. Es ist eine Quelle des Lebens und eine Grundlage der menschlichen Würde. Jeder hat das Recht auf Land, auch wenn er oder sie arm ist. Land ist Teil des Ahnenerbes. Im Land sind die Menschen vergraben. Dies hält die Klans in Leben und Tod zusammen. Es gibt nur wenige öffentliche Friedhöfe in Uganda, und die werden für die Beerdigung der Ausländer benutzt.

Umweltschutz wird hoch eingeschätzt, und dies nicht hauptsächlich, weil er ein modernes Anliegen ist, sondern weil er im Weltbild der Menschen hoch bewertet wird. Die Umwelt ist grundsätzlich Teil des menschlichen Lebens selbst. Das Leben des Tieres, der Pflanze oder des Vogels ist eng verbunden mit dem Leben des Einzelnen oder der Familie, die das Land besitzt. Je stärker dieses Weltbild ins Gewicht fällt, desto besser kann die Umwelt geschützt werden.

Die Teilnahme der Gemeinschaft an der Rechtspflege wird häufig empfohlen. Die Menschen sehen keinen Grund, daß Rechtsfälle um Land, Streitereien, die Weigerung, Schulden zurückzuzahlen usw., nicht am besten von den Dorfführern selbst entschieden werden können. Es wird ein Geschworenensystem bevorzugt. Konfrontation sollte gegenüber der Versöhnung zurückstehen.

Das Recht auf Kultur und das Prinzip der Einheit in der Verschiedenheit wurden enthusiastisch unterstützt. Sie werden nicht mehr in derselben Weise gesehen, in der sie die politischen Herrscher während der Unabhängigkeit sahen. Wenn sie in der richtigen Weise gefördert werden, gefährden sie nicht notwendigerweise die nationale Einheit.

In Uganda, wo über 40 Stammessprachen gesprochen werden, ist die Wahl einer Nationalsprache ein heißer und an Empfindlichkeiten rührender Tagesordnungspunkt. Auf allen Ebenen gehört er zu den meistdiskutierten Punkten. Alle neigen zu der Übereinstimmung, daß für die Entwicklung der Nation eine Nationalsprache gebraucht wird, die afrikanisch sein muß. Außerdem besteht Übereinstimmung, daß die Wahl einer Nationalsprache nicht die Eliminierung anderer ethnischer Sprachen zur Folge haben muß. Die Debatte, welche Sprache von der Mehrheit gewählt werden mag, dauert an.

Über den Punkt der Frauenrechte und der Frauengleichheit und ihrer gleichberechtigten Teilhabe am politischen und wirtschaftlichen Leben der Nation gab es eine sehr lebhafte Debatte. Die Leute kamen überein, kulturelle, religiöse und rechtliche Praktiken zu bezeichnen, die nicht länger erwünscht waren und im Interesse der Gleichheit abgeschafft werden müssen. Den Leuten war ganz klar, daß Kultur nie statisch war, sondern dynamisch. Sie wächst, lernt von anderen Kulturen und antwortet auf alle Herausforderungen. Die Nation als ganze war in der Lage, kulturelle Praktiken festzulegen, die der Läuterung oder Veränderung bedürfen, sodann solche, die durch neue ersetzt werden müssen, dann solche, die zusammen mit jedweden Ersatzpraktiken abgeschafft werden müssen und schließlich kulturelle Werte, die beibehalten und gefördert werden sollten, um zu dem gewünschten Gesellschaftstyp zu gelangen.

Die Leute haben zahlreiche Beiträge dazu gegeben, wie die Nation aufgebaut werden und auf welche Grundlage die Entwicklung gestellt werden sollte. Diese Beiträge sind das Ergebnis des Weltbildes der Leute. Die Leute wollen eine gleichmäßig entwickelte Gesellschaft ohne Enklaven der Zurückgebliebenheit, um zukünfige Konflikte zu vermeiden. Sie erbitten einen integralen Entwicklungstyp, der Menschen in allen Lebensbereichen weiterbringt. Sie wollen Quantität und Qualität des Lebens befördern und alles, was das menschliche Leben zu einem vollen Leben macht. Sie verdammen Selbstsucht, Gier und Individualismus der Führer und der Reichen. Sie mögen keine unkritische Imitation und Kopie des Westens, vor allem wenn es um die Schaffung großer Städte mit Elendsvierteln geht, die Menschen aus den ländlichen in die städtischen Gebiete ziehen und zur moralischen Laxheit der Jugend beitragen, und sie mögen nicht die Institutionen, die das Gemeindeleben, die ausgedehnte Familie und die Sorge füreinander schwächen. Ich habe keinen Vorschlag gesehen, der sich für die Legalisierung der Abtreibung ausspräche.

Was Scheidungen betrifft, haben Frauen hauptsächlich auf der gerechten Teilung des Familienbesitzes bestanden.

Die Leute haben in reichem Maße Vorschläge gemacht, wie Uganda entwickelt werden sollte, und es ist ein Ansporn für Führer auf allen Ebenen, sie gemäß dem Wunsch der Leute in Handlung umzusetzen. Mit Sicherheit möchten sie sich nicht in der Weise weiterentwickeln, wie es seit der Kolonialherrschaft geschah. Sie möchten auch nicht zur vorkolonialen Epoche und ihren Modellen zurückkehren. Von vielen Entwicklungen im Westen sind sie nicht sehr beeindruckt. Sie möchten einen Neuanfang, der auf ihrem grundlegenden Weltbild beruht, aber voll in die gegenwärtige internationale Welt integriert ist.

Die Hauptcharakteristiken der erwünschten integralen Entwicklung

Es wurden mindestens sieben Prinzipien genannt, die zum Wesen einer Entwicklung gehören, die sich gut in das afrikanische Weltbild einfügen.

1. Entwicklung wird in lebensfördernden Begriffen definiert. Alles, was Leben gibt, bereichert, schützt und verlängert ist echte Entwicklung. Leben bedeutet hier Leben in seiner Gesamtheit. Dies Prinzip hilft uns, mühelos Einstellungen, Entscheidungen, Handlungen und Programme auszumachen, die den Namen Entwicklung verdienen, und solche, die dagegen gerichtet sind. Das Leben keines Volkes kann je ohne dessen Konsens und Partizipation entwickelt werden.

2. Entwicklung ist für die Menschen da. Sie muß den Menschen als Ausgangs- und Endpunkt nehmen. Sie gibt eine Antwort auf die Wünsche der Menschen, beschwichtigt ihre Ängste und Beklemmungen, lindert ihre Probleme und Schwierigkeiten und errichtet ihre gewünschte ideale Gesellschaft. Wahre Entwicklung hebt damit an, die Würde, die Menschenrechte und die grundlegende Gleichheit der Menschen anzuerkennen.

3. Entwicklung geht von der Demokratie aus und wird durch sie verwirklicht. Sie kommt von den Menschen, geschieht durch die Menschen und nutzt den Menschen. Werden die Menschen in ihre eigene Entwicklung nicht einbezogen, dann wird "Entwicklung" zur oberflächlichen Kosmetik und dient der äußeren Erscheinung. Die

Menschen sind die Grundquelle von Entwicklung. Sie müssen sagen, was sie sehen, fühlen und wünschen. Sie müssen tun, was sie für die beste Problemlösung halten. Jeder andere Entwicklungsansatz ist entweder Paternalismus, Ausbeutung oder regelrechte Diktatur, die zum Scheitern verurteilt ist.

4. Entwicklung muß Prioritäten setzen. Sie beginnt beim Drängensten, beim Wesentlichen, und geht dann graduell weiter. Kein Außenseiter kann die Probleme eines anderen Volkes genau einschätzen, denn Wissen und Einschätzen sind zweierlei Dinge. Selbst wenn in den Augen von Experten die von den Leuten gewählte Priorität nicht korrekt sein mag, zahlt es sich doch aus, dabei zu bleiben, um dann solidarisch den nächsten gewünschten Schritt zu machen.

5. Entwicklung geschieht über Bewußtmachung und Bewußtseinserziehung. Bevor Menschen mit Sachverstand Prioritäten setzen und sich an geplanter Entwicklung beteiligen können, brauchen sie eine angemessene Bewußtwerdung ihrer eigenen Situation, ihrer Fähigkeiten, ihrer verfügbaren Ressourcen und des Planes dessen, was sie erreichen mögen. Diese Bewußtmachung führt zur sicheren Erfolgsgrundlage jeder Entwicklung, nämlich zu Einheit und Solidarität. Bewußtmachung verhilft zu Einheit der Vorsätze und zu gemeinsamer Vision.

6. Entwicklung sollte auf Gerechtigkeit beruhen. Eine der Hauptsorgen der afrikanischen Völker ist die sogenannte Entwicklung, die eindeutig auf Ungerechtigkeit beruht und von ihr genährt wird. "Entwicklung", die aus Sklavenhandel und Sklaverei, aus dem Kolonialismus, dem südafrikanischen Apartheidsystem, aus der ungerechten Weltwirtschaftsordnung und anderen dubiosen Systemen erwächst, verdient diesen Namen nicht. Innerhalb Afrikas gibt es zahlreiche Instanzen externer Entwicklung, die von Korruption befallen sind und die Menschen vor Ort verraten. Gerade auf diesem Gebiet werden für unseren Entwicklungsbegriff ethische Normen und Werte so wichtig. Nur auf der Grundlage von Gerechtigkeit können wir zu einem Verständnis dessen gelangen, was in Wahrheit Entwicklung genannt werden kann.

7. Entwicklung sollte für das Weltbild der Menschen relevant sein. Entwicklung ist deshalb so erwünscht, weil sie die Ideale der Men-

schen verwirklicht, ihre Lebensqualität steigert, sie menschlicher macht. Wenn nicht jeder Entwicklungsschritt- und Aspekt auf seriöser Kenntnis und bewußter Achtung des Weltbildes der Menschen beruht, kann solche Entwicklung niemals gewünscht und akzeptiert werden, andauern und von Nutzen sein. Deshalb argumentiert dieses Papier, daß Kultur und Religion die Grundlage des afrikanischen Weltbildes sind.

Die ugandischen Karamojong, die kenianisch-tanzanischen Masai und andere afrikanische Gesellschaften fordern schlicht: Wir wollen Entwicklung, die unsere kulturellen Werte achtet und fördert, nicht mehr und nicht weniger. Sie wollen die Entwicklung, die sie benötigen, wählen können; sie müssen diese Entwicklung in die Wege leiten und weiterführen und letztendlich ihren Erfolg oder Mißerfolg beurteilen können.

Nur wenn spirituell-religiöse, moralisch-soziale, wirtschaftliche oder politische Entwicklung sich schön in das Weltbild eines gegebenen Volkes einfügt, ist sie sinnvoll, wird sie wertgeschätzt und als dauerhaft angesehen, denn so wurde sie zum Bestandteil dieser Gesellschaft.

Obiora Ike

Die kulturellen, ethischen und religiösen Aspekte von Entwicklung
(Einige Determinanten für die Modernisierungspotentiale Afrikas)*

Problemstellung

Menschen aus dem Westen haben Entwicklung lange Zeit lediglich wirtschaftlich und technologisch verstanden. Religiöse, ethische und andere Elemente von Entwicklung wurden selten anerkannt. Selten wußten diese "selbsternannten" Experten, daß religiöse Implikationen und kulturelle Bedingungen von wirtschaftlicher Entwicklung wichtig sind für jedwede Entwicklungsstrategie, die sich an der Förderung des Menschlichen ausrichtet. Diese Anomalie erfährt zusehens größere wissenschaftliche Aufmerksamkeit und es ist dringend geboten, diesen Fehler zu korrigieren. Entwicklung ist für den Menschen da. Das Versagen so vieler Entwicklungsprojekte und -strategien und die darauf folgende Kritik und Verwerfung der Entwicklungsidee selbst, wie sie jüngst von Vielen vorgebracht wurden, kann größtenteils dieser Schieflage und dem antikulturellen Verständnis von Entwicklung zugeschrieben werden, das Religion, Kultur und Ethik als integrale Bestandteile des Entwicklungskonzepts unterschlägt.

Viele afrikanische Länder selbst und ihre Eliten haben in der Modernisierungseuphorie die Orientierung verloren. Sie haben die Tuchfühlung mit den ursprünglichen Quellen afrikanischer Kultur verloren und haben es nicht geschafft, Europäer zu werden. Diese Erfahrung hat eine Spruchweisheit der Igbo bestätigt, daß "Leute, die nicht in die Vergangenheit zurückblicken, keiner blühenden Zukunft entgegensehen."

Es hat sich herausgestellt, daß die meisten Entwicklungsmodelle (seien sie politisch, wirtschaftlich, technologisch oder sozial), die dem westlichen Verständnis entspringen und den afrikanischen Nationen

---

* Übersetzung: Dieter Maier

auferlegt wurden, schmerzlich gescheitert sind. Solche Modelle haben in den entwickelten Nationen des Nordens und Westens funktioniert. Ansätze von Menschen nicht-westlicher Kulturen, sich selbst entsprechend ihrer eigenen Prioritäten, ihrer eigenen innovativen Rationalität und der aus eigener Sicht gesehenen Probleme zu entwickeln, sind oft als unerheblich zur Seite gelegt worden. Trotz zur Schau getragener Bereitschaft zum interkulturellen Dialog wurden Bemühungen zur kulturellen Authentizität oft unterdrückt.

Mittlerweile stimmt man immer mehr darin überein, daß ethische Optionen von Entwicklung, die ihrerseits von der religiösen Weltsicht sehr unterschiedlichen kulturellen Ursprungs getragen werden, in die Überlegung einbezogen werden müssen. Analog dazu forderte Max Weber, daß die innovativen Potentiale der Kulturen der Dritten Welt untersucht werden müßten, die in der Lage sind, eine auf sich selbst beruhende (unabhängige) Rationalisierung und einen entsprechenden Modernisierungsprozeß durchzuführen und zu tragen.

Wegen der spezifischen Affinität von Religion und Rationalität wies Max Weber der Religion eine bevorzugte Rolle in diesem Prozeß der Rationalisierung und Modernisierung zu, und dies könnte zu einem neuen, kontextuellen Verständnis von Webers Schriften über andere Kulturen beitragen.[1]

Es steht nicht nur der Transfer von Wirtschaft und Technologie vom Westen in afrikanische Nationen zur Diskussion, - weit mehr ist zu fragen, wie Kategorien zur Definition und Bewertung kultureller, ethische und religiöser Bedingtheiten gefunden werden können, die für die Entwicklungs- und Modernisierungspotentiale Afrikas bedeutsam sind.

Die wohlbekannte Tatsache, daß Kultur nicht statisch ist, wird am kulturellen Wandel offensichtlich. In dem Maße wie sich die Gesellschaft verändert und die Geschichte fortschreitet, interagieren Menschen miteinander und verändern bestehende Traditionen, um sich in neuen Situationen zurechtzufinden. Kultureller Wandel ist deshalb eine dauernde Herausforderung für den Einzelnen, seine Identität neu zu bestimmen.

Diese Herausforderung kann bestanden werden, wenn die kulturelle Kontinuität bewahrt wird. So sagte Max Weber: "Diese Rationalisierung wird von der Kraft einer internen Logik getragen. Die Substanz dieser Kraft liegt in einem religionsgeschichtlichen Entmystifizie-

---

[1] Max Weber, Gesammelte Aufsätze zur Wissenschaftslehre, 3. Auflage, Tübingen 1968, S. 594.

rungsprozeß begründet, der die Grundlage aller gesellschaftlichen Rationalisierung ist." Diese Entmystifizierung ist gleichbedeutend mit der Substantialisierung von Wirklichkeit und Lebensstil durch die Erlangung rationaler Herrschaft und Autorität über die Natur. Man wird mir gewiß zustimmen, daß solch eine Vorherrschaft nicht nur durch wirtschaftlichen und technologischen Transfer erreicht werden kann. Wir in Afrika brauchen Wege, eine kategoriale Grundlage dafür zu finden, die religiösen und kulturellen Bedingungen für Entwicklungspotentiale zu bestimmen. Das wäre die Grundlage für einen Gesellschaftswandel, und daher rührt mein Bestehen darauf, daß authentische Entwicklung einen ethischen, kulturellen und religiösen Hintergrund hat.

Kultur ist die allgemeine Lebensform einer bestimmten Bevölkerung. Sie ist das Ergebnis der gesellschaftlichen Aktivität des Menschen, zu der Sprache, Gewohnheiten, Ideen, Glaubensinhalte, Bräuche, gesellschaftliche Organisationen, künstlerische Schöpfungen, technische Prozesse und Werte gehören. Zur Kultur gehören Tradition, Erziehung, Mythos, Wissenschaft, Kunst, Philosophie, Regierungsform, Recht, Riten, Glaubensinhalte, Erfindungen, Technologien, - mit anderen Worten das gesamte gesellschaftliche Erbe eines Volkes. Kultur ist nicht nur an das private Leben eines Menschen gebunden, sondern auch an das gesellschaftliche. Die Rechte des Einzelnen wurden im traditionellen Afrika nur innerhalb seines Klans oder seines Dorfes respektiert. Außerhalb davon erloschen sie. Das Recht auf Leben, Bewegungs-, Rede- und Religionsfreiheit waren alle nur innerhalb der eigenen Umgebung und der unmittelbaren kulturellen Existenz garantiert. Diejenigen, die außerhalb standen, kamen nicht automatisch in den Genuß dieser Rechte, sondern sie konnten sie durch Wohlverhalten und friedliches Zusammenleben erwerben.
Kultur ist wesentlich menschliche Errungenschaft; sie wird auf dem Weg der Erziehung von Generation zu Generation vermittelt, und ein großer Teil dessen, was wir Erziehung nennen, ist die Art und Weise, wie wir Kultur der gesellschaftlichen Nachwelt übermitteln. Die Welt der Kultur ist die Welt hochgehaltener Werte, eine Welt der Zwecke und Güter, die der Mensch hier in dieser Welt erreichen und verwirklichen möchte. Kultur ist stark befaßt mit der Bewahrung kultureller Werte. Ohne dauernde Erziehung und Ausbildung würden die kulturellen Errungenschaften völlig verschwinden.

In traditionellen Gesellschaften ist Liebe kommunitär, nicht individuell. Daher war die Heirat eine Vereinigung zweier Familien, zweier Klans, zweier Dörfer und nicht nur die private Liebesbeziehung zwischen einer Frau und einem Mann. Diese kommunitäre Dimension kam der Dauerhaftigkeit der Ehe zugute und schränkte Trennungen und Scheidungen ein. Der Egoismus war in Grenzen gehalten. Eheliche Liebe und Sorge waren eine Gesellschaftsverantwortung. Afrikanische Gesellschaften liebten die Kinder und tun dies heute noch. Die Unfruchtbaren sind sehr traurig. Unfruchtbarkeit ist ein Fluch. In einer solchen Gesellschaft ist die Zukunft gewährleistet, wenn es Kinder gibt. Die Familie ist gestärkt und Abtreibung ist kein Thema. Das Alter ist ein Geschenk, ein Zeichen der Weisheit und eine Belohnung für gutes Leben. Afrikanische Gesellschaften respektierten im allgemeinen die Älteren und pflegten sie. Die Alten lebten im Familienmilieu und waren die Wahrer von Stabilität und Gegenwart der Geschichte. Wenn ein alter Mann stirbt, ist dies so schlimm, wie wenn in Europa eine Bibliothek zerstört wird. Die Großfamilie war ein Beispiel gemeinschaftlichen Teilens, des Lebens und Leben-Lassens, Beisammensein war in der Großfamilie ausgedrückt. Die Familie war Leben. "Ich bin, weil wir sind, und weil wir sind, bin ich" (Mbiti). Ist dies ein Mittel gegen unseren gegenwärtigen Egoismus und unsere selbstsüchtige Gesellschaft?
In der afrikanischen Kultur hat die gesamte Schöpfung eine Bedeutung. Der Schöpfer hat dem Universum einen Zweck beigegeben. Religion, Gesellschaft, Gottesdienst, Riten und Rituale machen Afrikas Antwort auf den "Gott der Schöpfung" aus. Jeder Baum hat eine Bedeutung. Die Jahreszeiten haben einen Namen und eine Bedeutung. Jede individuelle Kreatur hat ein "Chi", also eine allgemeine Gottheit (Geist), die sie führt. In der afrikanischen Kultur wurde dem Sand, dem Wasser, den Sternen, kurz: der ganzen Natur ein Wert beigelegt. Anbauperioden, Wirtschaft, gesellschaftliches Leben, Kultur, Gesetz, Handel und Kunst deuteten über sich heraus. "Sieh über mich hinaus, denn ich vertrete unter den Menschen die Gottheit". Die Achtung vor Natur, Umwelt, Bäumen und Wasser hatte praktische Folgen, denn nur die Grundbedürfnisse wurden befriedigt, und dies mit religiöser Ehrfurcht. Der Ausbeutung waren Grenzen gesetzt. Dies war die tiefe religiöse Weltsicht.
Ich halte es nicht für nötig, hier in die Debatte einzutreten, ob Afrika eine zentrale Kultur hat oder aus heterogenen Kulturen zusammengefügt ist. Womöglich ist dies eine Frage der Betonung, und vielleicht

können wir zeigen, daß es sowohl die Stammeskultur als auch die panafrikanische Kultur wirklich gibt. Was ich zu sagen habe, gilt mutatis mutandis für beides. Afrika besteht aus Myriaden von Menschen und Stämmen, von denen jeder seine eigene Sprache, Bräuche, Glaubensinhalte, sein Moralsystem und andere Institutionen hat, die eine Kultur ausmachen. In diesem Sinn hat jede afrikanische Gruppe ihre eigene Kultur.

Andererseits gibt es einen offenkundigen Grad an kultureller Ähnlichkeit, nicht nur in bestimmten Regionen, sondern tatsächlich quer über den schwarzen Kontinent. Ich möchte hier an einigen Beispielen diese panafrikanische Kultur aufzeichnen. Die in die Hunderte gehenden Sprachen, die von Afrikanern gesprochen werden, wurden wissenschaftlich klassifiziert und auf einige wenige Sprachfamilien zurückgeführt. In jedem Kunstmuseum ergänzen sich bestimmte Konstellationen greifbarer und oft weniger greifbarer Merkmale, die der afrikanischen Kunst eigenes Profil und Züge verleihen. Es gibt eine breite und oft ins Detail gehende Übereinstimmung in der Art, wie das Familienleben dargestellt wird, die politische Organisation, die Religion und das allgemeine Weltbild. Diese kulturelle Synthese, die das Wesen der Afrikanität ist, muß noch vervollkommnet werden, aber sie hat jetzt schon ihre Wurzeln: Erstens in der Gleichheit der Lebenserfahrung, die diese Menschen machen, und zweitens in der Verzweigung verschiedener kultureller Pfade innerhalb dieser Gesellschaften.

Diese gemeinsame Lebenserfahrung, diese afrikanische Grundbedingung schließt die Bebauung gemeinhin unfruchtbaren Landes und das Problem ein, ob ein Bauer, Jäger oder Nomade in extrem schwierigen und ungewissen Bedingungen genügend für seine persönliche und familiäre Subsistenz produzieren kann. Das Eigentumsverständnis der Afrikaner, in dem Eigentum eine gesellschaftliche Hypothek und nicht zur Akkumulation bestimmt ist, ist ein Schutz gegen die Unbille der afrikanischen Naturbedingungen. Land durfte deshalb auch nicht verkauft werden, sondern es gehörte den Vorfahren, stand jedermann für dessen Anbau-, Weide und Baubedürfnisse zur Verfügung und durfte an Andere nur zum Nutznieß weitergegeben werden.

Angesichts der zerstörerischen und erstickenden Macht unkontrollierbarer Naturelemente schließt dieser Typus von Lebenserfahrung die Projektion einer psychologischen Welt größerer Sicherheit ein, in der - so die Vorstellung - ein Pantheon von Gottheiten sich derjenigen Kräfte annimmt, die jenseits von uns sind und uns bedrohen. Die

Willkür der Naturelemente hat umfassende Migrationsströme und Bevölkerungsbewegungen ausgelöst, und entsprechend wurden kulturelle Pfade von einem Ende des Kontinents zum anderen geschlagen. Diesen Bedingungen sind Jahrhunderte der geographischen Isolation vom Rest der Welt, aber auch stetig zunehmende Kontakte innerhalb des Kontinents selbst geschuldet, Kontakte, die, wie die Dinge lagen, sich gegenseitig verstärkten und intensivierten. Dies ist die Ursache für die besondere Originalität der afrikanischen Kultur. Sie bedeutet die gemeinsame Erfahrung des traumatisierenden Sklavenhandels, der Erniedrigung durch die Kolonisation, des Angriffs auf die traditionelle Religion, der neugewonnen politischen Unabhängigkeit, der gegenwärtigen wirtschaftlichen Ausbeutung und des zwiespältig-zögerlichen Stehens auf der Schwelle zum Industriezeitalter. Heute wird zusehends anerkannt, daß Kultur unabdingbar für eine authentische Entwicklung ist[2]. Diese neue Tendenz drückt sich darin aus, daß in vielen Ländern der Welt Institutionen gegründet werden, die die Kultur fördern.

Dies ist in groben Zügen die ganze afrikanische Kultur heute.

Afrika als Kontext

Afrika ist ein Kontinent von überwältigenden Zügen und peinlichen Paradoxa und Widersprüchen. Afrika ist der zweitgrößte Kontinent und groß genug, um Westeuropa mehrmals zu verschlingen; ein Kontinent, dessen massive Gedärme ganz China und Indien schlucken könnten. Dennoch ist Afrika vielleicht der schwächste Kontinent auf dem Globus. Was natürliche Ressourcen und potentiellen Reichtum betrifft, ist Afrika vielleicht auch der reichste Kontinent; dennoch gehören seine Söhne und Töchter zu den Ärmsten der Welt und seine Gesellschaften zu den am wenigsten entwickelten. Geographisch ist Afrika zentral gelegen, denn es verbindet Europa mit Asien, während es zwischen Asien und Südamerika steht. Es ist vom indischen und atlantischen Ozean umgeben, während an seiner Nordgrenze das Mittelmeer liegt, - "das die befahrendsten Küstengewässer der Welt aufweist".[3] Dennoch verbleibt Afrika am Rande der weltweiten Geopolitik, und was seine Wirtschaftspolitik betrifft, steht es am alleräußersten Rand.

---

[2] Introduction to African Cultures - General Aspects, Hg. UNESCO 1979.
[3] Mazurui, A. A., The African Condition, London 1982, S. 116.

Der hervorragende, in Kenia geborene Politikwissenschaftler A.A. Mazurui benannte in seinen über den Sender BBC ausgestrahlten Radioansprachen von 1979[4] markante Paradoxa, die die afrikanischen Gegebenheiten kennzeichnen. Es sind die Paradoxa des Wohnens, der Akkulturation, Fragmentierung, Zurückgebliebenheit und Verortung[5]. Wie wir auf den folgenden Seiten sehen werden, sind es diese Paradoxa, die der afrikanischen Wirklichkeit Gestalt verleihen.

Religion und Weltsicht

Eine Qualität, die alle Gelehrten ohne Umschweife dem traditionellen Afrika zusprechen, ist die der Religion. John Mbiti nennt die Afrikaner sogar "notorisch religiös". Diese eingeborene Religiosität - das Steinmetzzeichen des traditionellen Afrika - bewahrheitet sich an der Weltsicht der verschiedenen afrikanischen Völker. Sie bewahrheitet sich auch daran, daß Afrika ein günstiger Nährboden für Wachstum und Ausdehnung der beiden missionarischen Weltreligionen, des Islam und des Christentums, ist, während es zugleich ein Schutzort ist für die Ausübung verschiedener anderer Religionen und Kulte wie traditionelle Religionen, Eckankar, Buddhismus, Yoga und Ogboni-Kult, Freimaurerei und Rosenkreuzlertum.

a) Das Weltverständnis
Die Wahrnehmung der Welt seitens der Afrikaner ist mit deren religiöser Perspektive durchwoben, wie man an den Mythen, der Folklore und dem Theater sehen kann, in dem die Gottheiten agieren. Das höchste Wesen existiert Seite an Seite mit anderen, niederen Gottheiten und göttlichen Wesen, die die verschiedenen Bereiche des Lebens kontrollieren. Im afrikanischen Pantheon gibt es das höchste Wesen, höhere Gottheiten, die Göttin der Erde, Naturgötter und Schutzgötter für verschiedene Bereiche des Lebens. Da die Erde die Güter dieser Welt wie Nahrung, Bäume, Sand und Wasser hervorbrachte und sie wieder zu sich nahm (Begräbnisse, in denen die Menschen wieder in die Eingeweide der Erde zurückgebracht wurden), wurde die Erde angebetet und geachtet. Diese Anbetung war eine weiblich orientierte religiöse Sicht der Dinge, weshalb die Erde als Göttin vorgestellt

---

[4] Es handelt sich um die Serie Reith.
[5] ibid, S. 16.

wurde, als dauernde Empfängerin von Wasser, das vom Himmel, der männlichen Gottheit, gespendet wurde, eine Geberin und Nehmerin.

b) Das Zeitverständnis

Prof. Ogbu U. Kalu untersucht in seinen Schriften unter dem Titel "Precarious Visions: The Africans Perception of His World" die afrikanische Kosmologie im Vergleich mit den Anschauungsformen Raum und Zeit, die nach Kant (1774-1804) alle Erfahrung begründen. Im Gegensatz zur westlichen, chronologischen Zählweise der Zeit führt Kalu aus:

"Die Afrikaner zählen die Zeit anders, in nicht-abstrakten Begriffen. Es ist nie neun Uhr morgens; es ist vielmehr die Zeit, in der die Sonne auf ihren Sitz steigt. Die Zeit wird durch Ereignisse gemessen. Das griechische Wort ist kairos.

Daher ist die Zeit vermenschlicht und auf bestimmte Ereignisse bezogen. Wenn ein Afrikaner in sein Dorf zurückkam und jemand ihn fragte, wann er zurückgekommen sei, würde die Antwort wohl gelautet haben, er sei zurückgekommen, als der Priester von Ifejioku zuerst den neuen Yam gegessen habe. Der Fragesteller würde durch diese Antwort den Zeitpunkt haben ausmachen können, obwohl dieser auf jeden Fall unbestimmt war, da die Zeremonie zwei Eingeborenenwochen dauert. Zeit ist gleichbedeutend mit Menschen plus Ereignissen in bezug auf die Bewegung von Sonne und Mond, auf wichtige Ereignisse in Familie, Klan, den Dorf-Gruppen und auf sozioökonomischen Ereignissen wie herausragenden Tagen usw.. Sie ist nie abstrakt."[6]

Diese Zeitvorstellung hat die afrikanische Zeitwahrnehmung sehr problematisch gemacht und einige Autoren zu der Schlußfolgerung geführt, daß die Afrikaner keinen Begriff von der Zukunft haben, da die Zukunft noch keine Ereignisse enthält. John Mbiti argumentiert in seinem Buch "New Testament Eschatology in an African Background" mit viel Überzeugungskraft in diesem Sinn. Wir stützen uns für unsere Zwecke auf die elegante Zusammenfassung von Mbitis Argumenten, wie sie Dr. Theophilus Okere macht. Er schreibt:

1. Die Afrikaner haben lediglich eine zweidimensionale Zeitvorstellung: eine indefinite Vergangenheit und eine in intensiver Weise aktive Gegenwart.

---

[6] Ogbu U. Kalu: "Precarious Vision: The Africans Perception of His World", in African Cultural Development, Hg. von O. U. Kalu, Enugu 1980, S. 40.

2. Es gibt so gut wie keine Zukunftdimension, die über mehr als ein paar Jahre hinausgeht.
3. Diese Schlußfolgerungen gehen zurück auf die Analyse afrikanischer Mythen und die Zeitformen der Verben in den afrikanischen Sprachen.
4. Da es keine indefinite Zukunft gibt, gibt es auch keinen Begriff vom Ende der Welt. Für die Afrikaner bewegt sich die Geschichte rückwärts und strebt deshalb keinem Ziel zu, keinem Höhepunkt und keinem Ende.
5. Afrikanische eschatologische Begriffe sind im strikten Sinn nicht "eschatologisch", da sie in umgekehrter Richtung auf das Ende ausgerichtet sind. Sie ermangeln eines Telos, sie sind eschatologisch, aber nicht teleologisch.
6. Der Autor sagt, daß mittlerweile in Afrika eine neue Zukunftsdimension der Zeit entstanden ist, die auf die Wirkung des neuen christlichen Konzepts der Eschatologie und der westlichen Erziehung zurückgeht, die den Individualismus und das Planen und Überdenken der Zukunft betont".[7]

Die Menschheit hatte im traditionellen Afrika Kontinuität und Geschichte. Die gegenwärtige Generation drückte denen, die früher gelebt hatten, ihren schuldigen Respekt durch Ahnenanbetung aus, ein Respekt, der wiederum die jetzt Lebenden der Ehrung durch die noch Ungeborenen versicherte. Die Lebenden-Toten, die angebeteten Ahnen, standen für den Glauben an die Kontinuität des Lebens (das ewige Leben) und an die Fortdauer der Menschengattung in einer von Achtung geprägten Geschichte.

Bei Menschen, deren Zeitzählweise an historische Ereignisse gebunden ist, sollte es nicht überraschen, daß die Zukunft problematisch wird, da sie, wie zuvor gesagt, noch keine bestimmten Ereignisse enthält. Hinzukommt, daß die reiche landwirtschaftliche Umgebung des traditionellen Afrika die Planung für eine fernere Zukunft nicht stimuliert hat, da die Mahlzeit für den nächsten Tag so gut wie gesichert war. Wenn sich irgend ein Unglück ereignete, gab es immer einen freundlichen Nachbarn oder Verwandten, der sich dessen annahm. Die Zukunft war mit anderen Worten nicht wirklich von Bedeutung. Eine entfernte Zukunft wurde nicht ausdrücklich geleugnet, aber auch nicht bestätigt. Wenn von der Zukunft die Rede war, galt sie immer als ungewiß und unbekannt (Echi di ime), und dies selbst dann, wenn

---

[7] T. Okere: African Philosophy, New York 1983, S. 10.

sie folgenreicher war als die Vergangenheit (Nkeiru Ka). Sogar ein scheinbar auf die Vergangenheit weisender Name wie Azuka hat, wenn man es genau nimmt, eine Zukunftsbedeutung. Er soll die Bedeutung des Namens oder des Ansehens eines Menschen betonen, die zurückgelassen werden, wenn dieser Mensch von dieser Welt scheidet. All dies aber verbürgt nicht Mbitis Feststellung, daß sich für den Afrikaner die Geschichte rückwärts bewegt. Die Geschichte mag kein Ziel, kein Telos haben, aber sie schreitet dennoch voran, selbst wenn dies zyklisch vorzustellen ist. Die afrikanische Raumvorstellung stützt diese Interpretation in einsichtiger Weise.

c) Die Raumvorstellung

Nach Ogbu U. Kalu ist "die afrikanische Raumvorstellung ebenso problematisch. In mündlichen Interviews mit älteren Bewahrern der eingeborenen Weisheit kann es geschehen, daß diese zum Himmel, zur Erde und unter die Erde als dem Sitz der Gottheiten zeigen. Implizit werden damit drei Raumdimensionen bezeichnet. Der Himmel ist der Sitz des höchsten Wesens und der höheren göttlichen Wesen. Die Erde wird von der Erdgöttin, Naturgeistern und Schutzpatronen menschlichen Handelns, der Ökologie und natürlich der menschlichen Wesen bewohnt. In der Welt darunter sind die Ahnen und Schutzgeister der menschlichen Wesen, z.B. Chi, der Dämonengeist des Individuums. Die Erde wird als eine von bösen Geistern belagerte Stadt vorgestellt. Es sind Geister von Männern und Frauen, die den "bösen Tod" durch Pocken, Unfälle, den Blitz oder andere unerklärbare Dinge gestorben sind, keine angemessenen Begräbnisriten erhalten haben.

In verständlicher Verärgerung kehren sie gemäß dieser Vorstellung zurück und jagen ihre Verwandtschaft wegen dieser Nachlässigkeit. Eine vierte Kategorie bezieht sich auf Kinder, die einen Pakt schließen, diese Erde kurz zu besuchen. Die Yoruba nennen sie Abiku und die Igbo Ogbanje. Gottesdienst und Tabus sollen den Menschen primär vor diesen bösen Kräften schützen und die guten Dinge des Lebens nutzbar machen."[8]

Die Welt ist die Schöpfung des höchsten Wesens, der der Spender alles Guten und aller Wohltaten ist. Dennoch wird dieses Wesen kaum je direkt angebetet, da die verschiedenen Bedürfnisse und Handlungen des Lebens unter die Obhut niederer Gottheiten, göttli-

---

[8] O. U. Kalu, ibid., S. 40f.

cher Wesen und Schutzgeister fallen. Im Mittelpunkt der Welt steht der Mensch, dessen Schicksal oder Bestimmung von persönlichen Gottheiten bestimmt wird, unter die Chi bei den Igbos und Yin bei den Tallensi in Ghana zählen. Die Reinkarnation spielt in der Lebenswahrnehmung der Afrikaner eine zentrale Rolle.
"Das Leben verläuft in einem Zyklus von Geburt, Namenszeremonie während der Pubertätsriten, Heirat, der Einführung in die Gesellschaft, der Erwachsenenrolle und des Todes. Aber der Tod ist kein Schluß. Die personale Seele lebt in der Geisterwelt weiter, bis sie reinkarniert oder wieder Leibesgestalt annimmt."[9]
Leben und Tod waren im traditionellen Afrika Anlaß zu Anbetungen und Festen. Indem Leben und Tod als Geschenke gesehen und in Ehren gehalten wurden, wurde die Würde des menschlichen Lebens anerkannt und die Gemeinschaft gestärkt. Auch heute noch ist diese Praxis bei vielen Gelegenheiten wie Festen, abendlichen Treffen und Friedensfesten zur Erntezeit sehr lebendig.
Der entscheidende Punkt bei der an Reinkarnation ausgerichteten Wirklichkeitswahrnehmung ist, daß der Mensch sich der Gnade einer Vielzahl böser Geister, Schutzgeister und göttlicher Wesen ausgeliefert sieht, deren Gunst er erfleht und deren Mißgunst er fürchtet. Unfälle, Todesfälle, Krankheiten, Versagen und verschiedene natürliche Ereignisse werden als Handeln böser Geister, verärgerter Gottheiten und rachsüchtiger Vorfahren erklärt, die alle mittels Mensch und Natur operieren[10]. Placid Tempels versucht, durch die Kategorie "Kraft" (engl. force, d.Ü.) diese Denkweise unter den Bantu zu erhellen. Er schreibt:
"Es gibt die folgenden drei Gesetze von vitaler Wirkkraft: Ein Mensch kann direkt einen anderen in seinem Sein vergrößern oder verkleinern, d.h. in seiner Kraft. Die vitale Kraft eines Menschen kann direkt das Sein einer niederen Kraft, von Tieren usw., beeinflussen. Ein vernünftiges Wesen kann das Sein eines anderen vernünftigen Wesens beeinflussen, indem es auf oder durch eine vermittelnde niedere Kraft wirkt."[11]
Nnamdi Azikiwe beklagt heftig diese durchdringende und "prekäre Vision" der Wirklichkeit, wenn er schreibt:
"Der Afrikaner ist in eine Umwelt hineingeboren, in der nichts ohne übernatürliche Bedeutung ist. Der Baum fällt. Der Regen fällt. Der

---

[9] ibid, S. 41.
[10] ibid, S. 42.
[11] T. Okere, a.a.O., S. 2.

Fluß fließt ad infinitum. Nichts davon hat eine natürliche Ursache. Es sind Mysterien und deshalb für den Afrikaner übernatürliche Ereignisse."[12]

Die beiden missionarischen Religionen, der Islam und das Christentum, haben in diese Welt des Aberglaubens und des Fetischismus mit ihren evangelisierenden Missionen eingegriffen und das Gesicht unseres Kontinents völlig verändert. Das Christentum ist sehr früh nach Nordafrika vorgedrungen, wie die Taufe des äthiopischen Eunuchen zeigt (Apg 8,26-39). Diese frühen Evangelisierungsanstrengungen haben alsbald Früchte getragen und Alexandrien zur intellektuellen Hochburg des Christentums im dritten und vierten Jahrhundert gemacht. Afrika gab damals der Welt solche bemerkenswerte Heilige, Gelehrte und Theologen wie Tertullian, den heiligen Cyprian und den heiligen Augustinus. Dieser Erfolg sollte allerdings nicht lange währen.

Der Islam drang kurz nach seiner Geburt im siebten Jahrhundert in Afrika mit seinem flammenden Kampfruf der "Bekehrung mit Feuer und Schwert" in drei Invasionswellen (7. Jh., 10. Jh., 11. Jh.) tief ins christliche Herzland Nordafrikas ein. Das Ergebnis war eine fast völlige Auslöschung des Christentums und der traditionellen Religionen in diesen Gebieten (Ägypten, Libyen und Äthiopien) und deren Ersetzung durch den Islam.

Die Afrikaner südlich der Sahara sahen das Licht des Christentums im 15. und 16. Jahrhundert, nachdem portugiesische und spanische Entdecker die dunklen Gewässer des Atlantik bis zum Kap der guten Hoffnung befahren und Händler und Missionare das afrikanische Hinterland für die Seelen und den Handel entdeckt hatten. In Landstrichen wie Nigeria allerdings war die Missionierung der Warri im 15. Jahrhundert kein großer Erfolg. Der Kolonisierung Afrikas im 19. Jahrhundert blieb es vorbehalten, der christlichen Expansion auf dem Kontinent den größten Anstoß zu geben.

Im Gegensatz dazu folgte die Ausdehnung des Islam den Reichtümern des Transsaharahandels, durch den viele muslimische Händler südlich in Teile Westafrikas vordrangen, wobei sie Handel und den Islam verbreiteten. Der jihad von Othman Dan Fodio (1804-1810) gab diesem gleichermaßen wirtschaftlichen und religiösen Vorstoß zusätzliche Kraft. Im östlichen und südlichen Afrika wurde die Sache des Islam durch den Handel über den indischen Ozean unterstützt, der den

---

[12] N. Azikiwe, Renascent Africa, London 1968, S. 143.

muslimischen Missionaren und Händlern leichten Zugang zu den Gütern und Gemütern der Afrikaner verschaffte.

Im Zuge dieser wilden missionarischen Vorstöße der beiden expansionistischen Religionen wurden die Gottheiten der afrikanischen traditionellen Religionen zum Rückzug gezwungen, wobei Afrika zu einem zwischen Christentum und Islam gespaltenen Kontinent wurde, in dem traditionelle Religionen um einen symbolischen Platz zu kämpfen bemüht waren. Diesen Platz mußten sie überdies noch gegen die heftige Konkurrenz verschiedener anderer Kulte verteidigen, die rivalisierende Ansprüche auf die Loyalität der afrikanischen Seele erhoben. E. I. Metuh sagt zutreffend:

"Heute ist Afrika ein Schmelztiegel vieler Religionen. Traditionelle Religionen, Islam und Christentum haben ihr Monopol auf Aufmerksamkeit verloren. Mittlerweile bestehen und operieren andere Religionen und Kulte in Afrika: der Bakai-Glaube, die Hare-Krischna-Bewegung, Eckankar, die Grul-Bewegung usw., die alle mit den drei Hauptreligionen im Wettbewerb um Anhänger und Einfluß stehen. Dennoch bleiben die drei Hauptreligionen die beherrschenden Kräfte im sozialen, politischen und kulturellen Leben der verschiedenen Teile des Kontinents."[13]

In der Absicht, diese massive religiöse Wende, die von Triminghams Theorie des "zersplitterten Mikrokosmos" (d.h. des Zusammenbruchs der Strukturen der traditionellen Gesellschaft und Weltsicht) zu Ifeka-Mollers sozio-struktureller Erklärung[14] reicht, zu erklären, wurde eine Anzahl von Theorien entwickelt. Diese Theorien würden uns, so wichtig sie für den Wissenschaftler sein mögen, zu weit wegführen, ohne daß sie unsere Sache sehr voranbrächten. Es genügt für unsere Zwecke, die Verteilung dieser Religionen auf dem Kontinent und das Muster ihrer Interaktion und Koexistenz zu untersuchen.

Afrika teilt mit Asien den islamischen Glauben in dem Sinn, daß alle islamischen Nationen mit Ausnahme der Türkei entweder in Afrika oder in Asien liegen. Den christlichen Glauben teilt Afrika mit Europa und Amerika, da alle christlichen Nationen entweder Teile Europas, Amerikas oder Afrikas sind. Die Philippinen und Australien sind hier die einzige Ausnahme. Im Zuge der Ausdehnung des Islam von seinen semitischen Wurzeln in Arabien aus wurden die Araber zu einer

---

[13] E. I. Metuh, Introduction to The Gods in Retreat, Hg. von E.I. Metuh, Enugu 1986, S. 17.

[14] E. I. Metuh, Critique of Explanations of Conversions in Black Africa, ibid, S. 257.

bikontinentalen Bevölkerung, da sie sich in großen Teilen Asien und Nordafrikas niederließen. Ähnlich haben die Europäer - ganz abgesehen davon, daß sie den christlichen Glauben nach Afrika brachten - dem schwarzen Kontinent einen beträchtlichen Anteil weißer Siedler in Kenia, Zimbabwe und Südafrika beschert, wo sie immer noch einer ansonsten geächteten Apartheitpolitik anhängen. Afrika ist also sowohl aus wirtschaftlichen als auch aus religiösen Gründen kein rein schwarzer Kontinent mehr.[15]

Eine religiöse Landkarte Afrikas würde zeigen, daß Stern und Halbmond das nördliche und überwiegend "arabische" Afrika beherrschen, während das Kreuz den südlichen Teil des Kontinents beherrscht. Es gab Konflikte und Zusammenstöße zwischen Anhängern dieser Glaubensrichtungen, wobei sich die traditionellen Religionen als die tolerantesten erwiesen. Der Islam und das Christentum, die beide semitischen Ursprungs sind, beanspruchen jeweils die göttliche Offenbarung als Entstehungsursache für sich, - wobei beide Nachdruck auf die Vollständigkeit ihrer jeweiligen Offenbarung legen. Was die Doktrin betrifft haben beide mehr miteinander gemeinsam als jedes für sich mit traditioneller Religion, und dennoch scheinen sie einander entschieden auszuschließen. Denn während man mühelos Leute findet, die traditionelle Religion synkretistisch zusammen mit dem Christentum und Islam praktizieren, wird man nie irgendjemanden finden, der bewußt die Praktiken des Islam und des Christentums in irgendeiner Form des Synkretismus miteinander verbindet.[16]

C. I. Ejizu hat in einer wegweisenden Studie über Nigeria drei Interaktionsmodelle zwischen diesen Religionen ausgemacht, Modelle, die ebensogut auf den gesamten Kontinent angewandt werden können. Es sind die Interaktionsmodelle der Sieger und Besiegten, der Höheren und der Niederen und das liberale Modell.[17] Das liberale Modell existiert, wo sich die Bevölkerung ausgewogen zwischen den beiden kreuzzüglerischen, konkurrierenden semitischen Religionen verteilt. Historisch wurde die Bekehrung zum Islam mittels Gewalt oder Nötigung betrieben, als die eindringenden arabischen Händler und Missionare ihre Autorität über die örtliche Bevölkerung sicherstellten.

---

[15] A. A. Mazrui, a.a.O., S. 10f.
[16] a.a.O., S. 54.
[17] C. I. Ejizu, Nigerias Three Religions: Patterns and Prospects of their Interaction, in: Bulletin of Ecumenical Theology, Vol. No. 1, Enugu 1987, S. 12. 19.

muslimischen Missionaren und Händlern leichten Zugang zu den Gütern und Gemütern der Afrikaner verschaffte.
Im Zuge dieser wilden missionarischen Vorstöße der beiden expansionistischen Religionen wurden die Gottheiten der afrikanischen traditionellen Religionen zum Rückzug gezwungen, wobei Afrika zu einem zwischen Christentum und Islam gespaltenen Kontinent wurde, in dem traditionelle Religionen um einen symbolischen Platz zu kämpfen bemüht waren. Diesen Platz mußten sie überdies noch gegen die heftige Konkurrenz verschiedener anderer Kulte verteidigen, die rivalisierende Ansprüche auf die Loyalität der afrikanischen Seele erhoben. E. I. Metuh sagt zutreffend:
"Heute ist Afrika ein Schmelztiegel vieler Religionen. Traditionelle Religionen, Islam und Christentum haben ihr Monopol auf Aufmerksamkeit verloren. Mittlerweile bestehen und operieren andere Religionen und Kulte in Afrika: der Bakai-Glaube, die Hare-Krischna-Bewegung, Eckankar, die Grul-Bewegung usw., die alle mit den drei Hauptreligionen im Wettbewerb um Anhänger und Einfluß stehen. Dennoch bleiben die drei Hauptreligionen die beherrschenden Kräfte im sozialen, politischen und kulturellen Leben der verschiedenen Teile des Kontinents."[13]
In der Absicht, diese massive religiöse Wende, die von Triminghams Theorie des "zersplitterten Mikrokosmos" (d.h. des Zusammenbruchs der Strukturen der traditionellen Gesellschaft und Weltsicht) zu Ifeka-Mollers sozio-struktureller Erklärung[14] reicht, zu erklären, wurde eine Anzahl von Theorien entwickelt. Diese Theorien würden uns, so wichtig sie für den Wissenschaftler sein mögen, zu weit wegführen, ohne daß sie unsere Sache sehr voranbrächten. Es genügt für unsere Zwecke, die Verteilung dieser Religionen auf dem Kontinent und das Muster ihrer Interaktion und Koexistenz zu untersuchen.
Afrika teilt mit Asien den islamischen Glauben in dem Sinn, daß alle islamischen Nationen mit Ausnahme der Türkei entweder in Afrika oder in Asien liegen. Den christlichen Glauben teilt Afrika mit Europa und Amerika, da alle christlichen Nationen entweder Teile Europas, Amerikas oder Afrikas sind. Die Philippinen und Australien sind hier die einzige Ausnahme. Im Zuge der Ausdehnung des Islam von seinen semitischen Wurzeln in Arabien aus wurden die Araber zu einer

---

[13] E. I. Metuh, Introduction to The Gods in Retreat, Hg. von E.I. Metuh, Enugu 1986, S. 17.

[14] E. I. Metuh, Critique of Explanations of Conversions in Black Africa, ibid, S. 257.

bikontinentalen Bevölkerung, da sie sich in großen Teilen Asien und Nordafrikas niederließen. Ähnlich haben die Europäer - ganz abgesehen davon, daß sie den christlichen Glauben nach Afrika brachten - dem schwarzen Kontinent einen beträchtlichen Anteil weißer Siedler in Kenia, Zimbabwe und Südafrika beschert, wo sie immer noch einer ansonsten geächteten Apartheitpolitik anhängen. Afrika ist also sowohl aus wirtschaftlichen als auch aus religiösen Gründen kein rein schwarzer Kontinent mehr.[15]

Eine religiöse Landkarte Afrikas würde zeigen, daß Stern und Halbmond das nördliche und überwiegend "arabische" Afrika beherrschen, während das Kreuz den südlichen Teil des Kontinents beherrscht. Es gab Konflikte und Zusammenstöße zwischen Anhängern dieser Glaubensrichtungen, wobei sich die traditionellen Religionen als die tolerantesten erwiesen. Der Islam und das Christentum, die beide semitischen Ursprungs sind, beanspruchen jeweils die göttliche Offenbarung als Entstehungsursache für sich, - wobei beide Nachdruck auf die Vollständigkeit ihrer jeweiligen Offenbarung legen. Was die Doktrin betrifft haben beide mehr miteinander gemeinsam als jedes für sich mit traditioneller Religion, und dennoch scheinen sie einander entschieden auszuschließen. Denn während man mühelos Leute findet, die traditionelle Religion synkretistisch zusammen mit dem Christentum und Islam praktizieren, wird man nie irgendjemanden finden, der bewußt die Praktiken des Islam und des Christentums in irgendeiner Form des Synkretismus miteinander verbindet.[16]

C. I. Ejizu hat in einer wegweisenden Studie über Nigeria drei Interaktionsmodelle zwischen diesen Religionen ausgemacht, Modelle, die ebensogut auf den gesamten Kontinent angewandt werden können. Es sind die Interaktionsmodelle der Sieger und Besiegten, der Höheren und der Niederen und das liberale Modell.[17] Das liberale Modell existiert, wo sich die Bevölkerung ausgewogen zwischen den beiden kreuzzüglerischen, konkurrierenden semitischen Religionen verteilt. Historisch wurde die Bekehrung zum Islam mittels Gewalt oder Nötigung betrieben, als die eindringenden arabischen Händler und Missionare ihre Autorität über die örtliche Bevölkerung sicherstellten.

---

[15] A. A. Mazrui, a.a.O., S. 10f.
[16] a.a.O., S. 54.
[17] C. I. Ejizu, Nigerias Three Religions: Patterns and Prospects of their Interaction, in: Bulletin of Ecumenical Theology, Vol. No. 1, Enugu 1987, S. 12. 19.

"Diejenigen, die der Bekehrung zum Islam Widerstand entgegensetzten, waren allen möglichen Erschwernissen und unmenschlichen Behandlungen ausgesetzt. Sie wurden in entlegene Landesteile und unwirtliche Hänge vertrieben.[18] Bezogen auf das Christentum erweist sich das Modell der Sieger und Besiegten als "radikale Bilderstürmerei und die großspurige Verächtlichmachung heiliger Gegenstände und Gebetsorte der traditionellen Gläubigen ...". Missionare sahen ihre Aufgabe oft genug im entschiedenen Durchgreifen, darin also, "alle Spuren des Heidentums zu zerstören und auf dessen Ruinen das Christentum zu errichten."[19]

Noch problematischer ist die Beziehung, die es auf dem Kontinent zwischen dem Islam und dem Christentum gegeben hat, eine Beziehung, die im Sudan zum Bürgerkrieg und in Nigeria seit 1986 zu wiederholten Unruhen und sporadischen Gewaltakten geführt hat. Obwohl der zahlenmäßige Vergleich zwischen Islam und Christentum in Nigeria umstritten ist, haben die nigerianischen Muslime seit der Unabhängigkeit vor mehr als drei Jahrzehnten durch ein Gefälligkeitsarrangement mit den britischen Kolonialverwaltern so etwas wie ein Monopol über die politische Macht erlangt. Wegen dieser und anderer, noch weniger hinnehmbarer Gegebenheiten haben sich die Christen immer wieder beschwert. "Christen beklagen alle möglichen Diskriminierungen und Benachteiligungen in ihren eigenen Kommunen", besonders in Nordnigeria. Umgekehrt "bringen Muslime in christlich dominierten Zentren ähnliche Klagen wegen Diskriminierung und Einschüchterung seitens der Christen vor. Es gibt aber zu denken, daß keine Fälle offener Einschüchterung von Muslimen in christlich dominierten Städten wie Onitsha, Aba, Enugu oder Umuahia bekannt wurden.[20] Als 1986 Nigeria insgeheim in die Islamische Konferenz (OIC) aufgenommen wurde, entstand ein landesweiter Proteststurm, der beinahe zum Bürgerkrieg geführt hätte. Im Sudan schwelt seit 1955 fast ohne Unterbrechung ein Bürgerkrieg zwischen dem muslimischen-arabischen Norden und dem christlichen, traditionell afrikanischen Süden des Landes.

Das liberale Modell ist vorzüglich ein Ideal, das der gesamte Kontinent anstreben sollte. Dieses Ideal, das in gewissen Städten unseres Kontinents verwirklicht wird, ist geprägt von "Offenheit, Toleranz

---

[18] a.a.O., S. 13.
[19] a.a.O., S. 15f.
[20] a.a.O., S. 19.

und der Freiheit zur Ausübung religiöser Rechte...".[21] In Nigeria funktioniert dieses Modell in städtischen Zentren, in denen Muslime und Christen zahlenmäßig gleich vertreten sind, wie Lagos, Ibadan, Ijebu-Ode, Jos, Makurdi und Oturkpo. Und je nachdem, wie der Kontinent mit seinen religiösen Angelegenheiten zurechtkommt, "könnte Afrika der letzte Schauplatz von Kreuzzügen zwischen Christentum und Islam zur Rettung der "schwarzen" Seelen oder zur letzten Zuflucht des ökumenischen Geistes werden und dem religiösen Pluralismus in seiner tolerantesten Form Raum geben."[22]

Sozioökonomisches Umfeld

Auf sozioökonomischem Gebiet findet sich in Afrika eine schmerzlich und gnadenlose Wirklichkeit, eine niederschmetternde Szene einer großen Mehrheit hoffnungslos armer und marginalisierter Menschen, die Seite an Seite mit einer privilegierten und schamlos im Reichtum schwelgenden Aristokratie einiger weniger lebt. Das ad hoc Komitee der Vereinten Nationen schrieb in seinem Zwischenbericht zum Africa's Recovery Programme (1986-1990):
"... Die afrikanische Situation ist durch unerträgliche, zerstörerische Lasten äußerer Verschuldung, beträchtliche Verringerungen der Exporteinkommen wegen tiefer Warenpreise und einen bedeutenden Rückgang der Ressourcentransfers, der privaten Investitionen und Kredite gekennzeichnet."[23]
Diese Lage ist wie in der übrigen Dritten Welt auf zwei grob unterscheidbare Gründe zurückzuführen: erstens die natürlichen Faktoren unbarmherziger Wetterbedingungen und dann die menschlichen Faktoren einer ungerechten Weltwirtschaftsordnung, von Korruption und der Inkompetenz derer, die politische Ämter innehaben. Denn wie Paul Harrison sagt, ist "die astronomische Ordnung gegenüber der Dritten Welt so unfair wie die Wirtschaftsordnung, gegen die sie so oft wettern."[24] Lassen Sie uns die ungerechten geographischen Bedingungen untersuchen, die Afrikas Fortschritt verhindern.

---

[21] a.a.O., S. 20.
[22] Mazrui, a.a.O., S. 94.
[23] Zitiert nach Lone Salim: Tough Compromises on Africa's Economic Crisis", in West Africa No. 3721, London, 5.- 11. Dezember 1988, S. 2286.
[24] P. Harrison, Inside the Third World, London 1988, S. 22.

Im Mittelpunkt dieser "unfairen astronomischen Ordnung" steht die unerbittliche Sonne, deren schwächende Strahlen mit erbarmungsloser Intensität auf die afrikanische Erde fallen. Afrika ist der exponierteste Kontinent der Welt und wird von den Wendekreisen des Krebses und des Steinbocks durchschnitten, wodurch es zu den heißesten, nur mit einigen Wüstengebieten Asien vergleichbaren Zonen wird.

"Kurz gesagt sind die Tropen heißer, weil die Erde rund ist. Da die Erdoberfläche gekrümmt ist, fallen die Sonnenstrahlen in Richtung der Pole in viel flacherem Winkel ein. Dasselbe Energiequantum muß eine dickere Luftschicht durchdringen und verteilt sich auf eine größere Fläche als in den Tropen, wodurch sich der Boden weniger erhitzt."[25]

Um bewohnbar zu sein, muß die Erde ein Strahlungsgleichgewicht aufrechterhalten, d.h. soviel Wärme zurückreflektieren wie sie von der Sonne empfangen hat. Verschiedene Teile des Globus halten dieses Gleichgewicht aber nicht. Die gemäßigten Zonen haben ein Strahlungsdefizit (sie senden mehr Wärme zurück als sie erhalten), während die heißen Zonen einen Strahlungsüberschuß haben (sie absorbieren mehr Hitze als sie zurückgeben). Durch eine globale Wettermaschine, die aus Winden, Regenfällen und Stürmen besteht, wird ein Gleichgewicht gehalten.

Alle armen Nationen der Welt (und so gut wie das gesamte Afrika) gehören zu den heißen Zonen und zahlen einen hohen Preis dafür, daß sie im Kampf der Menschheit gegen die Sonne "an vorderster Front stehen".

"Die Wärme beschleunigt chemische Reaktionen und daher auch die biologischen Kreisläufe. Deshalb ist die typische ökologische Formation der feuchten Tropen, der Regenwald, eine pulsierende Explosion von Lebensformen... Dieser vitale Überfluß verführt zu der Folgerung, der Boden sei sehr fruchtbar. Er ist es aber nicht. Die Wärme erhöht die Produktion von Blattwerk, - der tropische Wald läßt dreimal soviel Gewicht an Blättern niederregnen wie der Wald in mäßigem Klima. Die Wärme beschleunigt aber auch die Aktivitäten der Bakterien, die die niederfallende Vegetation verarbeiten. Hierdurch erhält die Temperatur von 20 Grad Celsius ihre tödliche Bedeutung. Bis zu dieser Temperatur bildet sich in steigendem Maße Humus, der den Boden mit pflanzlichen Nährstoffen anreichert, ihn porös macht und Feuchtigkeit halten läßt. Von 20 Grad ab arbeiten die Bakterien

---

[25] a.a.O.

schneller als die tote Vegetation nachgeliefert wird. Ab 25 Grad wird der Humus sehr viel schneller aufgezehrt als er sich bildet."[26]
Leider haben große Teile Afrikas einen Temperaturdurchschnitt von weit über 25 Grad. Infolgedessen verfügt dieser Großteil des Kontinents über keinen guten landwirtschaftlichen Boden:
"Von einigen Gebieten im Osten und Süden abgesehen, verfügt Afrika über keinen gut für den Anbau geeigneten Boden. Nur etwa 7% des gesamten Landgebietes hat von Natur aus reichen Schwemmboden. Wüstenboden hat einen weit größeren Anteil. Ein volles Drittel Afrikas (weit mehr als die Hälfte des anbaufähigen Bodens) ist von Latosol bedeckt, einer trocken, sehr porösen Erde, die Düngemittel und verschiedene Mineralien braucht, um Ernten zu erbringen. Latosol findet sich in der unteren Hälfte des Kontinents und dem größten Teil Zentralafrikas.
In anderen Worten: Sogar ohne Trockenheit wäre Afrikas Erde nicht von Natur aus gut für die Landwirtschaft."[27]
Dieses Argument wird dadurch verstärkt, daß mittlerweile 40% von Afrikas Landgebiet von Wüsten bedeckt ist. "Die Sahara, die größte Wüste der Welt, bedeckt etwa drei Millionen Quadratmeilen und ist fast so groß wie die Vereinigten Staaten von Amerika. Wüsten bedecken auch den größten Teil von Algerien, Libyen, Ägypten, Teile Marokkos, Tunesien, des Sudan, des Chad, Nigerias, Mauretaniens und Malis.
"Richtung Süden bedeckt die Kalahariwüste etwa 200.000 Quadratmeilen Botswanas, Südafrikas und Namibias. In Somalien, Äthiopien, Djibouti, Nordkenia und Südmadagaskar gibt es weitere bedeutende Wüstengebiete."[28]
Die Explosion von dem Menschen feindlichen Lebensformen ist ein weiteres Ergebnis des "Brutkasteneffekts" der Sonne: "Moskitos, Tsetsefliege, Schwarzfliege und Sandfliege gedeihen ebenso wie die Krankheiten, die sie zusammen mit millionenfachen Parasiten, Mikroben und Pilzen übertragen, wobei sie den Menschen angreifen und ihm gefährliche Krankheiten oder den Tod bringen, seine Pflanzen verwelken und verderben lassen, die Ernten von den Feldern fres-

---

[26] a.a.O., S. 23f.
[27] R. Watson, "Current Food Conditions" in Africa, A Season for Hope, Hg. von Dayton Roberts, California 1985, S. 48.
[28] a.a.O., S. 51.

sen oder sich in Kornspeichern und Vorratsräumen in aller Ruhe gütlich daran tun.[29]

Die Unberechenbarkeit des Regenfalls ist ein anderer ökologischer Nachteil für die Afrikaner. Das typische Tropenwetter ist "nie gemäßigt, immer extrem. Zu viel Regen oder zu wenig."[30] Auch dies steht mit der tropischen Sonne in Verbindung.

Regen entsteht, wenn eine Masse verdunsteter heißer Luft in eine Wolke kondensiert und als Regen zur Erde zurückkehrt. Da es in den Tropen unendlich heißer ist, ist die Verdunstung dort größer, und diese Masse feuchter Luft kondensiert in Regenwolken, um dann in heftigen Regengüssen zur Erde zurückzukehren.

"In feuchten oder trockenen Landstrichen kommt das Wasser nicht als sanfter Regen herunter wie in gemäßigten Gegenden, es kommt vielmehr in Güssen und zerstörerischen Strömen. In Nordnigeria z.B. fallen 90% des Regens in Güssen von mehr als 25 mm in der Stunde, was dem halben Monatsdurchschnitt in Londons Kew Garden entspricht. In Ghana ergießen sich regelmäßig 200 mm in der Stunde, also das vierfache des monatlichen Niederschlags in Kew Garden in London."[31]

Der Autor beschreibt die alarmierende Bedeutung dieses Sachverhalts:

"Plötzliche Stürme sind die schlimmstmögliche Art Wasser zu erhalten. Das meiste davon geht verloren und trägt dabei große Mengen wertvoller Muttererde mit sich. Die ersten starken Regentropfen eines solchen Gusses verstopfen die Poren der Erde mit feinen Partikeln, die aus der Oberfläche gewaschen werden.

Nach wenigen Minuten kann die Erde nur noch einen kleinen Teil des Regenfalls aufnehmen und für das Wachstum der Nutzpflanzen aufbewahren. Mehr als zwei Drittel des Wassers strömt in plötzlichen flachen Ergüssen oder kleinen Bächen ab, was schreckliche Erosionsschäden hervorrufen kann."[32]

Unter dem Strich bedeutet das für mehrere Teile des Kontinents mehrfach im Jahr Überflutungen und Trockenheiten. Die Überflutungen schaffen enorme Erosionsprobleme, und Wasserrinnen zerschneiden in mehreren Teiles des Kontinents die Landschaft, was den Verlust bebaubaren Landes und von Pflanzennährstoffen mit sich bringt.

---

[29] Harrison, a.a.O., S. 24.
[30] a.a.O., S. 25.
[31] a.a.O., S. 26
[32] a.a.O.

Was den vom Menschen verursachten Anteil der bedauerlichen sozioökonomischen Lage Afrikas betrifft, können zwei Gesichtspunkte unterschieden werden: Die externen Faktoren einer ungerechten Weltwirtschaftsordnung und der internationalen Arbeitsteilung und die internen Faktoren Korruption, Inkompetenz und Mißwirtschaft. Die externen Faktoren können ohne weiteres auf Afrikas koloniale Vergangenheit und neokoloniale Gegenwart zurückgeführt werden.
Der Erfolg der europäischen industriellen Revolution des 19. Jahrhunderts schuf das Bedürfnis nach aufnahmefähigen Märkten und gesicherten Ressourcen von Rohstoffen für die wachsende kapitalistische und industrielle Wirtschaft. Der nunmehr unnötige und unprofitable Sklavenhandel wurde gewaltsam unterdrückt. Während der Amtszeit des damaligen deutschen Reichskanzlers von Bismarck wurde die infame Berliner Konferenz abgehalten (1884-85), bei der afrikanische Kolonien unter den konkurrierenden europäischen Mächten aufgeteilt wurden. Es folgten einige Jahrzehnte kolonialer Herrschaft, während derer Afrika zum Abladeplatz europäischer Industriegüter wurde und seine Wirtschaft sorgfältig auf die Bedürfnisse der europäischen Industrie zugeschnitten wurde. Der zweite Weltkrieg (1939 - 1945) schuf genügend Spielraum für nationalistische Forderungen nach Veränderung, die den meisten afrikanischen Ländern in den sechziger Jahren die politische Unabhängigkeit brachte. Dieser Spielraum war allerdings nicht groß genug, um die wesentlichen Züge der kolonialen Wirtschaftsbeziehungen mit dem Westen zu verändern. Basil Davidson schreibt dazu: "Das Beziehungssystem zwischen den afrikanischen Ländern und ihren früheren Herrschern entspricht in allen wesentlichen Einzelheiten dem der Kolonialzeit, als diese auf ihrem Höhepunkt war, und ... genau darin und in dem, was daraus folgt, liegen die Wurzeln der gegenwärtigen Krise."[33]
Die Ausbeutung der Menschen und Materialien der Kolonien zugunsten der Metropolen war das Wesen der Kolonialordnung. In der Vergangenheit kontrollierten die Kolonialverwaltungen Afrikas Produktion an Rohstoffen und Mineralien für die europäische Industrie. Heute produziert Afrika unter den wachsamen Augen eingeborener Führer immer noch Rohstoffe und baut Mineralien ab, die in die industriellen Nervenzentren des Westens gebracht werden. Die Ausbeutung geschieht also weiter in zweierlei Weise: einerseits durch

---

[33] B. Davidson, Can Africa Survive?, London 1974, S. 29.

eine während des Kolonialismus entstandene internationale Arbeitsteilung, die Afrika die Rolle eines Produzenten billiger Mineralien und Rohstoffe zuweist, und andererseits durch eine ungerechte Wirtschaftsordnung, in der der Westen sehr zum Nachteil Afrikas sowohl die Preise unserer eigenen Exporte als auch die seiner Industriegüter bestimmt.

In einem bewegenden Gleichnis vom Bauer und dem Oger[34] zeichnet der Kenianische Romanschriftsteller Ngugi Wa Thiongo in seinem Roman Devil on the Cross ein Bild dieser ungesunden Ausbeutungsbeziehung: "Der alte Mann erzählte mir... von einem Bauern, der mit einem Oger auf dem Rücken herumlief. Der Oger hatte seine langen Nägel in den Nacken und die Schultern des Bauern gekrallt. Der Bauer war derjenige, der auf die Felder ging, um Nahrung zu holen, der in die Täler ging, um Wasser zu holen, der in den Wald ging, um Feuerholz zu holen und derjenige, der kochte. Der Oger hatte nichts anderes zu tun als zu essen und dann behaglich auf dem Rücken des Bauern zu schlafen. Während der Bauer nun immer mehr abnahm und ihm immer banger ums Herz wurde, wuchs und gedieh der Oger immer mehr, und er begann schließlich Hymnen zu singen, die den Bauern ermahnten, sein Los auf Erden tapfer zu ertragen, denn er werde später im Himmel Ruhe finden. Eines Tages ging der Bauer zu einem Wahrsager. Der Wahrsager riet ihm, etwas Öl zum Kochen zu bringen und auf die Nägel des Oger zu schütten, während dieser tief schlief. Der Bauer antwortete: "Und was ist, wenn ich mir den Rücken verbrenne?" Der Wahrsager sagte: "Nichts Gutes entstand je ohne Mühen. Geh nach Hause!" Der Bauer entging dem sicheren Tod nur, weil er tat, was der Wahrsager ihm geraten hatte."[35]

Es ist traurig und tragisch, daß unser Kontinent niemals den Mut und die Weisheit gefunden hat, sich aus dem Würgegriff der westlichen kapitalistischen Ausbeutung zu befreien, während der Bauer in Ngugis Gleichnis Rettung und Freiheit fand, weil er mutig genug war, dem Rat des Wahrsagers zu folgen. Nichts beweist die Wahrheit dieser Feststellung klarer als ein Blick auf die unerträgliche Schuldenlast verschiedener afrikanischer Länder. Prof. A. M. Balu stieß bereits 1983 den folgenden pathetischen Schrei aus: "Afrika läuft ... große Gefahr, einem institutionalisierten Kolonialismus zu verfallen. Heute ist kein afrikanisches Land (außer Libyen) frei von hoher Verschuldung gegenüber dem Westen, und diese Schulden sind so hoch, daß

---

[34] Ein menschenfressendes Untier.
[35] W. T. Ngugi, Devil on the Cross, London 1988, S. 62.

kein Staat sie bedienen kann. Wir sind regelrecht ausverkauft. Das Ergebnis dieser Verschuldung sind Zinszahlungen in Dollar an überseeische Gläubiger in einem Ausmaß, daß im Vergleich dazu sich die koloniale Ausbeutung wie ein philantropisches Unternehmen ausnimmt."[36]
Man muß sich tatsächlich wundern, daß diese Zeit des "institutionalisierten Kolonialismus" noch nicht begonnen hat. 1985 bezifferten z.B. die Verschuldungsexperten Green und Stephany Grifth-Jones die gesamte Verschuldung Afrikas südlich der Sahara auf 130 bis 135 Milliarden Dollar. Seitdem hat sich die afrikanische Schuldenkrise verschärft.
Weit besorgniserregender und vielleicht auch schädlicher als alle von Natur und Mensch zugefügten Schäden sind die Leiden, die die afrikanischen politischen Führer und Amtsinhaber ihrer eigenen Bevölkerung durch eine grassierende Kultur der Korruption, Mißwirtschaft und allgemeinen Unfähigkeit zufügen. Nigeria, dasjenige Land also, das die höchste Bevölkerung ganz Afrikas aufweist (jeder vierte Afrikaner ist Nigerianer) und dessen Geschichte eine der "verpaßten Gelegenheiten ist, die Geschichte einer Nation, die imstande ist, den Klauen des Sieges auch noch die Niederlage zu entreißen", ist ein hinreichendes Beispiel. C. Don Adinuba schreibt: "Anders als Japan, das zwar keine mineralischen Ressourcen hat, aber durch effiziente Mobilisierung und Nutzung der menschlichen Ressourcen zu einem in der Welt einmaligen technologischen und wirtschaftlichen Wunder gedieh, verfügt Nigeria über natürliche Ressourcen im Überfluß, aber wegen allgemeiner Ineffizienz des Managements ist es immer noch ein typisches "Dritte-Welt-Land". Im Gegensatz zum gebirgigen Südkorea, dessen bebaubares Land nur 22% seiner 98.484 km^2 ausmacht, aber heute Nahrungsmittel exportiert, importiert Nigeria, das bei insgesamt 923.768 km^2 87% bebaubares Land aufweist, Nahrungsmittel. Im Gegensatz zu einem anderen Entwicklungsland, Malaysia, das vor drei Jahrzehnten begann, nigerianische Palmbäume und Kakaopflanzen anzubauen, mußte Nigeria jüngst Palmöl von dem asiatischen Land importieren. Im Gegensatz zu den arabischen Ländern, die ihre Gewinne aus dem Ölgeschäft für massive Investitionen in verschiedenen Ländern benutzten und damit ihre Einkommensquellen diversifizierten, zog es Nigeria vor, den Weihnachtsmann zu spielen und streikenden Arbeitern in der Karibik ihren Lohn zu zahlen, teure

---

[36] A. M. Babu, A More Sinister Form of Colonialism, in Africa Now, 31, 30-31, Nov. 1983, S. 31.

Rummel zu sponsern und weiße Elefanten hinzustellen, wobei sein Staatsoberhaupt der Welt zu wissen gab, daß "nicht das Geld unser Problem ist, sondern wie man es ausgibt".[37]

Diese weißen Elefanten und überflüssigen Projekte kann man über das ganze Land verteilt sehen, und sie sind mehrere Milliarden Naira wert. Allein im Bundesstaat Kaduna wurden für überflüssige Projekte 1987 5,5 Milliarden Naira ausgegeben. Im Bundesstaat Lagos und mehreren anderen Bundesstaaten stehen unnütze Projekte für viele Millionen Naira herum. Zum Beispiel wurden für die Metrolinie in Lagos-Yaba 75 Millionen Naira ausgegeben, drei Anlagen zur Kompostierung und Verbrennung von Müll kosteten 40 Millionen Naira.

Deshalb verfügt Nigeria nach drei Jahrzehnten Unabhängigkeit und fünf nationalen Entwicklungsplänen immer noch nicht über die Grundausstattung eines modernen Staates. Es fehlen grundsätzliche Dinge wie gutes Trinkwasser, stetige Versorgung mit elektrischem Strom, Massenverkehrssysteme und gute Straßen. Die meisten Nigerianer leben immer noch unter sehr ärmlichen sanitären Bedingungen in ländlichen Hütten oder in städtischen Elendsvierteln. Mehr als 30% der schulpflichtigen Kinder gehen nicht in die Schule, da ihre Eltern sich die Gebühren für das mit Material und Personal schlecht ausgestattete öffentliche System von Grund- und Sekundarschulen nicht leisten können. Ungeachtet dessen hat Nigeria Milliarden von Naira für den Import von Fünf-Sterne-Hotels, moderner Stadien und Fernsehstationen, Wolkenkratzer und 15 unbenutzbarer nationaler und dreier internationaler Flughäfen ausgegeben. Zudem wurden Millionen knapper Devisen für das Sponsern teuren Sportrummels, unnötiger Auslandsreisen von Ministern und Regierungsvertretern und die Unterhaltung eines aufgeblähten diplomatischen Dienstes rund um die Welt verschwendet.

Mit zunehmender Zügellosigkeit der Regierungsausgaben stieg auch die öffentliche Korruption an. Der Regierungssprecher Audi Ogbeh enthüllte 1983 in einem Presseinterview vor einer verstörten Öffentlichkeit, daß Nigeria monatlich 50 Millionen Naira an Gehaltszahlungen für nichtexistierende Arbeiter im Verkehrsministerium verlor. Und das bedeutet, daß Nigeria in nur einem Jahr allein für diesen skandalösen Blödsinn 600 Millionen Naira verloren hätte. Dies besagt natürlich noch lange nichts über die Korruption und Plünderung in

---

[37] C. D. Adinuba, Nigeria, The Making of a Nation, in African Commentary, Dez.-Jan. 1990-91, S. 35.

anderen Bundesministerien und der Verwaltung der 21 Bundesstaaten, vom Zollwesen und dem Privatsektor ganz zu schweigen.[38]
Danach wurde ein weiterer Skandal bekannt, in den Ibim Princewill, ein Marineoffizier verwickelt war, dessen Amtsführung vom Cross River State Redemption Movement als "übersichtslos, bankrott und extrem korrupt"[39] bezeichnet wurde. Nach Angaben des Präsidenten der Bewegung, Herrn Grace Etta Eyo-Eta, hatte der Skandal einen Umfang von "insgesamt 20 Verträgen über zusammen 90 Millionen Naira an Transportgebühren, die bezahlt wurden, obwohl keine Arbeiten verrichtet wurden."[40]
All diese Faktoren - unbarmherziges Wetter, unfaire Weltwirtschaftsordnung, Korruption, Inkompetenz, Mißwirtschaft der öffentlichen Ämter und politische Unstabilität (auf die wir weiter unten eingehen werden) - sind zusammengekommen und führen Afrika in eine sehr schwere sozioökonomische Krise, in der Hunger und Unterernährung seine Bevölkerung dezimieren. "Nach Angaben der Wirtschaftskommission für Afrika der Vereinten Nationen erhalten 100 Millionen Afrikaner, d.h. ein Viertel der Bevölkerung des Kontinents, weniger als 80% ihrer täglich notwendigen Nahrung, und Tausende sterben täglich an Unterernährung."[41] 1984/85 starben während einer besonders starken Hungersnot mehrere Hunderttausend Äthiopier, Sudanesen und Somalis. Lediglich die effiziente Intervention der internationalen Gemeinschaft und die sehr erfolgreichen Geldsammlungen führender Popmusiker verhinderte eine Katastrophe von den Ausmaßen des Holocaust. Dennoch starben 1988 250.000 Sudanesen den Hungertod.

Soziopolitisches Klima

Seit der Unabhängigkeit war die afrikanische politische Szene notorisch unstabil. Der Kolonialismus hatte Afrikas traditionelle Strukturen von Autorität und sozialer Solidarität zerstört und an deren Stelle ein fremdes Gerüst darum herum aufgestellt, das bis heute das Bauwerk nicht zusammenhalten konnte. Infolgedessen gab es plötzliche und kataklytische Veränderungen, die gelegentlich gewaltsame und

---

[38] C. Achebe, The Trouble With Nigeria, Enugu 1983, S. 39.
[39] Newswatch, Lagos, 5. März 1990, S. 16.
[40] a.a.O., S. 17.
[41] Flinching From Famine, in West Africa, 3829, 21.-27. Januar 1991, S. 46.

katastrophale Ausmaße erreichten, und in kontinentalem Maßstab tauchten politische Repression und Intoleranz auf. Diese Veränderungen und Unterdrückungsaktionen hatten häufig schwerwiegende gesellschaftliche Folgen und gingen auf Kosten von Menschenleben und nationaler Einheit.

Blickt man sich auf dem Kontinent um, so entsteht ein zweifaches politisches Bild: Jeder Staat wird (mit der Ausnahme Südafrikas) entweder von einer Militärjunta oder der Diktatur einer Einheitspartei regiert. Im Einparteienstaat herrscht die Tendenz vor, sich mit allen möglichen Mitteln an die Macht zu klammern. In den militärisch regierten Staaten geschehen rasche, plötzliche und sporadische Veränderungen, wenn junge Offiziere das politische Gewicht der Gewehre in die Waagschale werfen und sich an die Macht schießen. Nigeria und Ghana sind gute Beispiele hierfür.

In beiden Ländern ist die politische Entwicklung ähnlich verlaufen. Ghana wurde 1957 und Nigeria 1960 unabhängig. Die nach der Unabhängigkeit in beiden Ländern eingesetzten Regierungen hielten nicht länger als bis ins Jahr 1966. Die Armee bereitete ihnen trotz solch überragender und charismatischer politischer Führer wie Dr. Nkrumah und Dr. Azikiwe, die Präsidenten Ghanas und Nigerias waren, ein Ende.

In Nigeria begann ein Jahr nach dem Machtwechsel ein dreißig Monate dauernder Bürgerkrieg, in dem mehr als 500.000 Menschen starben. Nach dem Ende dieses Bürgerkriegs erlebte Nigeria drei erfolgreiche und zwei gescheiterte Staatsstreiche. Auch in Ghana gab es eine vergleichbare Anzahl von Staatsstreichen. Im Dezember 1983 besuchte der von Sorge geplagte Präsident Ghanas, Liman, Nigeria, das damals seine zweite Republik erlebte, um Trost und Frieden zu finden. Weniger als eine Woche später meldete sich Leutnant Jerry Rawlings ein zweites Mal auf der politischen Bühne und stürzte die Regierung Dr. Limans. Nur 24 Stunden später, am 31. Dezember 1983, wurde Alhaji Shagari am frühen Morgen durch einen Putsch gestürzt.

Um bei Westafrika zu bleiben: dort gibt es die gegensätzlichen Fälle der Republik Benin und Liberia. 18 Jahre lang stand Mathieu Karekou mit seiner eigenwilligen marxistischen Linie der Regierung Benins vor. Am 23. Februar 1990 berief Kerekou nach Monaten durch unerträgliche wirtschaftliche Lasten ausgelöster Streiks und Proteste eine Nationale Konferenz von 493 Mitgliedern ein, um "die politischen und wirtschaftlichen Aussichten" des Landes zu untersuchen. Zwei

Tage später, am 12. März, entmachtete ihn die Konferenz mit einem Stimmenverhältnis von 372 zu 17 und ein interimistischer Premierminister wurde bis zur im März 1991 anstehenden Wahl eingesetzt.
Liberia war nicht so glücklich dran. Mehr als zwei Jahrzehnte lang wurde das Land von William R. Tolbert junior regiert, dessen Name unter dem Stichwort Depotismus wohl ins Guinessbuch der Rekorde gehört.
"Sein Bruder Frank war Senatspräsident; ein weiterer Bruder, Stephen, war Finanzminister, Schwester Lucia Bürgermeisterin von Bentol, Tochter Wilhemine war Leibärztin, Tochter Christine war stellvertretende Erziehungsministerin, der Sohn A. B. Sonderbotschafter, seine Nichte Tula war die präsidentiale Diätberaterin, deren drei Neffen waren stellvertretender Leiter des Präsidialamtes, Landwirtschaftsattaché in Rom und Vizegouverneur der Nationalbank, seine vier Schwiegersöhne waren stellvertretender Bauminister, Leiter der Einwanderungsbehörde, Verteidigungsminister und Vorstandsmitglied von Air Liberia, ein Schwager saß im liberianischen Senat, ein weiterer war Bürgermeister von Monrovia und wieder ein anderer Botschafter in Guinea."[42]
Tolbert wurde 1980 von Staabsfeldwebel Samuel Doe gestürzt und ermordet. Doe legte allmählich seine khakifarbige Feldwebeluniform ab und machte sich zu einem zivilen Präsidenten, wobei er durch Wahlbetrug gegen eine immer unwilligere liberianische Bevölkerung regierte. Seine Regierung wurde so offenkundig repressiv, daß 1989 der Erzbischof von Liberia, Michael K. Francis, eine öffentliche Stellungnahme über "Menschenrechtsverletzungen in Liberia" abgab. Der Bischof warf der Regierung unter anderem vor: "Auf Befehl des liberianischen Staatsoberhauptes Samuel K. Doe werden im Gefängnis Belle Yalla Gefangene ermordet. 1986 und 1987 wurden unter anderem Gotfred Green und Tom Johnson erschossen, Roland Toe verhungern gelassen und seine Leiche zerstückelt, Peter Kamara aus Guinea wurde totgeschlagen, nachdem er gewaltsam bis zum Ersticken mit grünem Pawpaw vollgestopft wurde ...
Mehrmals am Tag werden die Gefangenen geschlagen, wenn sie die Zellen verlassen. Sie bekommen nur trockenen Reis zu essen, und dies nur einmal am Tag. Es gibt für sie keine Gesundheitsversorgung. Wenn ein Gefangener krank wird und nicht mehr arbeiten kann, wird er in Einzelhaft gesteckt. Dort bekommt er täglich eine Tasse trock-

---

[42] R. Ekpu, "The Flag of Freedom", Newswatch, 5. März 1990, S. 10.

nen Reis, kann sich nicht baden und lebt die ganze Zeit in seinen Fäkalien."[43]

In eben diesem Jahr 1989 griff eine Rebellenbewegung unter Charles Taylor (die sich später spaltete, wobei Prince Johnson die andere Hälfte führte) zu den Waffen und bekämpfte die Exzesse Samuel Does. Es begann ein blutiger Bürgerkrieg, in dem mehr als eine Million Liberianer aus ihren Häusern vertrieben wurden, wobei 500.000 in die Elfenbeinküste und Guinea flogen und weitere 86.000 in den Senegal[44]. Doe selbst starb am 10. September 1990 an Schußverletzungen, die er tags zuvor erlitten hatte, als er von Truppen von Prince Johnson gefangengenommen wurde.

Schlußfolgerung

Diese enttäuschende Bilanz jüngster afrikanischer Entwicklungen wirft die im Titel dieses Kolloquiums gestellte Frage nach den kulturellen, ethischen und religiösen Aspekten von Entwicklung auf. Statt fertiger Antworten, die mir nicht zu Gebote stehen, gebe ich folgende Thesen zu bedenken:

1. Die Probleme des Nordens und des Südens hängen miteinander zusammen

Viele Probleme, die es im Süden gibt und die der "Unterentwicklung" zugeschrieben werden, sind auch im Norden zu finden. Beispiele sind Umweltzerstörung, Gesundheitsprobleme und Flüchtlingsprobleme. Viele der im Kontext der Entwicklungszusammenarbeit für den Süden gesetzten Ziele wie demokratische Entwicklung und umweltfreundliche Lebensmittelproduktion sind für den Norden ebenso wichtig. Viele Probleme, unter denen der Süden gegenwärtig zu leiden hat, sind durch Strukturen und Verhaltensweisen des Nordens erzeugt. Hierzu gehören die Verschuldung, ungleiche Handelsbeziehungen und kulturelle Entfremdung.

---

[43] M. K. Francis, Human Rights Violation, in: Weltkirche 10, 1989, S. 296.
[44] J. Crisp, "Nightmare Journey to a Land of Peace", in Refugees 79, Oktober 1990, S.8.

2. "Entwicklung" muß auf gegenseitiger Grundlage gleichzeitig im Norden und im Süden geschehen

"Entwicklung" kann nicht länger als etwas verstanden werden, das lediglich für die sogenannten Entwicklungsländer notwendig ist. Entwicklungszusammenarbeit kann nicht länger als etwas gelten, das der Norden auf den Süden anwendet. "Entwicklung" muß als in gesellschaftlicher, politischer und wirtschaftlicher Hinsicht demokratischerer Prozeß umdefiniert werden, in dem gleichzeitige und einander bedingende Veränderungen im Norden und im Süden stattfinden.

3. Einmischung in eine fremde Gesellschaft ist nur auf der Grundlage der Gegenseitigkeit gerechtfertigt

Die Herrschaft des Nordens über den Süden beruht auf wirtschaftlicher und militärischer Vorherrschaft. Die in der Entwicklungszusammenarbeit vorherrschende, lediglich wirtschaftliche Sichtweise hat infolgedessen als Berechtigung für die einseitige Einmischung des Nordens gedient. Hierin drückt sich eine versteckte eurozentrische Ideologie aus, die vom Süden verlangt, sich in derselben Weise wie der Norden zu entwickeln und die auf wirtschaftlichem Denken beruhende Marktlogik zu übernehmen. Die industrialisierten Länder gelten als Mittelpunkt der Welt und als dasjenige Modell, an das sich die Entwicklungsländer als marginale und untergeordnete Gebiete anzuhängen haben. In diesem Sinn muß die Entwicklungszusammenarbeit entkolonialisiert werden.

4. Entwicklungszusammenarbeit erfordert in ihrer Gesamtheit neue Formen der Kommunikation und Analyse

Entwicklung ist ein komplexer gesellschaftlicher Prozeß, in dem eine große Zahl verschiedener Einflüsse und Kräfte ineinandergreifen. Kulturelle, gesellschaftliche, emotionale und symbolische Aspekte sind deshalb ebenso wichtig wie die ökonomische Dimension. Entwicklungsmodelle können die Rolle, die diese Kräfte spielen, nicht vollständig berücksichtigen. Für Entwicklungszusammenarbeit im gegenseitigen Verständnis ist deshalb eine Intensivierung und Hervorhebung der Kommunikation zwischen den Partnern im Norden und im Süden geboten. Gemeinsam müssen demokratisch organisierte Strukturen und Kommunikations- und Analyseformen entwickelt werden, in denen Vision, Offenheit und Bereitwilligkeit zum Lernen ihren Ort haben und vom Norden vorgegebene Werte nicht vorherrschen. Dies erfordert auch, daß verschiedene Kräfteunterschiede durchsichtig gemacht und zur Diskussion gestellt werden.

5. Entwicklungszusammenarbeit muß sich mehr für gerechte Verteilung engagieren

Das weltweit vorherrschende System der Marktwirtschaft integriert auch die sogenannten Entwicklungsländer immer stärker in den Weltmarkt. Ausnahmen sind die ärmsten Länder, die dazu neigen, sich von der Weltwirtschaft abzukoppeln. Versuche, dieses Abkoppeln als Chance zur eigenständigen Entwicklung zu nutzen, sind in einer Sackgasse geendet. Es ist Aufgabe der Entwicklungszusammenarbeit, der dauernden Konzentration wirtschaftlicher Macht im Norden entgegenzuarbeiten. Im Norden wie im Süden muß das Ziel sein, den unkontrollierten Marktkräften Grenzen zu setzen, Macht und Wohlstand auf allen Ebenen umzuverteilen und die örtlichen und regionalen Strukturen zu stärken.

6. Entwicklungszusammenarbeit muß zugleich im Norden und im Süden geschehen

Entwicklungszusammenarbeit ist nur sinnvoll und berechtigt, wenn sie von einem globalen Standpunkt aus geschieht und auf Gegenseitigkeit beruht. Sie muß einem doppelten Ansatz entspringen: die Problemanalyse, die Aufdeckung der Potentiale und Zielvorgaben in einem bestimmten Gebiet müssen gleichermaßen im Norden und im Süden geschehen. Die Zielvorgaben müssen parallel im Westen und in der Dritten Welt gemacht werden.

7. Die Entscheidungen müssen von gemischten Körperschaften getroffen werden

Die Entscheidungskompetenz muß bei gemischten Körperschaften liegen, in denen der Süden und der Norden, Frauen und Männer gleichermaßen repräsentiert sind. Das demokratische Funktionieren dieser Organe und die Verwirklichung gemeinsamer Kriterien zur Durchsetzung beschlossener Maßnahmen müssen garantiert sein.

8. Die Interdependenz der Probleme des Nordens und des Südens erfordern spezifische Problemlösungsstrategien

Entwicklungszusammenarbeit zwischen zwei Ländern, Regionen oder Partnern kann in der Praxis verschiedene Formen annehmen:
- Änderungen können durch Zielvorgaben herbeigeführt werden, die sich global positiv auswirken. Ein Beispiel sind Allianzen zwischen Partnern im Norden und im Süden, die durch spezifische Maßnahmen dasselbe Ziel wie etwa die Verringerung der Kohlenstoffdioxydemmission erreichen wollen.
- Im Norden wie im Süden müßten Maßnahmen ergriffen werden, um dort etwas zu verbessern, wo ein bestimmter Sachverhalt den Süden besonders betrifft, obwohl er seine Ursache im Norden hat. Ein Beispiel hierfür ist die Verhinderung der Kapitalflucht aus der Dritten Welt.

9. Entwicklungszusammenarbeit ist nicht nur Sache von Hilfsorganisationen

Entwicklungszusammenarbeit mit diesem doppelten Ansatz kann nicht nur Sache von Hilfsorganisationen sein. Sie erfordert Zusammenarbeit mit Bewegungen, Organisationen und Institutionen im Norden und im Süden, die jeweils in ihrem Gebiet aktiv sind. Regierungen, Kirchen, Gewerkschaften usw. können die Verantwortung für eine ausgewogene Entwicklung zwischen Norden und Süden nicht den Hilfsorganisationen überlassen. Das Ziel einer solchen breit angelegten Zusammenarbeit sind verbesserte Beziehungen zwischen dem Westen und der Dritten Welt.

10. Kontakte sind eine konkrete Möglichkeit, neue Erfahrungen zu machen

Gleichzeitige Aktivitäten, die per Definition miteinander verbunden sind, ermöglichen einen breiteren Austausch zwischen Gruppen, Organisationen, Dörfern und Städten im Norden und im Süden. Dies bedeutet etwa Weiterentwicklung von Ansätzen wie z.B. Schulpartnerschaften, die es auf städtischer Ebene bereits gibt. Es kommt darauf an, Netzwerke zwischen einzelnen Projekten zu entwickeln und diese in einen globalen Rahmen einzuspannen.

Obiora Ike

Entwicklungspotentiale innerhalb traditionaler, sozialer und ökonomischer Strukturen in West-Afrika

1. Einführung

Dieses Thema ist ebenso spannend wie schwierig, denn: Was ist Afrika? Was ist ein Afrikaner? Wie soll man die Grenze bestimmen, bei der die Identität beginnt und die Differenz anfängt? Die Antworten, die auf diese Frage gegeben worden sind, widersprechen sich und ergeben ein nicht gerade einfaches Mosaik.

Auf dem afrikanischen Kontinent kann man feststellen, in welch merkwürdigem Teufelskreis sich die Antworten zu drehen pflegen. Das Mitglied des Ogbunike-Clans, dem Geographie und Politik Afrikas völlig unbekannt sind, wird als 'Afrikaner' eingestuft, obgleich er dem eigenen Bewußtsein nach die Reinkarnation des Ogbunike-Ahnen ist.

Ein Mitglied des Massai- oder Kikuyu-Clans wird normaliter die Idee einer kenianischen Nationalität und Realität verwerfen, wird aber dennoch als "Afrikaner" bezeichnet.

Die Angehörigen des Yoruba-, Igbo- oder Haussa-Stammes, die Nigeria nicht als eine Nation, sondern nur als eine geographische Gegebenheit betrachten und die nigerianische Nation bekämpfen, werden die Frage, ob sie denn Afrikaner seien, bejahen.

In Uganda hat man es erlebt, wie eine Politik und Praxis der "Afrikanisierung" betrieben wurde, die Tansanier als Fremde definierte. Und zur Stunde erleben wir überall auf dem Kontinent religiöse, ethnische, politische und tribale Konflikte: in Liberia, im Togo, in Sierra Leone, im Sudan, in Nigeria, Ghana, Kamerun. Nigeria zum Beispiel zählt heute über 100 Millionen Einwohner. Alle verbindet als klar erkennbares äußeres Merkmal die schwarze Hautfarbe. Aber es werden dort etwa 250 verschiedene Sprachen gesprochen, man bekennt sich zu unterschiedlichen Werten, hegt auseinandergehende Vorstellungen über das Leben und pflegt andere Kulturen.

Derart diversifiziert ist die nigerianische Gesellschaft, daß, durchreist man das geeinte Land von Süd bis Nord, der Eindruck nicht weichen will, man habe innerhalb ein und desselben staatlichen Territoriums eine Vielzahl verschiedener Nationen kennengelernt. Allein schon dieses Beispiel erhellt die Schwierigkeit, sich über eine panafrikanische Identität zu verständigen.

1.1 Dauerhafte Ignoranz gegenüber Afrika

Man stößt in Europa auf eine haarsträubende Ignoranz, was Afrika, seine Kultur, seine Völker und sein Schicksal angeht. Wir tadeln nicht Europa, wir tadeln die Unwissenheit. Viel von dem, was über Afrika gesagt und geschrieben worden ist, ist das Werk von Nichtafrikanern, das meiste davon durch europäische Intellektuellen und "Experten", und davon wiederum war vieles vorurteils- und eigennutzblind. Nicht zu verkennen ist die allgemeine Tendenz, auf Afrika und die Afrikaner "herabzuschauen" als "den Kontinent des Hungers", als "das Grab des Weißen Mannes", "das von Löwen, Skorpionen, Schlangen und Tierungeheuern bewohnte Land", als "den Kontinent der kannibalistischen Stämme der Tropenwälder und Äquatorialregionen", "das Land der Sklaven", "den Kontinent der tropischen Hitze", "den Müllplatz der westlichen Welt", als "ein Kontinent, dessen Rohstoffschätze man ausbeuten müsse", "das Land von schwarzen Menschen mit Seelen schwarz wie der Teufel und dazu ausersehen, die Verdammten dieser Erde zu sein", "die dunkelhäutigen Leute, deren Religion, Kultur, Politik, Kunst, usw. unzivilisiert und primitiv ist", "primitiv" in der pejorativen Bedeutung natürlich. Alles Schlechte wurde mit der Farbe Schwarz ausgedrückt: Schwarze Magie, Schwarzmarkt, Schwarzgeld, Schwarzes Geschäft, Schwarzer Teufel, Schwarze Religion, Schwarz ist schlecht.

Solche und andere Vorurteile mehr sind - manchmal wohlwollend und in gutem Glauben - von westlichen Anthropologen, Wissenschaftlern, Historikern, Reisenden, Abenteurern, Schriftstellern, Kulturethnologen, Politikern, Händlern, Missionaren formuliert worden, und unter diesen sind viele Autoren gewesen, die keineswegs auch Autoritäten auf dem Gebiet waren und mit ihren Büchern manch ehrlichen und eifrigen Wahrheitssuchenden in die Irre geführt haben. Immer noch ist das Bild des afrikanischen Kontinents durch solche Vorurteile verzerrt.

Solche negativen, irreführenden und falschen Ansichten über Afrika scheinen also nicht leicht auszusterben, und dies obwohl ehrliche, ernste und objektive Autoren und Wissenschaftler versucht haben, ein wahrheitsgetreues Bild von Afrika zu zeichnen, ohne Vorurteile gegenüber seiner Unberührtheit, seiner kulturellen Bräuche und seiner ethischen Einstellungen, die zu einer Zeit, da die griechische Zivilisation noch nicht existierte, durchaus den Vergleich mit letzterer nicht zu scheuen brauchte.[1]

Um unsere Werte anders zu setzen, um von unserem Bezugsrahmen her neue Definitionen zu setzen, die zu Deutungen, Wahrnehmungen, Zielen, Antworten und Verhaltensmuster führen, die Afrikaner authentisch sein lassen, ohne deshalb gezwungen zu sein, den universellen Wahrheiten, die die Menschheit leiten, zu widersprechen.

Die Wirklichkeit Afrikas ist komplexer, als sich die meisten vorstellen. Es kann nicht genug davor gewarnt werden, den Kontinent als monolithisches Ganzes aufzufassen. Afrika ist zum Beispiel gewiß kein von Hungersnot heimgesuchter Kontinent, wenn auch natur- und menschenbedingt zur Zeit in bestimmten Regionen wirklich Hungersnot herrscht.

Afrika ist der Kontinent in der östlichen Hemisphäre, südlich des europäischen Kaukasus, südlich des mongolischen Asien, zwischen dem Atlantischen und dem Indischen Ozean. Es ist der Kontinent, den die Wissenschaftler als Wiege der Menschheit bezeichnen, die Wiege der Kunst, der Religion und der Philosophie, wo die Zivilisation begann, und Afrika ist das Vaterland der dunkelhäutigen Menschen, die ab dem 15. Jahrhundert u. Z. von Fremden wegen ihrer Rasse versklavt wurden. Es ist der Kontinent, der sich selbst ästhetisch befragt und der seit Menschengedenken Menschen aller Rassen anzog und der nach wie vor den Anspruch auf die Vaterschaft seiner gesamten Nachkommenschaft erhebt.

Afrika ist der Kontinent, der weitgehend von der dunkelhäutigen Rasse bewohnt wird und dieser gehört. Afrika beansprucht nach wie vor seine Kinder, indem es diesen Kindern seine Farbe vererbt, wo immer sie sich aufhalten, wie immer sie "produziert" worden sind.

Afrika zeichnet seine Kinder aus, indem es ihnen eindeutige physische und kulturelle Merkmale vermacht, einerlei wessen Landes "Bürger" sie sind.

---

[1] Vgl. Davidson, B., Discovering Africa's Past, London 1978.

Es ist traurig und tragisch festzustellen, daß während der Bauer in Ngugis Parabel den Mut hatte, den Ratschlag, den ihm der Wahrsager zu seiner Rettung gab, zu befolgen, einen Teil seines Rückens mit Öl zu verbrennen und den Menschenfresser zu töten,[2] viele Leute auf dem Kontinent weder die Klugheit noch den Wagemut besessen haben, sich selbst von bestimmten entfremdenden, kulturellen und ausbeuterischen Tendenzen loszureißen, die aus Ost und West herübergekommen sind oder sogar über heute in Afrika praktizierten Religionen, sei es das Christentum oder der Islam, eingeführt worden sind.

Eine Rückkehr zu unseren Ursprüngen und ein unbefangener Blick in bestimmte Bereiche unserer afrikanischen Kultur sollten uns in die Lage versetzen, von diesen Wurzeln her inhärente Entwicklungspotentiale auf wirtschaftlichem, politischem, sozialem und sonstigen Gebieten zu Tage zu fördern.

Dies ist es, was ich mir in diesem Abschnitt vorgenommen habe. Als thematische Reflexionsschwerpunkte wähle ich dazu Familie, Kunst, Religion, Land, Eigentum, Gemeinschaft, Recht, politische Organisationen, Wirtschaftsunternehmen, Geburt und Tod.

Die Vergangenheit bietet eine Fülle von Beweismaterial für die These, daß programmierte Anstrengungen, Afrika auf dem Fundament euroamerikanischer und arabisch-islamischer Erfahrungen und Einflüsse statt auf der ihm eigenen geschichtlichen und kulturellen Grundlage aufzubauen, sich als Danaergeschenk erwiesen haben, das den Bewohnern des Kontinents keinen Nutzen gebracht hat.

Dies hat zum totalen Bankrott der von außen aufoktroyierten Entwicklungsparadigmen geführt, die durch ein Heer von Entwicklungshelfern und Beratern entworfen und abgewickelt worden sind. Diese Modelle sind gescheitert, weil sie ähnlich den marxistischen Modellen in Osteuropa von außen aufgepfropft wurden und in Mentalität, Kultur und Denken des Volkes keinen Nährboden fanden und daher den schrittweisen Anpassungsprozeß übergingen, der für fremde Kulturen die einzige Möglichkeit ist, durch Assimilierung vom Inneren der eigenen Welt her den Weg des Fortschritts zu gehen.

Vor dem Hintergrund dieser fehlgeschlagenen Anpassung schließe ich mich in diesem Vortrag denjenigen Forschern und Sozialwissenschaftlern in Afrika und außerhalb an, die das Problem gründlich

---

[2] W. T. Ngugi, Evil on the Cross, London 1988, S. 62.

durchdacht haben und zu der Überzeugung gelangt sind, daß eine wirksame und nachhaltige Entwicklung in Afrika nur durch Modelle möglich sein werden, die von Prämissen ausgehen, die mit den Prämissen der afrikanischen Zivilisation vereinbar sind.
Es spielt dabei keine Rolle, wie infranormal, unterentwickelt, primitiv oder langsam sich diese Entwicklung gestalten wird, denn, wie die Dinge jetzt stehen, wird Afrika, wird den Afrikanern keine langfristige Entwicklung gelingen, solange wir nicht unsere eigenen Schritte selbst bestimmen, aus unserer Vergangheit lernen, langsam womöglich, aber trotzdem graduell fortschreitend, konstruktiv und authentisch afrikanisch.
Auf diese Weise werden aus Religion, Ethik, Technologie, Kultur, soziostrukturelle Organisationsformen, wie sie in Afrikas lokalen Kulturen existieren, festverwurzelte Entwicklungsmodelle hervorgehen, die überdauern und die so sehr benötigte integrale Entwicklung des Kontinents herbeiführen können.

2. Entwicklungspotentiale in traditionalen Wirtschafts- und Gesellschaftsstrukturen in Westafrika

"Menschen, die nicht auf das kulturelle Erbe der Ahnen zurückblicken, können nicht nach vorn auf die Nachwelt blicken" (Ozor Neife Ozoike, ein Neunzigjähriger aus Umana Ndiagu, Nigeria).

2.1 Die Großfamilie
Verallgemeinerungen über Afrika sind nicht einfach. Einer der Bereiche, die Nichtafrikanern als original afrikanische Lebensweise betrachten, ist die Familie. Das Wesen der Gemeinschaft ist teilen, leben und leben lassen; Zusammengehörigkeit wurde in der Großfamilie gelebt. Die Familie war ein Zeichen des Lebens. Einsamkeit war unbekannt. Mitglieder derselben Sippe fanden innerhalb der Verwandtschaft immer Personen, die ihre Sorgen mit ihnen teilten und vertraute Lösungen anbieten konnten. Die Großfamilie oder die erweiterte Verwandtschaft boten soziale Sicherheit. Nach wie vor gilt in Afrika John Mbitis denkwürdiger Satz: "Ich bin, weil wir sind, und da wir sind, bin ich da". In traditionalen Gesellschaften ist Liebe eine kommunitäre, keine individuelle Erfahrung; so war die Ehe ein Bund zwischen zwei Familien, zwei Clans, zwei Dörfern, und nicht nur eine private Liebesbeziehung zwischen einer männlichen und

weiblichen Person. Dieser kommunitäre Aspekt begünstigte die Dauer der Ehe und wirkte Trennung und Ehescheidung entgegen. Der Egoismus blieb eingeschränkt. Eheliche Liebe und Fürsorge war eine soziale Verantwortung.
Weltweit erleben wir heute eine Krise der Familie, eine Krise, die sich an Ehescheidungen, Geburtenkontrollen, neuen Erziehungsmodellen usw. ablesen läßt. Könnte für diese Probleme in Afrika nicht eine anders geartete Lösung gefunden werden?

2.2 Kunst

Durch mehrere Merkmale unterscheiden sich die Afrikaner von den Völkern anderer Erdteile. Eines dieser Merkmale ist ihre Kunst. Bei allen einzelnen Unterschieden bietet die afrikanische Kunst doch ein einheitliches Erscheinungsbild. Ein Charakteristikum des afrikanischen ästhetischen Ausdrucks ist das Fehlen antagonistischer Spannungen. Ob Musik, Handwerk, poetisches Drama, Bildhauerei, Volkserzählung oder Malerei, stets obwaltet die Suche nach einem Gleichgewicht, das Streben nach Harmonie. Gesellschaftliche Themen sind in der afrikanischen Kunst oft behandelt worden. Die Besonderheit kommt in dem dominierenden Thema der Kraft zum Ausdruck. Die Kraft ist für den Afrikaner ein überragendes Element. Sie wird als eine universelle, alles durchwaltende Energie gesehen, zu der jeder Gedanke und jede Tat in Beziehung steht. Wenn Existenz und Lebenskraft reziprok sind, dann ist es wichtig, daß zwischen beiden ein Gleichgewicht besteht. Daher rührt, daß die ästhetische Herstellung von Symmetrie, Ausgleich und Gleichgewicht die hervorstechenden Gesichtspunkte sind, unter denen man die afrikanische Kunst verstehen muß. Harmonie steht in ihrem Zentrum.
Es besteht heute ein Bedarf, die ursprüngliche afrikanische Musik und Kunst und das dahinterstehende Harmonieverlangen als ein Mittel der Konfliktlösung auf dem Kontinent zu sehen.

2.3 Religion

Kunst weist immer über sich selbst hinaus, auf das Göttliche, auf die Religion. Jedes Kunstwerk vermittelt dem Betrachter: "Schau auf das, was über und unter Dir ist, denn was ich darstelle, erschöpft sich nicht im Sichtbaren". Ausdrucksvoll und doch bescheiden beschäftigt es sich mit dem Leben, zeigt in Gesichtern und Gestalten die Natur und Taten der Menschen in den verschiedenen Stadien der anzestralen Geschichte und des Einzellebens, die Geheimnisse und die Kraft. Hier ist wiederum darauf hinzuweisen, daß das philosophische Anliegen der afrikanischen Kunst nie ausschließlich die Materie betrifft, sondern es ist stets auch der Geist vorhanden, der Atem des Göttlichen, das Göttliche im Menschen. Für den Afrikaner ist Religion das Sein. John Mbiti schreibt: "Die traditionale Religion durchdringt alle Aspekte des Lebens. Sie kennt nicht die formale Unterscheidung zwischen dem Sakralen und Profanen, zwischen den Sphären des Religiösen und der Sphäre des Nichtreligiösen, zwischen den spirituellen und materiellen Lebenssphären. Wo immer der Afrikaner sein mag, seine Religion ist mit ihm...Im traditionalen Afrika gibt es keine irreligiösen Leute. Mensch zu sein bedeutet, zu dem Ganzen der Gemeinschaft gehören, und letzteres heißt, an den Glaubensvorstellungen, an den Zeremonien, Ritualen und Feiern dieser Gemeinschaft teilzuhaben ... Afrikaner können ohne Religion nicht leben".

Die traditionale afrikanische Religion ist keine institutionalisierte. Sie ist in der gleichen Weise kommunitär, wie denn die afrikanische Kunstproduktion Expression einer partikularen Gemeinschaft ist. In afrikanischen Gesellschaften existiert das Individuum vermittels seiner Teilhabe an der Kunst, Religion und Philosophie seines Gemeinwesens. Dieser Geist wird hier als Kommunitarität bezeichnet; auch mehrere afrikanische Denker bezeichnen die entsprechende Theorie als Kommunitarismus. Bei diesem Kommunitarismus ist die Teilnahme in Theorie wie Praxis natürlich von entscheidender Bedeutung. Da es die Erde ist, die die Güter dieser Welt, d.h. die Nahrung, die Bäume, den Sand, das Wasser spendet und die Güter dieser Welt andererseits auch in Vorgängen wie Beerdigung und Verfall wieder in ihren Schoß aufnimmt, gilt der Erde die Anbetung und die Ehrfurcht.

Diese Anbetung war ein weibzentriertes religiöses Ritual, die Erde war die "Göttin", ein Gefäß, das ständig das vom Himmel, der männlichen Gottheit, herunterfallenden Wasser in sich aufnahm, eine Spenderin und Nehmerin.

2.4 Land

In der vom humanistischen Gemeinschaftsgeist bestimmten autochthonen afrikanischen Gesellschaft gehörte der Boden nicht einem Einzigen. Das Land gehört dem ganzen Volk. Der Einzelne, genauer die einzelne Familie hat Anspruch auf die sakrale und profane Nutzung des Landes, kann jedoch keinen uneingeschränkten Besitztitel auf es in Anspruch nehmen. Denn wie Chancellor Williams feststellt: Land gilt als eine Gabe Gottes an den Menschen, die es bestellen und als ein heiliges Erbe benutzen können, das als ein Band zwischen Verstorbenen und Lebenden von den Vorfahren übertragen worden ist, damit es von jeder Generation den Noch-Ungeborenen erhalten werde, die es auf diese Weise bis hin zur letzten Generation weiterreichen werden.

Wie ist dieser traditionale Charakter des Bodens mit den Grenzstreitigkeiten zu vereinbaren, die heute über den ganzen Kontinent ausgetragen werden? Welche neue Begriffsbestimmung kann man dem Boden geben, damit es diese ursprüngliche afrikanische Konnotation des Bodens als eines Pfandes, auf das man einen Nießbrauchanspruch besitzt und das man der nächsten Generation zu übergeben hat, wieder erlangt?

2.5 Eigentum

In afrikanischen Gesellschaften gilt Eigentum als ein Geschenk Gottes. Die Bedeutung des Eigentums als vom Individuum akkumulierter Güter ist diesem Eigentumsbegriff völlig fremd. Der Reiche teilte seinen Reichtum mit den anderen, oder anders ausgedrückt: Eigentum galt als etwas, das von der Gemeinschaft in "Pfand gegeben" war - eine Vorstellung, deren Geltung heute wieder sehr viel Nutzen stiften könnte.

Respekt vor der Natur, der Umwelt, den Bäumen, dem Wasser wurde alltäglich praktiziert. Der Erfüllung von Bedürfnissen waren durch religiöse Tabus Schranken gesetzt. Ausbeutung blieb begrenzt. Ist es heute möglich, Eigentum weniger vom Standpunkt des Erwerbs und mehr vom Standpunkt des Bedarfs her zu denken? Afrika könnte den extremen Materialismus vermeiden, wenn es sich auf sich selbst besänne und sein reiches kulturelles Erbe neu entdeckte, damit Eigentum den rechten Stellenwert wiedererhalte, den es in der genuin afrikanischen Kulturwelt stets gehabt hat.

2.6 Kommunitarität

Aus den obigen Ausführungen ergibt sich, daß die reine afrikanische Gesellschaft grundsätzlich egalitär ist. Sie ist kommunitär. In dieser Gesellschaft hat jedes Mitglied Anrecht auf ein Heim, auf gleichen Schutz durch Gesetz und Tradition, auf Arbeit; jedes Mitglied hat Sorgerecht für andere und, wenn immer nötig, Recht auf Versorgung durch andere; es hat das Recht auf Einspruch und Widerstand (selbst gegen die endgültige Entscheidung der Gemeinschaft), weiter das Recht auf Ausbildung, Hilfe und andere Formen der Erziehung, auf Teilnahme an und Führungsaufgaben in Politik, Kunst, Religion und Philosophie, das Recht auf Erbschaft und auf einen gerechten Anteil an allen Vorteilen und Garantien der Gemeinschaft. Diese Rechte gehören zu den bemerkenswertesten Leistungen der Afrikaner, und zwar deshalb, weil sie an diesen Grundsätzen wie an dem Lebensfaden selbst Generation für Generation festgehalten haben.

Die afrikanische Kommunitarität beweist die Gültigkeit eines Eherechts, das dem Mann mehrere Frauen gestattet. Diese Lösung ist psychologisch vernünftig, emotional gesund, sozial nützlich und individuell heilsam. Ihr Beharren auf Erfüllung des menschlichen Trieblebens, auf Förderung von Liebe und Frieden, auf Befriedigung der tiefen biosozialen Impulse aller Frauen (nicht nur einiger weniger Frauen) in Gemeinschaften, in denen Frauen weit in der Überzahl sind, und ihr Wille, die Familie, den Clan, die Ethnie, die Polis und die Rasse zu erhalten, gehen weit über das hinaus, was man gemeinhin unter Polygamie samt wildwuchernder Implikationen, rassistischer Konnotationen und sexistischer Überzeichnungen zu verstehen pflegt.

2.7 Ehrfurcht vor den Eltern

Hohes Alter wird in der afrikanischen Kultur als ein Geschenk Gottes, als ein Zeichen der Weisheit, als Belohnung für ein gutes Leben betrachtet. Afrikanische Gesellschaften respektieren die Älteren im allgemeinen und sorgen für sie. Die Alten lebten in der Familie und verbürgten Stabilität und Vergangenheitsgegenwart. Wenn in Afrika ein alter Mann stirbt, ist dies wie in Europa der tragische Brand einer Bibliothek.

Zu den Grundsätzen der Tradition zählt auch der Respekt vor den Alten. Denn diese sind die Übermittler vergangener Erfahrungen, das existentielle Band zwischen Vergangenheit und Gegenwart, die wesentlichen Botschaftsträger der Ungeborenen, der Ahnen, der Naturgeister der Unterwelt. Der Alte ist ein demokratisch gewählter Vertreter der erweiterten Familie oder des Clans in einer demokratisch regierten Polis. Er ist ein Steuermann, nie ein Herrscher, ein Werkzeug zur Verwirklichung des religiösen, moralphilosophischen und politischen Willens des Volkes, das primäre und ultime Quelle der Regierungsmacht bleibt. Diese Form der Pietät gegenüber den Alten und die aus ihr resultierende Sicherung der Kontinuität der

Tradition mißbilligt jeden Methusalemschen Autoritarismus, hinterlistigen Machiavellismus und Lehnstuhlromantik. Daher die Bemerkung von Caseley Hayford: Es ist die Pflicht des Familienhauptes, die Mitglieder seiner Familie auf den Weg zu bringen, den sie gehen sollen; unter Familie ist hier zu verstehen: alle matrilinearen Nachkommen. Der Staat erwartet von ihm, daß er seine Erfahrung und Wissen über Politik und Tradition einbringt. Es ist seine Aufgabe, seine Mündel zu Loyalität und Gehorsam gegenüber der bestehenden Führung zu erziehen. Er ist verantwortlich für die Fehltritte seiner Familienangehörigen und muß dafür Sorge tragen, daß deren Handeln mit den Bräuchen, Gesetzen und traditionalen Spielregeln des Gemeinwesens konform geht.

Die Stellung dieses Alten stattet ihm jedoch keineswegs mit quasidiktatorialer Macht aus, denn in dem gleichen Maße, wie er die Souveränitätsidee repräsentiert und ihm die dazugehörige Ehre und Achtung zuteil wird, muß er selbst den altehrwürdigen Gesetzen, Traditionen und Gefühlen Respekt zollen. Er kann zur Rechenschaft gezogen werden, falls er diesem Codex zuwiderhandelt und kann bei ernsten Verfehlungen seinen Status verwirken oder darum bitten, getötet zu werden. Er führt, aber herrscht nie, er lenkt, aber regiert nie.

2.8 Werte

Für die afrikanische Lebensanschauung galt als sicher, daß praktisch jedem Geschöpf eine dem Menschen bekannte oder verborgene Bedeutung innewohne. Die Schöpfung ist nicht sinnleer. Das Universum entspricht einem göttlichen Plan; Religion, Opfer, Kult und Rituale bedeuten in Afrika eine Kommunikation mit dem "Gott der Geschöpfe", mit "Chineke".

Jeder Baum hatte einen Namen und eine Bedeutung. Ebenso die Jahreszeiten. Jedes einzelne Geschöpf hatte ein "Chi", eine persönliche Gottheit (oder Geist), die ihn lenkt. Zufall oder Wahrscheinlichkeit sind in diesem streng deterministischen Weltbild ausgeschlossen. Wert wird dem Sand wie dem Wasser und den Sternen, überhaupt der ganzen Natur zuerkannt. Ackerbausäson, Wirtschaft, Gesellschaft, Kultur, Gesetz, Handel und Kunst verweisen alle auf eine ihnen transzendente Wirklichkeit: " Seht über mich hinaus - Denn ich vertrete die Gottheit unter den Menschen". Das Weltgefühl ist zutiefst religiös.

a) Die Ahnen
Die Menschheit war Kontinuität und Geschichte. Die Verehrung der Ahnen drückte die Pietät und die Dankesschuld der heutigen Generation gegenüber denjenigen aus, die vorher gelebt hatten, und diese Ehrfurcht bot die Gewähr dafür, daß spätere Generationen ebenfalls die Toten ehren würden. Anders ausgedrückt: das Gedenken der Toten durch die Lebenden, die Ahnenpietät drückten den Glauben an die Kontinuität des Lebens (ewiges Leben) und an den Fortbestand der Gattung Mensch aus.
b) Verehrung der Erde
Da es die Erde ist, die die Güter dieser Welt, d.h. die Nahrung, die Bäume, den Sand, das Wasser spendet und die Güter dieser Welt andererseits auch in Vorgängen wie Beerdigung und Verfall wieder in ihren Schoß aufnimmt, gilt der Erde die Anbetung und die Ehrfurcht. Diese Anbetung war ein weibzentriertes religiöses Ritual, die Erde war die "Göttin", ein Gefäß, das ständig das vom Himmel, der männlichen Gottheit, herunterfallenden Wasser in sich aufnahm, eine Spenderin und Nehmerin.
c) Soziale Rollen
Die Rollenverteilung in traditionalen Gesellschaften erfolgte nach geschlechtlichen Kriterien. In der Landwirtschaft, im Handel, in der Wirtschaft, im sozialen Leben, in der Politik, in jedem Aspekt der Kultur gab es eine klare Verteilung der Rollen von Man und Frau und ihrer interdependenten Funktionen. Einige dieser Rollen waren naturbedingt (zum Beispiel: die Frau gebar die Kinder; auf die Bäume zu klettern war dem Mann vorbehalten), andere traditionsbedingt. Der Mann geht auf Jagd, die Frau baut Pflanzen um das Haus herum an. Die Frage der Emanzipation der Frau (wovon?) ist eine europäische Frage, die entstanden ist, als die Rollen nicht mehr komplementär definiert und ihre Grenzen verwischt wurden.
d) Begehung von Geburt, Tod und Ereignissen
Afrikanische Gesellschaften zeichneten und zeichnen sich auch heute noch durch ihre Kinderliebe aus. Unfruchtbarkeit stürzt die Betroffenen in tiefe Trauer. Sie gilt als ein Fluch, der durch religiöse Riten gebannt werden soll. In einer solchen Gesellschaft sind die Kinder Garantie für den Fortbestand. Die Familie wird durch Kinder gefestigt. Abtreibung ist deshalb überhaupt kein Thema.

2.9   Menschenrechte
Die Rechte des Einzelnen galten nur bis zur Grenze seines Clans oder seines Dorfes. Jenseits der Grenze des Clans oder des Dorfes hörten diese Rechte auf. Ob das Recht auf Leben, das Recht, sich frei zu bewegen, die Redefreiheit oder andere Freiheiten, die Religionsfreiheit, sie alle galten nur und waren nur garantiert innerhalb des unmittelbaren Gemeinwesens. Personen, die nicht Mitglieder dieses Gemeinwesens waren, hatten nicht automatisch Anspruch auf diese Rechte, konnten sie aber durch normgerechtes Verhalten und friedliche Koexistenz erlangen.
Ethik, Geboten und Verboten wurde eine religiös-transzendente, keine rational-immanente Begründung unterlegt.

2.10   Recht
Das Recht hatte die Funktion, das Gemeinwesen zu schützen. Rechtsquelle war entweder die Tradition, wie sie von den Vorfahren übernommen worden war, oder die Konvention in einem bestimmten Gemeinwesen. Das Gesetz wurde nicht als etwas von außen Aufgezwungenes empfunden, weshalb es ohne Murren als eine Notwendigkeit befolgt wurde.

2.11   Politische Organisationen
Traditionale afrikanische Gesellschaften garantierten die uneingeschränkte Teilhabe aller an der politischen Willensbildung des Gemeinwesens, einerlei ob dieses Gemeinwesen eine Republik wie bei den Igbo, ein Königreich wie bei den Yoruba oder ein theokratisch-feudalistisches System wie bei den Fulani war. In allen Gemeinwesen war das Palaver-Prinzip oder die öffentliche Debatte zwecks Konsensbildung anerkannte Praxis. Die Führung der Dorfsgeschäfte ging jeden an. Garantiert wurde die politische Existenz als Einheit durch das Altersklassensystem, den Markt, das Handwerk, das sogenannte "checks and balances" (ein System einander kontrollierender Gegenmächte) sowie die Anwendung moralischer, physischer oder sonstiger Sanktionen.

3. Abschließende Bemerkungen

Ich werde meinen Vortrag mit dem bescheidenen Postulat schließen, daß die einzelnen Menschen in einer Gesellschaft Grundlage eines

jeden vernünftigen Entwicklungssystems zu sein haben. Menschliche Ressourcen sind die letztendliche Basis des Reichtums der Nationen, nicht nur Kapital, Profit, Technologie oder Maschinen.
Die katholische Soziallehre hat diese beherzenswerte Wahrheit während des Vatikanischen Konzils erkannt, denn die Constitutio Gaudium et Spes hält ausdrücklich fest: "Der Mensch ist der Urheber, der Mittelpunkt und der Zweck jedes sozialen und ökonomischen Lebens. Wirtschaftliche Entwicklungen müssen unter Kontrolle des Menschen bleiben." (GS 63) Noch knapper ausgedrückt: "Entwicklung ist für den Menschen da und nicht umgekehrt". Ein Land, das nicht in der Lage ist, die Fähigkeiten und Kenntnisse seines Volkes zu nutzen und diese wirksam in der eigenen Volkswirtschaft einzusetzen, wird außer stande sein, irgendetwas anderes zu entwickeln. In diesem Zusammenhang können wir deshalb darauf hinweisen, daß Afrikas Suche nach Fortschritt trotz bedeutender Rückschläge positiv verläuft. Es gibt viele positive Entwicklungen, wie:

3.1 Eine neue Sicht auf Hoffnungszeichen in Afrika
a) Afrika ist ein jugendlicher Kontinent: Zwei Drittel der Bevölkerung ist jünger als dreißig und ist im allgemeinen besser ausgebildet, offener und besser über internationale Ereignisse informiert als ihre Eltern.
b) Die Vertrauenskrise und die in Mitleidenschaft gezogene Psyche der Afrikaner im Anschluß an das koloniale Trauma scheint mit der Wiedergeburt der afrikanischen Kunst und dem Erscheinen einer Fülle afrikanischer Literatur nach und nach zu verschwinden. Die Leute beginnen ihren Kontinent mehr als eine Antriebskraft denn als passives Entwicklungsobjekt zu sehen.
Viele Leute entwickeln eine internalisierte kritische Sicht, statt andere Völker zu kopieren oder diese zu Schuldigen für alle Probleme abzustempeln. Die Afrikaner werden sich dessen bewußt, daß ihr Kontinent nicht bloß mit fremder Hilfe oder fremden Federn überleben, sondern sich entwickeln soll. Massai, Igbo, Bini, Kikuyu, Peul haben sich übrigens noch nie in Selbstmitleid oder als Verlierer gefallen.
c) Es gibt in vielen Ländern Anzeichen einer kulturellen Renaissance. Einheimische Musik ist auf dem Vormarsch. Afrikanische Kleidung und Trachten sind in Mode. Der Gebrauch lokaler Spra-

chen, Ästethik, Kunst, Werbung und diverse Formen kulturellen Ausdrucks werden vielerorts registriert.
Innerhalb der christlichen Kirchen wird trotz Widerstände seitens deren Zentralen der Wunsch nach eigenem Kulturgut und Akkulturation geäußert, damit über Kirchenmusik und Ritus zur afrikanischen Identität gefunden werde.
d) Die ökonomischen Daten sind vielfältiger, als gemeinhin angenommen wird. Zum Glück spiegeln diese Daten mit Ausnahme derjenigen für die von Kriegen heimgesuchten Regionen nicht nur Niedergang und Rezession wider.
Es macht sich eine durch bessere Wohnverhältnisse, Nahrung und Ausbildung bedingte Steigerung des Lebensstandards bemerkbar, obwohl in bestimmten Gebieten aufgrund einer falschen Politik, einer wachsenden Bevölkerung und staatlicher Mißverwaltung gleichzeitig neue Probleme entstehen. Dennoch sind reichlich Ressourcen vorhanden, die darauf warten, sinnvoll genutzt zu werden. Die in der westlichen Welt veröffentlichten Indizes lassen Zeichen wirtschaftlicher Erholung erkennen. Bei gleichzeitiger Einführung von Wirtschaftsreformen setzen viele afrikanische Nationen ihre Prioritäten neu.
e) Unternehmerschaft wie in Marktwirtschaft sind in Afrika populäre Traditionen. Mehr Anstrengungen müßten noch unternommen werden, um von einer "Haltung des individuellen Überlebens zu einem kollektiven take-off-Willen zu kommen." Die Afrikaner müssen sich dessen bewußt werden, daß statt des schieren Hoffens auf das Ausland Selbstentwicklung und Selbstvertrauen die einzigen Garantien für eine langfristige wirtschaftliche Wiederbelebung sind.

3.2   Wandel und Herausforderungen

Auf dem 18. Treffen der afrikanischen Minister für wirtschaftliche Entwicklung und Planung vom 20. - 24. April 1992 in Addis Abeba erklärten der stellvertretende Generalsekretär der Vereinten Nationen und der kommissarische Exekutivsekretär der "Wirtschaftskommission für Afrika" ("Economic Commission for Africa", abgekürzt: ECA), daß Wandel Herausforderungen bedeute[3]: "Die Welt verändert sich, und insbesondere Afrika verändert sich mit. Die offenkundigsten Zeichen des Wandels sind grundsätzlich darin zu sehen,

---

[3] Ref. ISSA B. Diallo, in Courier, ACP-EEC, Nr. 134, Juli/August 1992, Brüssel, ISSN 1013, 7335, S. 59.

daß, trotz des Ausbruches neuer Konflikte zwischen vielen Staaten wie auch innerhalb einzelner Staaten etliche Konflikte dabei sind, gelöst zu werden, daß sich dank dem Willen der Völker selbst eine Entwicklung hin zu demokratischen Regierungsformen anbahnt und sich ein stets klareres Bewußtsein herausstellt, daß eine verbesserte intraafrikanische Zusammenarbeit, wie sie in der am 3. Juni 1991 in Ahuja unterzeichneten Gründungsurkunde der Afrikanischen Wirtschaftsgemeinschaft vorgesehen ist, die wirtschaftliche Integration beschleunigen wird."[4]

Die große Herausforderung für das verbleibende Jahrzehnt dieses Jahrhunderts wird darin bestehen, den ökonomischen und sozialen Wandel zu ermutigen und dabei zugleich nach vorn und zurück ins Innere zu blicken, regionale Kooperation zu fördern in einem politischen, ökonomischen und sozialen Klima, das ständigen Veränderungen unterliegt und in den Ländern Afrikas bereits beachtliche Auswirkungen hervorgerufen hat.

Nachdem die Vereinten Nationen drei Jahrzehnte lang internationale Entwicklungsstrategien verfolgt hat, schaut Afrika ernüchtert auf seine wirtschaftlichen Resultate zurück und wird sich bewußt, daß die Hauptanstrengungen zur Erreichung der Wachstumsziele von ihm selbst zu erbringen sein werden.

"Afro-Pessimismus" ist destruktiv und sicher nicht die richtige Art, auf diesen Kontinent zu blicken.

Der heutige im Trend der weltweiten Entwicklung liegende Impuls zu ökomischen, politischen und sozialen Reformen sollte unterstützt und nicht durch politische Erwartungen, Resignation, Angst, Ausschlüsse oder gar schlimmer noch mit Spaltungen beschwert werden. Afrika ist trotz Jahrhunderten der Unterdrückung und Aggression auf dem Weg nach vorn. Nicht alles, was als Entwicklung bezeichnet worden ist, hat auch tatsächlich diesen Namen verdient. Nach einem kritischen Rückblick kommen wir heute zu der Feststellung, daß technologischer Fortschritt zwar eine Steigerung der Produktion, ein höheres Niveau der Kommunikation zwischen den Menschen und selbst eine Steuerung der Umwelt ermöglicht, aber diese negative Form der Technologie, die Menschen selbst abgewertet, marginalisiert, ihre Rechte mißachtet und sie in ihrer unverzichtbaren Würde verletzt hat. Technologie, ja - doch nicht auf Kosten der Würde des Menschen.

---

[4] Ebd., S. 91.

Nicht alles, was in Amerika Entwicklung ist und Entwicklung genannt wird, muß auch in Afrika als solche gelten. Mit anderen Worten: Es besteht in Afrika eine erhöhte Notwendigkeit, neue Entwicklungskriterien auf der Grundlage afrikanischer Werte und zum Nutzen Afrikas aufzustellen. Was wir zum Schluß dieses Beitrages geleistet haben, ist nur ein Versuch, bei den Söhnen und Töchtern Afrikas sowie bei unseren Freunden überall in der Welt Interesse für diese Sache zu wecken und sich an dieser neuen Suche nach authentischen, menschlichen Entwicklungsstrategien zu beteiligen.

Hartmut Sommer

Rapport zur Sektion I: Afrika

Zusammenfassung des Referates
von Prof. Dr. Obiora F. Ike, Nigeria[*]

In der Einführung geht Ike ausführlich auf die Schwierigkeiten ein, die Begriffe "Afrika", "Afrikaner" und "afrikanisches Sein" zu definieren, und zwar einerseits aus der Sicht der Afrikaner ("afrikanische Identität") und andererseits aus der Sicht der Europäer.
Es ist außerordentlich schwierig für die Afrikaner, eine eigene Identität als "Afrikaner" zu entwickeln. Hunderte von Sprachen in einem einzigen Land und ebenso viele Ethnien mit unterschiedlichen Traditionen und verschiedenen Religionen verstellen den Blick für eine panafrikanische Identität. Ike spricht in diesem Zusammenhang von einem "unebenen, unwegsamen und gar manche Falle bereithaltenden Terrain".
Hinzu kommt, daß die afrikanischen Gesellschaften von vielen gewaltsamen Einbrüchen westlicher und östlicher Sklavenhändler, Kriegsherrn, Kolonisatoren, Theologen, Kaufleuten etc. heimgesucht wurden. Diese Einflüsse sind heute zwar erheblich subtiler, aber umso wirkungsvoller als in der Zeit der weißen Fremdherrschaft. Sie werden über westliche Produkte und die westliche Zivilisation vermittelt, die wie im Rest der Welt so auch in Afrika heiß begehrt werden.
Die Rezeption Afrikas und der Afrikaner durch Europäer ist immer noch weitgehend gekennzeichnet durch falsches Mitleid, Unwissenheit und Unverständnis bis hin zur Ignoranz. Afrika gilt bei vielen als der "Kontinent des Hungers", "das Grab des weißen Mannes" und die Afrikaner als "unzivilisiert" und "primitiv". Auch der enge Kontakt von "Schwarzen" und "Weißen", z.B. im Rahmen von Entwicklungsprojekten hat hieran wenig geändert, im Gegenteil: Viele sog. "Entwicklungsexperten" lasten das Scheitern von gut gemeinten, aber

---

[*] Obiora Ike, Entwicklungspotentiale innerhalb traditionaler, sozialer und ökonomischer Strukturen in Westafrika, in diesem Band, S. 161ff.

oft ausschließlich nach westlichen Modellen konzipierten Projekten dem Unvermögen der Afrikaner an. Sie sehen dabei nicht, daß die Projekte oftmals nur eine ökonomische und technologische Dimension haben und von der ethischen, sozialen und religiösen afrikanischen Wirklichkeit abstrahieren.

Vor diesem Hintergrund schildert Ike im zweiten Abschnitt seines Referates die Entwicklungspotentiale Afrikas. Er schickt seiner Aufzählung der afrikanischen Potentiale die Aufforderung (an die Afrikaner) voraus, sich von ihren sie peinigenden Leiden zu befreien, indem sie zunächst damit aufhören, dem vom Westen vorgezeichneten Entwicklungsweg zu folgen und sich auf ihre eigenen Traditionen besinnen. Den Westen und Osten bittet er, die Afrikaner allein zu lassen, "at least some time". "Es wird den Afrikanern keine langfristige Entwicklung gelingen, solange wir nicht unsere eigenen Schritte selbst bestimmen, aus unserer Vergangenheit lernen, langsam womöglich, aber trotzdem graduell fortschreitend, konstruktiv und authentisch afrikanisch".

Ike spricht sich damit aber nicht gegen den interkulturellen Dialog aus, sondern stellt in seinem Vortrag die Elemente der afrikanischen Entwicklungspotentiale heraus, die auch andere Kulturen befruchten können und deren kritische Reflexion und Rezeption zur Lösung gesellschaftlicher Probleme dieser Kulturen beitragen können:

- *Großfamilie:* Die weltweite Krise der Familie ist seiner Ansicht nach in der zu starken Konzentration der Liebe auf zwei Personen begründet. In Afrika sind niemals nur zwei Personen, sondern zwei Familien, Clans und Dörfer miteinander verbunden, wodurch der Egoismus eingeschränkt und die soziale Verantwortung gestärkt wird. Ohne die Unterstützung von bedürftigen Familienmitgliedern durch Verwandte wäre die Not der Individuen wesentlich größer.

- *Kunst:* Ike sieht in der afrikanischen Kunst ein Mittel der Konfliktlösung, da antagonistische Spannungen fehlen und das Streben nach Harmonie, Symmetrie und Ausgleich sie beherrscht.

- *Religion:* Es gibt in der traditionellen, afrikanischen Religion keine Trennung zwischen Sakralem und Profanem, zwischen Materie und Geist, sondern alles ist vom Göttlichen durchdrungen. Der Mensch ist Teil der Natur und er achtet und verehrt in der Natur das Göttliche. Das Leben in der dörflichen Gemeinschaft ist ohne Religion nicht vorstellbar. Menschen empfinden und erleben gemeinsam alle Teile der materiellen und spirituellen Welt. Das Christentum (wie auch der Islam) sind häufig nur übergestülpt. Sie können sich häufig nur durchsetzen, indem sie eine Verbindung mit den traditionellen Religionen eingehen (z.B. Taufe und afrikanische Namensgebung werden als gemeinsames Fest gefeiert). "Aberglaube" ist auch bei gebildeten Afrikanern weit verbreitet. Religiöse Tabus haben die Umwelt geschützt.

- *Land:* Es gab ursprünglich keinen Individualbesitz, das Land wurde Personen lediglich zum Nießbrauch überlassen. Mit der Einführung von privatem Land sind allenthalben Grenzstreitigkeiten aufgeflammt, die nach Ike nur durch eine Rückbesinnung auf das traditionale Konzept gelöst werden können.

- *Eigentum:* Ebenso wie das Land wurde das Eigentum ursprünglich als von der Gemeinschaft oder den Göttern erhaltenes Lehen angesehen. Es bestand und besteht weiterhin das Gebot des Teilens mit Mitgliedern des Clans. Individuelle Bedürfnisse sind durch religiöse Tabus begrenzt.

- *Gemeinschaftsorientierung:* Die afrikanische Gesellschaft ist grundsätzlich egalitär. Jeder hat ein Recht auf (afrikanische) Ausbildung, Versorgung, Einspruch und Widerstand, Teilnahme an Führung und auch Vielweiberei. Vielweiberei hatte eine soziale Funktion, weil es infolge von Kriegen oft Frauen in der Überzahl gab. Ike spricht in diesem Zusammenhang auch von der Befriedigung biosozialer Impulse.

- *Ehrfurcht vor den Ältesten:* Ike verglich den Tod eines Alten mit dem Brand einer Bibliothek, da das akkumulierte Wissen und die Lebensweisheit unwiderbringlich verloren gingen. Die Führung der Ältesten wurde durch Konventionen eingeschränkt, die die Rechte der einzelnen garantierten.

- *Werte:* In der afrikanischen Kultur hat alles einen Wert, es gibt nichts Sinnloses. Alles ist von einem göttlichen Plan geleitet. Es gibt keinen Zufall. So spiegelt sich in der Verehrung der Ahnen der Glaube an die Kontinuität des Lebens und den Fortbestand der Gattung Mensch über den Tod hinaus wider. Andere Werte betreffen die Verehrung der Erde, soziale Rollen, die - aus Ikes Sicht - nach sinnvollen geschlechtlichen Kriterien vergeben wurden und die Liebe zu Kindern, die z.B. Abtreibungen undenkbar erscheinen lassen.

- *Menschenrechte:* Die Rechte des Einzelnen enden an der Dorf- oder Clangrenze. Eine friedliche Koexistenz mit anderen ist möglich, falls diese sich "normgerecht" verhalten.

- *Recht:* Das Recht war traditionell entstanden und nicht von außen aufgezwungen. Es wurde daher ohne Murren befolgt.

- *Politische Organisationen:* Es galt das Palaver- und Altersklassenprinzip. Entscheidungen gab es in der Regel nur dann, wenn auch der letzte zugestimmt hatte. Eine Teilhabe aller an der politischen Willensbildung war jedem garantiert.
In seinem abschließenden 3. Abschnitt schließt Ike mit einem hoffnungsvollen Ausblick. *Hoffnungszeichen* sind die Jugend, das wachsende Selbstbewußtsein, eine kulturelle Renaissance und in einer Vielzahl von Ländern eher hoffnungsvolle ökonomische Daten. Eine Steigerung des Lebensstandards ist erkennbar. Marktwirtschaft und unternehmerisches Handeln sind auf dem Vormarsch.
Er sieht keinen Anlaß für Afro-Pessimismus. "Der heutige im Trend der weltweiten Entwicklung liegende Impuls zu ökonomischen, politischen und sozialen Reformen sollte unterstützt werden und nicht durch politische Erwartungen, Resignationen, Angst, Ausschlüsse oder gar schlimmer noch mit Spaltungen beschwert werden".

Diskussion:
Mehrere "rote Fäden" haben die Diskussion durchzogen und sich in vielen Redebeiträgen widergespiegelt:
1. Verläuft Entwicklung nach einem weitgehend monokausalen und monofinalen Modell (d.h. nach dem westlichen Modell) oder sind kultureigene Entwicklungswege möglich bzw. notwendig? Wie werden Entwicklung und Fortschritt in verschiedenen Kulturen definiert?
2. Ist es zulässig, von einer "afrikanischen" Kultur zu sprechen?
3. Sind die von Ike postulierten Potentiale der afrikanischen Kultur nicht gleichzeitig wesentliche Hindernisse für die Entwicklung Afrikas?
4. Wie sind die Außeneinflüsse, z.B. durch das Christentum, zu beurteilen? Ist eine Koexistenz verschiedener Kulturen in Afrika möglich?
5. Wie ist das Verhältnis von afrikanischem und westlichem Verständnis von Demokratie?
6. Was erwarten Afrikaner von Europäern?

Zu 1: Ike behauptet, daß ein afrikanischer Weg möglich ist, der sich wesentlich vom westlichen und östlichen Weg unterscheidet. Andere Teilnehmer waren demgegenüber der Meinung, daß bestimmte Kriterien und Faktoren für jede Entwicklung erfüllt sein müssen, wie z.B. Marktwirtschaft, bürgerliche Freiheiten einschließlich der Kontrolle der Regierenden (z.B. Pressefreiheit). Ike sieht eine wesentliche Quelle für Mißverständnisse in den westlichen Entwicklungs- und

Fortschrittsbegriffen selbst: In Afrika herrscht ein zyklisches Zeitverständnis vor, wie es z.B. in dem Verhältnis der Lebenden zu den Ahnen zum Ausdruck kommt. Der westliche Entwicklungs- und Fortschrittsbegriff ist demgegenüber überwiegend von einem linearen Zeitverständnis bestimmt (Ausnahme: z.b. Geburtstagsfeiern, periodisch wiederkehrende Feste). Von einigen Teilnehmern wurde argumentiert, daß - wie auch in der UN-Charta - ein "Fortschritt" nur bei einem solch linearen Denken möglich sei. Andere Teilnehmer sehen die Gründe für verschiedenartige Entwicklungen in den Wertesystemen der Kulturen, wie sie auch teilweise in Ikes Referat erkennbar wurden (Afrikaner: Kinderreichtum, Leben in der Gemeinschaft, Ablehnung von Ledigen; Europäer: Geld, Häuser, Karriere).
Verschiedene Teilnehmer merkten an, daß der Fortschrittsbegriff sich auch in Europa gewandelt habe, vom ökonomischen und technischen zum "humanen" Fortschritt. Humaner Fortschritt könne nur erreicht werden, wenn wir nicht wurzel- und ziellos leben und wissen, worauf wir uns hin entwickeln. Ohne die Aussicht und das Streben auf humanen Fortschritt sei eine glückliche Lebensgestaltung nicht möglich.

Zu 2: Es wurde von vielen Teilnehmern - wie von Ike in seinem Referat eingangs selbst - bezweifelt, ob es möglich ist, eine afrikanische Kultur zu definieren. Ike führte dazu aus, daß eine Generalisierung afrikanischer Kulturen möglich sei, panafrikanische Elemente gebe es durch Sprachverwandtschaft, Klima, Essen, Kleidung und Lebensart. Hierbei würden die Menschen aber nicht statisch in ihren Positionen verharren, sondern es sei ein Tauziehen zwischen alt und neu zu beobachten.
Es wurde kritisiert, daß Ike sich entwickelnde städtische Kulturen/Gesellschaften nicht beachtet habe und sich auf die ländliche Dorfkultur in seiner Analyse beschränke. Dem hielt Ike entgegen, daß die Bevölkerung einer afrikanischen Stadt bei einem Bevölkerungstausch z.B. mit Frankfurt die afrikanischen Dörfer in einzelnen Stadtteilen und Wohnbezirken wieder entstehen lassen würden, da das Clanbewußtsein auch in afrikanischen Städten ungebrochen ist. Insgesamt nimmt Ike in Anspruch, daß die von ihm sogenannten "Potentiale" nach wie vor auch eine zutreffende Beschreibung der wesentlichen Bestimmungselemente der städtischen Afrikaner sind. Die tiefe religiöse Verwurzelung äußere sich bei den westlich Gebildeten dabei häufig in einem geheim praktizierten Aberglauben. Auch der Zulauf und Zuspruch, den traditionelle Heiler nach wie vor fin-

den, spricht eine deutliche Sprache. Manche Teilnehmer verwiesen aber darauf, daß es auch ähnliche Entwicklungen in Europa gegeben habe und z.B. Aberglaube auch heute noch weit verbreitet sei bzw. wieder erstarke.
Insgesamt empfahl Ike, Elemente und Prinzipien der afrikanischen Großfamilie nutzbringend für die Reform der Vereinten Nationen einzusetzen.

Zu 3: Diskussionsteilnehmer mit Afrikaerfahrung merkten an, daß die von Ike als Potentiale dargestellten Charakteristika nicht neu seien und auch von westlichen Autoren schon oft beschrieben wurden. Diese erklärten jedoch hiermit die Entwicklungsrückstände Afrikas, sahen also in Ikes Potentialen Entwicklungshindernisse, während Ike diese ins Positive wende. Dem hielt Ike entgegen, daß eben diese Autoren nicht die unterschiedlichen Entwicklungsbegriffe in den beiden Kulturen erkannt hätten (vgl. 1). Im übrigen sei eine Schwarz-Weiß-Beurteilung zwischen den Kulturen im Sinne Europa = gut, Afrika = schlecht und umgekehrt nicht möglich.

Zu 4: a) Afrika war während seiner Geschichte vielen Einflüssen von außen ausgesetzt, die in Ikes Referat nicht thematisiert oder nur negativ beurteilt worden seien (Fremdherrschaft, Sklaverei, wirtschaftliche Ausbeutung etc.). Dem hielt Ike entgegen, daß die positiven Seiten Europas von Afrikanern akzeptiert und übernommen würden, z.B. im Gesundheitswesen oder bei der Einstellung zu Zwillingen (früher wurden Zwillinge einfach weggeworfen, erst Missionare haben diese Einstellung verändert). Demgegenüber könne Europa z.B. in bezug auf Kinderliebe und Familienzusammenhalt von den Afrikanern einiges lernen. Abtreibung sei z.B. in Afrika kein Thema.
b) In Afrika haben oft Stämme sich bekriegt und den Frieden nur nach innen gewahrt. Die Menschenrechte endeten an der Grenze des Dorfes. Ike stellte heraus, daß zumeist die afrikanischen Stämme in einer friedlichen Koexistenz miteinander leben und der "Fremde" solange Schutz und Gastrecht genieße, wie er bestimmte Konventionen nicht verletze.

Zu 5: Es wurde eingewandt, daß das afrikanische Demokratiemodell zwar sehr alt und fest in den Gesellschaftsstrukturen verankert sei, aber auf die dörfliche Ebene begrenzt und damit für einen modernen Staat nicht brauchbar sei. Dem wurde entgegengehalten, daß das westliche Modell der Mehrheitsdemokratie (51% bestimmen ü. 49%) für Afrikaner nicht akzeptabel sei. Afrikaner benötigen lange Palaver, bis Konsens erreicht ist und alle einer Lösung zugestimmt haben. Es wurde jedoch konzediert, daß es Probleme bei der Anwendung dieses Modells in modernen Nationalstaaten gebe. Afrikaner brauchten aber Zeit, um ihr eigenes, ihnen angepaßtes Demokratie-Modell zu finden (Ike: "Let us alone some time").

Zu 6: Afrikaner erwarten von Europäern:
- ökonomische Gerechtigkeit (Preisverfall landwirtschaftlicher Güter und Rohstoffbeseitigung, gerechte Weltwirtschaftsordnung);
- Bereitschaft, Afrika besser kennenzulernen (z.B. Kunst, Musik, Humanismus);
- bei Entwicklungsprojekten genauer zuzuhören und nicht westliche Vorstellungen einfach zu übertragen;
- echte Werte Afrikas zu respektieren, da sonst die Gewaltbereitschaft, wie bereits vielfach in Großstädten zu beobachten, steigt und der Untergang Afrikas droht.

Wie bereits im Referat, endete Ike mit einem eher hoffnungsvollen Schlußwort: Afrika gehe nicht unter und habe einen sehr großen Sprung von der Steinzeit zum Computerzeitalter in kurzer Zeit sehr gut verkraftet.

Offene Punkte:
- Rolle des Islam als integraler Bestandteil afrikanischer Kultur.
- Bedeutung der Afrikaner "in Diaspora" z.B. in Brasilien oder den USA.
- Ist die bisherige Betrachtung nicht zu statisch? Dynamische Elemente wie die ständige Durchmischung und Anpassung und Prinzipien für diese Veränderungsprozesse wurden nicht ausreichend behandelt.
- Bedeutung des Gegensatzes zwischen Volk und Eliten.

Sektion Indien

Maria Hungerkamp

Rapport über das Kolloquium mit Experten aus Indien am 16./17. Mai 1992

Der Mensch hat ein Recht auf kultureigene Entwicklung.
Die Einladung von Theologie Interkulturell zu diesem Kolloquium hatte zum Ziel, Indien nach seinen Potentialen kultureigener Entwicklung zu befragen.
- Indien als Kontinent, der in der Spannung lebt zwischen "entwickelt" und "unterentwickelt"; von der ökonomischen Realität des Westens fast erdrückt. So brachte z.B. das britische Wirtschaftssystem den allmählichen Ruin der relativ autarken indischen Dorfwirtschaft, trotz mitgebrachter Ideale von Freiheit, Gleichheit und Brüderlichkeit.
- Indien, religiös und kulturell hoch und anders "entwickelt", mit einer älteren Tradition als der jüdisch-christlichen; beispielgebend sowohl für einen interreligiösen Dialog, aber mehr noch für die Entlarvung der aus europäischem Blickwinkel heraus gestellten Frage nach Kultur/Religion "und" Entwicklung. Wenn der Hinduismus eigentlich die ganze Lebensart der Inder meint und alle Lebensbereiche umfaßt, ist die Frage nach einer kultureigenen Entwicklung Indiens also gleichermaßen die Frage, wie der Hinduismus sich weiterentwickelt.
- Indien mit einer Bevölkerung, die ethisch, linguistisch und religiös so heterogen ist, wie es selten anzutreffen ist.[1]

Anknüpfungspunkt für die Diskussion im Kolloquium war eine religiös-soziologische Ausarbeitung auf der Basis von Max Weber. von Pius Siller. Welche Rolle spielen Kultur und Religion für einen Rationalisierungs- und Modernisierungsprozeß? Was heißt es, daß jede Religion aus sich Rationalität freisetzt?
Mit diesen Anfragen waren die Leitlinien des Kolloquiums benannt:

1. Welche Potentiale schlummern in Indien, die für eine kultureigene Entwicklung bewußt gemacht werden könnten?

---

[1] Vgl. Dieter Nohlen (Hrsg.): Lexikon der Dritten Welt, Reinbek 1984, S.279.

2. Welche Institutionen und welches Wissen ist vorhanden in diesen Kulturen und Religionen, das sich zur Realitätsbewältigung in den Kulturen selbst und vielleicht auf uns hin eignet?
3. Wie können kulturell anders bedingte Rationalitäten miteinander umgehen?

Rao Narahari:
Skills - Lebensbewältigungsstrategien als einzig relevante Grundkategorie im Dialog

Der Titel seines Referates: "In what way culture talk is relevant to development talk" verrät bereits seine immer wieder aus anderen Blickwinkeln beleuchtete Grundannahme:
Modernisierungsmodelle, Rationalisierungsvorstellungen und Entwicklungsideen sind abendländisch westlichen Kategorien zuzuordnen. Sie gelten jedoch als die Maßstäbe, die bis heute auch an andere Kulturen angelegt werden, die einem solchen Weg nicht folgen. Automatisch werden andere Traditionen so als Hinderungsfaktoren eingestuft.
In bezug auf Entwicklung stellt sich das wie folgt dar:
Im Sinne der westlichen Vorstellung von Selbstverwirklichung entfaltet sich der Mensch, indem er frei entscheidet und sich durch Arbeit verwirklicht und produziert und so als Mitgestalter zu geschichtlicher Veränderung und "Weiterentwicklung" beiträgt. "Jeder nehme sein eigenes Schicksal in die Hand". Aus dieser Perspektive ist die naheliegende Frage: "Warum schafft es eine andere Kultur nicht, sich zu "entwickeln"?" nur konsequent zu beantworten mit fehlender Produktivität, mangelnder Bildung, Schulen usw.
Warum sollte man so gesehen andere Kulturen hoch und wertvoll schätzen? Was könnte man von ihnen lernen wollen? Diese Fragen sind aus einem solchen Blickwinkel nicht einsichtig, der auch der Max Webers ist.
Dieses westliche Rationalisierungsmodell läßt kaum Raum, Traditionen nicht als überkommen, "ancient", unterentwickelt, einzuordnen.
Ausweg aus dieser Sackgasse, ja, einzige Möglichkeit überhaupt, andere Traditionen als wertvoll schätzen und respektieren zu wollen, ist: Nicht von einer westlich orientierten, "sozialen" Gesellschaftsanalyse auszugehen, die bereits nach Glaubens- und Verhaltenskriterien ordnet (believes); d.h. nicht ein "theoretisch" entworfenes Modell an an-

dere Kulturen anzulegen, das Gefahr von Projektionen birgt, sondern vielmehr auszugehen von der Basis, von der Praxis, von den "skills", den sog. Lebensbewältigungsstrategien, die sich in jeweils unterschiedlichen Kontexten anders darstellen. Wesentliches Charakteristikum ist dabei, daß sich diese "skills" auch in anderen kulturübergreifenden Kontexten bewähren.

Dieser nach Naraharis Meinung einzig mögliche Weg in einem interkulturellen Dialog ist jedoch bisher noch nicht einmal in den Blick genommen worden.

Auf diese eher "basisphilosophische" Ausführung folgte eine mehr sozialgeschichtliche Darstellung.

Felix Wilfred:
"Humanismus" und Polychronie - Aufgabe zu einer gerechteren Weltgestaltung

Roter Faden war ein Plädoyer für ein Menschenrecht, verstanden als ein Recht des Menschen auf seinen "background", den religiösen, philosophischen, kulturellen.

Der Mensch selbst ist erst definiert als Teil des religiösen, philosophischen Diskurses. Ein Mensch im "rationalen" Sinne ohne Fundament in der Religion kann keine Basis sein für eine ethische Praxis - ist es doch die Ethik, die den Menschen vom Tier unterscheidet, nicht die Befähigung zur Vernunft -, auch nicht für die Menschenrechte.

Die Tragödie der Moderne stellt genau jener Versuch dar:
es wird ein "ethischer" Universalismus der Menschenrechte propagiert, der aber den Menschen loslöst vom Religiösen - eine Folge der griechisch-römischen, aufklärerisch-westlichen Geschichte.

Die nötigen Konsequenzen sind nach Wilfreds Auffassung:
1. Die Definition des Menschen kann nicht ein Vorrecht *einer* Kultur sein. Falls es wahr ist, daß jede Kultur einen bes. Typus der Religion als letzten Bedeutungshorizont entwirft, dann ist das auch für den Menschen die Wahrheit.

Das Verstehen einer Kultur aus sich selbst heraus ermöglicht ein je eigenes Verstehen von Rationalität und markiert damit auch eine Grenze. Wert- und Zweckrationalität sind somit als typische Charakteristika des innerwestlichen Diskurses gekennzeichnet. Vergleichend dazu ist im Buddhismus die Vernunft neben den Sinnen nur ein

Teilbereich dessen, was "Rationalität" ausmacht, d.h. der ganze Mensch ist hier rational.
2. Gemeinsamkeit bedeutet dann nicht ein gemeinsames Humanum, sondern die Existenz von Ähnlichkeiten. Ähnlichkeit ist nicht ein generell beherrschendes Allgemeines, sondern ein "Besonderes", Partikulares.
3. Folglich eröffnet sich das, was menschlich ist, erst im Dialog der Kulturen und Religionen. Daraus erst kann eine polychrone, gerechtere Gestaltung der Gegenwart und der menschlichen Welt erwachsen.

Daß allerdings diese einseitige Sicht von Rationalität mit dem Anspruch auf Universalisierung sich so lange behaupten konnte, ist nach Wilfred eine Frage von Gewalt und Herrschaft. Wilfreds Frage geht sogar dahin, ob heute die Universalisierung der Menschenrechte durch den Westen nicht versteckt eine säkularisierte Version der Universalität und Einzigartigkeit der christlichen Religion sei.
Nach Wilfred können folglich die westlich geprägten Menschenrechte niemals ein Heilmittel für alle sein.

Francis D'Sa:
Kommunion des Personseins - Vision einer kosmotheandrischen Welt

D'Sa entfaltet auf der Ebene des interreligiösen Dialogs die These: Religion, wenn sie mit der Wirklichkeit "fertig" werden will, braucht heute eine Vision, die da heißt: Neuentdeckung der Wirklichkeit mit dem Blick "beider Augen": des Westens und des Ostens.
Der usus der ratio, d.h. der Umgang mit Werten, Wissenschaft, Methode usw. - er übernimmt nicht den Begriff der Rationalität, da dieser eine Reduktion wie auch eine undifferenzierte Vielfältigkeit im Westen erfahren habe - ist in westlichen Traditionen eher anthropozentrisch, in östlichen stärker kosmozentrisch. Die Frage ist, ob man eine Kultur nur aus ihrem eigenen Hintergrund heraus adäquat verstehen kann. Nach D'Sas Meinung braucht es einen gemeinsamen Hintergrund, auf dem dann die Unterschiede sichtbar und herausgearbeitet werden können.
Die Funktion der ratio in diesem Verstehensprozeß sieht er wie folgt:
1. Erste Funktion der ratio innerhalb der Wirklichkeit - und die ist in allen Kulturen gleich - ist die Vergegenständlichung. Um Wirklichkeit zu verstehen, braucht es die Konzentration auf einen Aspekt.

Man kann niemals die Ganzheit aufnehmen. Das ist notwendig, weil dadurch erst Kommunikation ermöglicht wird.
2. Zweite Dimension ist die des Bewußtseins, das die Vergegenständlichung unternimmt. Die anschließende Aufgabe ist die Reintegration in die Ganzheit (Bsp.: das Auge an sich bleibt "totes" Objekt, wenn es nicht in Beziehung zum Lebewesen existiert).
Auf die kulturelle Ebene übertragen läßt sich der häufig ausbleibende Prozeß der Reintegration mit dem Begriff "Entfremdung" beschreiben, der für D'Sa ein allgemein menschliches wie kulturelles Phänomen ist. Im Westen stellt er sich dar in Form von Säkularisierung, im Osten erscheint er in Gestalt der sog. Weltentfremdung.
Wenn Entfremdung also zutiefst menschlich ist, dann ist diese Kategorie für einen Dialog äußerst wichtig.
3. Die daraus sich ergebende Aufgabe für ein Gemeinsames ist eine Neuentdeckung der Wirklichkeit mit dem Blick "beider Augen", dem anthropozentrischen und dem kosmozentrischen in einer Tiefendimension, die D'Sa in Anlehnung an Panikkar "kosmotheandrisch" (Kosmos, Theos, Aner) nennt.
Diese "religiös gebundene" Tiefendimension ermöglicht Kommunion - keinen Synkretismus, wohl aber ein Christentum und Hinduismus, die anders aussehen, weil sie ihre Aufgabe, mit Wirklichkeit "fertig" zu werden, mit beiden Augen anders sehen und gestalten lernen.
Zusammenfassend lassen sich die angebotenen Thesen zum Abarbeiten und Durchbuchstabieren im Dialog mit den drei Schlagworten benennen: "skills" und Lebensbewältigungsstrategien (Narahari), polychrone Gesellschaftsgestaltung in Gerechtigkeit (Wilfred), kosmotheandrische Weltvision (D'Sa).

Auf der Suche nach "Verständigung"
Die unterschiedlichen Ebenen, die in den Referaten angesprochen wurden, machten die Mühe der Begegnungsarbeit in der anschließenden interkulturellen Diskussion sehr deutlich.

1. Zum einen gab es Verständigungsprobleme beim Begriff "Rationalität".
Gehört er nicht ausschließlich in den innerwestlichen Diskurs, wenn er i.S. Webers eingegrenzt wird auf Wert- und Zweckrationalität, und ist damit irrelevant für einen Dialog?
Oder hat er eine Funktion in der Nähe zu den skills, die notwendig für einen Zugang zu anderen Kulturen sind?

2. Daraus ergab sich eine Suche nach einer Basis für das, was Entwicklung heißen könnte.
Müßte Grundperspektive nicht sein, Leiden zu mindern? Wenn ja, muß dann nicht verhindert werden, daß die herrschende Kultur bestimmt, was Leiden ist? Damit ist die alte Frage der Macht wieder mit im Spiel.
Oder ist als Basis nicht die sog. "urmenschliche" Erfahrung anzunehmen, die Kunst des Überlebens (Bsp. sind die Kämpfe der "Tiger" in Sri Lanka und der "Dalits" in Indien). Rationalität würde sich hier dann nur als "begrenztes" Mittel darstellen.[2]
In den Zusammenhang gehört dann auch die Anfrage, ob die Lebensbewältigungsstrategien "skills" nicht in den "believes" verwurzelt sind, d.h. nicht losgelöst von ihnen gesehen werden können?
Oder ist nicht das konkrete Menschsein die Basis für Rationalität? Wie finden sich hier Horizonte in der Begegnung, in der ein Ich und Du zur Geltung kommen können, personale Kommunikation ermöglicht wird? Das läßt sich weder als psychologisches Problem noch als eines der Entwicklungshilfe lösen.
3. Damit war man bei der zur Zeit auch in den Hilfwerken und in der Entwicklungspolitik heiß diskutierten Frage:
Welche "gemeinsam" im interkulturellen Dialog erarbeiteten Ziele lassen sich als Recht des Menschen auf Entwicklung finden, um von da aus nach Rationalitätspotentialen in den einzelnen Kulturen forschen zu können?

Diese drei Fragekomplexe zeugen von der Ratlosigkeit, die am Ende des ersten Tages da war. Der Gottesdienst am anderen Morgen, in der die verschiedenen Kulturen auf einer anderen Ebene zusammenfanden, machte dann neue weitere Schritte möglich.

Auf dem Weg zu ersten gemeinsamen Perspektiven
1. Der Blick bei den westlichen Teilnehmern konnte sich öffnen auf einen weiteren Horizont der Fragestellung hin.
a) Neben dem Herausstreichen des Interesses einer Rationalitätskritik und in diesem Sinne einer Kritik an Weber wie einer Infragestellung

---

[2] Vgl. Gerald Braun: Vom Mythos des Traditionalismus. In: BMZ (Hrsg.): Entwicklungspolitik. materialien. Nr.83, Bonn 1992, S.20-25; hier: S.21: "Die Einführung von Neuerungen ... scheitert nicht am 'traditionalen' Verhalten.... Sie scheitert im Gegenteil deshalb, weil die Innovation rational bewertet - und daher abgelehnt wird."

des Begriffs Entwicklung selbst konnte der Ansatz und einer der wesentlichen Grundbausteine von Theologie Interkulturell verdeutlicht werden: den Anderen in der Andersartigkeit respektieren wollen.
b) Das ermöglichte auch einen kritischen Blick auf die eigene geschichtlich gewordene religiöse Tradition:
Wo lebt bei uns religiöses kulturelles Leben, das durch die gegenwärtige Theologie nur unzureichend erfaßt wird?
Wie kann bei uns konkretisiert werden, Gegenwart wieder polychron in Gerechtigkeit zu gestalten?
2. Die "skills" konnten klarer gesehen und es konnte ihnen ein eindeutigerer Stellenwert beigemessen werden.
a) Da war die Anfrage, ob dieses aufzählende Benennen der "indischen skills" überhaupt weiterführend ist? Sei es die Chipko-Bewegung; der kosmische Tanz der Adivasis; die awareness-Meditation des Buddhismus, die Leben verändert; das meditative Element generell, das Raum schafft, an Erfahrungen zu gelangen, die immer schon im Menschen zur Verfügung stehen ("Weber habe das nicht gewußt, sonst hätte er gemerkt, wo der Streß im Kapitalismus liegt"). Geht es dabei nicht um Lebensbewältigungsstrategien, die jeweils in anderen Kontexten neu gesucht und gefunden werden müssen?
b) Kann man diese kulturelle Weisheit alleine ohne kulturschaffende Personen, d.h. den "Weisen", überhaupt betrachten? Geht es nicht weniger um kulturerhaltende als mehr um kulturschaffende Gemeinschaften, d.h. Menschen, die es zu stärken gilt? (Aufgabe von kirchlichen Hilfswerken)

Auf den Spuren nach weiteren Perspektiven
Zu wenig wurden die nachstehenden Perspektiven wahrgenommen, thematisiert und diskutiert:

1. Das Faktum der Macht samt der Kehrseite, der Ohnmacht.
Aufgabe wäre eine Kultivierung des Umgangs mit Macht und insb. Ohnmacht.
In Zusammenhang mit den Begriffen Entfremdung und Überfremdung wurde bereits mehrmals darauf hingewiesen.
a) Entfremdung (D'Sa) wurde als allgemein menschliches und kulturelles Phänomen herauskristallisiert und daher als grundlegend für einen Dialog bezeichnet. Wie können/sollen wir umgehen mit den sog. Phänomenen von Säkularisierung und Weltentfremdung, denen

wir anscheinend ohnmächtig ausgeliefert sind? Wie können/sollen wir diese einbringen in den Dialog?
b) Überfremdung (Wilfred) als gesellschaftliches Problem, das sich in einer schleichenden sich weiter fortsetztenden Übernahme westlicher Werte darstellt (die indischen Kinder werden immer noch bevorzugt in englische Schulen geschickt; die "eine" Coca-Cola-Welt bleibt machtbestimmend und breitet sich über die ganze Welt aus).

2. Perspektiven für praktische Konsequenzen
Aufgaben, die hier anstehen, könnten sein:
a) Erarbeiten praktischer Schlußfolgerungen aus diesem Kolloquium: Wilfred hatte es einmal als Frage aufgeworfen: Was bringt das Gespräch mit dem anthropozentrischen Westen? Wie kann es eingebunden werden in die Struktur Indiens?
b) Klären der Aufgabenstellung für eine kirchliche Entwicklungshilfe: Auf eine derartige Aufgabe wurde bereits einmal verwiesen: Es gilt, gemeinsam mit den kulturgestaltenden "Weisen" Ziele zu entwickeln und mit ihnen Potentiale ausgraben zu lernen. Peter Rottländer, theologischer Grundsatzreferent von Misereor, stellt die Aufgabe folgendermaßen dar: Die Kirchliche Entwicklungsarbeit "sollte ihre Identität so beschreiben, daß alle von ihr Betroffenen dieser Selbstbeschreibung zustimmen können müßten".[3]
c) Sichten und Einordnen der Bemühungen der (staatlichen) Entwicklungspolitik: Ausgehend vom soziokulturellen Ansatz Uwe Simsons: "Der Akteur muß
1. das Ziel der Unternehmung (und den Weg zu seiner Erreichung) bejahen ("wollen") und
2. zur Erreichung des Ziels (auf diesem Weg) in der Lage sein ("können").
3. hinsichtlich ihres Wollens und ihres Könnens homogen sein."[4]
Wie kann dieser Ansatz für eine Zusammenarbeit mit den kirchlichen Hilfsprojekten und Theologie Interkulturell in Zusammenhang ge-

---

[3] Peter Rottländer. Entwicklungsarbeit - Missionsarbeit - Evangelisierung. Zusammenhang und Unterschiede der weltkirchlichen Aktivitäten. Thesen aus der Sicht der kirchlichen Entwicklungsarbeit. - Vorläufige Fassung -. Unveröffentlichtes Manuskript, Aachen 1992.

[4] Uwe Simson. Kultur und Entwicklung. Die kulturellen Bedingungen wirtschaftlich-gesellschaftlichen Handelns in der Dritten Welt. In BMZ (Hrsg.): a.a.O., S.32-40; hier: S. 33.

bracht werden mit den "skills" - hier lediglich verstanden als Terminus für die heterogene Dimension der Handelnden?
Aus diesen drei Aufgabenstellungen erwächst ein Plädoyer für eine neue, religiös fundierte, im Dialog zu findende polychrone Ethik.

3. Herausforderungen und Aufgaben für Theologie Interkulturell
Folgende unterstützende Schritte von Theologie Interkulturell seien genannt:
a) Mitwirkung an einer Entlarvung von Universalisierungstendenzen. Plädiert wurde insb. für eine sowohl umfassendere als auch kontextbezogene Sicht von Universalität und damit gegen vorherrschende verengte Rationalisierungsvorstellungen.
b) Konkretisierung eines interreligiösen Weges. D'Sa hatte in seiner Vision den Weg angedeutet mit dem Satz "the right to be human *and* the duty to be cosmic". Durchbuchstabiert werden müßte dies im Dialog des Christentums mit dem sog. Hinduismus, der alle Lebensbereiche umfaßt, um das Recht des Menschen auf Entwicklung nach Wilfred anzubinden an den religiösen Ursprung.
c) Weiterentwicklung einer "Theologie der Entwicklung"[5]. Auch wenn der Begriff "Entwicklung" sinnstellt wurde, wird er übernommen in dem Sinn einer "christlichen" Theologie der Entwicklung, die den Menschen anbindet im Leben und in der Hoffnung an seinen religösen Uprung. Christlich formuliert: Eine Theologie der Entwicklung muß sich verbinden mit einer Theologie des Volkes Gottes, "um das Subjekt und dessen Gehorsam auf dem Weg zu einer humanen Gesellschaft zu determinieren[6].
Eine Theologie der Entwicklung, wie es das interdisziplinäre Fachgespräch über Entwicklung und Evangelisierung zu Beginn diesen Jahres[7] und auch dieses Kolloquium deutlich gemacht hat, umfaßt dabei: die frohe Botschaft, die Humanisierung und den Dialog (Wilfred) - und das bedeutet nicht zuletzt die Bereitschaft zur Kultur einer Theologie des Konflikts.
Die drei Ausgangsfragen nach Potentialen, Institutionen, interkulturellen Umgangsweisen von Rationalisierung als Leitlinien des Kolloquiums wurden nicht nur entlarvt als aus westlichem Blickwinkel

---

[5] K. Müller, Th. Sundermeier (Hrsg.): Lexikon missionstheologischer Grundbegriffe. Berlin 1987, Stichwort "Entwicklung", S. 78.
[6] Ebd., S. 79.
[7] Tagung: Interdisziplinäres Fachgespräch: Entwicklung und Evangelisierung. 19.2.-21.2.1992 in Mainz.

gestellt und daher nicht adäquat beantwortet, sondern wurden auch zu "Steinen des Anstoßes", die neue Blickrichtungen eröffnet haben.
Deutlich geworden ist, auf welch verschiedenen Ebenen die Suche nach Potentialen in den eigenen Kulturen geführt wurde, um das Menschenrecht auf Entwicklung auf möglichst verschiedenen Ebenen herausformulieren zu können: eine eher "philosophisch-ethnologische", eine eher "sozial-geschichtliche", und eine eher "interreliöse" Ebene. - Leitplanken, die von allen Seiten einer Weiterführung bedürfen. Diese Vielfalt läuft hoffentlich nicht so schnell Gefahr, Typologien der Religion für die Entwicklungsländer aufzustellen, die zahlreichen Imponderabilien unterliegt. Max Weber konnte seine Analyse von diesen Unwägbarkeiten nicht freihalten. Heute ist - nach Bernd Lüken - diese Sichtweise noch weniger angebracht.[8]

---

[8] Wie groß allerdings die Gefahr, eigene Maßstäbe anzulegen bleibt, zeigt, daß Lüken trotzdem dieser Vorgehensweise verfällt, wenn er schreibt: " Das dennoch vorrangig *hinduistisch* geprägte Land hat sich durch sein zum Kommunalismus tendierendes Kastensystem und den ihm zugrundeliegenden unterschiedlichen Arbeitsbegriff eine Sozialstruktur geschaffen, die nach modernen Gesichtspunkten als weitgehend ungerecht, unsozial und *entwicklungshemmend* eingestuft ist. ... Ansgesichts der besonderen Rolle und die dem Hinduismus innewohnenden Akzeptanz charismatischer Persönlichkeiten erscheint es durchaus möglich, daß auch *Indien* in den nächsten Jahren eine religiös-gesellschaftliche *Erneuerung* erfährt, die im *Neuhinduismus* eine Wiederanbindung an Ghandi sucht und religiöse Erfahrungen mit gerechterer, sozialer und ökonomischer Entwicklung verbindet."
Zit.n. Bernd Lüken (Hrsg.): Religion und Entwicklung in der Dritten Welt. Der Einfluß der Weltreligionen auf Gesellschaftsbildung und politisch-ökonomischer Entwicklung. Saarbrücken 1989. S. 187.

Felix Wilfred

Kulturelle Identität und Entwicklung

Kritische Reflexionen über Kultur und menschliche Entwicklung mit besonderer Berücksichtigung der Kirche *⁾

Während der letzten Jahrzehnte wurde eine große Fülle von Theorien zur Armut und Entwicklung der Dritten Welt vorgestellt. Die Dritte Welt ist jedoch nicht nur ein Feld der Entwicklung, sondern auch das Reich der Religionen und kultureller Traditionen. Keine Theorie, die sich mit der menschlichen Entwicklung befaßt, sollte daher an dieser Tatsache vorbeigehen, ohne die Beziehung zwischen den beiden zu berücksichtigen. Die gegenseitige Wechselbeziehung zwischen Kultur und menschlicher Entwicklung ist jedoch komplex. Die Unterschiede, mit denen man sich dieser Beziehung nähert, markieren zugleich auch die Unterschiede in den ideologischen Positionen im Verständnis von Gesellschaft und gesellschaftlichem Wandel. Tiefer gesehen handelt es sich bei dem Problem von Kultur und menschlicher Entwicklung um ein Anliegen, das die zukünftige Gestalt unserer Welt mitbestimmen wird.

Bei den hier vorgestellten Überlegungen handelt es sich nur um einen kleinen Beitrag in diesem Zusammenhang. Er versteht sich als eine Einladung, über die gebräuchlichen Vorstellungen der Beziehung zwischen humanitärem Fortschritt und Kultur hinauszugehen. Heutzutage stellt Kultur eine politische Frage mit ernsten Implikationen für die Verwirklichung des Menschseins in unserer Welt dar. Nach den Überlegungen der ersten drei Abschnitte werden im Schlußkapitel einige Gedanken zur Rolle der Kirchen in der Dritten Welt aus der Perspektive der Dritten Welt mit besonderer Berücksichtigung unserer eigenen Erfahrung in Indien vorgestellt.

---

*⁾ Übersetzung aus dem Englischen: Georg Evers, Aachen.

Ein Zusammenspiel von Gegensätzen

Die Position von Max Weber über die Beziehung zwischen der protestantischen Ethik und dem Auftreten des Kapitalismus ist allgemein bekannt. Derselbe Autor sieht dagegen, wenn er die religiös-kulturelle Welt Indiens und anderer nicht-westlicher Gesellschaften behandelt, in ihnen grundsätzlich nur Hindernisse für das menschliche Wachstum und die Entwicklung.[1] Trotz grundsätzlicher Unterschiede in ihren theoretischen Positionen in der Erklärung der Kultur und ihrer relativen Rolle für den gesellschaftlichen Wandel scheinen Max Weber und Karl Marx darin übereinzukommen, daß die Kulturen der nicht-westlichen Völker Hindernisse für echtes Wachstum darstellen. Auch wenn Marx die koloniale Ausbeutung Indiens durch die Briten verurteilte, war er doch der Meinung, daß die indische Gesellschaft, die auf der autonomen Dorfstruktur aufbaute, durch das "unbewußte Werkzeug der Geschichte" aufgebrochen werden würde, um dem Kapitalismus Platz zu machen, womit dann die Voraussetzung für das Auftreten der sozialistischen Gesellschaft geschaffen sein würde.
Vor gar nicht so langer Zeit hat Gunnar Myrdal in seinem Buch "Asian Drama" ein ähnliches Bild der stagnierenden asiatischen Kultur gezeichnet, die den Entwicklungsprozeß bloß behindert.[2] Er unterscheidet dabei zwischen den westlichen Gesellschaften, die durch eine von der Reformation bestimmten Kultur, durch die Aufklärung und den wissenschaftlichen rationalen Geist in der Lage waren, Fortschritte zu machen und den nicht-westlichen Gesellschaften, die durch die Starrheit ihrer Kulturen und gesellschaftlichen Einrichtungen, Werte und Haltungen eine ähnliche Entwicklung blockierten.

---

[1] "Im Gegensatz zum asketischen Protestantismus blieb für die verschiedenen volkstümlichen Religionen Asiens die Welt ein großer verzauberter Garten, in dem das praktische Vorgehen, sich darin zurechtzufinden, darin bestand, die Geister zu verehren oder sie zu beherrschen und das Heil durch ritualistische, abgötterische oder sakramentale Prozeduren zu finden. Von dieser magischen Religiosität der ungebildeten Klassen Asiens gab es keine Verbindung zu einer rationalen, methodischen Kontrolle des Lebens." Vgl. Max Weber, The Sociology of Religion, Beacon Press, Boston 1964. (Rückübersetzung aus dem Englischen ins Deutsche, da das deutsche Original nicht zur Hand war. Anm. des Übersetzers).

[2] Gunnar Myrdal, Asian Drama, New York 1968.

Eine falsche Annahme

Eine Annahme, von der solche Theorien ausgehen, besteht darin, die Bedingungen der Gesellschaften in der Dritten Welt zu Beginn ihrer Entwicklung heute als identisch mit der der westlichen Gesellschaften anzusehen, als diese ihre moderne Entwicklung begannen. Das ist aber weit von der Wahrheit entfernt. Denn dabei nimmt man so gut wie keine Notiz von der politisch und gesellschaftlich zerstörerischen Rolle, die der Kolonialismus gespielt hat, geschweige denn, daß man die wirtschaftliche Ausbeutung berücksichtigt. Dieses kolossale Faktum der Geschichte darf aber nicht unter den Teppich gekehrt werden, um dann um so leichter die Schuld an mangelnder Entwicklung den Kulturen dieser Menschen zu geben, wobei eigentlich weniger von Entwicklung als von einer an sich geschuldeten Leistung die Rede ist, die der Westen als für diese Länder heilsam festgelegt hat, wobei die Kriterien sich daran bemessen, was der Westen für sich als gut ansieht. Mir fallen da einige Worte von Julius Nyerere ein, der einmal vor einer westlichen Zuhörerschaft folgendes gesagt hat: "Ich möchte Ihnen heute einmal sagen, daß ich es satt habe, daß die gegenwärtige Situation Tansanias aus politischen Fehlern, aus unserer Ineffizienz und unserem zu großen Ehrgeiz resultierte. Ich kann es auch nicht mehr hören, daß die gegenwärtige Situation Afrikas die Folge afrikanischer Inkompetenz, Bestechlichkeit oder einer allgemeinen Minderwertigkeit des Leistungsvermögens sei ... Aus diesem Grund weigere ich mich, mich gegenüber Amerika oder Europa zu entschuldigen oder mich in einer Verteidigungsposition wiederzufinden wegen der Fehler, die Afrika oder Tansania gemacht haben sollen, in ihren Bemühungen zur Entwicklung ... Die afrikanische Armut und Unterentwicklung steht durchaus in einer Beziehung mit dem Reichtum und dem technischen Fortschritt in anderen Ländern. Das bestehende Modell der Güterverteilung in der Welt stellt das Kreuz dar, das Afrika geerbt hat und das nicht auf Taten zurückgeht, die Afrika selber begangen hat."[3]

---

[3] Julius Nyerere, "An Address", vorgetragen im Institut für Sozialwissenschaften in Den Haag, in: Development and Change, Bd. 17, Nr. 3, Juli 1986, S. 387f. Vgl. auch Walter Rodney, How Europe Underdevelopped Africa, London 1973. Wenn Entwicklung sich der Dritten Welt nicht nach dem Modell einstellt, das der Westen für sie entworfen hatte, dann wird den einheimischen Gesellschaften die Schuld gegeben. Neuerdings wird angesichts der ökologischen Krise, die durch das Übermaß an industriellen Abfällen und Gasen (das Ergebnis einer Philosophie des grenzenlosen Wachstums und des übermäßigen Verbrauchs) immer be-

Ökonomischer Absolutismus und kultureller Relativismus

Im Gefolge vertiefter anthropologischer Untersuchungen und anderer Faktoren ist man heute sensibler geworden und leichter bereit, die Tatsache anzuerkennen, daß jedes Volk seine eigene legitime Kulturwelt, Traditionen, Glaubens- und Wertesystem, Symbole usw. besitzt. In einer relativierenden Denkrichtung wird man darin weder negative noch positive Faktoren erkennen wollen. Wichtig erscheint dagegen die Verwirklichung wirtschaftlichen Wachstums - hauptsächlich verstanden als Wirtschaftswachstum und Zunahme des Bruttosozialprodukts (BSP). Darin liegt eine Parallele zur Haltung der Engländer in Indien, die sich nicht übermäßig um das innere Leben der indischen Gesellschaft kümmerten, solange daraus keine Nachteile für ihre wirtschaftlichen Interessen erwuchsen, die für sie nicht verhandelbare absolute Prioritäten darstellten. Solange dieser Bereich nicht berührt wird, fällt es nicht schwer, an einem kulturellen Relativismus festzuhalten.

Einem nackten Paradigma Kleider anziehen

Die Verfolgung nackten wirtschaftlichen Wachstums in den letzten Jahrzehnten hat zunehmend zur Einsicht der Bedeutung der nichtwirtschaftlichen Faktoren im Entwicklungsprozeß geführt. Das hatte zur Folge, daß man immer offener damit begonnen hat, dem Entwicklungs-Paradigma gleichsam Kleider anzuziehen, indem man den Kulturen eine gewisse Rolle zubilligt. Ja, man geht sogar noch weiter und entdeckt in den Kulturen der Völker ein großes Potential für die Beschleunigung des Wirtschaftswachstums. Die Weltbank z.B. ist sich bewußt geworden, daß die Wirtschaftspolitik die kulturellen Wurzeln

---

drohlicher wird, wird die Dritte Welt wiederum für die Situation verantwortlich gemacht! Besorgte indische Bürger haben gegen diese Des-Information über den tatsächlichen Zustand protestiert und darauf hingewiesen, daß der Löwenanteil an Umweltverschmutzung und Zerstörung der Biosphäre auf die fortgeschrittenen Industrienationen entfällt. Vgl. dazu: "Ein Fall von ökologischem Kolonialismus. Indische Bürger wenden sich gegen eine gemeinsame Studie der Vereinten Nationen und der USA über die Rolle der Dritten Welt in der globalen Aufheizung der Atmosphäre", in: IFDA Dossier 81, April/Juni 1991, S. 79f; vgl. auch Anil Agarwal und Sunita Narain, Globale Aufheizung der Atmosphäre in einer ungleichen Welt. Ein Fall von ökologischem Kolonialismus, Centre for Science and Environment, Delhi 1991.

z.B. die der afrikanischen Völker berücksichtigen muß. Auch die Vereinten Nationen schenken der Bedeutung der Kulturen als einer positiven Kraft immer größere Bedeutung und unterstreichen die Bedeutung eines kulturellen Pluralismus und der Entwicklung der menschlichen Ressourcen. Es ist dieser gewandelten Stimmung zuzuschreiben, wenn nach neuen Elementen in den kulturellen Traditionen gesucht wird, die das Wirtschaftswachstum in den verschiedenen Völkern fördern könnten. So hat man sich z.b. die Frage gestellt, wie es Japan, das ja nicht Teil gehabt hat an der westlichen Geschichte der Renaissance, der Reformation und der Aufklärung, es geschafft hat, eine so beneidenswerte wirtschaftliche Entwicklung zu nehmen. An Antworten ist dabei kein Mangel. Die verschiedensten Aspekte der japanischen traditionellen Kultur werden dabei bemüht. Vor einigen Jahrzehnten versuchte die amerikanische Anthropologin, Ruth Benedict, in ihrem Buch "Die Chrysantheme und das Schwert" eine Erklärung in diese Richtung zu geben.[4] Nach Morishima entwickelte sich die religiös-kulturelle Tradition Japans so, daß sie sich immer mit der herrschenden Klasse zu identifizieren trachtete. Dieser Geist der Konformität war es, der das Wirtschaftswachstum Japans ermöglichte.[5] Folgt man anderen, dann ist es der Geist des "furusato" - die Beheimatung in der alten Dorfstruktur -, die den wirtschaftlichen "Erfolg" Japans zustande bringen half.[6] Angesichts dessen, was man als Wirtschaftswunder der vier kleinen Drachen - Singapur, Hong Kong, Taiwan und Korea - beklatscht hat, hat man ebenfalls in den kulturellen Grundlagen dieser Gesellschaften nach Erklärungsmustern gesucht, indem man ihren wirtschaftlichen Erfolg mit konfuzianistischer Philosophie und Ethik zu erklären sucht.[7] Meiner Meinung nach bekommt aber keiner dieser Ansätze die Frage der Kultur in ihrer Beziehung zum menschlichen Fortschritt wirklich in den Griff. Jenseits aller ideologischen Schranken haben sie alle (auch jene, die die Rolle der Kultur positiv anerkennen), ein Paradigma und ein und denselben

---

[4] Ruth Benedict, The Chrysanthemum and the Sword: Patterns of Japanese Culture, Houghton Miffin, Boston 1946.
[5] Michio Morishima, Why has Japan succeeded? Western Technology and the Japanese Ethos, Cambridge University Press, Cambridge 1982.
[6] Vgl. Masao Takenaka, God is Rice. Asian Culture and Christian Faith, WCC, Genf 1986, S. 22f.
[7] Vgl. Marin Lu, Confucianism. Its Relevance to Modern Society, Federal Publications, Singapore 1983; vgl. auch Social Values and Development: Asian Perspectives, ed. Durganand Sinha/Henry S.R. Kao, Sage Publications, New Delhi 1988.

Bezugsrahmen gemein, nämlich das Modell, nach dem eine unterentwickelte und sich entwickelnde Gesellschaft durch verschiedene aufeinander folgende Stufen zu gehen hat, um ein vorherbestimmtes Ziel der Entwicklung zu erreichen. Hinter diesem grundsätzlichen Rahmen eines evolutionären linearen Prozesses der menschlichen Entwicklung verbirgt sich eine Art Vorherbestimmung. Im Entwicklungsmodell von Rostow z.B. durchläuft eine Gesellschaft fünf Stadien: - die traditionelle Gesellschaft, die Bedingungen des Take-off, der Take-off selber, die Entwicklung zur Reife und der Zustand des hohen Massenkonsums.[8] Diese ökonomische Philosophie Rostows, die ihre Wurzeln bei Adam Smith hat, hat in den vergangenen Jahrzehnten die Sicht der Ersten Welt im Hinblick auf die Zukunft der Gesellschaften in der Dritten Welt bestimmt. Der Untertitel "Ein nicht-kommunistisches Manifest", den Rostow seinem Werk gegeben hat - es wurde auf dem Höhepunkt des Kalten Krieges veröffentlicht - macht hinreichend deutlich, daß es hier um mehr als um die offen gezeigte Sorge für die Entwicklung der Gesellschaften in der Dritten Welt ging. Auch in der Sicht von Marx geht die Entwicklung über die Stadien des Feudalismus, des Kapitalismus und des Sozialismus, um das Endziel des Kommunismus zu erreichen. Wenn nun historische Studien zeigen, daß es in einer Gesellschaft wie Indien nie einen wirklichen Feudalismus gegeben hat, dann kann dies nicht wahr sein, weil es ihn einfach gegeben haben muß, bevor eine Gesellschaft die Stufe der kapitalistischen Produktionsweise erreicht haben kann. Eine solche deterministische Sicht des menschlichen Wachstums, das an eine bestimmte unfehlbar vorgegebene Laufbahn und klar definierte Vorschriften (unabhängig von der Ideologie, der man sich verschrieben hat) gebunden ist, ist die stärkste Antithese für eine echte Anerkennung der Bedeutung der Kultur und eines kulturellen Pluralismus. Jede Vorstellung, Politik und Praxis, die von dieser oder einer ähnlichen Sicht der menschlichen Geschichte bestimmt sind, können unmöglich den Kulturen der Völker Gerechtigkeit widerfahren lassen. Denn entweder verneinen sie die Kulturen, indem sie in ihnen nur die Behälter für eine Vergangenheit sehen, die es zu überwinden gilt, oder aber, wenn sie die Kulturen positiv anerkennen, integrieren sie sie in ein überlegeneres Schema einer globalen Entwicklungsphilosophie- und -strategie, die auf die Wirtschaft aus-

---

[8] W.W. Rostow, The Stages of Economic Growth: A Non-Communist Manifesto, Cambridge University Press, London 1960.

gerichtet sind. In diesem im letzten westlichen Paradigma der menschlichen Entwicklung, das seinen Schwerpunkt in der Wirtschaft hat, ist jede positive Anerkennung einer Kultur doch bloß ein Mittel für die Erreichung wirtschaftlicher Ziele oder eine Art Folie, in der das Entwicklungs-Paket verpackt werden kann.

Eine gefährliche Integration

Die Zahl derer, die der Ansicht sind, daß die Kulturen der nicht-westlichen Völker entweder ein Hindernis für die Entwicklung oder ohne jede Bedeutung für die Zukunft der Welt sind, ist immer noch groß. In dieser Position liegt meiner Meinung nach keine große Gefahr, denn sie ist so weit von dem entfernt, was offensichtlich und aus der Erfahrung belegt ist, daß sie direkt lächerlich wirkt. Dagegen ist meiner Ansicht nach die Anerkennung der Kulturen am gefährlichsten, die sie zu nichts anderem als einem Band macht, ein Volk zu binden und es in das vorherrschende westliche Paradigma der Entwicklung, der Modernisierung, des globalen Wirtschaftssystems, der Naturwissenschaft, der Technologie usw. zu integrieren.[9]
Selbst Theorien, die soweit auseinander liegen, wie die Wachstumsstufen eines Rostow und die Dependenztheorie, die die Weltsituation mit Hilfe der Begriffe der Dominanz und der Abhängigkeit, des Zentrums und der Peripherie analysiert, scheinen letztlich dasselbe westliche lineare Entwicklungsmodell als Prototyp für alle Völker und Gesellschaften anzusehen. Dabei mögen die Rücksichten und die Schwerpunkte verschieden sein, je nach dem, ob man sich auf den wirtschaftlichen Gewinn oder auf Gleichheit, soziale Gerechtigkeit und Befreiung konzentriert. Aber solange wir nicht aus dem beherrschenden Paradigma der Entwicklung ausbrechen, kann die Kultur nicht sehr weit kommen. Daher bin ich der Meinung, daß nicht nur das gegenwärtige Entwicklungsmodell, sondern auch die heute gültige Art und Weise, Entwicklung und Kultur miteinander ins Spiel zu bringen, einer ernsten Untersuchung unterzogen werden müssen.

---

[9] Hier handelt es sich um die jüngste Version der grundsätzlichen und schon fast natürlichen Annahme der Universalität der europäischen Kultur. Selbst jemand wie Antonio Gramsci räumte den anderen Kulturen nur insoweit einen Platz ein "als sie zu konstitutiven Elementen in der europäischen Kultur geworden waren". Vgl. Antonio Gramsci, Selections from Prison Notebooks, International Publishers, New York 1973, S. 416.

Bevor ich in eine detaillierte Untersuchung dieser Fragen einsteige, möchte ich klarstellen, warum ich die bestehenden Modelle der Beziehung zwischen Kultur und Entwicklung für unzureichend halte. Ein Grund liegt offensichtlich in dem, was ich schon gesagt habe, nämlich in der Verbindung des Entwicklungsparadigmas und seinen Stufen mit der darin gegebenen Instrumentalisierung der Kulturen. Der zweite und gewichtigere Grund liegt darin, daß diese Modelle die Kultur nicht als eine politische Frage ansprechen. Dabei liegt hier genau das entscheidende Problem für die Kulturen in den Gesellschaften des Südens. Damit komme ich zu einem weiteren Abschnitt meiner Überlegungen.

Eine in die Irre führende Gleichung

Im Süden ist die ganze Frage nach der Beziehung zwischen Kultur und Entwicklung unlösbar mit der Tatsache verbunden, daß viele Nationen oder ethnische Einheiten in einem Staat oder einer politischen Einheit zusammengefaßt sind. Ähnlich wie bei der Annahme einer Gleichheit in den anfänglichen sozio-politischen Bedingungen zwischen den Gesellschaften in der Ersten und der Dritten Welt im herkömmlichen Entwicklungsmodell (davon habe ich schon weiter oben gesprochen), gibt es eine irrige Auffassung, nach der die Art und Weise der politischen Machtausübung im Westen identisch gesetzt wird mit der in den nicht-westlichen Gesellschaften, weil man von falschen historischen Annahmen ausgeht. Die Entstehung von Staaten im Westen folge auf den Zusammenbruch von Kaiser- und Königreichen, aus denen sich die Nationalstaaten entwickelten. Den Weg, den Indien und die meisten ehemals kolonial abhängigen Staaten im Süden nahmen, war aber ganz anders. Hier gab es zuerst einmal Staaten, denen die Aufgabe der Nationenwerdung aufgetragen wurde, indem man die verschiedenen kulturellen, linguistischen, regionalen, ethnischen und religiösen Identitäten irgendwie zu Einheiten zusammenfaßte.[10] Wir sind meistens nicht in der Situation, daß es sich um eine

---

[10] Vgl. D.L. Sheth, "Nation-Building in Multi-Ethnic Societies. The Experience of South Asia", in: Ramkant/B.C. Upreti (eds.), Nation-Building in South Asia, Bd. 1, South Asian Publishers, New Delhi 1991, 13-26; vgl. auch T.K. Oommen, State and Society in India, Studies in Nation-Building, Sage Publications, Delhi 1990; Zoya Hasan/S.N. Iha/Rasheeduddin Kahn (eds.), The State, Political Process and Identity. Reflections on Modern India, Sage Publications, New Delhi

Nation oder einen Staat handelt. Es ist daher einleuchtend, daß es in Ländern wie Indien unmöglich und nicht wünschenswert ist, die Nation mit dem Staat, oder die zivile Gesellschaft mit der politischen Ordnung gleichzusetzen. Aus historischen Gründen sind in Westeuropa Nation und Gesellschaft austauschbare Begriffe, ein Sprachgebrauch, der selbst innerhalb der Gesellschaftswissenschaften im Westen akzeptabel ist. Wenn wir es aber mit Gesellschaften wie die in Südasien zu tun haben, dann müssen wir damit rechnen, daß hinter einer politischen Einheit, Staat genannt, verschiedene Nationen sich verbergen. Wenn wir von Nation sprechen, begeben wir uns in einen kulturellen Bereich, der von der politischen Einheit, die Staat genannt wird, verschieden ist. In diesen Gesellschaften bedeutet kulturelle Identität nicht nur ein kulturelles oder gesellschaftliches Problem, sondern stellt eine politische Frage dar, weil diese verschiedenen Identitäten zwar unter einen politischen Schirm gebracht werden mit dem Ergebnis, daß daraus die gegenwärtige Situation der Polarisierung und der Konflikte resultiert.

Ein neuer Name für Krieg

"Entwicklung ist der neue Name für Frieden"[11], das wurde vor gar nicht so vielen Jahren gesagt. Heute jedoch ist Entwicklung in meinen Augen der neue Name für Krieg geworden. Dazu ist es durch den ethnischen Faktor gekommen, die konkrete Form nämlich, in der die kulturelle Frage in den Gesellschaften der Dritten Welt sich stellt.

Da sind zunächst die schreienden Ungleichheiten, die die Entwicklung mit sich gebracht hat, die zu einem Bruch innerhalb der Gesellschaften entlang ethnischer Grenzen führt. Das gegenwärtige Entwicklungsmodell, das den Staaten im Süden aufgezwungen oder von ihnen bereitwillig geschluckt wurde, ist der vorrangige Grund für die Verschärfung der ethnischen Identitäten, die ernsten Unruhen, die Auseinandersetzungen und den Terrorismus. Anstatt, daß es als ein Stück unverdauten und unverdaulichen Eisens ausgespuckt wurde, wurde es zwangsweise in den Eingeweiden des gesellschaftlichen und kulturellen Organismus dieser Gesellschaften aufbewahrt mit dem Ergebnis, daß es sie zerriß. Damit sind alle anfänglichen Erwartungen

---

1989. Besondere Beachtung verdienen die Beiträge von Ashis Banerjee und S.K. Chaube.

[11] Papst Paul VI, Populorum Progressio, 1967.

widerlegt, daß im Laufe der Zeit die ethnischen Faktoren und ursprünglichen Loyalitäten sich in dünne Luft auflösen und Raum für eine nach-ethnische Welt und Gesellschaft machen würden. Die unausgeglichene zweistufige Wirtschaft, die durch die unwiderstehliche Logik des vorherrschenden Entwicklungsmodells herbeigeführt wurde, hat zu einer Wiedererstarkung der ethnischen Identitäten auf der Grundlage religiös-kultureller, geographischer, linguistischer und anderer Faktoren geführt. (Nicht selten nimmt sie die Form eines militanten religiösen Fundamentalismus, ja sogar Terrorismus, an). Da gibt es sehr verschiedene Formen. Einige versuchen, für sich die größten Stücke aus dem Entwicklungskuchen herauszuschneiden. Wieder andere halten krampfhaft an den Vorteilen und Privilegien fest, die das herrschende Entwicklungsmodell ihnen weiterhin zukommen läßt. (Es ist interessant an dieser Stelle festzustellen, wie diese späte Behauptung der Volkszugehörigkeit sich heute im Westen zeigt, wie das Aufkommen rechtsradikaler, politischer und gesellschaftlicher Trends auf der Basis der Rasse oder Volkszugehörigkeit zeigt, ein Phänomen, das seit dem Zweiten Weltkrieg noch nie so stark gewesen ist. In den westlichen Gesellschaften gibt es ein Gefühl der Bedrohung, daß man eines Tages die gegenwärtige, fast unbegrenzte Kontrolle über die Rohstoffe der Welt verlieren könnte, verstärkt durch die weitere Angst, die Gewinne der Entwicklung vor den modernen Mohren bewahren zu müssen, die z.B die Tore der Festung Europa bedrohen, wenn sie in wachsender Zahl aus den Ländern der Dritten Welt auswandern).

Bruch und Homogenität

Hinzu kommt, daß der gegenwärtige Entwicklungsprozeß als Ausdruck eines allgemeinen Projekts der Modernisierung die angeborene Qualität besitzt, eine Homogenität auf dem Gebiet der Kultur herbeizuführen. Er führt zu einer Diskontinuität, ja sogar zu einem Bruch im kulturellen Leben eines Volkes, indem er die Grundlage der Gesellschaft und des politischen Gemeinwesens aufspaltet, die Menschen von ihrer Umwelt und den traditionellen Bindungen losreißt und ihnen ein monolithisches Kulturmodell überstülpt.[12] Stereotype Pro-

---

[12] Vgl. Rajni Kothari, Rethinking Development, Ajanta Publications, Delhi 1990; vgl. auch G. B. Mathur, "The Current Impasse in Development Thinking: The Metaphysics of Power", in: Alternatives XIV (1989), 463-479.

duktions- und Konsumformen unter der Vormundschaft des Weltmarkts werden zu respektierenden und nicht hinterfragbaren neuen allgemeinen Wertvorstellungen. Während Alkoholismus, Pornographie, Drogen, der Zusammenbruch der Familien usw. sich verbreiten - alles Erscheinungen, die fest mit der Entwicklung verbunden sind - werden ethnische Kräfte in Antwort auf diese Situation wieder mit neuem Leben erfüllt. Man versucht, neue moralische Kraft und eine integrierende Sicht aus seinen traditionellen Wurzeln zu gewinnen. Diese kulturelle und ethnische Wieder-Behauptung wird um so heftiger, wenn sie sich mit dem Bewußtsein auf der Seite der Opfer der Entwicklung zu stehen, verbindet, die den Verlust ihrer relativen gesellschaftlichen und wirtschaftlichen Sicherheit beklagen, die sie in den traditionellen Gesellschaften genossen haben und denen sie sich plötzlich beraubt sehen. Das Alte wird nicht durch irgend etwas ersetzt, das zu einer neuen menschlicheren Lebensweise führen könnte, im Gegenteil, sie müssen feststellen, daß ihre Situation mit jedem Tag schlechter wird.

Eine Krise der Legitimation

In diesem ganzen Zusammenhang kommt der Staat in den Gesellschaften der Dritten Welt ins Bild. Der Staat sollte eigentlich der vorrangig Handelnde im Programm der Entwicklung und der Modernisierung sein. Seine Existenz wurde ja durch den wirtschaftlichen Wohlstand gerechtfertigt, den er durch die Naturwissenschaften, die Technologie usw. herbeiführen sollte. Inspiriert von dem modernen Entwicklungsmodell spielte der Staat, beherrscht von den Eliten, die Rolle, die multi-kulturellen und multi-ethnischen Gesellschaften in einem Weltmodell zu integrieren. In diesem Prozeß wurde der Staat zum Hauptverantwortlichen für die Entstehung von groben Ungleichheiten unter der Bevölkerung. Hinzu kommt noch die der Entwicklung inhärente Tendenz, Homogenität zu schaffen, die die zentralistische Rolle des Staates noch verstärkte. Wenn der Staat sich in seiner Verfolgung des westlichen Entwicklungsmodells und der damit verbundenen Zentralisierung herausgefordert sah, begann er, Zwangs- und Unterdrückungsmaßnahmen zu ergreifen, die alle durch die Berufung auf die Bemühungen für Entwicklung, Fortschritt in den Naturwissenschaften und der Technologie - kurz, mit dem Versuch, den "Westen einzuholen"[13], gerechtfertigt wurden. Als aber die ethnischen Konflikte begannen und sich ausbreiteten, sah sich der Staat gezwungen, eine neue Rolle der Vermittlung zwischen den verschiedenen ethnischen Gruppen zu spielen. Da war es dann nur ein kleiner Schritt, daß der Staat selber anfing, die kulturellen und ethnischen Identitäten auszunutzen, ja sie gegeneinander auszuspielen, um so das eigene Überleben zu sichern. Daraus erwuchs eine neue politische Kultur.

Alle diese Faktoren haben zu einer Legitimationskrise des Staates in Indien und in vielen Ländern der Dritten Welt geführt.[14] Die Beziehung der Kultur zur Entwicklung stellt den neuen Kontext dar, in dem aufs neue nach dem Nationalstaat und seiner Rolle gefragt werden muß. In der Situation der Ungleichheiten, die zu einem großen Teil vom Staat selber geschaffen wurden, weil er das westliche, vornehmlich auf die Wirtschaft ausgerichtete technokratische Entwicklungsmodell vorangetrieben hat (ein Gesichtspunkt, der so offensichtlich ist, daß er hier nicht weiter ausgeführt werden muß), daß die politische Einheit, die er eigentlich multi-ethnischen und pluri-nationalen Gesellschaften bringen sollte, äußerst zweifelhaft geworden ist. D. L. Sheth stellt dazu fest: "In der Vergangenheit waren die verschiedenen ethnischen Gruppen in einer Zivilisationsordnung eingebettet. Sie wurden regiert nicht nach dem Modell des Staates, sondern nach dem Modell einer gesellschaftlichen Führung. Heute sind sie politisiert und sie sind der größeren zivilisatorischen Basis entfremdet, in der sie gewachsen sind und in der sie Sinn fanden. Im Prozeß dieses vom Staat bewirkten Wandels haben sie aufgehört kulturell stabile und politisch beherrschbare Einheiten zu sein."[15]

---

[13] Vgl. Ashis Nandy, "Science as a Reason of State", in: ders., Science, Hegemony and Violence, Oxford University Press, Delhi 1988, 1-23.

[14] Es scheint da eine Übereinstimmung zu geben, bei der - natürlich von verschiedenen Ausgangspunkten aus - sowohl die Sichtweise der Modernisten wie auch die der für kulturelle Identität Eintretenden sich einig sind. Aus der Sicht der Modernisten kommen wir zu einer Art Internationalisierung und Globalisierung - eine Weltwirtschaft, ein Weltmarkt und eine Art homogener Welt-Kultur -, die auf ihre Weise den Nationalstaat zu relativieren scheint. Aus der Perspektive der kulturellen Identität finden wir eine Situation vor, die zu einem simplen Ignorieren des Nationenstaates führt, weil er nicht wirklich auf die Erwartungen der verschiedenen Gruppen hat antworten können, die unter ihm zusammengefaßt sind, ganz zu schweigen davon, daß er sich als legitimer Vertreter von Gewalt im Namen der Entwicklung erwies.

[15] D. L. Sheth, "Nation-Building in Multi-Ethnic Societies. The Experience of South Asia", op. cit. 18.

Mängel des Wertebewußtseins

So finden wir uns heute in einer Situation, in der der Staat in seinem Bestreben, Modernisierung und Entwicklung voranzubringen, anstatt Einheit und Zusammenhalt unter den verschiedenen kulturellen und ethnischen Gruppen zu schaffen, Spaltungen hervorgebracht hat. Der Staat hat sich so selbst als Kristallisationspunkt der verschiedenen kulturellen und ethnischen Identitäten zu einer Nation diskreditiert. Die Ideologie und Philosophie des Säkularismus, der die Bemühungen um Modernisierung des Staates begleitet hat, entbehren der inhaltlichen Fülle, um als Grundlage für Einheit in multi-religiösen und multi-ethnischen Gesellschaften zu dienen. Eine solche Gesellschaft bedarf einer Art von Grundübereinstimmung im Hinblick auf das Wertesystem, um jene Einheit zu schaffen, die angeblich durch den Säkularismus herbeigeführt werden soll, die aber in Wirklichkeit nicht geschaffen werden konnte. Hierin liegt auch die Begründung für die wachsende Notwendigkeit, eine neue Grundlage für die Selbst-Definition Indiens zu finden - etwas Ähnliches gilt auch für andere Länder in Südasien und allgemein für Gesellschaften in der Dritten Welt.

Die Bemühungen, eine neue Grundlage zu finden, nehmen die Richtung, nach den kulturellen Wurzeln der Mehrheit zu suchen - wie dies z.B. durch die militanten Hindu und Fundamentalisten geschieht. Die Wiederentdeckung der *hindutva* wird als gemeinsame Basis für politische Einheit vorgestellt, wobei die Muslime und Christen ausgeschlossen werden, weil sie als zu einer fremden Kultur gehörend angesehen werden. Die Geschichte wird aus dieser Perspektive gelesen und man sucht nach den prä-islamischen und prä-christlichen Wurzeln der hinduistischen Einheit. Es gibt aber auch andere Bemühungen, eine Basis für die Einheit zu finden wie z.B. im Geist, der den Unabhängigkeitskampf von den kolonialen Mächten inspirierte. Folgen wir T. K. Oommen, dann leiden alle diese Vorstellungen, seien sie nun traditionalistisch, nationalistisch oder modernistisch, an einer inhärenten hierarchischen Konzeption von Kultur und haben die Tendenz, sich in die eine oder andere Form einer Hegemonie sich zu entwickeln.[16]

Bisher ist es noch nicht gelungen, eine überzeugende und in sich schlüssige Grundlage oder einen politischen Rahmen zu finden, die in

---

[16] Vgl. T.K. Oommen, op. cit.

der Lage wären, die kulturelle und ethnische Vielfalt harmonisch zu integrieren und zur selben Zeit die Ungleichheiten zu beseitigen. Es wird dies versucht, aber es ist sicher keine leichte Aufgabe. Immerhin ist eines klar geworden, daß das Prinzip der Integration für eine komplexe Gesellschaft wie die indische nicht von außen importiert werden kann - ganz gleich, ob es sich um Modernisierung, Entwicklung, Säkularismus, Naturwissenschaft, Technologie usw. handelt.

Eine Wandlung von zivilisatorischem Ausmaß

Unsere bisherigen Überlegungen haben gezeigt, daß das gegenwärtige Entwicklungsmodell menschlich und kulturell nicht durchzuhalten ist. Die Lösung des Problems liegt aber auch nicht in einer einfachen Korrektur dieses Modells, denn es ist strukturell so geartet, daß es durch seine enge Fixierung auf die Wirtschaft sowohl für den Menschen als auch für die Kultur zerstörerisch ist. Die Antwort kann aber auch wiederum nicht in einer Art alternativer Entwicklung liegen, die an seine Stelle treten soll. Denn eine so verstandene alternative Entwicklung würde ihrerseits wieder eine andere *universale* Geltung anstelle der jetzigen beanspruchen, was sich wieder gegen einen kulturellen Pluralismus und seine Implikationen richten würde.

Wir müssen uns daher in Richtung einer viel grundlegenderen und radikal neuen Vision der Bedingungen des Menschenlebens und der zukünftigen Bestimmung der Menschheit bewegen, in der der kulturelle Pluralismus und die menschlich so reichen Traditionen der Völker eine viel größere Rolle spielen werden, als nur ein einfaches Instrument für wirtschaftliche Zwecke oder Kristallisationspunkte für den Kampf zu sein, die besten Früchte der Entwicklung im Kampf gegen andere kulturelle Identitäten zu gewinnen.

Die zentrale Frage ist daher die Humanisierung, die nicht einfach mit der Ideologie der Entwicklung und der Modernisierung gleichgesetzt werden darf. Die Humanisierung bietet eine viel breitere Perspektive und eröffnet weitere Sichten und neue Horizonte. Die Definition des Menschlichen ist und kann nicht das Monopol nur *einer* Zivilisation oder *eines* Volkes sein. Die gegenwärtige Krankheit, die die Welt befallen hat, besteht ja gerade darin, daß diese Rolle von *einer* Zivilisation, der westlichen, an sich gerissen wurde. Die verhängnisvollen Ergebnisse, die dies mit sich brachten, haben wir gesehen. Heute wird nicht ein Wandel verlangt, der sich in den engen Abgrenzungen des Verständnisses von Entwicklung (immer verstanden als eine lineare Bewegung) ereignet, sondern es geht um eine Umwandlung von zivilisatorischem Ausmaß und Größe. Tausendjährige Gesellschaften wie Indien und China und andere Gesellschaften der Dritten Welt mit ihren Kulturen, Erfahrungen und Traditionen müssen aktiv werden und in einem heilsamen Dialog bestimmende Akteure in dem Bemühen werden, die Welt und die Menschheit vom Rand der Katastrophe zu retten, an den ein bestimmtes Paradigma der menschlichen Entwicklung (und seine Universalisierung), die von einem Teil der Welt ausging, die ganze Menschheit gebracht hat. Aus dieser Perspektive heraus möchte ich einige der damit verbundenen Probleme in bezug auf Kultur und menschliche Entwicklung angehen.

Dabei sind zunächst die erkenntnistheoretischen Mittel und Begriffe, die wir bei der Interpretation von bestimmten Phänomenen anwenden, von entscheidender Bedeutung. Denn es ist der dem modernen Projekt innewohnende "erkenntnistheoretische Dualismus", der dem bestimmten Typus der Diskussion über Entwicklung und ihre Verwirklichung grundsätzlich Raum verschafft. Die verschiedenen Theorien der Modernisierung und der Praxis der Entwicklung, die daraus resultiert, haben Teil an demselben Dualismus. Die herrschende Erkenntnistheorie leidet tatsächlich an einer Dichotomie und sie polarisiert und interpretiert die Wirklichkeit in den Begriffen der Modernität im Gegensatz zur Tradition, der Entwicklung im Gegensatz zu Unterentwicklung, der Wissenschaft und der Technologie im Gegensatz zur "Primitivität" usw. Diese verzerrte Wahrnehmung und Interpretation der Wirklichkeit liegt an der Wurzel jenes Typs von Beziehung, die wir heute zwischen der Ersten und der Dritten Welt haben. Sobald die gegenwärtige Situation in den gegensätzlichen Begriffen interpretiert wird, ist der Weg für den Westen frei, seine Programme für Entwicklung, Modernisierung und was sonst noch alles durchzuführen.

Begegnung in einem Kontinuum

In dieser Perspektive ist es unmöglich, eine grundsätzliche *Kontinuität* in den Gesellschaften der Dritten Welt zu entdecken. Die dualistische Erkenntnisweise markiert eine Zäsur, einen tödlichen Schnitt der Diskontinuität in dem, was diese Völker und Gesellschaften Jahrhunderte und Jahrtausende hindurch gelebt haben. Anstatt also mit dem sich ausschließenden Gegensatz von Tradition versus Modernität (in dessen Bereich die Diskussion über die Entwicklung fällt) zu beginnen, sollten wir das Leben eines Volkes als ein Kontinuum ansehen, das von vielen Begegnungen bestimmt wird. Wenn z.B. heute Indien der modernen Welt mit ihrer Naturwissenschaft, Technologie, Entwicklung, ihren politischen, wirtschaftlichen, pädagogischen Systemen etc. begegnet, dann handelt es sich bei dieser Begegnung nicht um etwas vollständig Neues - nicht was die Inhalte angeht, aber wohl, was die Struktur und die Dynamik betrifft. Denn es hat eine Begegnung mit dem "Neuen" aus dem Innern der eigenen Tradition schon früher gegeben z.B. beim Auftreten des Buddhismus und des Jainismus, und eine Begegnung von außen z.B. bei der Ankunft des Islam und des Christentums (bei der es sich nicht einfach nur um religiöse Fragen, sondern auch um gesellschaftliche und politische Probleme handelte). Soweit die Gesellschaften der damaligen Zeit betroffen waren, handelte es sich um gewaltige Ereignisse, die voller Probleme waren. Die indische Gesellschaft hat z.B. Wege der Aneignung und der Integration des Neuen als Teil des kontinuierlichen Flusses ihrer Tradition gefunden. Diese Erfahrungen und Traditionen, die ein Teil des Lebens und der Geschichte eines Volkes ausmachen, dürfen nicht einfach beiseite geworfen werden, wenn es heute mit neuen Erfahrungen, Institutionen und Methoden der Kontrolle der Natur konfrontiert wird, die die heutige Naturwissenschaft und Technologie anbieten.

Pluralismus und Rationalität

Der Begriff der Rationalität, der der Entwicklung, Naturwissenschaft, der Technologie und der Modernisierung zugrundeliegt, ist eine Rationalität, die das Erbe der modernen westlichen Welt darstellt, die vornehmlich von der Aufklärung geprägt ist. Auch wenn sie den Anspruch auf universale Geltung erhebt, so handelt es sich in Wirklichkeit doch um eine enge und begrenzte Rationalität, die ganz im Dienst der Herrschaft der westlichen Welt über andere Völker und Nationen steht. Diese politische Nebenabsicht einer bestimmten Art von Rationalität bringt es verständlicherweise mit sich, daß sie als *die* Richtschnur vorgestellt wird, nach der andere Völker und ihre Entwicklung zu bewerten sind. Sie wird zum Maßstab, an der alle menschlichen Bemühungen und Anstrengungen zu messen sind. Alles, was außerhalb ihres Bereichs und Reichweite fällt, kann dann nur als irrational angesehen werden.

Das Hauptaktionsfeld dieser modernen Rationalität ist die Vermittlung zwischen Natur und dem Menschen in der Form der Naturwissenschaft und der Technologie. Suresh Sharma hat mit Recht in diesem Zusammenhang festgestellt: "Die Struktur der Vermittlungen - die Techniken, Instrumente und Begriffe - zwischen der Menschheit und der Natur beinhalten sozusagen das objektivierte Maß für das Ausmaß, in dem die Menschheit die ihr innewohnende Suche nach Freiheit realisiert hat. Technologie als materialisierte Vernunft bezeichnet den Einzug der Menschheit in eine Welt, die immer reicher und vereinheitlichter wird. Daher kommt der Rahmen der Überprüfung der Richtigkeit, der als die "instrumentelle Weise der Überprüfung der Richtigkeit" bezeichnet werden kann. Seine letzte Begründung erwächst ihm aus der Annahme, daß die beweisbare Effektivität und die vermittelnden Instrumentarien zwischen der Menschheit und der Natur das einzig mögliche objektive Kriterium für den Erweis der Richtigkeit darstellen."[17]

Rationalität ist jedoch nicht etwas, das exklusiv mit der westlichen Tradition verbunden wäre. Es wäre lächerlich, den Anspruch zu erheben, daß die europäische Welt des siebzehnten oder achtzehnten Jahrhunderts mit ihrer Aufklärung die Lösungen für alle menschlichen Probleme für alle Ewigkeit gefunden hätte! Kritische Rationalität gehört unaufgebbar zur Struktur des menschlichen Denkens und gewinnt in der Begegnung mit der Erfahrung - und die ist immer kontextuell - verschiedene Gestalt und unterschiedlichen Ausdruck. Solch eine Rationalität ist tief eingebettet in die kulturellen Traditionen eines Volkes und seiner Geschichte. Die kritische Rationalität, die wir z.B. bei Gandhi in seiner Auseinandersetzung mit der imperialistischen Macht finden, oder bei Ambedkar in seiner Haltung gegenüber der Unterdrückung der *Dalit*, ist eine Rationalität, die auf dem Amboß der Erfahrung geschärft worden ist. Kritische Rationalität ist nicht einfach das Ergebnis der Erziehung. Sie ist die Frucht eines sensiblen und aufmerksamen Lesens der Geschichte und des in ihr Sich-Engagierens. Ohne kritische Rationalität könnten Völker nicht als Menschen und als Gesellschaften überlebt haben. Der Prozeß einer echten Verwirklichung des Menschseins verlangt notwendig die

---

[17] Suresh Sharm, "Cultural survival in the Age of Progress", in: Alternatives, XIII (1988), 488-513, 486.

Entfaltung einer pluriformen Rationalität als eines wichtigen Bestandteils. Um eine wahre Verwirklichung des Menschseins zu erreichen, sollte jedes Volk von der Rationalität her beginnen, die in ihren eigenen Traditionen eingebettet liegt. Das ist zugleich ein Prozeß, zu sich selber zu finden. Nur auf diese Weise werden sie imstande sein, den neuen Ausdrucksformen einer anderen Rationalität zu begegnen. Dann werden sie in einer Position sein, das Moderne sich kritisch anzueignen. Dies unterscheidet sich von einer kritischen Aneignung einer Tradition, die den Ausgangs- und Beziehungspunkt außerhalb der eigenen Erfahrungswelt legt, ein Vorgehen, das ungeeignet ist, Kontinuität zu sichern. Wenn ein Volk *zu sich selber gefunden hat*, dann kann es auch eine geeignete Auswahl treffen, was das Ausmaß und die Formen der Kontrolle der Natur (Naturwissenschaft und Technologie) angeht, die ihrer Lebensart und ihrem Wachstum als Volk entsprechen.[18] Damit kommen wir zum nächsten Punkt.

Verschiedenheit in der Technologie

Naturwissenschaft und Technologie werden als die Säulen der modernen Entwicklungsideologie angesehen. Daher rührt auch das laute Reden von einem Transfer von Naturwissenschaft und Technologie in die Dritte Welt als Teil eines Entwicklungsprogramms für diese Gesellschaften. Heute erscheinen Naturwissenschaft und Technologie als die *ancillae* - die Handmägde des Marktes, jederzeit zu seinem Dienst bereit, immer bereit, sich selbst zu prostituieren. Aber das ist nicht das Problem, das ich hier behandeln möchte.

Womit ich mich hier auseinandersetzen möchte, ist die Annahme, daß Naturwissenschaft und Technologie der westlichen Welt gehören. Die westlichen Völker werden charakterisiert als die Besitzer von Naturwissenschaft und Technologie, während die nicht-westlichen Völker als primitiv bezeichnet werden. Das ist nur ein weiteres Beispiel von sich ausschließenden Gegensätzen, ein Teil des Entwick-

---

[18] Dafür legt in der Tat die Geschichte Zeugnis ab. Ahan Jain Quaisir stellt in seiner gut dokumentierten historischen Studie fest: "Unsere Untersuchung hat in der Tat ergeben, daß es keine eingebauten Widerstände gegen nicht-traditionelle Produkte der Technologie gibt, wohl aber wurde das europäische Gegenstück solange verständlicherweise übergangen, als es eine "alternative" oder "passende" einheimische Technologie gab, die den Bedürfnissen der Inder auf vernünftige Weise entsprach." Indian Response to European Technology and Culture (1498-1707), Oxford University Press, Delhi 1982, 139.

lungsparadigmas. Dieser Art des Denkens wurde unter anderem durch die Studien von Joseph Needham zur Technologie und Naturwissenschaft in der chinesischen Gesellschaft und durch Dharamapal und Claude Alvares für Indien der Todesstoß versetzt.[19] Um nur ein Beispiel zu geben: die drei Erfindungen, die Bacon als grundlegend entscheidend für die Entwicklung der Welt ansieht - der Buchdruck (auf dem Gebiet der Kultur), das Schießpulver (auf der politischen und militärischen Ebene) und der Magnet (auf dem Sektor der Schiffahrt und damit zugleich des Handels) - sind chinesischer Herkunft.[20] Es ist nicht notwendig, weitere Bemerkungen zur Rolle zu machen, die die mittelalterliche arabische Welt gespielt hat, die nicht nur auf herausragende Weise zur Entwicklung der Naturwissenschaft beigetragen hat, sondern auch auf verschiedene Weise das naturwissenschaftliche und technische Erbe anderer Zivilisationen wie der chinesischen oder indischen vermittelte.

Die Studien dieser Autoren - besondere Beachtung verdient das Werk von Alvares, eines indischen Historikers auf dem Gebiet der Technologie - führen zu zwei wichtigen Schlußfolgerungen: Die moderne technologische Welt ist nicht einfach das Geistesprodukt des genialen westlichen Menschen, auch wenn es so dargestellt wird. Viele Entdeckungen und grundlegende Prinzipien von anderen Völkern wurden vom Westen für sich reklamiert, zusammen mit der kolonialen Aneignung des Reichtums der Völker. Das Erbe der Naturwissenschaft und der Technologie, das wir heute vorfinden, ist in der Tat die Frucht einer Begegnung von großen Kulturen, von denen jede ihren Beitrag geleistet hat. Jedes Volk fand zweitens geeignete Mittel und Werkzeuge, die ihren gesellschaftlichen und ökologischen Bedingungen genau entsprachen. Wenn eine Kultur unter anderen auch verstanden werden kann als das, was ein Volk gemeinsam in Antwort auf seine Umgebung in seinem Prozeß der Humanisierung geschaffen hat, dann kann die Technologie selber als kulturelles Element betrachtet werden. Daher ist ein *Pluralismus* in der Technologie als solcher legitim und sogar notwendig.

---

[19] Joseph Needham et al., Science and Civilization in China, Cambridge 1954, vols. 1-7; Claude Alvares, Homo Faber, Technology and Culture in India, China and the West 1500 to the Present Day, Allied Publisher, Bombay 1979; Dharampal, Some Aspects of Earlier Indian Society and Polity and their Relevance to the Present, Pune (no date).

[20] Vgl. Claude Alvares, op.cit. 35.

Plurale Wissenssysteme

Aus der Perspektive der Verwirklichung des Menschseins und der Notwendigkeit der Begegnung von Kulturen heute, um mit den menschlichen Problemen zurande zu kommen, (die zu lösen wir zunehmend unfähiger werden trotz der inflationären Zunahme an Wissen), gewinnen die Wissenssysteme der Völker große Bedeutung. Sie stellen das Repertoire dar, in dem wir eine weite Bandbreite an Zugängen zur Rationalität, wie auch zur Naturwissenschaft und Technologie finden. Die Zerstörung der einheimischen Wissenssysteme - sie wurde während der Kolonialzeit begonnen - findet fast ihre Vollendung durch den Dampfwalzeneffekt der westlichen Wissensindustrie, die dem Entwicklungsparadigma haargenau entspricht. Da es einen Pluralismus in der Technologie, damit auch bei der Verwirklichung des Menschseins, notwendig geben muß, müssen wir auch die Pluralität der Wissenssysteme akzeptieren. Einige Wissenssysteme mögen unerwartete Hinweise zur Lösung bestimmter menschlicher Probleme enthalten, denen wir heute begegnen.

Das Problem der Einheit

Die Bejahung eines tatsächlichen kulturellen Pluralismus - sei es in der Naturwissenschaft, der Technologie, der Wirtschaft, den Wissenssystemen usw. - als die Richtung auf eine wahre Verwirklichung des Menschseins mag berechtigterweise das Problem der Einheit der einen Welt aufwerfen. Dabei kann es eigentlich keine abweichende Meinung gegen die Notwendigkeit eines ständigen Wachstums der Menschheit zu einer Einheit geben. Es ist aber eine Täuschung, wenn jemand der Ansicht sein sollte, daß die gegenwärtige Weltwirtschaft, die internationale Arbeitsteilung, der Weltmarkt, die Wirtschaftszusammenschlüsse, die Verbreitung einer konsumeristischen sub-kulturellen Lebensweise usw. solch eine Einheit darstellen. Einheit ja, aber keine Vereinheitlichung, die vom westlichen Modell für menschliche Entwicklung als Einheit der Welt auferlegt wird. Es ist vielmehr gerade dieses Entwicklungsmodell, das, wie ich schon vorher gesagt habe, die eigentliche Ursache der Spaltung ist. Die Einheit und Integration der Menschheitsfamilie kann nur die Frucht eines ständigen Dialogs und dauernder Begegnung zwischen den Kulturen und Zivilisationen sein.

Zeichen der Hoffnung

Wenn wir uns vor die Aussicht auf eine Umwandlung von Zivilisationen umfassenden Ausmaßes sehen, dann ist es nicht leicht, die Umrisse der Dinge, die da auf uns zukommen in der Form eines Projekts zu beschreiben. Allerdings kann die Richtung dieses Wandels anhand einiger Zeichen beobachtet werden. Eines dieser Zeichen ist das gegenwärtige Wachstum von sozialen Bewegungen in Indien und in vielen Teilen der Welt. Die Bedeutung dieser Bewegungen liegt darin, daß sie im sozialen und politischen Umfeld ihre Wurzeln haben, wo sie als Antwort auf bestimmte menschliche Situationen auftreten. Sie beziehen ihre Kenntnisse immer stärker aus den so überaus reichen Wissenssystemen ihrer Völker und sie reagieren sensibel auf ihre Haltung zur Welt und zur Natur. Auf diese Weise bildet sich ein gewisser Pluralismus im Streben nach Verwirklichung des Menschseins heraus. Aus der Verschiedenheit der Situationen, auf die diese sozialen Bewegungen zu antworten versuchen, schälen sich frische theoretische Perspektiven heraus. Theoriebildung hört damit auf, eine elitäre Beschäftigung zu sein, die ihre prädeterminierten Ziele in Isolation zur empirischen Wirklichkeit verfolgt.

Methodologisch gesehen bieten solche Bewegungen den so stark ersehnten Pluralismus für den Prozeß der Humanisierung, wohingegen jedes Theoretisieren die Tendenz hat, einheitliche und universalistische Modelle auszubilden. Hinzu kommt, daß solche Bewegungen an der Basis, die in einem Prozeß der Demokratisierung nicht nur des politischen Bereichs, sondern von jedem Aspekt des Menschenlebens verwickelt sind, imstande sind, ein tentatives Modell einer zukünftigen politischen Praxis anzubieten, das für die Verwirklichung eines echten Prozesses der Humanisierung notwendig ist. Aber der wichtigste Aspekt dieser Bewegungen liegt in der Herausforderung des herrschenden Entwicklungsmodells, sowohl auf der Mikro-Ebene, eine Aufgabe, die noch so viele Gegentheorien nicht so gut leisten können.

Die zwei Krücken

Im Licht der vorausgegangenen Überlegungen möchte ich am Schluß noch einige Gedanken über die indische Kirche und die Kirchen der

Dritten Welt im allgemeinen vortragen. Die beiden Hauptanliegen der indischen Kirche sind Entwicklung und Inkulturation. Sie bestimmen die Kirche einmal *ad extra* - in ihrer Beziehung zur Gesellschaft - und *ad intra* - in der Neugestaltung ihres Selbstverständnisses. Meiner Meinung nach stellen diese beiden Anliegen zusammen die zwei Krücken dar, auf die gestützt die Kirche, die durch das Image ein Überbleibsel der Kolonialzeit zu sein, so verwundet ist, versucht, ihren Weg zu gehen. Das Christentum wird aber nicht in der Lage sein, seinen Beitrag zur Entstehung einer frischen und schöpferischen Perspektive für die Humanisierung in Indien zu leisten, solange es dieser Begriffswelt verhaftet bleibt. Denn beide hindern, wie wir gleich sehen werden, die Tätigkeit der Kirche sowohl nach innen wie nach außen.

Eine Anthropologie ohne Kultur

Die Entwicklungstätigkeit, die heute zu Markenzeichen der indischen Kirche geworden ist, besteht im wesentlichen in einer Übernahme des westlichen technisch-wirtschaftlichen Modells. Die Kirche ist - natürlich ohne es bewußt zu wollen - zu einem der wichtigsten Agenten für die Konsolidierung des Projekts der menschlichen Entwicklung geworden, wie es im Westen entworfen und gestaltet worden ist und damit implizit auch für das Welt-Modell, das darin eingeschlossen ist. Dabei hat verständlicherweise die Kultur keine bedeutende Rolle in der Entwicklungstätigkeit der Kirche gespielt, weil in diesem Modell die Kultur nur einen äußeren und peripheren Faktor darstellt, der hauptsächlich das wirtschaftliche Wachstum anzukurbeln hat, aber kein konstitutiver Bestandteil ist.
In diesem Zusammenhang möchte ich mich auf zwei Ausdrucksweisen, die in Kirchenkreisen gängig sind, beziehen - "integrale Entwicklung" (hauptsächlich in katholischen Kreisen) und "unterstützende Entwicklung" (hauptsächlich in protestantischen Kreisen). Beide werden gebraucht, um die Entwicklung zu modifizieren, indem sie in Erinnerung bringen, daß Entwicklung nicht ausschließlich wirtschaftlich gesehen werden darf und noch weitere und andere Aspekte dazugehören. Ich bin geneigt, diese beiden Ausdrücke als irgendwie tückisch anzusehen. Denn durch die Einführung solcher wohl gemeinter Zusätze, könnten sie bewirken, daß das herrschende westliche Entwicklungsmodell irgendwie als endgültig und als letzter Bezugspunkt

angesehen wird, wenn auch mit einigen Zusätzen und dem einen oder anderen warnenden Einspruch.

Wenn die Frage der Kultur nicht konstitutiv zur Entwicklungspraxis der Kirche gehört, dann liegt der Grund nicht allein in der Übernahme des weltlichen Modells, sondern es hat viel tiefer damit zu tun, daß zu ihrem Erbe zugleich auch eine *Anthropologie ohne Kultur* gehört. Der Mensch, der in dieser Anthropologie (die zur Stützung sich auf die Bibel bezieht) die Natur beherrscht und ihre Bodenschätze kontrolliert, ist ein Mensch in der Abstraktion, losgelöst von der Welt der Kultur. Dieser Mensch ist nichts anderes als nur ein Gedankengebilde. Die besondere Art der Beziehung zur Natur, die sich in einer Kultur ausdrückt, ist selbst wiederum Teil der Selbstdefinition des Menschen, der notwendig Teil einer Kultur, eines Volkes ist. Wie auch auf anderen Gebieten wurde die westliche Anthropologie ohne Kultur universalisiert, um die Grundlage des Entwicklungsmodells zu bilden, das heute weitgehend von der Kirche aufgenommen und praktiziert wird.

Eine a-politische Kultur

Wenn die Kirche andererseits ihre Aufmerksamkeit auf die Kultur richtet, dann zeigt sich genauso wie bei der Anthropologie ohne Kultur in der Entwicklungstätigkeit eine *a-politische Kultur*. Die Tatsache, daß das Projekt der Inkulturation vornehmlich als eine Angelegenheit des Selbstverständnisses der Kirche verstanden wurde, ist schon von selbst ein Hinweis auf die a-politische Weise, in der die Kultur von der Kirche behandelt wird. Aber das ist nicht der eigentliche Punkt, um den es mir hier geht. Was ich unterstreichen möchte, ist die Tatsache, daß das Problem der kulturellen und ethnischen Identität und das Gesamt der sozialen und politischen Auseinandersetzungen, die damit verbunden sind, (und die einen so großen Teil des Lebens einer Gesellschaft ausmachen) weder in den Bereich der Entwicklung noch der Inkulturation fallen, die die Kirche praktiziert. Den Beitrag, den das Christentum in Indien und in anderen Nationen der Dritten Welt für eine echte kulturelle Veränderung leisten kann, wird davon abhängen, wie gut und wie schnell sich die Kirche von diesen überkommenen theoretischen Modellen der Entwicklung und der Inkulturation freimacht.

Eine passende Theologie

Uns fehlt eine passende Theologie der Beziehung der Kirche zur Welt. Darin liegt meiner Meinung nach einer der Gründe, warum die Kirche sich nicht in Richtung eines kulturellen Wandels hat bewegen können. Die indische Kirche und die anderen Kirchen des Südens übernahmen eine Theologie der Welt, wie sie auf dem II. Vatikanischen Konzil entwickelt wurde, die die Problematik, wie sie von der westlichen Welt gelebt und erfahren wurde, widerspiegelt. Die vorherrschende Sicht in dieser Theologie ist die *Autonomie der zeitlichen Wirklichkeiten*, die im Licht der langanhaltenden Kämpfe zwischen der Kirche und den weltlichen Mächten im Westen verständlich ist. Aber in Gesellschaften wie Indien muß die Beziehung der Kirche zur Welt aufs neue bestimmt werden, wobei es gilt, vergangene Geschichte ebenso wie den gegenwärtigen Charakter der kulturellen und ethnischen Identitäten zu berücksichtigen.

Eine Theologie der Beziehung der Kirche zur Welt in Gesellschaften wie Indien kann nicht allein von der Kirche geleistet werden, ohne daß es zu einem effektiven und politisch bedeutsamen Dialog mit anderen Weltanschauungen, Menschenbildern und Projekten der Humanisierung kommt, wie sie in nicht-westlichen Kulturen, Völkern und Zivilisationen enthalten sind.[21] Wenn man die Hoffnung, die die verschiedenen sozialen Bewegungen in den Gesellschaften der Dritten Welt darstellen, in Betracht zieht, wird deutlich, von welch großer Wichtigkeit es für die Kirche ist, sich ihnen anzuschließen, um neue kulturelle Kräfte für eine echte humanisierende Verwandlung der Gesellschaft sowohl auf der Mikro- wie auf der Makro-Ebene freizusetzen.

Denn die Kirche, die so in die Entwicklungstätigkeit versunken ist, könnte leicht notwendige Initiativen in diese Richtung verhindern. Noch gefährlicher wäre es, wenn die Kirche sich mit dem Gedanken tragen sollte, daß sie allein den Schlüssel für die Humanisierung besäße. Wenn wir das Wort "Der Mensch ist der Weg für die Kirche"[22] ernst nehmen, dann müssen wir uns notwendig auf die verschiedenen Menschenbilder einlassen, die von den verschiedenen Kulturen angeboten werden. Es ist immer der kulturell und kontextuell situierte Mensch, der den Weg für die Kirche darstellt. wenn diese Konse-

---

[21] Vgl. Felix Wilfred, Sunset in the East. Asian Challenges and Christian Involvement, Chair in Christianity, University of Madras 1990.
[22] Papst Johannes Paul II, Redemptor Hominis, 1979.

quenz ernst genommen wird, dann ist es nur ein kleiner Schritt vom *"Der Mensch ist der Weg für die Kirche"* zum *"Die Kirche ist der einzige Weg für den Menschen"*. Ich frage mich, ob dieser gefährliche Schritt nicht schon stattgefunden hat. Die Untertöne der jüngsten Dokumente wie *Redemptoris Missio* und *Centesimus Annus* erwecken den Anschein, diese Richtung wiederzugeben. Der Kreis scheint sich heute geschlossen zu haben. Die frühe christliche Position sprach davon, daß es kein Heil außerhalb der Kirche gäbe. Folglich wurde innerhalb der westlichen Theologie für die anderen Religionen und Kulturen ein Platz geschaffen. In der Zwischenzeit wurde Heil mehr und mehr in Begriffen der Humanisierung verstanden. Heute haben wir eine vollendete Kreisbewegung mit der Schlußfolgerung, daß die Kirche das einzig echte Organ für die Humanisierung ist. Damit wird sie zum letzten Bezugspunkt. Wenn das Projekt der Zukunft der Menschheitsfamilie ein Gemeinschaftsunternehmen verschiedener Kulturen, Traditionen und Zivilisationen ist - und es sollte so sein -, dann stellen solche theologischen Trends in der Verbindung mit dem Anspruch auf die Absolutheit des westlichen Entwicklungsmodells ein ernstes Hindernis dar.

Schlußfolgerung

Es wird höchste Zeit, daß wir der Phase der Entwicklungsideologie mit all ihren Annahmen und Voraussetzungen "Auf Wiedersehen" sagen und ohne Tränen ein Requiem darauf singen. Diese monolithische Ideologie des menschlichen Fortschritts, die im Westen ausgedacht und von ihren Schutzpatronen vor Ort heiß unterstützt wurde, stellt in meinen Augen das größte Hindernis dar, weil es die Ausflucht und das Alibi bereitstellt, sich vor der Aufgabe der Humanisierung unserer Welt als einer Gemeinschaftsaufgabe zu drücken.[23]

---

[23] Ich bin mir bewußt, daß in einigen westlichen Kreisen ernstzunehmende Kritik am gegenwärtigen Entwicklungsmodell geäußert wird. Es gibt Aktivitäten an der Basis, die verschiedene konkrete Probleme aufgreifen. Ich beziehe mich hier nicht auf die Post-Modernisten und Post-Strukturalisten, die einen Hang zum Romantizismus haben, und die Ansicht vertreten, daß das westliche Modell, weil es für sie nicht gut ist, auch nicht für die Dritte Welt gut sein kann. Es sind vielmehr die politisch und kulturell bewußten sozialen Bewegungen im Westen, die hier ins Bild kommen. Wenn sie ihre eigenen westlichen vernachlässigten Ressourcen dazu verwenden, das gegenwärtige Modell der menschlichen Entwicklung infragezustellen, dann werden sie herausfinden, daß ihre Sorgen und

Die Kultur mit ihren politischen Implikationen ist das entscheidende Problem heute beim Projekt der Humanisierung. Es gibt einen Weg, Entwicklung und Kultur aufeinander zu beziehen, wobei die letztere zum größeren wirtschaftlichen Erfolg und Profit ausgebeutet wird. Aber die gegenwärtigen kulturellen und ethnischen Konflikte und Unruhen - das Ergebnis von der Unhaltbarkeit des gegenwärtigen Entwicklungsmodells - stellen eine Herausforderung dar, gründlichst in kulturellen Begriffen die zukünftige Gestalt der Menschheit neu zu bedenken. Es handelt sich hier nicht einfach um Krisensituationen, die es zu managen gilt. Sie rufen vielmehr nach innovativen und humanisierenden Rahmenbedingungen der politischen Machtausübung, wirtschaftlichen Ordnungen, neuen Wertsystemen und Sinnangeboten, die alle die Ressourcen eines einzigen Volkes übersteigen. Der Einbruch der kulturellen und ethnischen Elemente fordert uns daher heraus, ein Langzeit-Projekt der Verwirklichung des Menschseins zu entwerfen, in dem alle Völker der Erde mit allen ihren Ressourcen aktiv teilhaben können in der Gestaltung einer gemeinsamen Zukunft. Es ruft nach einer politischen Einstellung zur Kultur sowohl auf der Mikro-Ebene wie auch in der globalen Aufgabe, die Zukunft der Welt zu gestalten.

Angesichts der Bankrotts des herrschenden Entwicklungsmodells, der immer deutlicher wird, fangen wir an, vor allem die überragende Bedeutung der Kulturen der Völker und die darin liegenden Ressourcen an Wissen für eine wahre Verwirklichung des Menschseins zu begreifen. Als Träger von hundert- und tausendjähriger Erfahrung, mit der Natur und der menschlichen Gesellschaft umzugehen, können die verschiedenen Kulturen mit ihrem Repertoire an Wissen und dem Schatz der Weisheit unerwartete Hinweise geben, daß wir unseren Weg aus dem Labyrinth herausfinden, in das wir uns selbst verstrickt haben. Die aufbrechenden sozialen Bewegungen aus den einheimischen Wurzeln bieten eine Menge Hoffnung an. All dies sollte den notwendigen Hintergrund für die Kirchen in der Dritten Welt bieten, ihre Tätigkeit auf den Feldern der Entwicklung und Inkulturation kritisch selbst zu evaluieren und Ansätze zu bieten für die Schaffung einer neuen Theologie, damit sie so imstande sind, kreativer zum Projekt der Verwirklichung des Menschseins beizutragen.

---

die Sorgen, die von den sozialen Bewegungen in der Dritten Welt geäußert werden, sich treffen und daß sie gemeinsam zusammenarbeiten können in einem gemeinsamen Unternehmen, unsere Welt menschlicher zu gestalten.

Felix Wilfred

Soziale Institutionen und Protestbewegungen in Indien

- zu einer alternativen, im Lande selbst begründeten soziopolitischen Konzeption und Praxis - *)

Industrialisierung, Entwicklung, Markt, Demokratie, universelle Menschenrechte und ähnliches gelten, jedes in seinem Bereich, als moderne Erlöser. Die Erfahrungen von Gesellschaften der Dritten Welt allerdings bieten uns ein ganz anderes und entmutigendes Bild. Was geschieht wirklich? Moderne Systeme, Institutionen und Werte scheinen wenig zu tun zu haben mit der Dynamik der Gesellschaften der Dritten Welt und ihren Kämpfen für mehr Menschlichkeit. Am offenkundigsten ist die Kluft zwischen Gesellschaft und Politik, zwischen der Sozialgeschichte der Völker und der Formation moderner Nationalstaaten.[1] Es hilft uns nicht weiter, diese Situation in polarisierenden Begriffen von Tradition und Moderne zu deuten. Eine solche Deutung verstärkt vielmehr die stereotypen Vorurteile gegenüber den Völkern der Dritten Welt.

Die heutige Krise in der Gesellschaft der Dritten Welt, ihrer "modernen" Systeme und "Entwicklungsinstrumente" nötigt uns dazu, die soziopolitische Geschichte dieser Völker zu untersuchen, die im Falle der indischen und der chinesischen Zivilisationen Jahrtausende zurückreicht. Auf der ernstgemeinten Suche nach Alternativen zu den herrschenden ökonomischen, politischen und kulturellen Paradigmen ist dieser Blick auf die Geschichte um so gebotener.

Es ist ein Versuch zu zeigen, wie in der indischen Gesellschaft der Prozeß der Humanisierung verlief, auf welche Ressourcen er zählen konnte und welchen Hindernissen er beegnete. Ich werde diesen Vortrag mit einigen Anregungen zur globalen Reflexion abschließen.

---

*) Übersetzung: Dieter Maier, Frankfurt a.M.
[1] In einem jüngst erschienenen Artikel hat Mahmood Mamdani dies in bezug auf Afrika untersucht. Africa: *Democratic Theory and Democratis Struggles*, in: *Economic and Political Weekly*, Bombay, 10. Oktober 1992, S. 2228-2232.

Die janusköpfige indische Gesellschaft

Das Ensemble indischer soziopolitischer Institutionen ist janusköpfig. Einerseits erweckt es den Anschein, daß das zentrale Organisationsprinzip der indischen Gesellschaft die Kaste sei. Aber dieses Bild des antiken und mittelalterlichen Indien wäre sehr parteiisch und würde zu Mißdeutungen führen, würden wir die stets vorhandene andere Richtung eines auf Volksbasis begründeten demokratischen Prinzips übersehen. Das demokratische Prinzip in Gesellschaftsorganisation und Regierungsweise kann in den nördlichen Teilen des indischen Subkontinents auf die allerfrühesten Zeiten zurückgeführt werden. In den südlichen Landesteilen haben sie stärker gewirkt und es gibt deutlichere Zeugnisse von ihnen.

Dörfliches Indien und demokratische Institutionen

Um das auf dem Volk basierende Prinzip zu beurteilen, brauchen wir uns nur den unzähligen indischen Dörfern und ihren örtlichen Körperschaften und Organisationen zuzuwenden. Die Dörfer waren gewiß eine merkwürdige Mischung aus in den Kasten begründeten Hierarchisierungen und gleichzeitiger Demokratisierung. So ungewöhnlich und paradox dies klingen mag, ist dies Teil der Komplexität der indischen Wirklichkeit mit ihren verwirrenden Widersprüchen. Dennoch zeichnen sich im Gewirr dieser Komplexitäten und Widersprüche auf lokaler Ebene bestimmte soziale Institutionen und Organisationen ab, die das Bollwerk der Verteidigung der Rechte des einzelnen und aller und die Praxis sozialer Gerechtigkeit waren.

Zunächst wären hier die Einrichtungen der *Sabha* und der *Samiti* in indischen Dörfern zu betrachten.[2] Erstere war der Ältestenrat der Dörfer, letztere die Generalversammlung der Bewohner, in der alle Familien vertreten waren.[3] Über die *Mahasabha* (den Großrat) waren die Dörfer miteinander verbunden und wurden von ihr demokratisch regiert. Auf der größeren Distriktsebene gab es eine demokratische

---

[2] Im Süden werden sie anders bezeichnet. In der Tamilenregion z.B. waren solche Institutionen als urar bekannt, ein Begriff für die Vollversammlung eines ganzen Dorfes.

[3] Siehe Romila Thapar, *A History of India*, London 1990, S. 36; s. auch A. L. Basham, *The Wonder That Was India*, New York 1954, 21. Aufl. 1979, S. 33.

Organisationskörperschaft, die *Nattar*[4] genannt wurde. Hier wurden Dinge verhandelt, die das Gemeinwohl des Dorfes, von Gruppen von Dörfern oder des Distrikts betrafen. Wir können uns angesichts der Tatsache, daß all diese demokratischen Körperschaften auf die Zeit vor Christus zurückgehen, der Bewunderung nicht erwehren.

Das Dorf mit seiner eigenen Versammlung war eine mehr oder weniger autonome Körperschaft. Das Land gehörte den Familien, die es bearbeiteten, und landwirtschaftliche Dinge wie Bewässerung und deren Wartung waren gemeinsames Anliegen der Dorfgemeinschaft, die in Solidarität lebte. Die Justizverwaltung wurde auf Dorfebene von traditionellen Rechtsinstitutionen und Dorfgerichten ausgeübt, die Streit schlichteten und Gerechtigkeit übten.[5] Zur Pflege vielfältiger Wohlfahrtsanliegen des Dorfes gab es weiterhin das System des Manyams. Dies waren vor allem Bodenkontingente, deren Produkte bestimmten Wohlfahrtszwecken zugute kamen.[6] Handwerker, Händler und andere Berufsgruppen nahmen am Dorfleben mittels ihrer Gilden, der Srenis, teil.

Die Dorfkörperschaften und ihre Rechtsorganisationen waren während der gesamten indischen Geschichte eine Kraft der Stabilität. Inmitten politischer Wirren und Invasionswellen hat die Dorfgemeinschaft wie eine Arche Noah bestimmte durchgehende Elemente indischer Kultur und Zivilisation bewahrt.[7] Die Tatsache, daß die politische Autorität oder der König sich nicht einmischten, bestärkte die Autonomie und Selbstbestimmung dieser Gemeinschaften auf den Gebieten Wirtschaft und Regierungsweise. Die Verpflichtung dem König gegenüber bestand darin, ihm einen Teil der landwirtschaftlichen Produktion als Tribut zu zahlen, damit dieser sie vor feindlichen fremden Kräften schütze.

Die Organisation und Funktionsweise der Dorfgemeinschaft ist ein Beispiel wahrer Dezentralisierung. Im Gegensatz zu vielen antiken Zivilisationen und dem modernen Staat war die Dezentralisierung nicht das Ergebnis einer Machtdelegation seitens einer zentralen Autorität. Vielmehr waren die Dorfgemeinschaften kraft ihrer eigenen

---

[4] Siehe die vorzügliche Studie von Radhakumud Mookerji, *Local Government in Ancient India von 1920*, wiederaufgelegt Delhi 1990, S. 204.

[5] Siehe a.a.O., S. 132ff.

[6] Siehe Dharampal, *Some Aspects of Earliner Indian Society and Polity and Their Relevance to the Present, A New Quest Pamphlet*, Pune o.J., wahrscheinlich 1985.

[7] Siehe Mookerji, a.a.O.

Verfaßtheit polyzentrische Körperschaften, also dezentralisierte Körperschaften "von unten" und nicht infolge irgendeiner Verwaltungsentscheidung einer politischen Zentralmacht, die Macht mit irgendjemandem zu teilen.
In modernen Zeiten hat der Staat praktisch die gleiche Spannweite wie die Gesellschaft, wobei ersterer praktisch alle Aspekte des Lebens bestimmt. Dies war in Indien nicht der Fall. Die Gesellschaft war in Indien unterschieden vom Staatswesen. Der vom König repräsentierte Staat war eher eine Dachinstitution. Die tatsächliche Macht lag bei den örtlichen Körperschaften. Dies bedeutete auch Vielfalt und Pluralismus in jeder Dorfgesellschaft, die ihre eigene Lebensart und ihre internen Angelegenheiten selbst prägte und erledigte.[8]

Die Vertragstheorie der politischen Macht

Das demokratische Prinzip gilt auch auf der Ebene der Organisation politischer Macht. Es trifft zu, daß im antiken Indien der König, der die politische Macht repräsentierte, als mit göttlicher Machtvollkommenheit versehen galt.[9] Dennoch verfügen wir seit den Zeiten Vedas über eine Vertragstheorie der politischen Macht, zufolge derer der König als Vertreter des Volkes angesehen wurde, und wir haben Beweise dafür, daß Könige sogar gewählt wurden. Der König galt deshalb als der Mahasammata, der Große Gewählte.[10] Er galt nicht als der Besitzer des Landes. Die Besitzer waren das Volk, und der König hatte kaum mehr als ein Recht auf Steuern, die ziemlich niedrig lagen - ein Zwölftel der Produktion, und in Krisenzeiten ein Sechstel. Dies steht in scharfem Kontrast zu den Landabgaben, die die britische Kolonialmacht dem Land abpreßte, und die in einigen Fällen bei unglaublichen 60% der landwirtschaftlichen Produktion lag.

---

[8] Bezogen auf die heutige Zeit läßt sich sagen, daß Ghandi aus der Struktur und Funktionsweise antiker indischer Dorfgesellschaften, deren Selbstregierung durch Zustimmung und Konsens, ihrer wirtschaftlichen Autarkie usw. stark in seinem politischen Denken inspiriert wurde.
[9] Siehe V. P. Varma, *Hindu Political Thought and its Metaphysical Foundations*, 3. Auflage Varanasi 1974, S. 231ff.
[10] Siehe Thapar, a.a.O., S. 53. Offenbar gab es einen buddhistischen Einfluß bei der Gestaltung dieser Art von demokratischer Praxis. Siehe Benjamin Walker, *Hindu World. An Encyclopedic Survey of Hinduism*, Delhi 1983, Bd. I, S. 551, und Louis Dumont, *Religion, Politics and History in India*, Paris - Den Haag 1970.

Weisheit und Macht im Einklang

Die Verbindung der Dimension Weisheit und des Elementes Macht ist eine andere wichtige Dimension des traditionellen indischen Staatswesens.[11] Die oft erwähnte westliche Stereotype des orientalischen Despotismus war der Fall Indiens nicht. Die politische Macht hatte hier ihre eigene Gewaltenteilung. Die erste Begrenzung der königlichen Macht war seine Verpflichtung, auf dem Pfad der Dharma zu wandeln. Um die Legitimität seines Ranges zu gewinnen, mußte der König den ethischen Konsequenzen der ontologischen, ganzheitlichen und harmonischen Ordnung des Kosmos und der Gesellschaft folgen, für die das Ideal des Dharma stand. Die Verabsolutierung der Staatsmacht und das Beschwören der Staatsraison standen nicht zur Debatte.

Auf operationaler und struktureller Ebene wurde diese Machtbegrenzung in der Gestalt des Purohita symbolisiert, des priesterlichen Führers, der dem König die ethischen und moralischen Ideale vorhielt, denen er zu folgen hatte. In der Geschichte Indiens finden wir fast unveränderlich die Institution des Königtums mit der des Purohita verknüpft.[12]

Die Verbindung von Danda mit Dharma

Freilich wußte die Konzeption politischer Macht in Indien sehr wohl um das Böse in der Gesellschaft und um die Wirklichkeit des Machtkampfes. Wir finden hier recht viel irdischen Realismus. Die Staatskunst wurde zur Wissenschaft und wurde in den Gerichten geübt. Ein

---

[11] G. C. Pande, *Dimensions of Ancient Indian Social History*, Delhi 1984, S. 262.

[12] Im Unterschied zu vielen antiken Zivilisationen wurde in Indien der König nicht als Priester angesehen. Königschaft und Priesterschaft waren nicht in einer Person vereint. "Durch diese Trennung" schreibt L. Dumont, "war die Funktion des indischen Königs *säkularisiert*. Dies war der Ausgangspunkt für eine Differenzierung, die Anspaltung einer dem Religiösen entgegengesetzten Reiches innerhalb der Religion, das grob gesagt dem entsprach, was wir das Politische nennen. Im Gegensatz zum Reich der Werte und Normen ist dies das Reich der Kräfte. Im Gegensatz zum dharma oder der universellen Ordnung des Brahmanen ist es das Reich der Interessen und Vorteile, artha". (*Religion, Politics and History in India*, Paris - Den Haag 1970, S. 68).

leuchtendes Beispiel ist die Arthasastra von Kautilya, die mehr als siebzehn Jahrhunderte älter ist als Machiavellis Il Principe.[13]
Wichtiger noch war die Macht des Zwangs, die der Ausübung politischer Macht beigesellt war. Diese Zwangsmittel wurden weniger zum Zweck des Überlebens des Königs eingesetzt als vielmehr, um die Gerechtigkeitsforderungen des Dharma hochzuhalten. Der Zwangsaspekt des Staates wurde Danda genannt. Wörtlich übersetzt heißt Danda Rute oder Stock und symbolisiert die Macht zu strafen. Danda hatte mit Dharma zusammenzugehen. Wenn Dharma für die moralischen und ethischen Ideale stand, so mußten die Verfehlung dagegen und ihre Verletzung verhütet werden, sollte nicht Unrecht in der Gesellschaft herrschen. Andernfalls würden, wie das große Epos Mahabharata es ausdrückt, "die Stärkeren die Schwächeren wie Fische am Bratspieß rösten."[14] (Dies hieß Matsyanyana, das Gesetz des Fisches). Auf diese Weise war das Danda der Wächter von Gerechtigkeit und Dharma.

Die heterodoxen Sekten und die gesellschaftliche Bedeutung ihres Dissenzes

Nachdem wir uns mit einigen soziopolitischen Institutionen und den ihnen innenwohnenden republikanischen und demokratischen Prinzipien beschäftigt haben, sollten wir uns nun einem anderen Zug der indischen Wirklichkeit zuwenden. Es handelt sich um die Hierarchisierung der Gesellschaft, wie sie in der Institution der Kaste und der religiösen Legitimation dieser sozialen Ordnung verkörpert ist. In diesem Zusammenhang müssen wir über die andersgläubigen Sekten und über die religiös motivierten Protestbewegungen sprechen, die beide mit unterschiedlichen Anliegen in dieselbe Richtung tendieren: Sie sind eine virulente Kritik der bestehenden Gesellschaftsordnung und ein Aufruf, diese zu ändern.
Zunächst ist festzuhalten, daß die heterodoxen Sekten ein wichtiges kritisches Prinzip der indischen Tradition waren. In antiken Quellen

---

[13] Kautilya, auch bekannt als Chanakhya, war ein sehr einflußreicher Ratgeber und Premierminister am Hof des Kaisers Chandragupta Maurya (324-300 v.Chr.).
[14] Zitiert in: Dumont, a.a.O., S. 77.

heißen diese Sekten Nastikas.[15] "Nastika" ist jemand, der "nein" sagt, jemand der sich weigert, der unorthodox ist. Die Nastikabewegung ist so alt wie die Vedas. Es gehört festzuhalten, daß, als die Vedas großspurig von Göttern und Opfern zu sprechen begannen, die Nastikabewegung als deren Negation auftrat. In der indischen Tradition steht Nastika für die materialistischen, rationalistischen, individualistischen und deterministischen Geistesströmungen, in einigen Fällen sogar für die nihilistischen.[16] Zu den heterodoxen Sekten gehören der frühe indische Materialismus (Lokayata), die Ajiyakas, der Buddhismus, der Jainismus und einige philosophische Systeme wie Sankhya, Yoga und Vaiseshika. Diese andersgläubigen Sekten hatten gemein, daß sie die Erklärung der Wirklichkeit nicht in Prinzipien suchten, die dieser äußerlich waren, sondern daß jede Wirklichkeit ihre eigenen Svabhava oder ihr innewohnende Charakteristiken hatte, durch die das gesamte Universum und das, was darin geschah, zur Geltung gelangten.
Der bekannteste Ausdruck der indischen Nastikatradition ist der Buddhismus. In ihm wurden die Botschaft der Nastikas und die Beweggründe ihres Protestes laut und klar. Nach den Wellen arischer Einwanderung in den nördlichen und nordwestlichen Teilen des indischen Subkontinents gerieten die frühen Stammeselemente ins Hintertreffen gegenüber der Vorherrschaft einer Priesterklasse, die die Gesellschaft mittels religiöser Riten und ausgetüftelter Opfer kontrollierte, um die herum das Leben der Menschen sich abspielte.[17]
Wirtschaftlich gesehen war es die Zeit des Übergangs vom Hirtenleben der frühen Arier zum Ackerbau und seiner Lebensweise. Neue städtische Zentren entstanden und der Handel begann zu blühen. Einfache Leute, für die Rinder wichtige Zugtiere waren[18], konnten sich nun die Praxis üppiger Opferschlachtungen von Rindern nicht mehr leisten. Der Protest Buddhas und seine Lehre des Ahimsa - Gewaltlosigkeit und Unberührtheit menschlichen und anderen Lebens - können auch auf diesem sozioökonomischen Hintergrund verstanden werden.

---

[15] Siehe Debiprasad Chattopadhyaya, *Indian Atheism. A Marxist Analysis*, 3. Aufl., Delhi 1991 und I. D. Lokayata, *A Study in Acient Indian Materialism*, 3. Aufl., Delhi 1973.
[16] Siehe Walker, a.a.O., Bd. II, S. 125-127.
[17] Siehe D. D. Kosambi, *An Introduction to the Study of Indian History*, Bombay 1956, wiederaufgelegt 1991.
[18] Siehe Romila Thapar, *Ancient Indian Social History. Some Interpretations*, Hyderabad 1984, S. 41-62.

Siddhartha, wie Buddha vor seiner Erleuchtung genannt wurde, wies die Vorherrschaft der Priesterklasse, der Brahmins, und der Vedas, von denen sie ihre Autorität ableiteten, zurück. Doktrinal gesprochen ging er das Problem an der Wurzel an. Da die brahmanische Lehre ihre Berechtigung aus dem Namen Gottes und der Seele bezog, leugnete Siddhartha Gott und Seele und entzog so dem Brahmanismus den Boden. Damit stimmte er mit seinem Zeitgenossen Mahavira (540 - 468 v. Chr.), dem Begründer des Jainismus überein. Siddhartha rief seine Jünger und das Volk dazu auf, sich von den ausgetüftelten brahmanischen Riten abzuwenden und sich auf die menschlichen Grundfragen wie Dukha, das Leiden, zu konzentrieren. Seine eigene Jüngergemeinschaft maß er am Ideal einer egalitiären Gesellschaft, ohne Kastendiskriminierung, als demokratische Gesellschaft. Tatsächlich gab es auch die hierarchische Struktur, die wir in vielen religiösen Traditionen finden, in seiner Jüngergemeinschaft, der Sangha, nicht.[19] Von da ab wird die von Buddha und anderen Nastikabewegungen initiierte Tradition des Protests und der Nichtkonformität die indische Geschichte begleiten, und ihre Bedeutung für das indische Denken kann nicht genügend betont werden.

> "Der indische Nonkonformismus ist eines der vornehmsten Kapitel in der Geschichte der hinduistischen und buddhistischen Spekulation. Trotz schärfster Beschränkungen seitens einer rigiden Rechtgläubigkeit hat Indien jahrhundertelang immer wieder Schismatiker und Protestanten, Dissidenten und Rebellen hervorgebracht, die die Orthodoxie in ihren Grundfesten erschütterten. Der Hinduismus war nie in der Lage, sich in der Orthodoxie einzuigeln, da seine Glaubensburgen unermüdlich von allen Seiten durch Agnostiker angegriffen wurden, und dies trug mehr als alles andere zur Elastizität des hinduistischen Organisationsgefügen bei."[20]

Die soziopolitischen Implikationen der Bhaktibewegung

Bhakti ist eine Volksbewegung der Liebe und Hingabe, die vom Mittelalter bis etwa zur britischen Besetzung Indien überflutete. Die von den Nastikas angestrebte Kritik und Gesellschaftsveränderung wurden

---

[19] Siehe A .K. Warder, *Indian Buddhism*, 2. Aufl., Varanasi 1980.
[20] Walker, a.a.O., Bd. II, S. 127.

von dieser religiös inspirierten, volkstümlichen Demutsbewegung weitreichender und effektiver verwirklicht.

Begrifflich und religiös-ideologisch unterschied sich die Bhaktibewegung vom Brahamismus. Die brahamische Orthodoxie ruhte seit etwa dem Beginn der christlichen Zeitrechnung auf der Säule der Doktrin der a-dvaita, der Nichtdualität.[21] Sie geht von der Grundeinheit des gesamten Universums aus; Brahman, das Göttliche, und das Atman, der menschliche Geist (Seele) sind weder eines noch zwei (Nichtdualität). Die conditio humana begründet eine Situation von Avidia, Unwissen, und die letztendliche Erlösung, die Befreiung, geschieht durch Wissen (Jnana) und Selbstverwirklichung der Wahrheit von der Grundeinheit der gesamten Wirklichkeit und der Nichtdualität des Brahman und des Atman. Die herrschende Tradition mit ihrer Betonung des Wissens wurde mehr und mehr zu einer elitären doktrinalen Welt. Die Bhaktibewegung wurde mit ihrer Ausrichtung auf die Liebe ein deutliches Gegenstück hierzu. Theologisch gesprochen war Bhakti ein Ergebnis der Umdeutung von Religion in Richtung auf Liebe und Hingabe anstelle des Wissens, das einer Klasse von Menschen, der Priesterklasse, erlaubt, in der Gesellschaft zu herrschen und sie zu kontrollieren.

Am konzeptionellen Anfang dieser Bhaktitradition steht das heilige Buch der Hindus, Bhagavadgita (Lied des Herrn). Im Gegensatz zur transpersonalen Konzeption des Göttlichen als Brahman sieht die Bhaktibewegung das Göttliche als personales Wesen, auf das der oder die Einzelne sich in liebender Hingabe beziehen kann. Eine der Hauptquellen der Bhaktibewegung, das Bhagavatapuranas, zeichnet in eine Unmenge von Legenden das faszinierende Bild des Gottes Krishna, wie er, einem Menschen gleich, wahrhaft liebt, und als Gegenstand der leidenschaftlichen Liebe und Hingabe zeichnet er das Bild Radhas und der schlichten Gopis, der Melkerinnen.[22] In diesem Bild wird die gesamte Natur harmonisch nachgezeichnet.

Bhakti hatte seine eigenen, deutlich hervorgehobenen Heiligen, die den Geist des Hingabekultes verkörperten, obwohl es deutlich eine Volksbewegung war. Als historische Bewegung geht sie zurück auf das Tamilgebiet des 7. Jh. und dessen Devotionalismus, den die

---

[21] Das erste Stadium dieser advaita-Doktrin ist die Zeit von Upanishads und Frahma-sustras. Im neunten Jahrhundert n.Chr. formulierte der Philosoph Sankara diese Doktrin allerdings deutlicher.

[22] Siehe Friedhelm Hardy, *Viraha-Bhakti. The Early History of Krisna Devotion in South India*, Oxford University Press, Delhi 1983.

heiligen Dichter der Nayanars (die der Siva Verbundenen) und der Alvars (die der Vishnu Verbundenen) begründet hatten.[23] Die Bewegung hatte ihren Höhepunkt zwischen dem 13. und 14. Jh.. Hervorragende Vertreter waren Namdev (1270-1350), Kabir (1440-1518), Turkaram (1598-1650), Chaitanya (1468-1533) und Tulsidas (1532-1623).

Die fundamentale Gleichheit aller Menschen, ungeachtet ihrer Klasse oder Kaste, ist ein Grundprinzip der Bhaktibewegung. Darin lag die größte gesellschaftliche Bedeutung dieser Bewegung. In gewissem Umfang erschütterte sie das Kastensystem und seine religiös legitimierten Fundamente, denn es überschritt die Barrieren von Reinheit und Unreinheit und stellte ein gemeinsames Band all derer her, die sich dem Herrn hingaben. Es nimmt nicht Wunder, daß es die Massen der einfachen Leute anzog. Es bedurfte nicht mehr der Vermittlung einer priesterlichen brahmanischen Klasse um zu Gott zu gelangen. Tatsächlich gehörten einige große Heilige der Bhakti selbst zu den untersten Kasten.

Die Anziehungskraft dieser Bewegung hatte noch einen weiteren Grund, ihre volksreligiösen Merkmale. Bhakti war eine Religion, die den menschlichen Körper und die Gefühle ernst nahm. Von bedeutsamen gesellschaftlichen Konsequenzen begleitet, erfüllte Bhakti jedermanns Leben mit Mystizismus. In Bengalen, dem östlichen Landesteil, traten in der Bhaktibewegung stark extatische Züge auf, so etwa in Chaitanya. Daß es wirklich und wahrhaftig eine Volksbewegung war, erhellt daraus, daß die klassiche religiöse Sprache, das Sanskrit, nicht benutzt wurde. Die religiöse Literatur wurde vielmehr in einheimischen Sprachen geschrieben. Die Gottesanbetungen wurden in Kirtans gesungen, volkstümlichen hingebungsvollen Hymnodien, die in verschiedenen Sprachen Indiens aufzutreten begannen. Damit wurde auch die legitime kulturelle und sprachliche Identität der verschiedenen Völker des indischen Subkontinents bekräftigt. Insgesamt hielt die Bhaktibewegung für viele Jahrhunderte den Kampf gegen soziale Diskriminierung in der indischen Gesellschaft lebendig.

---

[23] Siehe J. T. F. Jordens, *Medieval Hindu Devotionalism*, in: A.L. Basham (Hrsg.), *A Cultural History of India*, Oxford University Press, 6. Aufl., Delhi 1989, S. 266-280; s. auch S. Jaiswal, *The Origin and Development of Vaisnavism*, Delhi 1967; *Mariasusai Dhavamony Love of God According to Saiva Siddhanda*, Oxford 1971, Indira Viswanathan Peterson, *Poems to Siva. The Hymns of the Tamil Saints*, Delhi 1991; Jan Gonda, *Visnuism and Saivism: A Comparison*, The Athlone Press, University of London, London 1970.

Ihr Geist und die ungeheure Literatur, die sie hervorgebracht hat, wird späteren Generationen eine Quelle der Inspiration und des Engagements gegen die Wurzeln sozialer Ungleichheit sein.

Die Bauern und ihr Protest

Wenn die Bhaktibewegung soziale Diskriminierung zum Ziel ihres Protestes machte, so kämpfte die indische Bauernbewegung gegen die wirtschaftliche Ausbeutung. Die Bauernbewegung war eine starke panindische Kraft im Kampf um Gerechtigkeit. Seit dem achtzehnten Jahrhundert waren diese Bewegungen politisch sehr bedeutsam und ab einem bestimmten historischen Moment gingen ihre Energien in den nationalen Befreiungskampf gegen das koloniale Joch ein.[24]
Die Bauernbewegung geht auf die Zeit des Untergangs des Mogulreiches und den Beginn der gewaltsamen britischen Besetzung des Landes zurück. Für die Bauern war es eine Zeit scharfer Krisen und Belastungen. Die Moguls hatten landauf, landab in den autonomen und örtlich regierten indischen Dörfern ein System von Mittelsleuten eingerichtet, die Abgaben erheben konnten. Sie hießen die Zamindars. Diese Zamindars preßten, sei es auf Druck der Staatsverwaltung, sei es, um sich zu bereichern, den Bauern häufig Abgaben ab, die über die Fälligkeiten hinausgingen und belästigten die Bauern in vielfacher Weise. Aber die Bauern hatten ihre eigene Art dem Widerstand entgegenzusetzen. Eine der üblichen Weisen war der Massenauszug aus den Dörfern. Dann gab es Zeiten, in denen die Zamindars sich gegen die bereits geschwächte politische Macht wandten und sich ihrerseits in ihrem Kampf mit den Bauern verbündeten.[25]
Mit der Ankunft der Briten aber wurde die Situation unerträglich. Sie wollten das Land wirtschaftlich maximal ausbeuten, und setzten deshalb landwirtschaftliche Abgaben in bisher unbekannter Höhe fest, die sie zudem noch regelmäßig erhöhten, wodurch die Bauern verarmten und verelendeten. Um das Eintreiben der Abgaben zu erleichtern, machte die Kolonialmacht die Zamindars zu Landbesitzern. Die Kolonialoffiziere hatten dann nur noch mit den Zamindars zu tun, die für das ganze zum Dorf gehörende Land Abgaben zu zahlen

---

[24] Siehe Bipan Chandra, *India's Struggle for Independence*, Delhi 1989.
[25] Siehe D.N. Dhanagare, *Peasant Movement in India*, Oxford University Press, Delhi 1983, S. 25ff; S.C. Malik (Hrsg.), *Dissent, Protest and Reform in Indian Civilization*, Indian Institut of Advanced Study, Simla 1977, S. 268ff.

hatten, das ihnen als Vollbesitz zugesprochen worden war.[26] In anderen Landesteilen wurde das sogenannte Ryotwarisystem eingeführt. Es bedeutete, daß die Bauern Abgaben unmittelbar an den Staat entrichten mußten. Blieben diese Abgaben aus, so antworteten die Kolonialarmee und die Polizei mit Gewalt und steckten die Bauern ins Gefängnis.

All dies brachte nicht nur das traditionelle, auf Gemeinschaft aufgebaute Landbesitzmuster durcheinander, es lieferte die armen Bauern zudem den Klauen dieser neuen Landbesitzer und der Klasse der Geldverleiher aus, die nun auftauchten, um aus dem Elend der von der Kolonialpolizei niedergeworfenen Bauern Profit zu schlagen. Aus den Bauern wurden einfache Landarbeiter ohne eigenen Landbesitz.

Die Kolonisierer führten zudem das cash crop System (System vermarktbarer Ernte, d.Übers.) für Indigo und andere Pflanzenarten ein, wodurch die Landwirtschaft kommerzialisiert wurde. Die Bauern hatten praktisch keine Rechte. Sie wurden ein ums andere mal mit Unrecht überhäuft. Gewaltige Abgaben wurden ihnen abgepreßt, Infrastrukturmaßnahmen wie z.B. die Bewässerung wurden vernachlässigt; die Bauern wurden verhaftet, ausgepeitscht und in koloniale Fabriken eingeschlossen. All das nährte den Ärger unter den Bauern und ließ ihre Menschlichkeit zu zornigem Widerstand gegen das Unrechtsregime und seine örtlichen Handlanger erwachen.[27] Es war ein Kampf um ihre legitimen Rechte auf Würde und das unabdingbare Überlebensmittel - ihr Land.

Der harte Bruch, den die Kolonialmacht aus Eigeninteresse mit einem recht gut funktionierenden Landwirtschaftssystem vollzog, hiervon verursachtes Elend und Verarmung, die Erniedrigung, die die Landbevölkerung hinnehmen mußte, all dies sind einige der Schlüsselfaktoren, die erklären, daß die Bauern seit 1857 mit Wellen von Protesten, Revolten, Kämpfen und Aufständen in fast allen Landesteilen reagierten. Lassen Sie mich einige Beispiele anführen: Die Revolte der Bauern, die auf den bengalischen königlichen Indigoplantagen arbeiteten (1859 - 1960), die Stammesrevolten (besonders der Santhal) in den östlichen Landesteilen gegen die Landwegnahme und die Ausbeutung durch die Geldverleiher, die Unruhen von Deccan (1875), der Aufstand der Mappila in Malabar zu Beginn dieses

---

[26] Siehe A. R. Desai (Hrsg.), *Peasant Struggles in India*, Oxford University Press, Delhi 1982, S. 85ff.
[27] Siehe Chandra, a.a.O.; s. auch Dhanagare, a.a.O.; G.A. Oddie, *Social Protest in India*, Delhi 1979.

Jahrhunderts und der Aufstand der Telungana Mitte dieses Jahrhunderts.[28] In einigen Landesteilen gingen die vertriebenen und verarmten Bauern gruppenweise zu Kriminalität und Banditenwesen über (dies hält in einigen nördlichen Teilen des Landes bis heute an). Es gab auch einige örtliche Bauernrevolten messianischen und chiliastischen Charakters, die eigene charismatische Führer und eine der traditionellen indischen Lehre entstammende religiös-sektirerische Ideologie hatten.[29]

In den meisten Fällen haben die Bauern wohl keinen radikalen Wandel zustandegebracht. Der Kolonialstaat war hierfür zu mächtig und allzugut bewaffnet. Trotzdem trugen die verschiedenen örtlichen Proteste Früchte. Auf jeden Bauernprotest folgten Erleichterungen und Konzessionen. In gewissem Umfang gilt auch für das restliche Indien, was Harrish Chandra Mukherji 1860 über das schrieb, was die bengalischen Bauern erreicht hatten:

> "Bengalen kann sehr stolz auf seine Bauern sein. ... Vom Wunsch nach Macht, Wohlstand, politischem Wissen und sogar nach politischer Führung beseelt, hat die benagalische Bauernschaft eine Revolution zustandegebracht, die hinter keiner in der Sozialgeschichte eines andern Landes zurückzustehen braucht ... Obwohl Regierung, Gesetz, Gerichte und Presse gegen sie waren, haben sie einen Erfolg gehabt, dessen Auswirkungen dem ganzen Gefüge und die entferntesten Generationen unserer Landsleute zugute kommen werden."[30]

Die Dalits und ihre Proteste

Die Bewegungen der Andersgläubigen und der Bhakti waren, gesellschaftlich gesehen, ein Protest gegen soziale Ungleichheit; die Bauernbewegung hatte sich gegen wirtschaftliche Ausbeutung und politische Entmündigung gerichtet. Im Kampf der Dalits aber für mehr Menschlichkeit ging es um alle drei Momente; es war ein Dreifrontenkrieg: gegen die gesellschaftliche Marginalisierung, die wirtschaftliche Benachteiligung und die politische Machtlosigkeit.

---

[28] Detaillierte Untersuchungen zu diesem Protest enthält Desai, a.a.O.
[29] Siehe Stephen Fucms, *Rebellious Prophets. A Study of Messianic Movements in Indian Religions*, Bombay 1965.
[30] Zitiert in: Bipan Chandra, *India's Struggle for Independence 1857 - 1947*, Delhi 1990, S. 53.

"Dalit" ist ein relativ neues Wort, mit dem die mehr als 150 Millionen Ärmsten der Armen Indiens sich selbst bezeichnen. "Dalit" heißt "die Unterdrückten", "die "Zerbrochenen". Jahrtausende lang wurden sie als die Unberührbaren bezeichnet. In modernen Zeiten bezeichnete sie Gandhi als "Harijans" (Gottes Kinder).[31] Sie weisen alle Namen zurück, die andere ihnen gegeben haben, und ziehen es vor, sich als Unterdrückte und Zerbrochene zu bezeichnen, - was ja auch durch die Jahrhunderte bis in unsere Tage ihrer Wirklichkeit entspricht.

Ehe wir einen Blick auf die Art und Weise des Protests der Dalits werfen, sollten wir uns kurz der Unmenschlichkeit zuwenden, in der sie haben leben müssen. Am übelsten ist die Zuschreibung der Unberührbarkeit (auf der Grundlage des Prinzips von Reinheit und Unreinheit)[32] mit allen den tagtäglichen Diskriminierungen, die daraus folgen. Sie sind diejenigen, die außerhalb der abgesteckten Kastenhierarchie sind, die wahren "outcastes" - Ausgestoßenen.[33] Sie mußten traditionell in Hütten außerhalb der Dörfer leben und die schmutzigsten, als unrein verschrieenen Arbeiten wie Müllbeseitigung, Straßenfegen und die Entfernung menschlicher Exkremente und von den Tierkadavern usw. erledigen. Traditionell wurde ihnen verboten, Wasser aus dem Dorfbrunnen zu schöpfen und Tempel zu betreten. Sie waren im Wortsinn Unpersonen der Gesellschaft, ohne Position und Macht und dauernden Erniedrigungen ausgesetzt.

Das traditionelle Rechtsystem der Hindus war voller Vorurteile gegen die Dalits und gewährte ihnen keine Rechte. Das Manudharmasastra sagt an einer Stelle: "Wenn ein Brahmane einen Shudra erschlägt, ist das nicht mehr, als wenn er eine Katze, eine Gans, einen Frosch, einen Bussard, eine Eidechse, eine Eule oder eine Krähe erschlägt".[34] Schmerz und Kummer, die aus dieser Unmenschlichkeit rühren, klingen in den Worten eines modernen Dalitdichters nach, der

---

[31] Siehe D. G. Tendulkar, *Mahadma. Life of Mohandas Karamchand Gandhi*, Bd. *III*, Delhi 1961, S. 129ff.
[32] L. Dumont, *Homo Hierarchicus. The cast System and its Implications*, Delhi 1988.
[33] Siehe G. S. Ghurye, *Caste and Race in India*, Bombay 1932, wiederaufgelegt 1991.
[34] Zitiert in: *Reservations for Backward Classes. Mandal Commission Report of the Backward Classes Commission 1980*, Delhi 1991, S. 20.

Gott anfleht: "Gott, mach mich zu einem Tier, einem Vogel, aber bitte nicht zu einem Mahar (Unberührbaren)."[35]

Die Dalits stellen den größten Teil der indischen Landbevölkerung. Sie besitzen kein eigenes Land. Sie verkaufen lediglich ihre körperliche Arbeitskraft. Als landwirtschaftliche Arbeiter sind sie dem Wohlwollen ihrer Herren und Meister ausgeliefert, die sie nach Belieben verhungern lassen können. Die Dalits stellen auch die Mehrzahl der unorganisierten städtischen Arbeitskräfte. Wir sollten nicht vergessen, daß die Bilder, die die westlichen Medien von indischen Elendsvierteln und denen, die auf ihren Bürgersteigen und Pflastern geboren werden, wohnen und sterben, wahre Bilder der Dalits sind. Die *verarmten* und verschuldeten Dalits ländlicher Regionen strömen immer noch in die Städte, wo sie miserable Arbeiten jedweder Art verrichten, um über die Runden zu kommen. Ihre völlige wirtschaftliche Abhängigkeit von den oberen Kasten verurteilt sie zu politischer Machtlosigkeit. Wenn sie, was oft geschieht, angegriffen und getötet werden, wenn ihre Frauen vergewaltigt und ihre Hütten niedergebrannt werden, haben sie keinen politischen Ansatzpunkt, dem Widerstand entgegen zu setzen und auch keine Möglichkeit, Klage zu erheben angesichts der mit Leuten der oberen Kaste ausgestattete Justiz und Polizei.

Auf diesem Hintergrund müssen wir die Entstehung einer modernen Dalitbewegung verstehen, in der die Dalits selbst als Subjekte einen Weg suchen, ihre verlorene menschliche Würde und ihre legitimen Rechte zurückzugewinnen. Es sollte zugestanden werden, daß es Initiativen gab, das Anliegen der Dalits zu fördern. Der Dalitbewegung war aber immer daran gelegen, die verschiedenen von anderen vorgeschlagenen Lösungen zurückzuweisen, da sie der wahren Natur ihres Leidens nicht gerecht wurden.

Versuche und Enttäuschungen

Im vergangenen Jahrhundert haben einige Hindureformisten versucht, sie zu integrieren.[36] Auch Gandhis Denken ging in diese Richtung.

---

[35] Kisan Phagu Bansode, ein Dalit-Dichter aus Maharashtra, zitiert in: Ghansyam Shah, *Dalit Movements and the Search for Identity*, in: Social Action 40(1990), S. 321.

Andere haben vorgeschlagen, das Los der Dalits durch den Prozeß der "Sanskratisation" - um einen Begriff von M. N. Srinivas zu gebrauchen -[37] zu lindern. Gemeint ist, daß die Dalits und die unteren Klassen ihre Bräuche und Lebensweisen denen der Oberkasten anpassen und sich so Respekt verschaffen. Die Dalits weisen dies zurück, denn es geht nicht an die Wurzel des Problems, das Kastensystem.

Auch die linken Bewegungen haben keine Lösung des Anliegens der Dalits zuwegegebracht. Auf theoretischem Gebiet sind sie mit der Klassenanalyse verheiratet, mit dem sie es nicht vermochten, die Besonderheiten des Kastenwesens und die Komplexität der indischen Gesellschaft zu verstehen. Auf praktischem Gebiet sind die linken Parteien ironischerweise selbst von den Kasten infiziert. Ihre Führerschaft entstammt auf allen Ebenen den oberen Kasten.

Zu guter Letzt ist das Paket des modernen rechtlichen und politischen Systems nicht unbeschädigt beim Empfänger angekommen. Statt strikte Gesetze gegen die Unberührbarkeit zu erlassen, dauerte die Diskriminierung an. Was das politische System betrifft, würde man einem Irrtum erliegen, wollte man Politik und Demokratie in Indien in Begriffen der Individuen und ihrer Rechte fassen. Die politische Mobilisierung verläuft in Indien hauptsächlich über die Kaste. Als das moderne politische und rechliche System eingeführt wurde, herrschte die Hoffnung, das Kastenwesen würde daraufhin verschwinden. Tatsache ist, daß die Kasten dieses System zu ihren eigenen Zwecken verformt haben. Die Kaste, so zeigt sich hier, erweist sich über die Jahrhunderte als überaus biegsam. In neuen Situationen kann sie sich jeweils verändern und anpassen. Die Mandal-Kommission (eine Kommission, die von der indischen Regierung eingesetzt wurde, um die Forderungen der rückständigen Kasten zu untersuchen und Handlungsvorschläge zu machen. Der Bericht wurde 1990 vorgelegt.) merkt an:

> "Dank ihrer großen Biegsamkeit hat die Kaste ganze Zeitalter überdauert. Sie hat sprichwörtlich wie die Katze neun Leben. Kein Schema gesellschaftlicher Organisation kann wirklich

---

[36] Siehe D. Vable, *The Arya Samaj. Hindu Without Hinduism*, Delhi 1983; s. auch Ursula Sharma, *Status Striving and Striving to Abolish Status: The Arya Samaj and the Low Castes*, in: Social Action 26(1976), S. 214-236.

[37] M. N. Srinivas, *Social Change in Modern India*, Delhi 1972; s. auch sein jüngeres Werk: *The Cohesive Role of Sanskritization and Other Essays*, Oxford Press, Delhi 1989.

lange überleben, wenn es sich nicht auf gesellschaftliche Veränderungen einstellt und auf zeitgenössische Probleme wirkungsvolle Antworten findet. Dank seiner Biegsamkeit überlebte das Kastensystem den Buddhismus und den Islam, den Schock der fremden britischen Kultur und Verwaltung und die Kreuzzüge Gandhis, Ambedkars und Lohias."[38]

Eine sich selbst treibende Bewegung

Die Dalitbewegungen entstand aus der Enttäuschung über die verschiedenen Lösungsvorschlägen, die an sie herangetragen wurden. Diese Bewegungen versuchen neue Wege zu gehen. Niemand kann das Leiden und die Erniedrigung der Dalits so verstehen wie sie selbst. Für die Dalits stellt sich zuallererst die Frage ihrer Würde, des Respektes vor ihnen selbst und ihrer eigenen Identität. Jahrtausendealte Unterwerfung und Sklaverei haben in ihnen tiefe psychologische Narben hinterlassen.[39] Der schlimmste Aspekt des Kastenwesens war die Gefangenschaft der Seele, die Gegenwart des "Intimfeindes" in ihnen selbst, namentlich die Konditionierung ihres Bewußtseins als Dalits zu glauben, daß "ihr geringerer Status in der rituellen Hierarchie Teil der natürlichen Ordnung der Dinge" sei.[40]

Deshalb sind die Bemühungen der Dalits hauptsächlich auf gesellschaftliche und kulturelle Veränderung gerichtet. Ein gutes Beispiel ist der Konflikt zwischen Gandhi und Ambedkar, dem beachtenswertesten modernen Führer der Dalits. Während Gandhi sich vor allem den politischen Fragen seines Landes zuwandte, gab es für Ambedkar keine Befreiung Indiens ohne eine Änderung der indischen Gesellschaft. Die Dalits haben die Antwort gefunden, die religiös-kulturellen Ideologien der Kastenhierarchisierungen zurückzuweisen. Anknüpfungspunkt ihres gegenwärtigen Kampfes gegen die Kastenideologie ist die Tradition der andersgäubigen Sekten Indiens, des Buddhismus usw. Die Dalitbewegung wird durch den dauernden Kampf ihrer obersten Führer wie Jyotirao Phule, Ambedkar und Ramaswami Naicker inspiriert. Eine andere Form des Protestes war der Mas-

---

[38] *Reservations for Backward Classes*, a.a.O., S. 23.

[39] Das entspricht dem, was der Kolonialismus der Psychologie der Kolonisierten zugefügt hat; siehe A. Nandy, *The Intimate Enemy. Loss and Recovery of Self under Colonialism*, Delhi 1983.

[40] *Reservations for Backward Classes*, a.a.O., S. 19.

senexodus der Dalits aus dem Hindubereich. In der Vergangenheit wie in der Gegenwart war auch die Konversion eine Form des Protestes.[41]

Die Suche nach einer ideologischen Grundlage

Die Dalitbewegung ist heute auf der Suche nach einer festen ideologischen Grundlage ihres Kampfes gegen Unmenschlichkeit und zur Erlangung ihrer Rechte. Einige Bausteine und Richtungen zeichnen sich deutlich ab. Der Aufbau dieser Ideologie, so ist anzumerken, ist Teil der inneren Dynamik der indischen Gesellschaft und ihrer Geschichte. Da die Schaffung Indiens die ideologische Waffe ist, mit der ihre Ungleichheit institutionalisiert wird, speist sich der Kampf dagegen aus indischer Tradition und Geschichte.

Der erste Baustein dieser Suche ist die Wiedergewinnung ihrer Selbstidentität als ein unterdrücktes Volk. Zu diesem Zweck deuten sie ihre auf den Beginn der indischen Zivilisation zurückgehenden Ursprünge um. Sie verstehen sich als die Urbevölkerung des Landes, die vor tausenden von Jahren eine blühende Zivilisation hervorgebracht haben. Sie wurden von den Ariern erobert und versklavt. Die Arier stellten die Gesellschaftsordnung der Kasten auf Dauer, indem sie religiös-ideologische Mythen schufen, die der eroberten Bevölkerung - den Dasas und den Panis - einen niederen Status zusprachen.[42]

Da das System der Symbole, Mythen und Feste mit seiner zugrundeliegenden religiös-kulturellen Ideologie eine Schöpfung der oberen Kasten ist, haben sie zur Institutionalisierung der Ungleichheit und dem niedrigeren Status der Dalits beigetragen. Die ideologische Suche der Dalits bewegt sich deshalb in Richtung auf eine Umdeutung der Bedeutung, ja sogar auf eine Umkehrung der Rollen und Gestalten der Epen, Mythen und Symbole. Die Schurken werden so zu Helden und die Helden zu Schurken. Ein Pionier hierbei war der Dalitführer Jyotirao Phule, dessen Uminterpretationen erfolgreich zur Schaffung einer ideologischen Basis im Kampf gegen die Ungleichheit beitru-

---

[41] Siehe Augustine, *Conversion as a Social Protest*, in: Religion and Society 28(1981)4, 51-57; D. B. Forrester, *Caste and Christianity. Attitudes and Polices on Caste of Anglo-Saxon Protestant Missionaries and Social Reforms 1850-1990*; Walter Fernandez, *Caste and Conversion Movements in India*, in: Social Action 31(1981), S. 261-290.

[42] Siehe D. H. Kosambi, a.a.O., S. 72.

gen.[43] Zudem hat die Dalitbewegung sich den unter den Dalits noch bestehenden Volksliedern, Mythen und Geschichten als einer "kleinen Tradition" gegenüber der herrschenden brahmanischen Tradition[44] zugewandt. Diese Quellen drücken das Pathos, die Ängste und zugleich die Hoffnung der Dalits aus.

Im Kampf der Dalits um mehr Menschlichkeit und bei ihrer Suche um eine entsprechende ideologische Begründung geht es nicht ohne ernsthafte ideologische Probleme ab.[45] Der geopolitische Faktor steht der Schaffung einer Dalitidentität als ein Volk, als eine Nation entgegen. Sie sind geographisch nicht auf ein bestimmtes Gebiet konzentriert. Abgesehen von einigen Enklaven hie und da sind sie ein quer über den ganzen Subkontinent verstreutes und seinerseits in viele Kastengruppen unterteiltes Volk, das nichts außer ihrer "Unberührbarkeit" gemeinsam hat.[46] Über diese Schwierigkeit versuchen sie hinwegzukommen, indem sie verschiedene lokale Bewegungen und Vereinigungen von Dalits vernetzen und so ihre politische Macht ausbauen. Die zahlreichen Fortschritte, die sie bei der Zurückgewinnung ihrer Würde und dem Pochen auf ihre Rechte schon gemacht haben, haben Hoffnung in ihnen erweckt. Das, was sie heute über ihre Vergangenheit als unterdrücktes und erniedrigtes Volk wissen, wurde aus Quellen ihrer brahmanischen Herrscher ausgeschieden. Sie stehen deshalb vor der Aufgabe, ihre Identität anhand dieser unzulänglichen und vorurteilsbelasteten Quellen zu rekonstruieren.[47] Diese erheblichen Schwierigkeiten überwindend, führt die Dalitbewegung ihren Kampf um Rechte und die Suche und den Aufbau einer eigenen Dalitideologie kräftig und lautstark weiter.

---

[43] Siehe John D'Mello, *Mahatma Phule and the Reinterpretation of Culture*, in: Jeevadhara, Bd. XXII(1992), S. 49-58.
[44] Siehe Arvind P. Nirmal (Hrsg.), *Towards a Common Dalit Ideology*, Madras 1989.
[45] Abraham Ayrookuzhiel (Hrsg.), *The Dalit Desiyata*, ISPCK, Delhi 1990.
[46] Heute wird vorgeschlagen, die Dalit-Bewegung mit der Stammesbewegung für die Befreiung zu verbinden. Offenbar leiden die Dalits und die Minderheitenstämme in gleicher Weise durch die Arier. Die Verknüpfung von Dalits und Stämmen unter der Kategorie der "eingeborenen Völker" würden den gegenwärtigen Kampf diskriminierter Gruppen für Gleichheit stärken. Siehe Nirmal, a.a.O.
[47] Siehe Ayrookuzhiel, a.a.O., S. 94ff.

Schlußreflexionen

Wir haben einige Beispiele indische Gesellschaftsinstitutionen und Protestbewegungen betrachtet. Es liegt auf der Hand, daß sie nicht erschöpfend sind. Dennoch können für den Zweck dieses Vortrags einige Schlußfolgerungen für die globale Reflexion gezogen werden.

1. Das Humanum als Teil der gesellschaftspolitischen Geschichte

Die indische Erfahrung zeigt, daß das Fragenbündel, in dessen Zusammenhang die Begriffe des Menschlichen (z.B. soziale Gerechtigkeit, Menschenrechte) diskutiert werden, eher als gelebte Wirklichkeit in einem besonderen Zusammenhang denn als abstrakte theoretische Prinzipien verstanden werden muß. Das Menschliche besteht und kann auch nur bestehen aus der Partikularität eines Kontextes. Die Dynamik der gesellschaftspolitischen Geschichte eines Volkes offenbart auch das Menschliche (und freilich ebensowohl das Unmenschliche), das deren partikulären Institutionen und ihrem Kontext eines Ensembles miteinander interagierender verschiedener Kräfte und Faktoren zugrundeliegt.

Die Protestform in der gesellschaftspolitischen Geschichte Indiens mag auch einen Hinweis geben darauf, daß die Art und Weise, wie der Prozeß der Humanisierung einer Gesellschaft betrieben wird, der besonderen Natur der Enthumanisierung entsprechen sollte, die in dieser bestimmten Gesellschaft ihr Wesen treibt. Deshalb ist es unangemessen, wohlverschnürte, gleichsam schlüsselfertige Lösungen für Probleme und Fragen zu importieren, die aus diesem besonderen Ensemble von Kräften und ihrer Interaktion in einer bestimmten Gesellschaft erwachsen sind.

2. Das Anerkennen der Schlüsselrolle örtlicher Ideologien

Der Humanisierungsprozeß in jedweder Gesellschaft bedarf der Hilfe einer ideologischen Kraft. Das indische Beispiel mag uns veranlassen zu denken, daß die antihumanen Kräfte nur wirkungsvoll mittels Ideologien bekämpft werden können, die aus diesem Kontext erwachsen. Die Bedeutung einheimischer Ideologien wird uns auch klar, wenn wir betrachten, wie biegsam die traditionellen Institutionen und Werte sind und wie sie auch in den "modernsten" Systemen und Institutionen wiedergeboren werden. Die Zeiten, in denen die ganze

Welt sich dem einen oder dem anderen Lager universeller Megaideologien zugeschlagen hatte, sind vorbei, ohne daß irgend eine Problemlösung auf der Mikroebene geblieben sei. (Eher wurde die Situation noch erschwert). Die Schaffung einer menschlicheren Welt scheint in der Anerkennung der Pluralität von Mikroideologien zu liegen. Einige dieser Ideologien mögen viele gemeinsame Charakteristiken haben (wie etwa bei Familienähnlichkeiten), aber jede von ihnen ist einzig in ihrer Geltungsspanne und Wirksamkeit bezüglich ihrer kontextgebundenen Antwort.

3. Die Kluft zwischen Gesellschaft und politischer Ordnung überbrücken

Einer der Gründe für die schwere Krise der sogenannten demokratischen Institutionen ist die Tatsache, daß es an Übereinstimmungen fehlt zwischen der von der Bevölkerung wahrgenommenen und organisierten Gesellschaft und den politischen Institutionen, die dieser übergestülpt sind. Der westliche Ursprung der heutigen politischen Systeme hat seine Schwäche in der Annahme, daß die Gesellschaft, um die es geht, mit der politischen Ordnung ausdehnungsgleich ist, was im Falle Indiens und vieler Dritter-Welt-Nationen bestimmt nicht der Fall ist. Infolgedessen können sich die demokratischen Prinzipien und Werte, die sich in den einheimischen Gesellschaftsinstitutionen finden, in den ihnen auferlegten politischen Systemen keinen effektiven strukturellen Ausdruck verschaffen.[48] Die neuen politischen Systeme und Institutionen wurden unter der Voraussetzung eingerichtet, daß sie universell gültige Regierungsinstrumente seien, und daß die alten, einheimischen Gesellschaften dem Neuen weichen müßten. Diesem politischen Prokrustesbett wurden bedeutende soziopolitische Elemente der einheimischen Gesellschaften geopfert. Heute stehen wir vor der Herausforderung, angemessene Modelle politischer Regierungsweisen zu finden, die

---

[48] Die Beobachtung, die Radhakumud Mookerji vor über 70 Jahren machte, scheint auch für das heutige politische Klima sehr bedeutsam zu sein. Er sagte: "Es mag bedeutsam sein, darauf hinzuweisen, daß keine Form von Provinzregierung oder Zentralregierung, die lediglich "von oben" organisiert ist, ein lebendiges und gesundes Wachstum bringen kann, mag sie noch so mechanisch oder theoretisch perfekt funktionieren, es sei denn, sie bezieht ihr Fortbestehen aus dem kongenialen Nährboden der politischen Instinkte, Bräuche und Traditionen eines Volkes, die sich in den einheimischen örtlichen Körperschaften der natürlichen Grundlage *jeder* Regierung ausdrücken. A.a.O., S. 20.

nach Art eines Scharniers dem Wesen bestehender Gesellschaften, ihren Stärken und ihren inneren Widersprüchen gerecht werden. Dies bedeutet Pluralismus in der Regierungsweise, der aus einheimischen Wurzeln und Erfahrungen erwächst.

4. Die Befreiung des westlichen Geistes

Da ich hier in einer Stadt im Herzen Europas spreche, kann ich es mir nicht verkneifen, einige Überlegungen zur Wichtigkeit der Befreiung des westlichen Geistes anzustellen. Da der Westen heute weltweit wirtschaftlich und politisch dominiert, bedarf es dieser Befreiung, damit die Autonomie und Selbstbestimmung der Gesellschaften der Dritten Welt wirkungsvoll ins Werk gesetzt werden können und damit die Pluralität wirtschaftlicher und politischer Modelle erprobt werden kann.
Zuallererst steht die Befreiung von tiefverwurzelten Vorurteilen gegenüber den Gesellschaften der Dritten Welt an. Seit den Tagen der Kolonialisierung haben sich diese Vorurteile angehäuft und dienen bis heute als Nebelwand, um die Gesellschaften der Dritten Welt und ihre materiellen Güter auszubeuten. Die armen Nationen sind eingehüllt in eine dicke Wolke von Vorurteilen, die ein korrektes Verständnis ihrer Gesellschaften, so wie sie sich selbst und wie sie das Menschliche verstehen und deuten, verhindern.
Insbesondere sollte der westliche Geist sich befreien von seinen vorgefertigten Deutungsmustern, nicht zuletzt dem Evolutionsgedanken, mittels dessen die Gesellschaften der Dritten Welt gesehen und beurteilt werden. Die jeweilige gesellschaftspolitische Geschichte der Länder der Dritten Welt sind nicht einfach Stadien der Entwicklung vorbestimmten globalen theoretischen Konstrukts, sondern Marksteine in der Geschichte eines Volkes und seines Humanisierungsprozesses.

5. Die Suche nach Alternativen

Zu guter letzt kann das, was ich über die indische Gesellschaft zu sagen versucht habe, auch für das gegenwärtige globale Szenario gelten. Wir leben heute in einer Zeit der tiefen Krise der Demokratie und der demokratischen Institutionen. Das herrschende Entwicklungsparadigma hat die Menschheit in den Ruin und die Natur in die Katastrophe geführt. Es ist heute sehr klar, daß die Gans, die Entwicklung heißt, das goldene Ei der Demokratie nicht legt. Im Gegenteil, die Erfahrung hat uns in diesen Jahren gelehrt, daß die Industrialisierung (angeblich ein Zeichen der Entwicklung) eine Kraft war, die zumeist die Demokratie zerstört hat statt sie aufzubauen. Es gibt keine automatische Entsprechung zwischen Demokratie und Industrialisierung. Andererseits hat die Erfahrung der gesellschaftspolitischen Geschichte vieler Gesellschaften wiederholt gezeigt, daß demokratische Arten der Gesellschaftsorganisation mit einem starken Sinn für Gemeinschaft und Solidarität mit sehr viel weniger Industrialisierung zusammengehen können, und sogar gänzlich ohne sie. Für eine alternative Konzeption und Praxis auf globaler Ebene in der heutigen Krisenzeit ist es also geboten, einen tiefen Blick in die einheimischen Wurzeln der Bevölkerung zu tun. Eine alternative globale Perspektive kann durch Dialog, Austausch und Zusammenarbeit auf gleichem Fuß zwischen verschiedenen Völkern entstehen. Ich wünsche und hoffe, daß dieses Symposium dazu beiträgt.

Francis X. D'Sa, S.J.

Die Vernünftigkeit der Vernunft

Eine Untersuchung zum kosmotheandrischen Wesen der Vernunft

Die folgende Erörterung der Vernunft im anthropozentrischen und im kosmozentrischen Weltbild hat eine Anzahl von Zielen: Erstens soll die Art und Weise untersucht werden, wie die Vernunft unabhängig von jedwedem Weltbild funktioniert; zweitens soll der Gedanke zur Diskussion gestellt werden, ob es das Weltbild ist, das die Rolle und Funktion der Vernunft bestimmt; und zum dritten soll die These aufgestellt werden, daß wir uns mit Gewinn die Terminologie Raimundo Panikkars zu eigen machen können, der angesichts der Tatsache, daß wir uns die ausschließliche Bevorzugung des anthropozentrischen oder kosmozentrischen Weltbildes nicht mehr leisten können, die beiden synonymen neuen Wortbildungen der kosmotheandrischen oder theanthropologischen Sicht ins Gespräch gebracht hat, die die Eigenschaften beider Weltbilder einbeziehen.

1. Zunächst wollen wir kurz untersuchen, in welcher Weise die Vernunft funktioniert und was sie impliziert und voraussetzt, wenn sie so funktioniert, wie sie funktioniert.

1.1 Der Wissensprozeß hat seinen Ort im Bereich der Wahrnehmung, die immer eine einheitliche Sicht bietet. Wenn ich jetzt aus dem Fenster sehe, habe ich eine einheitliche Sicht schwankender Bäume, fliegender Blätter, wehender Wolken im Dauerregen. Aber die einheitliche Sicht ist nicht die Summe von Bäumen, Blättern, Wolken und Regen. Während die Sicht einheitlich bleibt, richtet sich die Vernunft jeweils auf Bäume, Blätter, Wolken und Regen. Ohne diese Ausrichtung auf einzelnes ist Rede nicht möglich. Der vernünftige Diskurs drückt aus, auf was wir uns bei der Entdeckung der Wirklichkeit beziehen.

Wir vergegenständlichen also zunächst dieses oder jenes Seiende in der einheitlichen Sicht und sagen dann etwas über es. Der Zweck der

Vergegenständlichung ist nicht, die einheitliche Sicht zu zerstören, sondern sie davor zu retten, ins Gestaltlose und Vage abzusinken, sie also in ihrer Vielfalt und in ihrem Reichtum zu artikulieren. Wenn wir über etwas eine Aussage machen, müssen wir uns in einem zweiten Schritt vergewissern, daß das, was wir vergegenständlicht haben, wieder in eine einheitliche Sicht eingeht. Was vergegenständlicht wurde, muß nun entvergegenständlicht werden, so daß es wieder seinen Platz in der Entdeckung der Wirklichkeit findet. Dies nicht zu tun heißt, die Welt der Entdeckung auf eine Welt der Gegenstände zu reduzieren.

Die Vernunft macht also im Prozeß des Verstehens den ersten Schritt, indem sie das zu Verstehende vergegenständlicht. Ohne Vergegenständlichung ist der Akt des Verstehens nicht möglich. Wenn Wissen in die Entdeckung der Wirklichkeit eintritt, ist die Aufmerksamkeit auf den einen oder anderen Ausschnitt der Entdeckung gerichtet. Dieser Ausschnitt wird vergegenständlicht, bevor er aufgenommen wird, denn Aufnehmen setzt Vergegenständlichung voraus.

Aber das ist nur der erste, nicht der letzte Schritt im Prozeß des Verstehens. Nun geschieht Vergegenständlichung im Horizont unseres Verstehens. Das heißt, daß der vergegenständlichte Ausschnitt in diesem Horizont verstanden wird. Ist dies der Fall, ist der objektivierte Ausschnitt in diesen Horizont integriert und der erste Teil des Verstehensaktes ist abgeschlossen - jedenfalls vorerst.

Nun bedarf der Verstehensakt eines zweiten Teiles. Er besteht darin, zur einheitlichen Sicht dessen zurückzugelangen, was zuvor ausschnittweise vergegenständlicht und verstanden wurde. Dieser zweite Schritt ist nötig, damit der vergegenständlichte Ausschnitt in die Entdeckung der Wirklichkeit reintegriert wird. Denn wenn der vergegenständlichte Ausschnitt vergegenständlicht bleibt, kommt es zu einem verdinglichten Verständnis des vergegenständlichten Ausschnitts.

Wenn dies regelmäßig geschieht, wird, wie wir sagten, die Welt der Entdeckung früher oder später auf eine Welt der Gegenstände reduziert.

Vergegenständlichung gehört zum ersten Teil des Wissensprozesses; aber sie muß im zweiten Teil überwunden werden. Wird dies vernachlässigt, ist das Ergebnis ein verdinglichtes Verstehen. Der Wissensprozeß wird dadurch verzerrt, denn das verdinglichte Verstehen wird Teil unseres 'Operationssystems'. Die Überwindung der Verdinglichung geschieht in einem zweiten Schritt, nämlich durch das thematische Bewußtsein der einheitlichen Sicht der Wahrnehmung. Dies ist ein Schritt, der bewußt unternommen werden muß, nicht spontan. Unser gängiges Bewußtsein der Wirklichkeit bleibt verdinglicht, weil solch ein Schritt selten getan wird.

1.2 Wenn wir die Implikationen des Prozesses, über den wir bisher nachgedacht haben, erörtern, mögen uns einige Einblicke in das Wesen der Vernunft gelingen; d.h. wir müssen fragen: Unter welchen Bedingungen steht Vernunft, wenn sie so funktioniert, wie sie funktioniert?

Vergegenständlichung ist nur möglich innerhalb einer Wahrnehmung, die zu unserem Verstehenshorizont paßt. Wenn das Gegebene, das wir wahrnehmen, uns völlig neu ist, wird es uns schwerfallen, es als Gegenstand zu erkennen. Wir können nur als Gegenstand bestimmen, was uns vertraut (und familiär) ist. Das Nicht-vertraute kann nicht vollständig vergegenständlicht werden. Familiärsein heißt, daß etwas gleichsam zur Familie gehört, und die Familie ist unser Verstehenshorizont (in Panikkars Worten: unser Mythos), in dem wir leben, uns bewegen und sind, in dem wir erfahren, verstehen und urteilen.

Diese Familie hat ihre eigene Autoritätsstruktur, die auf zweierlei Weise ins Bedeutungssystem eingegangen ist: in einer spezifischen Form des Bewußtseins dessen, was Sinn ergibt, und in einem steten Trieb, nach einem Inhalt zu suchen, der zu diesem spezifischen Bedeutungssystem paßt.

Es ist zuallererst ein Hintergrundbewußtsein, das den Dingen Bedeutung gibt; dies ist der Bedeutungsbereich, in dem wir uns unausweichlich befinden. Ich möchte dies die urtümliche Autorität nennen, die unsere Handlungen leitet und unser Leben mit Sinn erfüllt. Es ist die urtümliche Autorität, denn sie begleitet alle unsere Bewußtseinsakte. Das Hintergrundbewußtsein ist begleitend und offenbart sich im Wahrheitssinn. Wir verstehen die Dinge, insoweit sie diesem Wahrheitssinn entsprechen. Wenn sie ihm nicht entsprechen, gibt es für uns kein Verstehen. An dieser Stelle 'verhandelt' Vernunft, erfüllt vom Wahrheitssinn, der dem Hintergrund (Mythos oder Verstehenshorizont) innewohnt, mit den vertrauten und unvertrauten Dingen unseres Wissens. Die Vernunft nämlich, nunmehr erfüllt vom Wahrheitssinn, steht nun vor der Aufgabe der Wahrheitssuche. Hier findet das Vorverständnis seinen Platz.

Kurz gesagt ist Vernunft das Vehikel unseres Mythos und funktioniert nach Maßgabe der Dynamik dieses Mythos. Sie steht gleichermaßen für die Vernünftigkeit als auch für die Unvernünftigkeit unseres Mythos. Im ersten Fall zeigt sie, wie weit sie gehen, im zweiten, wie weit sie nicht gehen kann. Aber ein Mythos kann nicht von außen kritisiert werden und noch weniger von innen. Nicht von außen, denn von außen wird der Mythos zur Mythologie und nicht von innen, denn man versteht nicht den Mythos, sondern im Mythos und durch den Mythos. Die Korrektur und Vervollständigung eines Mythos aber kann nur unter der Bedingung einer *communicatio in sacris mythis* stattfinden.

Damit könnten wir nun dazu übergehen, über die Besonderheit der beiden Weltbilder nachzudenken.

2. Die Sichtweise des anthropozentrischen Weltbildes ist anthropozentrisch, während sie im kosmozentrischen Weltbild kosmisch ist. Letzteres heißt nicht, daß der Mensch in der Lage ist, so aus sich - nämlich aus der menschlichen Perspektive - herauszugehen, daß er aus einer kosmischen Perspektive auf die Dinge sehen könnte. Es ist etwas gänzlich anderes gemeint. Es mag deshalb angemessener sein, statt von einer Sichtweise eher von einer 'Grundmetapher' zu sprechen. Grundmetapher meint den grundsätzlichen Ausdruck, der in einer jeweils einzelnen Weltsicht den in ihr operierenden Werten, Zielen und Idealen Rang und Richtung vorgibt. Ich nenne sie Grundmetapher, da sie die Basis des Sprachgebrauchs einer jeweiligen Weltsicht ist. Dies bedeutet, daß die Familie oder das Netzwerk der dort operierenden Metaphern eine gewisse Konsistenz hat, die nur ihnen eigen ist. Entsprechend sind die hervorgehobenen Werte und mehr noch die ignorierten Werte nur eine Erschließung der Besonderheit dessen, was ich als Grundmetapher bezeichnet habe.

3. Im Falle des anthropozentrischen Weltbildes ist die Grundmetapher anthropozentrisch, weil der Mensch in seinem Zentrum steht. Im Brennpunkt der Aufmerksamkeit steht der Mensch, seine Welt und sein Gott. Aus dieser Sicht muß die Welt humanisiert werden, der Mensch selbst wird ein Kind Gottes genannt, und Gott offenbart sich als der Vater der Menschheit und Schöpfer des Himmels und der Erde. Sein Wille ist, daß wir glauben und durch den Glauben seine Kinder werden. Diese 'Humanisierungstendenz' geht soweit, das Böse als den Teufel zu personifizieren, der als der Sohn der Finsternis gilt. Sünde ist ein Akt des Ungehorsams, und die Unterwerfung unter die Sünde ist Sklaverei.

Die Welt ist Gottes Schöpfung und sein Werkzeug, und als solche ist sie völlig unter seiner Kontrolle. Er ist es, der die Sonne über Guten und Bösen scheinen und es über Gerechten und Ungerechten regnen läßt. Er nährt die Vögel des Himmels und kleidet die Lilien auf dem Felde; und kein Haar fällt ohne sein Wissen. Die Himmel sind seiner Hände Werk und künden seine Ehre usw.
Wir sind gut, wenn wir durch richtige Entschlüsse Gottes Willen tun, und dann böse, wenn wir selbstsüchtig handeln und seinem Willen nicht gehorchen. Am wichtigsten ist schließlich, daß der Begriff der Geschichte, der die Grundlage (besonders des modernen, westlichen) Christentums ist, an menschliche Geschichte gebunden ist, d.h. an die Geschichte des Menschen in der Welt. Die Art, wie Geschichte verstanden und geschrieben wird, ist das beste Beispiel des anthropozentrischen Charakters dieses Weltbildes.

3.1 All dem liegt klar ein gewisses Verständnis des Menschen zugrunde und wird seinerseits vorausgesetzt. Alles, was erfahren, verstanden und beurteilt wird, liegt im Horizont solchen Verständnisses. Auf diesem Hintergrund haben wir die Bedeutung und Funktion der Vernunft in der westlichen christlichen Tradition zu untersuchen. Zuvor aber müssen wir unsere Aufmerksamkeit der Besonderheit der kosmozentrischen Weltsicht zuwenden.

4. In der kosmozentrischen Weltsicht ist die Grundmetapher völlig anders. Wie der Name selbst sagt, liegt die Betonung auf dem kosmischen Aspekt, denn aus dieser Perspektive wird die Wirklichkeit erfahren, verstanden und beurteilt. Gleich welche Denkschule des Hinduismus (also der kosmischen Weltsicht par excellence) wir in Betracht ziehen, ist die Göttlichkeit nicht so sehr 'personal' als vielmehr kosmisch. In einigen Fällen mag der Ausdruck sogar personal sein, aber dennoch bleiben die charakteristischen Merkmale unverwechselbar kosmisch. Mehr noch, wir müssen davon ausgehen, daß die kosmische Natur des Göttlichen unterschiedlich verstanden wird.
So wird auch der Mensch aus einer kosmischen Perspektive gesehen. Er ist weder der Prinz noch die Krone der Schöpfung, sondern nur Teil des kosmischen Ganzen wie alle anderen. Aber er kann Transzendenz im und durch den Kosmos erfahren, d.h. indem er Transzendenz im Kosmos sieht und für sein Wohlergehen arbeitet. Wenn er das nicht ernst nimmt, wird ihn die Metapher von Karma-und-Wiedergeburt ermahnen, daß er auf diese Weise seine wahre Identität

nicht finden wird. Das Ergebnis wird sein, daß er sich weiterhin unaufhörlich mit dem Kosmos identifiziert. Erlösung (Befreiung = Mokscha) und Verdammung (= der Zyklus von Geburt-und-Wiedergeburt) sind also manifest kosmisch. Denn um Befreiung zu erlangen, muß der Mensch die Transzendenz im Kosmos entdecken; den transzendentalen Aspekt im Kosmos zu vergessen heißt, in ihm verloren zu gehen - und das ist das eigentliche Unheil.

Entsprechend werden die Begriffe der unzähligen Schöpfungen, des stets neuen Auftretens von Leben und Tod in jedweder Form und an jedweder Stelle, die Unmeßbarkeit des Raumes und die endlosen, aber stetig und kontinuierlich wiederkehrenden Zeitperioden (Kalpa), nur aus kosmischer und nicht aus historischer Sicht intelligibel.

In dieser Weltsicht ist der Begriff der Geschichte belanglos. Geschichte kann nie etwas anderes sein als Geschichte eines Teils, nie des Ganzen. Wo sich die Konzentration auf das Ganze richtet, ist Geschichte nicht möglich. Menschliche Geschichte hat also keine erlösenden Züge. Das heißt nicht, daß die Weltsicht die Realität der Geschichte verneint. Im Gegenteil: Die Realität der Geschichte wird aus einem ganz anderen Blickwinkel ernst genommen. Geschichte ist immer schon Geschichte in Knechtschaft. Befreiung heißt, über Geschichte und das Geschichtliche hinauszugehen und in die Totalität, die Gesamtheit der Wirklichkeit einzugehen.

4.1 Dieser Art des Erfahrens, Verstehens und Beurteilens liegt die Metapher der Ganzheit und Totalität zugrunde. Dies ist aber nicht eine ungestaltete Ganzheit und Totalität, sondern eine, die unweigerlich von den Erscheinungen Geburt und Tod geprägt ist. Es gibt nichts, was dieser Prägung entgehen könnte. Das Endliche ist das, was wiederholter Geburt und wiederholtem Tod unterworfen ist. Das ist ein kosmisches Phänomen. Aber mehr noch: Das Kosmische bezieht sich nicht nur auf die Tatsache, daß alles im Kosmos wiederholter Geburt und wiederholtem Tod unterworfen ist, sondern auf das totale Ganze, in dem Geburt und Tod unausweichlich mit allem in ihm verbunden sind. Das totale Ganze ist nicht nur die Totalität von allem, das wiederholter Geburt und wiederholtem Tod unterworfen ist, sondern auch das, in dem Geburt und Tod unermüdlich aufeinander folgen, das aber als Totalität selbst nicht wiederholter Geburt und wiederholtem Tod unterworfen ist.

5. Die Vernunft sowohl in der anthropozentrischen wie auch in der kosmozentrischen Weltsicht hat die Aufgabe, der Dynamik der Grundmetapher zu folgen. Es sollte nach Obigem klar sein, daß Vernunft immer in derselben Weise funktioniert, ob in der anthropozentrischen oder kosmozentrischen Weltsicht. Es ist klar, daß in jeder der beiden Sichtweisen der Welt die Vernunft unterschiedlich zu funktionieren *scheint*. Aber dieser Unterschied resultiert aus der Weltsicht, nicht aus der Vernunft. Die Funktionen des menschlichen Körpers sind dieselben, in welchem Klima auch immer er sich befindet. Ähnlich ist es mit der Vernunft.

In beiden Sichtweisen der Welt ist die Vernunft der Gefahr der Vergegenständlichung ausgesetzt; auf beiden Horizonten lastet die Verdinglichung - als eine reale Gefahr.

Dennoch scheint die Logik der Vernunft in der anthropozentrischen Weltsicht anders zu sein als in der kosmozentrischen. Wie wir sagten, stellt die anthropozentrische Weltsicht den Anthropos ins Zentrum, während die kosmozentrische Weltsicht den Kosmos in den Mittelpunkt stellt. Es liegt auf der Hand, daß die Vernunft anders zu Werke geht, wenn der Anthropos im Zentrum steht, als wenn der Kosmos im Mittelpunkt steht. Die Logik der Vernunft in ersterer Weltsicht ist die Logik des Anthropos und in letzterer die Logik des Kosmos. Die Vernunftlosigkeit ist eine Konkretisierung der fundamentalen Dynamik ihrer Weltsicht, denn sie ist von dieser Dynamik determiniert, und die Weltsicht ist in der Logik und durch die Logik operativ.

5.1 An dieser Stelle der Diskussion mag es hilfreich sein, noch etwas nachzudenken über das, was ich die Logik des Anthropos und die Logik des Kosmos genannt habe. Hier scheint mir die Kategorie der 'Geschichte' Stoff zu bieten für unsere Diskussion über die 'Frage nach kultureigenen Rationalitäts- und Entwicklungspotentialen'. In ersterer Art der Logik gedacht, liegt die Betonung im allgemeinen auf dem, was (wie auch immer) das Menschliche betrifft und für das es von Bedeutung ist, während in letzterer der Brennpunkt im allgemeinen auf dem liegt, was den Kosmos betrifft und für ihn von Bedeutung ist. Genauer noch: es ist Ereignis (event) in der anthropozentrischen Weltsicht und bloßes Geschehen (happening) in der kosmozentrischen.

In einer Welt der Ereignisse ist bloßes Geschehen nur dann wichtig, wenn ihm die Bedeutung eines Ereignisses zukommt. Wenn ihm diese Bedeutung nicht zugesprochen werden kann, bleibt das Geschehen unwichtig und fällt der Vernachlässigung und dem Vergessen anheim. Der Grund hierfür ist einfach: In dieser Weltsicht ist der Mensch (wiederum in der spezifischen Weise dieser Weltsicht verstanden) so verortet, daß alles dazu neigt, im Licht seiner Bedeutung für ihn allein gesehen zu werden. Die Bedeutung und der Wert eines Seienden scheint in großem Umfang vom Verhältnis dieses Seienden zum Menschlichen bestimmt zu sein. Das wird offenkundig in der Art, wie er auf die Geschichte blickt. Er ist es, der Geschichte durch seinen Willen und durch seine Arbeitsform gestaltet. Seine Geschichte ist das, was er ist, und er ist das, was seine Geschichte ist.

Dies drückt sich deutlich im Umgang der anthropozentrischen Weltsicht mit der Natur aus. In ihr hat der Mensch das Recht, Bäume zu pflanzen und zu fällen, Wälder abzuholzen und Hügel einzuebnen, Tiere nicht nur zu seinem Überleben, sondern zu seinem Vergnügen zu töten. Er hat das Recht, mit gefährlichen Waffen in der Tiefe der See, in den Wüsten oder im Weltraum, mit Pflanzen und Bäumen, Vögeln, Insekten und Tieren Versuche anzustellen. Er erfindet Medikamente, um Krankheiten zu heilen, findet Wege, um die Tiefen des Ozeans zu ergründen und Raketen, um Planeten zu erforschen. Er produziert genug, ja mehr als nötig, um sich zu kleiden und um zu wohnen. Er ist nun in der Lage, nicht mehr nur seine Bedürfnisse zu befriedigen, sondern er kann sich auch schöpferisch seinen Wünschen zuwenden, sie mehren und verwirklichen. Mit alledem gestaltet der Mensch Geschichte.

Deshalb ist in dieser Weltsicht Geschichte eine wichtige Kategorie, vielleicht zusammen mit der Willensfreiheit die wichtigste. Dies führt uns zu folgender Überlegung.

Wiewohl der Mensch durch die Geschichte geformt ist, ist er selbst in der Lage, die Geschichte durch seine Taten und Errungenschaften zu gestalten. Geschichte ist also eine Aufzeichnung seines Gelingens und Versagens. Nomina wie Aktion und Durchführung, Arbeit und Produktion, und Verben wie machen, tun, schöpfen - all diese anthropozentrischen Merkmale sind integrale und konstitutive Faktoren der Welt der Geschichte. Der Begriff der Menschenrechte und das Entwicklungsmodell, so füge ich hinzu, müssen auf diesem Hintergrund verstanden werden. Wie immer ihr sprachlicher Ausdruck lauten mag, Menschenrechte sind primär Rechte, etwas zu tun, durchzuführen und zu erreichen.

So könnte man etwa, um die Dinge klar zu machen, fragen, ob jemand das Recht auf Stille habe. Darauf kann es zwei Arten von Antworten geben; eine ist, daß der Staat sich darum kümmert, wenn die Mehrheit gestört wird (siehe etwa die Bestimmungen zum nächtlichen Flugverkehr), und die andere ist, daß Stille eine *private* Angelegenheit ist. Im ersten Fall wird Stille als ein Ergebnis von verordneter Lärmbeschränkung gesehen, im zweiten als eine Art privates Eigentum, mit dem man nach Belieben verfahren kann. Freilich bin ich mir bewußt, daß Beispiele wie Stille nicht unter den Begriff der Menschenrechte fallen; damit allerdings wird den Menschenrechten nur begrenzte Geltung zugestanden, begrenzt vor allem in Hinsicht auf das Etwas-erreichen, Zustandebringen.

Es liegt auf der Hand, daß es der Mensch selbst ist, der bestimmt, was seine Rechte sind. Es ist wichtig für unsere Diskussion festzuhalten, daß es unbeschadet eines gehörigen Quantums Willkür in der Festlegung dieser Rechte letztendlich deren Anliegen ist, dem Wohlergehen des Menschen selbst zu dienen.

Die Anliegen der kosmozentrischen Weltsicht sind deutlich hiervon unterschieden. Der Ort des Menschen ist nicht im Zentrum, sondern im Ensemble anderer Lebewesen, vielleicht als eine Art *primus inter pares*. Das Anliegen ist nicht primär das Wohlergehen des Menschen, sondern das Wohlergehen aller Wesen, das, wie die Bhagavadgita sagt, erreicht wird, indem das Opferrad gedreht wird, d.h. indem das Beziehungsgeflecht und die Wechselwirkung aller Dinge beibehalten und bestärkt werden. Das Wesen, die Rolle und die Funktion jedes Dinges muß respektiert werden. Das Ziel ist immer Integration und Harmonie.

Ausdruck hiervon ist der Respekt vor der Natur, sei es im Bewußtsein der Heiligkeit der aufgehenden Sonne, der Königsschlange oder des majestätischen Bo-Baumes, der Leib und Seele reinigenden Wirkung des Flusses, der Heilkraft der Kräuter, der Stille der Gipfel oder der Zurückgezogenheit abgelegener Höhlen oder der Gewaltlosigkeit gegenüber Mensch und Tier, Insekten und Vögeln.

All dies ist Geschehen, und als solches ist alles wichtig, obwohl es nie in die Geschichte eingehen wird. Auch kann ihre Bedeutung nicht daran gemessen werden, sondern erwächst aus der Tatsache, daß all dies Einzelgeschehen integraler Teil des kosmischen Geschehens ist, wo ein Geschehen nicht in und für sich selbst ist, noch wo es wichtiger als andere Geschehnisse ist. Jedes Geschehnis ist auf jedes andere Geschehnis im Kosmos bezogen und ist Teil davon.

Das Eingehen auf das kosmische Dharma hat offenkundige Schwachpunkte. Die Konzentration auf den Kosmos kann in einem Umfang zur Vernachlässigung der menschlichen Gemeinschaft führen, indem nur einige Teile dieser Gemeinschaft als menschlich angesehen werden. Beispiel hierfür ist nicht nur die Behandlung der Unberührbaren in der Geschichte, sondern deren Behandlung bis heute. Kühe gelten als heilig, und ihnen kommt in ganz Indien mehr Hochachtung zu als den Shudras. Die Sorge für die heiligen Kühe wiegt höher als die Gerechtigkeit für verstoßene Kasten und Stämme.

In einer auf Meditation und Gewaltlosigkeit aufbauenden Weltsicht erkannten sogar heilige Personen das vom Kastensystem zugefügte Unrecht nicht. Es bedurfte einer Begegnung mit der anthropozentrischen Weltsicht, um sich der Inkonsistenz dieser Praxis bewußt zu werden. Rückblickend freilich kann man feststellen, daß die Geschichte eine wichtige Kategorie ist, da sie die Schwäche der oberen Kasten und die Stärke der schwächeren Teile offenbart, und eine kritische Einstellung schaffen kann. Ebenso wäre die Geschichte der kosmozentrischen Weltsicht sehr viel anders verlaufen, wäre sie früher der Welt der Geschichte begegnet.

Welche Schlußfolgerungen können wir aus diesen Reflexionen ziehen? Während die anthropozentrische Weltsicht dazu neigt, Geschichte zu verabsolutieren, neigt die kosmozentrische dazu, sie zu ignorieren. Erstere neigt auch dazu, die Vernunft zu verabsolutieren und letztere den Glauben. Beide Augen, das anthropozentrische und das kosmozentrische, müssen lernen, zusammenzukommen und zusammen die Wirklichkeit zu schauen. Seien es Werte oder Werke, Glaube oder Ritus, Wissenschaft oder Philosophie, solange sie in nur einer Weltsicht befangen bleiben, sind sie zur Einäugigkeit verurteilt. Sie müssen korrigiert und ergänzt werden. Alles darf nicht aus einem einzigen Blickwinkel, sondern muß aus verschiedenen Blickwinkeln, d.h. in mehr als nur einer Weltsicht gesehen werden.

6. Heute mögen wir in der Lage sein, die Einseitigkeit der beiden oben erwähnten Sichtweisen der Welt auszumachen. Wir können allerdings diese Einseitigkeit nicht dadurch wettmachen, daß wir sie synkretistisch verknüpfen, indem man der einen den entscheidenden Punkt der anderen hinzufügt. Wir benötigen eine neue Vision, von der aus wir unsere Welt sehen können, eine Vision, die alle Einsichten der unterschiedlichen Weltsichten und Kulturen integriert, eine Vision, in der Unterschiede weder vernachlässigt noch überschätzt

werden, eine Vision, die die Werte früherer Sichtweisen der Welt relevanter und universeller auslegt.
Wir befinden uns in einer qualitativ unterschiedlichen Weltsicht. Die Tatsache, daß wir beide Sichtweisen der Welt, und sei es nur in einigen ihrer Charakteristiken, thematisieren können, zeigt, daß wir in gewissem Maß über sie hinausgegangen sind. Nun tut sich ein neuer Verstehenshorizont auf. Raimundo Panikkar, der beredt und ausführlich darüber geschrieben hat, nannte es die kosmotheandrische Vision. Sie bezieht sich auf drei mobile und irreduzible Zentren der Wirklichkeit, die durch eben diese Zentren konstituiert wäre. In anderen Worten, es gibt nichts, kein Lebewesen und kein Seiendes, das nicht durch diese drei Zentren konstituiert wäre. Die Zentren können unterschiedlich benannt werden. Eine Möglichkeit ist, sie das Kosmische, das Menschliche und das Göttliche zu nennen. Keines von ihnen ist aus sich selbst Wirklichkeit oder konstituiert Wirklichkeit. Die drei zusammen begründen die Wirklichkeit, jedes auf seine eigene Art. Sie sind weder gleich noch unterschieden. Jedes ist einzig und in seiner Einzigartigkeit nicht-unterschieden vom anderen; untereinander stehen sie im Verhältnis der Nicht-Unterschiedenheit.
Zuallererst weist Wirklichkeit einen vergegenständlichbaren Aspekt auf. Wirklichkeit enthält eine Dimension, die zur Vergegenständlichung drängt. Ob wir denken, wollen oder handeln, allen unseren Gedanken, Willensentscheidungen und Handlungen wohnt ein Element der Vergegenständlichung inne. Ohne diese Dimension wäre Kommunikation nicht möglich. Panikkar nennt dies die kosmische Dimension, wohl um auf die Tatsache hinzuweisen, daß das, was wir Kosmos nennen, nicht einfach auf die kosmische Dimension der Wirklichkeit reduzierbar ist. Der Kosmos ist mehr als die vergegenständlichbare Dimension der Realität.
Außerdem enthält die Wirklichkeit einen Aspekt, den wir Bewußtsein (consciousness) nennen und der die Dimension der Wirklichkeit ist, die vergegenständlicht. Im Unterschied zum Vergegenständlichten gibt es einen Faktor, welcher vergegenständlicht. In Panikkars Sprachgebrauch ist dies die Dimension des Menschlichen. Ich denke, daß dieser vergegenständlichende Aspekt aus demselben Grund das Menschliche genannt wird, aus dem die vergegenständlichte Ebene das Kosmische genannt wird, um nämlich klar zu machen, daß der Mensch mehr ist als das Humane.
Schließlich gibt es in beiden, der vergegenständlichten und der vergegenständlichenden Dimension, eine Tiefendimension. Das heißt,

weder der vergegenständlichte noch der vergegenständlichende Aspekt der Wirklichkeit haben eine Grenze, man kann endlos vergegenständlichen und das Vergegenständlichte kann unendlich vergegenständlicht werden. Diese Tiefendimension deutet einerseits darauf hin, daß nichts zu Ende geführt ist, und daß alles dafür offen ist, näher und besser kennengelernt zu werden, und andererseits darauf, daß unser Wissen keine Grenze hat. Beiden Dimensionen der Wirklichkeit ist eine Art Unendlichkeit eigen. Panikkar nennt dies das Göttliche. Auch hier ist der Name das "Göttliche" nicht mit Gott oder Brahman oder dem Nirvana gleichzusetzen, da das Göttliche 'nur' eine konstitutive Dimension aller Wirklichkeit ist.

Die kosmotheandrische Vision gibt den Anstoß zu einer Re-Vision (= *metanoia*?) unseres Vorverständnisses von Wirklichkeit. Entsprechend ist der Mensch nicht nur menschlich, noch ist das Universum nur kosmisch, noch ist Gott nur göttlich. Unser Verständnis von Wirklichkeit ist so groß, daß Gott, Welt und Mensch zukünftig kosmotheandrisch zu verstehen sind. Gott kann nicht mehr Gott ohne Mensch und Kosmos sein; Kosmos kann ohne Gott und Mensch nicht Kosmos sein und Mensch kann ohne Gott und Kosmos nicht Mensch sein. Wenn etwas zu verstehen ist, dann ist es aus der Sicht der drei konstitutiven Dimensionen der Wirklichkeit zu verstehen. Was immer ist, ist konstituiert durch die Dreifaltigkeit des Göttlichen, des Kosmischen und des Menschlichen.

Die wichtigste Folgerung aus alledem ist, daß alles mit allem vermittelt, alles auf alles bezogen und alles von allem abhängig ist. Entsprechend ist ein Ding an sich eine untragbare Abstraktion. Denn ein Ding ist, was es ist kraft seiner Beziehung zu jedwedem anderen; um also etwas zu verstehen, müssen wir versuchen, so viele dieser Beziehungen wie möglich in Betracht zu ziehen, dies freilich in den Grenzen des menschlichen Vermögens. Wir würden einen Kurzschluß in unserem Verständnis von Wirklichkeit verursachen, würden wir bewußt einen Aspekt der Wirklichkeit ausschließen.

7. Im kosmotheandrischen Kontext wird Vernunft kosmotheandrisch zu verstehen sein und ihre Rolle wird kosmotheandrisch aufzufassen sein. Die Logik der Vernunft wird hier die Logik der kosmotheandrischen Wirklichkeit sein. Macht sich die Vernunft an ihre Aufgabe, Voraussetzungen und Implikationen aufzuhellen, wird sie dies von nun an immer nach Maßgabe der kosmotheandrischen Vision tun. Sie

wird dann die drei Dimensionen des Göttlichen, des Kosmischen und des Menschlichen ernst nehmen.

Es ist nicht wichtig, welche Namen wir den drei Dimensionen der Wirklichkeit geben. Von äußerster Wichtigkeit ist es jedoch, die Besonderheit jeder einzelnen zu erkennen, so daß wir bei allem, was wir tun, ob bei Gebet oder Sakrament, Handlung oder Kontemplation, Religion oder Philosophie, Arbeit oder Gottesdienst, Entwicklung oder Politik, Fortschritt oder Friede, Ökologie oder Ökonomie lernen, den ganzheitlichen Lebensansatz einzubeziehen - ein Ansatz, der unser an Aneignung und Gelingen ausgerichtetes Handeln ausmerzt und uns mit dem Geist der Erleuchtung erfüllt, der den Weizen unserer echten Werte vom Spreu der Pseudowerte scheidet.

7.1 Von welchem praktischen Nutzen ist die ganze "kosmotheandrische" Diskussion? Unser Zeitalter scheint ein pragmatisches Zeitalter zu sein. Das praktische Anliegen ist so sehr maßgebend geworden, daß alle anderen Gesichtspunkte entweder untergehen oder den zweiten Rang einnehmen. Damit wird der Eindruck erweckt, daß das Pragmatische als das Primäre zu bewerten ist; man kann sich den übrigen Dimensionen später widmen, wenn man mehr Zeit oder auf alle Fälle die anderen wichtigeren Probleme zuerst gelöst hat.

Es ist daher nicht überraschend, daß die Dynamik der Technokratie uns aufsaugt. Die Probleme unserer Zeit sind größtenteils Probleme des (technokratischen) Zeitalters, und diese sind einfach die Folgen einer Denkrichtung, die von Haus aus die Wirklichkeit zerlegt und zersplittert. Wir befinden uns so sehr in dieser Denkrichtung, daß wir bloß eine zerlegte Wirklichkeit wahrnehmen und sie nur fragmentarisch verstehen können.

Stimmt dieser Gedankengang, so wird die Behauptung, daß das Pragmatische eher ein Symptom und nicht die Ursache unserer einseitigen Werte und Werke und überhaupt unserer Denkstrukturen ist, folgerichtig sein. Mit anderen Worten: Unser Zugang zur Wirklichkeit bedarf einer Metanoia, einer Re-Vision. Es ist an der Zeit, uns ernsthaft mit dieser Frage zu beschäftigen und sowohl unser Vorverständnis wie auch unseren Verstehenshorizont in Frage zu stellen. Denn hier liegt die Ursache des Unheils, hier beginnt die Fragmentation, hier scheiden sich die Geister.

Wir befinden uns auf der Ebene des Mythos, von dem am Anfang die Rede war. Wie unser Mythos, so unsere Welt. Es geht also darum, soweit es möglich ist, den thematisierten 'Teil' des Mythos unserer

Zeit in Frage zu stellen und die darin enthaltenen und gerechtfertigten Werte und [Vor-] Urteile zu überprüfen. Wenn ich aber vom Mythos unserer Zeit spreche, weise ich weniger auf einen uniformen Mythos für alle Kulturen hin; eher meine ich den Mythos der Technokratie, in den alle Kulturen einzutreten scheinen. Es gilt daher die Kratie der Techne (im heutigen Sinne des Ausdrucks) zu überprüfen. Die Herrschaft der Technik ist eine Gewalt und eine Macht; durch den Komfort, den sie uns bietet, besiegt sie uns um so leichter. Wahrhaft trifft hier das englische Sprichwort zu: she stoops to conquer!

Es geht hier nicht darum, die Technik anzuklagen oder die moderne Geschichte rückgängig zu machen. Vielmehr geht es darum, unsere Einstellung zur Technik zu untersuchen und zu fragen, ob ein Ja zur Technik unbedingt ein Ja zur Technokratie ist.

Der Kernpunkt der Technokratie ist die Vergegenständlichung des Kosmos und der Person. Der Kosmos wird zum Objekt und der Mensch zur [Arbeits]-Kraft reduziert. Der meßbar manipulierbare Aspekt der Wirklichkeit wird so sehr in den Vordergrund gestellt, daß er gleichsam die ganze Wirklichkeit ausmacht.

Das will nicht behaupten, daß die Wissenschaftler tatsächlich so denken, sondern daß die Technokratie diese Denkweise in sich und mit sich trägt und *sensim sine sensu* sie uns aufoktroyiert. Damit im Alltag die Errungenschaften der Technokratie von A bis Z erfolgreich werden, ist es von Nöten, diese Denkart in den Vordergrund zu stellen. Antibiotika und Computer, um nur zwei der lebensverlängernden und arbeitsvermindernden Produkte unserer Zeit hervorzuheben, würden ohne die Vergegenständlichung weder erzeugt noch gebraucht werden können.

Diese Art des Denkens ist auch in das Gebäude der menschlichen Beziehungen eingedrungen. Denn der Individuum-Aspekt und nicht der Person-Aspekt macht den Grundstein der zwischenmenschlichen Beziehungen aus. Eine Person wird durch das Gesamtnetz von ganzheitlichen Beziehungen konstituiert; ein Individuum wird zur Person, wenn es ganzheitliche Beziehung zum Mensch und Kosmos entwickelt. Hingegen wird das Individuum immer mehr als die durch Quantifikation faßbare und erfaßte Person verstanden. Das konstante und kontinuierliche Bestreben nach Ganzheitlichkeit zeichnet eine Person aus. Alles was an der Person quantifizierbar ist, scheint mir, konstituiert das Individuum (was an und für sich kein Unheil ist), aber der Person-Apsekt wird in der Tat ausgelassen oder übersehen (gerade darin besteht das eigentliche Unheil). Die Technokratie funktioniert am besten, wenn der Teil-Aspekt vergegenständlicht wird, denn ohne Vergegenständlichung ist die Handhabung des betreffenden Teiles nicht möglich.

Das heißt, nicht die Techne, sondern die Technokratie ist fragwürdig. Wenn selbst unser Denken angegriffen ist, ist es gar nicht so einfach, uns bewußt zu werden, wo überall sich das technokratische Denken nicht eingeschlichen hat. Was wir tun können ist folgendes: Wir können uns nur auf den Weg machen, diese Herrschaft zu überwinden, indem wir uns Stück für Stück der Symptome dieser Herrschaft bewußt werden.

7.2 Heute sind wir zumindest soweit, daß wir solche Symptome in dem Weltwirtschaftssystem und in der weltpolitischen Ordnung und in der Umweltsituation wahrnehmen können. Auf der internationalen Ebene bestimmen die Wirtschaftsinteressen jener Nationen (die nicht nur das technokratische Wissen besitzen, sondern der Macht der Technokratie verfallen sind) die Wirtschaftsbedingungen und die politischen Lösungen, die ethischen Werte (wie die 'Befreiung' eines Landes im Falle des Golfkrieges) und die Art der Versuche, die Umwelt zu schützen und zu schonen. Auf der Ebene der Personen dienen diejenigen dem System, die die Macht der Wirtschaft unterstützt und führt. Im Gegensatz zum Sabbat dient der Mensch der Wirtschaft und nicht die Wirtschaft dem Menschen.

Wir alle sind der Dynamik der Wirtschaft und insbesondere dem Glauben an das Wirtschaftswachstum ausgeliefert und trotz der scheinbaren Vielfalt der Wege bestimmt diese Dynamik, wie das System sich weiterzuentwickeln hat.

Wirtschaftsinteressen befassen sich vorrangig mit Wirtschaftswachstum, aber nicht mit dem Wachstum des Menschenwohles. Menschen sind der Wirtschaft von Interesse, nur insofern sie dem Wirtschaftswachstum Dienste leisten.

Sicherlich dient das Wirtschaftssystem dem Menschenwohl, aber dem Wohl einer kleinen Minderheit. Das System aber ist nur ein Symptom, nicht die Ursache; die eigentliche Ursache ist in der Macht der Wirtschaftsinteressen zu suchen. Hat man sich einmal dieser Macht überliefert, führt sie die Menschen in den eigenen Strom; dann ist der Mensch nicht mehr frei zu tun was er will.

7.3 Hier ist es nun am Platz, dem Phänomen der menschlichen Gier ein paar Worte zu widmen. Gier spielt sich auf der Ebene des Habens (d.h. auf der Ebene von Leib-und-Seele) und nicht auf der Ebene des Seins (d.h. auf der Ebene des die Ganzheit beseelenden Geistes) ab. Grundsätzlich ist Gier eine psycho-physische zweiseitige Kraft. Weil sie auf einer Seite anziehend ist, ist sie auf der anderen Seite abstoßend. Aber sie ist eine ganz natürliche Kraft, denn ohne sie wäre es für den Menschen unmöglich, im Kosmos zu leben. Es ist also diese Kraft, die die Verbindung zwischen Mensch und Kosmos ist. Denn das Kosmische ist das Anziehende und das Abstoßende, und der Mensch der Angezogene und der Abgestoßene.

Das Unheil jedoch tritt ein, wenn diese Kraft zum bestimmenden Zentrum der Persönlichkeit wird, d.h. wenn sie ohne Rücksicht auf den Ganzheit schaffenden und sie zusammenhaltenden Geist die Werte und die Werke der Person bestimmt. Wenn dies passiert, wird der Mensch nur noch von Neigung und Abneigung geführt. Die Kraft ist dann weder normal noch natürlich: das ist Gier. Gier verabsolutiert die Ebene des Habens, vernachlässigt die Ebene des Seins und tut, als ob sie der höchste Wert im Menschen wäre. Ein von der Gier geführter Mensch kann die Welt nicht mehr so erfahren, wie sie ist. Er sieht sie mit den Augen der Gier an. Die Anziehungs- und Abstoßkraft im Kosmos bedeutet für diesen Menschen sowohl Anspruch wie auch Antwort auf seine Neigung und Abneigung. Daher fällt er jedem Angebot leicht zum Opfer. Je größer das Angebot desto leichter fällt er zum Opfer. Der von der Gier geleitete Mensch ist nicht mehr frei; er wird hin und her gestoßen - von jedem Angebot, das ihm über den Weg läuft.

Wichtig bei dieser Erklärung ist folgende Ergänzung: Der Mensch, von dem hier die Rede ist, ist kein einzelner sondern eine Gemeinschaft. Er ist allein in der menschlichen Gemeinschaft, die mit dem Kosmos aufs engste verflochten ist, daß ein Phänomen wie Gier keimen, verbleiben und operieren kann. Gier wie Wissen ist kein 'individuelles' Phänomen, auch wenn sie im einzelnen Menschen thematisch wird; vielmehr ist sie ein Phänomen der kosmischen Seite der menschlichen Gemeinschaft.

7.4 Hier sind wir an der Wurzel des Unheils angelangt. Aufgrund der Gier nehmen wir die Wirklichkeit, wie sie ist, nicht wahr und projizieren daher eine Welt, deren Weltordnung immer mehr dazu neigt, den Kosmos zu vergegenständlichen. Kein Wunder dann, daß die Vergegenständlichung ein partielles, einseitiges Verständnis der Wirklichkeit erzeugt.

Gier
      → projiziert eine Welt,
      → die der Vergegenständlichung so unterworfen ist,
      → daß sie verschiedene Formen der Ungerechtigkeit hervorbringt.

Kosmisch verstanden ist Gier mitsamt der Tendenz zur Vergegenständlichung die Wurzel der Weltunordnung, die sich in verschiedenen Formen der Ungerechtigkeit inkarniert. Gier infiziert Mensch und Welt: In der Seele des Menschen wird der Same der Gier gesät und der Dünger des Kosmos befruchtet ihn.

7.5 Sich für die Gerechtigkeit einzusetzen, ohne auf das Grundproblem von Gier und Vergegenständlichung Rücksicht zu nehmen, ist gleichsam wie einen Brunnen zu graben, ohne sich vorher zu vergewissern, ob Wasser vorhanden ist. So können z.B. Probleme des sozialen Unrechts, der Unterdrückung der Frau, der Umweltzerstörung, der Militarisierung usw. nicht isoliert gelöst werden. Der Versuch einer solchen Problemlösung würde zu neuen Problemen führen. Es wird nichts helfen zu sagen, daß wir erst das Problem der sozialen Ungerechtigkeit lösen und uns sodann dem Problem der Ökologie oder der Gleichberechtigung der Frauen zuwenden. Nur die kosmotheandrische Vision verweist auf die Richtung, in die wir blicken müssen: Unsere Lösung kann es sich nicht leisten, irgendeine der drei Dimensionen, die die Wirklichkeit konstituieren, auszublenden oder zu übersehen. Wir bedürfen eines integrativen und holistischen Ansatzes.

7.6 Führt nicht die Befürwortung der kosmotheandrischen Richtung zur Vereinheitlichung und Nivellierung der Kulturen? Was ist nun mit unseren traditionellen Kulturen? Müssen sie zugunsten einer uniformierten Kultur aufgegeben werden? Keine Kultur braucht aufgegeben zu werden, aber jede Kultur muß vollständig entwickelt und ergänzt werden. Gewiß, die Lösung liegt nicht in einer uniformen Kultur. Aber ebensowenig kann sie in einer Kultur zu finden sein, die von anderen Kulturen abgeschottet ist. Nur im Austausch mit anderen können Kulturen ergänzt und bereichert werden. Wenn z.B. eine Kultur zur Entdeckung und Entwicklung von Menschenrechten beiträgt, so kann uns die andere zur Entdeckung und Entwicklung der kosmischen Aufgaben führen; und obendrein müssen beide Kulturen

sich der Frage der Gier und deren Inkarnation im System bewußt werden.
Aber heute kann weder das Verständnis der Menschenrechte noch der kosmischen Pflichten angemessen sein, wenn beide sich nicht gegenseitig fördern und ergänzen. Die Menschenrechte einseitig und ohne Einsicht in die kosmischen Pflichten zu entwickeln hieße, sie isoliert zu entwickeln.
Die kosmotheandrische Vision legt keine Strategien zur Lösung der Entwicklungsprobleme oder des Problems sozialer oder geschlechtsspezifischer Ungleichheit nahe, aber sie gibt uns Maßstäbe an die Hand, die nötig sind, damit wir uns vergewissern, daß unsere Strategien und Lösungen in Ansicht und Ausführung ganzheitlich sind. In anderen Worten: Der Mensch ist nicht einfach ein Mensch, das Universum nicht einfach ein Universum und Gott nicht einfach Gott. Gott, wie immer man ihn faßt, ist eng verbunden mit dem Universum und den Menschen, das Universum ist eng verbunden mit Gott und den Menschen, und der Mensch selbst ist die Brücke zwischen dem Universum und Gott. Wir können nicht weiterhin eine Zweierbeziehung haben zwischen, sagen wir, dem Menschen und der Welt, ebenso müssen wir uns der Tiefendimension bewußt sein; entsprechend können wir nicht weiter zu Gott beten ohne eine richtige Beziehung zum Menschen und zum Universum. Und schließlich können wir uns nicht für eine gesunde Umwelt einsetzen, ohne einerseits für die Gerechtigkeit unter den Menschen zu arbeiten und ohne das Bewußtsein der im Menschen arbeitenden Tiefendimension andererseits.
So gesehen ist Gott die Umgebung, in der allein Menschen und das Universum überleben können; das Universum der Tempel, in dem der Mensch Gott entdecken, begegnen und anbeten kann und der Mensch das Geheimnis, in dem die Natürlichkeit der Natur manifestiert und die Göttlichkeit Gottes anerkannt wird. In der kosmotheandrischen Vision brauchen die Menschen keine Kirchen, Tempel oder Moscheen zu bauen, um Gott zu finden; noch müssen sie Gott um Gerechtigkeit, um Schutz oder um Regen anflehen. Der Mensch muß sich dafür vorbereiten, damit Gott ihm das schenkt, was er braucht. Arbeit gehört zum Menschsein genauso wie Hoffnung. Wenn es keinen Ersatz für Arbeit gibt, gibt es auch keinen Ersatz für die Hoffnung. Aber Arbeit wird nicht mehr die bloße Handhabung von Material bedeuten, und Hoffnung wird mehr sein als Erwartung. Der Mensch muß ebenso lernen, kosmotheandrisch zu arbeiten, als er

lernen muß, das kosmotheandrische Wesen der Hoffnung zu ergründen.

Das Anliegen der kosmotheandrischen Vision wird nicht so sehr mehr Fortschritt oder mehr Besitztum sein, sondern mehr Integration und Harmonie; nicht, was wir zu tun haben und nicht, was wir sind, sondern was wir zu entdecken haben und wer wir sind. Das wirkliche Anliegen wird weder das Göttliche noch das Kosmische noch das Menschliche sein, sondern das WIR, die kosmotheandrische WIR-Gemeinschaft, in der der Mensch von Gott und Welt nicht verschieden ist.

Die Suche ist daher nicht nach einer neuen Formulierung, sondern nach einer neuen Mentalität, die im Stande ist, das Sakrum der Realität zu entdecken, einer Sakra-Mentalität nämlich, die Augen hat für das Sakrum im Saeculum - *per omnia saecula saeculorum!*

Rao Narahari

Warum sollen andere Traditionen 'respektiert' werden?

Einleitend möchte ich zwei Vorbemerkungen machen:

(a) Bei Anlässen wie dieser Konferenz hört man oft die Bitte, die Beiträge mögen doch weniger theoretisch und etwas praktischer ausgerichtet sein. Ich möchte das Gegenteil vertreten: Gelegenheiten wie diese sind dafür da, über die Art der Kategorien oder Begriffe zu reflektieren, die wir benützen, um praktische Situationen zu begreifen. Die Betonung liegt auf "reflektieren". Wir sind nicht hier, um praktische Entscheidungen für dieses oder jenes Projekt zu treffen, sondern um die Denkweise zu untersuchen, an die wir uns beim Umgang mit Problemen wie "Entwicklung" gewöhnt haben, und um zu überprüfen, ob einige allgemeine Annahmen, die wir von unserem Milieu oder von unserer intellektuellen Tradition ererbt haben, angemessen sind. Man kann an einem Beitrag nicht kritisieren, daß er theoretisch ist, sondern daß er, gemessen am behandelten Gegenstand, entweder falsch oder irrelevant ist. Ich selbst kritisiere in diesem Sinne den Gebrauch von Max Webers Modell im Thesenpapier (für diese Konferenz erstellt von H.P. Siller, im folgenden "Thesenpapier" genannt), aber meine Kritik richtet sich nicht darauf, daß es ein theoretisches Modell ist, sondern daß es völlig irrelevant für das Verständnis der uns beschäftigenden Probleme ist.

(b) Zunächst ein persönliches Bekenntnis: Ich neige zum Mißtrauen gegenüber dem Wort "Kultur", vor allem, wenn es im Zusammenhang mit "Entwicklung" gebraucht wird. Im 19. Jahrhundert waren es die Einschätzungen der angeblichen kulturellen Eigenschaften von "Gesellschaften" und "Bevölkerungen" kolonisierter Länder, die zur Behauptung beitrugen, daß diese nicht dieselbe Behandlung verdienten wie die Bevölkerung der metropolitanen Länder Europas. Die berühmte Feststellung von J.S. Mill, eines ansonsten großen Vorkämpfers der Freiheit, daß die indische Bevölkerung wegen ihres geringen Zivilisationsniveaus eine repräsentative Regierungsform verdiene, ist nur ein Beispiel von solcher Rede von Kultur, die trennt zwischen "uns" und "ihnen". [Solche Unterscheidungen von 'wir' und 'sie' (oder 'anderen') werden heute inhaltlich gleich, aber mit umgekehrten Bewertungen, von vielen lokalen (regionalen) Diktatoren und Führungsschichten in Asien und Afrika unter der Bezeichnung 'einheimische Kultur' verwendet, um ihre eigensinnige Politik zu rechtfertigen.] Wer mit den europäischen Beschreibungen der nicht europäischen Länder aus dem 19. Jahrhundert vertraut ist, dem wird nicht entgehen, daß die Armut der kolonisierten Bevölkerung mit Hinweis auf unterstellte kulturelle Muster wie "Nachlässigkeit" und "Selbstzufriedenheit" usw. erklärt wurde. Heute ist man mit solchen Feststellungen gewiß zurückhaltender. Dem aufmerksamen Ohr werden aber ausgetüftelte Variationen desselben Themas schwerlich entgehen, wenn davon die Rede ist, daß "kulturelle Faktoren" für das "geringe Entwicklungsniveau" in "Dritte Welt Ländern" verantwortlich sind. Nachdem diese aus dem 19. und beginnenden 20. Jahrhundert stammenden Stereotypen in den fünfziger und sechziger Jahren schlummerten, sind sie mittlerweile wieder im Schwunge, wenn von Afrika und Asien die Rede ist (wozu zufällig der industriell erfolgreiche ferne Osten gehört, dessen industrieller Erfolg häufig mit einem vom Konfuzianismus geprägten Gehorsam in Verbindung gebracht wird). Einiges an den "bloßen" ökonomischen Erklärungen von Entwicklungsmodellen mag berechtigt sein, aber es ist zu bemerken, daß sie aus den fünfziger Jahren stammen, also unmittelbar aus der Zeit nach dem Zweiten Weltkrieg, und neben anderem ausdrücklich die Absicht verfolgen, rassistische Erklärungen wirtschaftlicher Armut zu vermeiden. Ich will hier nicht in Frage stellen, daß ein über bloße Kapitalinvestitionen hinausgehender institutioneller Ansatz geboten ist, um die Armut abzuschaffen. Aber es ist eine Sache, den institutionellen Ansatz zum Verständnis sozioökonomischer Probleme zu vertreten und eine andere, die Armut als Ergebnis von "zu einer anderen Welt gehörend", "Fatalismus" oder "magisch-mythischen" Einstellungen der Menschen oder wie auch immer zu deuten.

An dieser Stelle noch ein weiteres Wort zur Klärung: Meine Zurückhaltung hinsichtlich der Rede von 'Kultur' ist mehr als nur eine Distanzierung von der Rede von 'Mentalität', um das entgegengebrachte Verhalten zu begreifen. Der Gebrauch von 'Mentalität' im Diskurs über Asien und Afrika gehört nicht zur gleichen Art des Gebrauchs von Stereotypen wie wenn man von 'französischer' oder 'deutscher'

'Mentalität' spricht. Während letzteres eher einer Verallgemeinerung von Eindrücken entspricht, ist ersteres zusätzlich in eine spekulative Geschichtstheorie eingebettet, die es unmöglich macht, sich von einer Reihe von Annahmen zu befreien, die für die Weltsicht des 19. Jahrhunderts charakteristisch sind. So kann man diesen Beitrag auch u.a. als Versuch verstehen, den Diskurs über Entwicklung von einer Terminologie zu befreien, die aus der Tradition der spekulativen Geschichte des 19. Jahrhunderts stammt.

1. "Entwicklung" und "Kultur"

Betrachten wir zuerst die Begriffe im Thema dieses Symposiums: das Recht auf kultureigene Entwicklung. Bevor ich auf die Punkte eingehe, die mit dem Gebrauch des Adjektivs "kultureigen" zusammenhängen, möchte ich klären, was wir unter "Entwicklung" verstehen. Darunter fasse ich die beiden folgenden Aufgaben, und hoffe, daß dieser Vorschlag auf Konsens stößt: (a) die Linderung des Leidens infolge ökonomischer Benachteiligung, und (b) den Erhalt und die Weiterentwicklung des von früheren Generationen überlieferten Wissens. Die erste Aufgabe, nehme ich an, wird intuitiv auf Zustimmung stoßen. Die zweite Aufgabe dagegen wird von einem europäischen Publikum nicht auf Anhieb als Entwicklungsaufgabe verstanden werden, in dessen Köpfen "Entwicklung" allzulange mit so etwas wie "die armen benachteiligten Leute; sie brauchen unsere Hilfe" verknüpft war. Die Menschen brauchen wohl tatsächlich Hilfe, doch wenn wir über Entwicklung reden, meinen wir nicht, daß wir die Lage verstreuter, von Schwierigkeiten geplagter Individuen in Ordnung zu bringen haben, sondern wir beziehen uns auf Gruppen, die Ahnen haben und auf generationenlange Erfahrungen zurückblicken können. Sollte "Entwicklung" irgendetwas meinen, dann sollte es diese Menschen in die Lage versetzen, diesen Erfahrungsschatz zu bewahren. Es ist schließlich nicht nur ein Schatz, der "ihnen gehört", sondern das gemeinsame Erbe der Menschheit, und das sollte nicht verloren gehen.

Der kritische Maßstab, den wir an die Nützlichkeit jedweden Entwicklungsmodells anlegen sollten, besteht darin, ob es uns zur Analyse praktischer Situationen befähigt, um die beiden erwähnten Aufgaben anzugehen.

Ich bin gebeten worden, hier Gründe anzugeben, die für den 'Respekt' gegenüber anderen Traditionen sprechen. Das geht wohl auf meine Kritik beim vorigen Kolloquium zurück, in dem ich ausführte, daß es keinen Grund gibt, andere Traditionen zu respektieren, wenn wir von Max Webers Bezugsrahmen ausgehen. Lassen Sie mich hierauf näher eingehen und meine Überzeugung begründen, daß die Pluralität der von Menschen geschaffenen Traditionen ein Erbe der Menschheit ist und daß sie nicht so sehr respektiert, dafür aber um so mehr vor der Zerstörung beschützt werden muß. Um es zu wiederholen: Der Grund für diesen Schutz vor Zerstörung ist, daß diese überlieferten Erfahrungen ein wertvolles Erbe der Menschheit darstellen. Nicht etwa gelten als Grund Überlegungen der Art, daß die Menschen aus ihnen ihren Stolz oder ihre "Identität" beziehen, wie es das Thesenpapier nahelegt. Die Frage der Identität eines "Volkes" braucht nicht und sollte meiner Meinung nach auch nicht Teil des Entwicklungsdiskurses sein. Solche Pseudo-Fragen sind den politischen Ideologen verschiedener Coleur zu überlassen.

Nun zum zweiten Begriff "Kultur". Was kann die Idee meinen, Leute hätten ein Recht auf "kultureigene Entwicklung"? Verschiedene Gruppen von Leuten in verschiedenen Weltreligionen haben verschiedene Vergangenheiten. Demnach unterscheiden sie sich in ihrem Verhalten und Handeln. Dies hat sicherlich Folgen für die Probleme, denen man sich typischerweise gegenübersieht, wenn man seine Wünsche verwirklichen will und allemal bezüglich des Wesens dieser Wünsche selbst. Der Gebrauch des Wortes "Kultur" in bezug auf diese sehr allgemeine Tatsache ist harmlos, und wirklich gibt es in diesem Sinne keine andere Art der Entwicklung als die des "kultureigenen" Schlags. Das Papier des Bundesministeriums für Wirtschaftliche Zusammenarbeit (im folgenden "BMZ-Papier") gebraucht das Wort "Kultur" in diesem Sinn - als Verhaltensweisen, die als Faktoren zu berücksichtigen sind, wenn ein Projekt eingerichtet wird. In diesem Sinne ist jedes Milieu durch "Traditionen" konstituiert, also durch zurückliegende Erfahrungen und die Geschichte einer Gruppe. Es gehört zu den Eigenschaften des Menschen, daß man durch Übernahme von in früheren Generationen erlangtem Wissen und Können erwachsen wird. In diesem Sinne bedeutet Mensch sein von der 'Tradition' abhängig sein, egal ob jemand nun in Afrika, Indien oder Europa geboren ist.

Wie man dieser Formulierung leicht entnehmen kann, bedeutet 'Tradition' ein System von Wissen. Zweitens: Definitionsgemäß kann keine Tradition unveränderlich sein. Sie muß von jeder Generation neu angeeignet und geschaffen werden, und dies um so mehr, wenn eine Bevölkerung nicht schriftkundig ist und ihre Erfahrungen nicht in Form von auf Papier gebrachten Texten bewahren kann. So verstanden, hieße mein Thema: "Warum müssen verschiedene Traditionen bewahrt werden?" Die unmittelbare Antwort ist einfach: weil das Wissen es wert ist, bewahrt zu werden. Meine Begründung, warum unterschiedliche Traditionen "respektiert" werden sollen, ist nur eine Ausführung dieser einfachen Antwort, nicht mehr und nicht weniger.

2. "Tradition" versus "Moderne"

Bevor ich diese Antwort im einzelnen ausführe, sei die Aufmerksamkeit auf den "Kultur"-Disurs gelenkt, wie er im Thesenpapier anhand von Max Webers Modell geführt wird. Dieser Diskurs steht unter vielen Vorannahmen, auf die ich noch kommen werde. Es ist zunächst augenfällig, daß in Webers Modell "Tradition" nicht im oben ausgeführten Sinn gebraucht wird. Der Begriff wird vielmehr in Gegensatz zu "modern" gesetzt. Einige Gruppen von Menschen sind angeblich durch die "Moderne" gekennzeichnet und andere durch "Traditionen". Innerhalb dieses Bezugsrahmens fragt das Thesenpapier, was "Rationalisierungspotentiale" und "Modernisierungspotentiale" in anderen "Kulturen" sind. In dieser Frage wird das Wort "Kultur" vermutlich gleichbedeutend mit "Traditionen" gebraucht, und bezieht sich auf diejenigen Regionen der Welt, die unter dem Pauschaltitel "Dritte Welt" laufen. Sollte die Frage zu etwas nütze sein, muß man annehmen, daß die im Thesenpapier suggerierten Kriterien für "Moderne", nämlich "Zweckrationalität" und "formale Rationalität", auf eine Gesellschaft in einer wirklichen Epoche angewendet werden können. Vermutlich ist die Epoche von der Renaissance bis zum 20. Jahrhundert in Europa ein solcher Anwärter dafür. Aber "Moderne" im Sinne von "Zweckrationalität" und "formaler Rationalität" als die vorherrschenden Faktoren einer Gesellschaft deckt nicht allzu viele Aspekte dieser Epoche ab. So ist z.B. die Formation eines Systems von Nationalstaaten auf jeden Fall ein Ergebnis der "Modernisierung", verstanden im epochalen Sinn. Jeder Staat hat seine Fahne, seine Aufmärsche und Nationalfeiertage, seine Hymne und seinen Friedhof des unbekannten Soldaten. Ähnlich ist das Auftauchen der Institutionen des Kunstmuseums, ja der

Kunstpraxis als separater Lebenssphäre, eine herausragende Erscheinung dieser Epoche. Kann eines der Kriterien von "Moderne", sei es "Zweckrationalität" oder "formale Rationalität" zur Erklärung dieser Erscheinung herangezogen werden? Natürlich kann man die Zweckrationalität oder formale Rationalität in der Weise neu definieren, daß sie das betreffende Phänomen erklären. Doch macht solch ein Definitionstrick diese Kriterien unbrauchbar für Zwecke der Abgrenzung 'moderner' von 'nicht-modernen' Milieus. Schließlich besteht das Kardinalprinzip des Funktionalistischen Ansatzes in der Anthropologie darin (wie von Malinowski vorgeschlagen worden ist), daß man davon ausgeht, daß jeder bedeutende Faktor, der in einer 'Gesellschaft' identifiziert werden kann, den einen oder anderen Zweck erfüllt, d.h., Zweckrationalität ist per Definition konstitutiv für jede 'Gesellschaft'.

Einen Anschein von Gültigkeit der vorgeschlagenen Kriterien gibt es nur auf ökonomischem Gebiet. Gesteht man aber zu, daß nur die wirtschaftliche Sphäre unter den Geltungsbereich dieses Modells fällt, gibt man vieles von seiner Substanz dahin. Um ein Beispiel zu nennen: die Unterscheidung von wissenschaftlich-rationaler und magisch-mythischer Einstellung, die Webers Gegenüberstellung von modern und vormodern zugrundeliegt. Es handelt sich um ein Schlüsselmoment, auf das ich im nächsten Absatz kommen werde. Hierbei wird unterstellt, daß die erfolgreiche kapitalistische Wirtschaftsaktivität der wissenschaftlich-rationalen Einstellung bedarf, die derselben Theorie zufolge diejenigen nicht haben, die der magisch-mythischen Einstellung anhängen. Landläufig wird angenommen, daß es zur magisch-mythischen Einstellung gehört, Astrologen zu konsultieren. Dennoch befragen eine große Anzahl indischer wirtschaftlich erfolgreicher Industrieller und sehr erfolgreicher Top-Wissenschaftler ganz regelmäßig Astrologen, ehe sie wichtige Geschäftstermine vereinbaren. Weiterhin ist auf die Tatsache hinzuweisen, daß eine ganze Reihe wissenschaftlicher Mitarbeiter des indischen Raumfahrtprogramms zur ersten studierenden Generation streng orthodoxer brahmanischer Familien gehören (d.h. von Familien, die strikt brahmanische Riten pflegen). Mir wurde gesagt, daß zahlreiche Mathematiker und Physiker, die aus Indien in die USA ausgewandert sind, sogar im veränderten Milieu der USA ihre überlieferten rituellen Traditionen beibehalten, während sie gleichzeitig mit Erfolg wissenschaftliche Karriere machen. Ein anderes Beispiel ist die Intelligenzia von Hongkong, die unbestritten Teil eines erfolgreichen

Kapitalismus ist. Aber sie hängen so sehr der angeblich magisch-mythischen Einstellung an, daß während der jüngsten, durch Befürchtungen wegen der Abtretung Hongkongs an China ausgelösten Auswanderungswelle eine Handelsfirma ein hochprofitables Unternehmen gründete, das zu einem erklecklichen Preis den ausgewanderten Familien die Friedhofsreste der Ahnen nach Kanada oder Australien lieferte. Nun kann man diese Leute des inkonsistenten Glaubens schmähen, aber eine andere Sache ist es, angesichts solcher Beweise immer noch mit Webers Modell arbeiten zu wollen. Ich möchte daher solche Einzelheiten wie "Zweckrationalität" und "formale Rationalität" beiseite lassen und mich nun auf die Konsequenzen konzentrieren, die dieses Modell bezüglich nichteuropäischer Gesellschaftsmilieus hat.

3. Der Ursprung des soziologischen Theoretisierens und die Gegenbildkonstruktion

Der ursprüngliche Zusammenhang, in dem "Moderne" und "Tradition" einander entgegengesetzt wurden, war nicht dazu gedacht, das Entwicklungsproblem im Sinne der Erreichung eines höheren allgemeinen Lebensstandards der Bevölkerung zu thematisieren. In der Aufbruchzeit des modernen industriellen Milieus im 19. Jahrhundert waren sich die Denker dessen Einzigartigkeit in der Geschichte sehr bewußt. Ihr Interesse richtete sich darauf, diese Einzigartigkeit und die Entstehungsprozesse zu verstehen, um möglicher Tendenzen und Gefahren einer solchen Entwicklung gewahr zu werden. Geschichte und Struktur von "Gesellschaften" anderswo waren nur insofern interessant, als sie zu diesem Verständnis beitrugen. In dieser Lage entstand die Art und Weise, wie nach anderen "Gesellschaften" und "Kulturen" gefragt wurde:
- In welcher Hinsicht kann "Die Moderne" vormodernen Gesellschaften gegenübergestellt werden? Diese Frage führte unweigerlich dazu, andere Gesellschaften in Begriffen solcher Eigenschaften zu fassen, die die moderne Gesellschaft angeblich überwunden hatte.
Bezüglich der Gesellschaftsdynamik lautete die Frage:
- Welche Dynamiken vorindustrieller Gesellschaften führten zur Entstehung der modernen industriellen Struktur? Dieser Fragestellung entsprechend und um die identifizierten Eigenschaften als notwendi-

gerweise zur Industriegesellschaft führend darzustellen, wurde gefragt:
- Was ist der Grund für das Nicht-Entstehen moderner industrieller Strukturen in nichteuropäischen Gesellschaften?
In dem hier vorgegebenen Rahmen ist es nicht möglich und auch nicht notwendig, im einzelnen nachzuforschen, warum so viele Begriffe im Hinblick auf nichteuropäische Kulturen diesem zum oben genannten Zweck entwickelten Modell entlehnt sind. Karl Marx und Max Weber - zwei Denker, deren Kategorien unser Denken über andere 'Gesellschaften' sehr beeinflußt haben, auch wenn wir uns diesen Ursprungs nicht bewußt sind - wollten die charakteristischen Züge der 'modernen Gesellschaft' aufzeigen, indem sie Erklärungen für zwei Merkmale ihres Milieus suchten, die ihnen damals ins Auge fielen: (a) die enorme technische Produktivität der 'Gesellschaft', in der sie lebten und (b) die rechtliche und politische Form, in der dies stattfand.
Nach Max Weber ist die Antwort auf (a) die westliche Naturwissenschaft, die er wie viele andere der mythischen Einstellung zur Natur gegenübersetzt. Das Wesen ersterer identifiziert Weber wie auch Marx als "freie Arbeit". "Wissenschaftliche" Einstellung zur Natur und die rationale Organisation des "freien" Individuums wurden als Definitionsmerkmale der modernen Gesellschaft betrachtet. Im Gegensatz hierzu ist die Dynamik vormoderner Gesellschaften nach Weber von "magischen und religiösen Mächten und die am Glauben an sie verankerten ethischen Pflichtvorstellungen" bestimmt. Sein soziologisches Hauptwerk war der Frage gewidmet, welche Art religiöser Ethik in der Geschichte des Abendlandes die Entstehung der Moderne förderte und deren Entstehung in anderen sogenannten Hochkulturen wie Indien und China verhinderte. Dies gab die Inhalte vieler anderer Arbeiten im 19. und 20. Jahrhundert vor. Einerseits sollte das Kriterium zwischen der wissenschaftlichen und der religiösmythischen Einstellung zur Natur unterscheiden. Ähnlich wurde versucht, den Begriff des sozialen Verhaltens freier Unterordnung unter die Rechtsordnung von dem der persönlichen Unterordnung entweder unter die Konformität mit der Tradition oder unter Gefühle wie Angst abzugrenzen (ein im 19. Jahrhundert oft benützter Begriff ist der vom "asiatischen Despotismus", der dieser Gegenüberstellung entstammt).
An anderer Stelle habe ich auf einige begriffliche Fehler bei der Erstellung solcher Modelle hingewiesen. Für unsere Zwecke ist es

wichtig, auf die ursprüngliche Absicht dieses Modells hinzuweisen, nämlich historische Tendenzen und die der industriellen und kapitalistischen Gesellschaft innewohnenden Gefahren auszumachen. Es sollte kein Modell sein, aus dem politische Rezepte für gesellschaftliche Veränderungen hätten gewonnen werden können. Erst in den späten fünfziger Jahren dieses Jahrhunderts wurde das Modell für diesen Zweck ausgerichtet. Die Umwandlung eines Modells, das gesellschaftlliche Tendenzen identifizieren sollte, in ein Instrument für politische Handlungsweisen, bringt bestimmte Verzerrungen mit sich. Die Hauptverzerrung ist unsere Sichtweise dessen, was nicht-westliche (oder nicht-industrielle) Gesellschaften als Gegenbilder zu westlichen Gesellschaften sind, und die daraus folgende Unfähigkeit, die Spezifität verschiedener Milieus an verschiedenen Orten auszumachen. Gleichzeitig verstellt die Sichtweise anderer Kulturen als Gegenbild der westlichen Gesellschaft den Blick für den möglichen Beitrag verschiedener Traditionen zum allgemeinen Erbe der Menschheit. Um das Anliegen der Organisatoren von "Theologie Interkulturell" aufzugreifen, sei gesagt, daß dieses Modell nicht zum interkulturellen Dialog beiträgt, denn es erlaubt, andere Kulturen nur in einer Art zu sehen: entweder als Gegenbilder der eigenen Kultur oder als deren Vorgeschichte.

4. Entwicklungsprozeß als Kampf zwischen "westlich" und "nicht-westlich"

Das Thesenpapier und das BMZ-Papier enthalten mehrfach Annahmen, die auf diesem Modell beruhen und die unsere Redeweise über nichteuropäische soziale Milieus massiv beeinflussen. Über zwei von ihnen, die eng miteinander zusammenhängen, möchte ich hier sprechen:
(a) der Gedanke der "Universalgeschichte",
(b) die soziologische Fiktion einer einfachen homogenen Gesellschaft, in die "Verwestlichung" und "Modernisierung" einbrachen.
Ich beginne mit dem zweiten. In der Diskussion um gesellschaftliche Fragen Asiens und Afrikas herrscht die Vorstellung, der Gesellschaftsprozeß sei ein Kampf zwischen der "ursprünglichen", "einfachen" oder "stagnierenden" Gesellschaftsformation auf der einen Seite und der "Verwestlichung" auf der anderen. Je nachdem, ob man den Westen für "fortschrittlich" oder "dekadent" hält, spricht

man eher von der "fortschrittlichen" Rolle der "Verwestlichung" oder man gesteht zu, daß "die Verwestlichung unvermeidlich, wenn auch vielleicht bedauerlich" ist. Oder aber man beklagt, der "Westen" habe das Böse gebracht. In beiden Fällen beginnt die Geschichte der Bevölkerung, die Objekt der "Entwicklung" ist, als sie mit dem "Westen" in Kontakt kam, sei es als eine Geschichte der Erlösung von der Unwissenheit oder als Geschichte der Verstoßung aus dem Garten Eden.

Kein Zweifel, die Ankunft von Kapitalismus und Kolonialismus haben die gesellschaftlichen und wirtschaftlichen Institutionen, die bis dahin bestanden, kräftig durcheinandergerüttelt. Aber nur unter der Voraussetzung, daß die Gesellschaftsformationen der "anderen" Kulturen einfach waren, ist die Gegenüberstellung 'einfacher', 'homogener' Einheiten auf der einen Seite und vom Kapitalismus und der 'Verwestlichung' eingeführter komplexer Strukturen andererseits sinnvoll. Woher kommt diese Unterstellung? Eines ist gewiß: sie entstammt nicht empirischer Beobachtung. Was bedeutet "einfach" in der "Gesellschaft" eines südindischen Küstendorfes, wo allein unter dem Titel "brahmanisch" fünf verschiedene Kasten bezeichnet werden, die einander von der Speisetafel ausschließen, und die unter ebensovielen Gruppen leben, die ein Dutzend weiterer Kastennamen tragen? Diese verschiedenen Gruppen haben Wechselbeziehungen mit anderen Gruppen des Dorfes, die ebenso breit gefächert sind. Die oft verwendete (und bis heute von deutschen Medien verbreitete) Stereotype von den vier Kasten, zu denen noch die "Unberührbaren" kommen und die das "traditionelle Indien" ausmachen sollen, ist eine Erfindung der Indologie, die sich auf einige vor fast zehn Jahrhunderten geschriebene, abstruse Texte bezieht, die gewiß nicht geschrieben wurden, um eine Beschreibung der damaligen indischen Gesellschaft zu liefern. Man beachte, daß es lange vor der britischen Kolonisierung Indiens Handel zwischen Indien und Arabern gab, daß es auf dem gesamten Subkontinent Muslime, Christen, Parsis, Juden und jedwede Zahl anderer Gemeinschaften gab. Sogar ein Kanarisisches literarisches Werk aus dem 13. Jahrhundert erwähnt die Streitigkeiten zwischen fünf verschiedenen Gemeinschaften am Hofe eines Königs in der Gegend von Hubli-Harihar (im Inneren Karnatakas). Obwohl die ernsthafte historische Forschung in den Anfängen steht, gibt es genügend Beweise dafür, daß das autarke indische Dorf eine Erfindung von Soziologen ist. Auch im Hinblick auf Afrika kann die Gesellschaft in präkolonialer Zeit nicht sinnvoll mit der im Thesenpapier gegebenen Typologie von Gesellschaften angegangen werden. Daß ein komplexes Beziehungsgefüge zwischen afrikanischen "Stämmen" und arabischen Händlern bestanden hat, bestreitet man kaum, außer wenn man eine spekulative Weltgeschichte entwirft oder soziologische Modelle einer Menschheitsevolution konstruiert. Um aber bei Indien zu bleiben: Allzulange ist sowohl rechtes als auch linkes Denken über und in Indien gekennzeichnet durch den Slogan "das wahre Indien besteht aus einfachen Dorfgemeinschaften". Diese Annahme stammt nicht aus empirischer Forschung, sondern vielmehr aus Modellen von Soziologen, die hauptsächlich aus dem Motiv entstanden, die Einzigartigkeit der Industriegesellschaft zu verstehen, die im Europa des 19. Jahrhunderts entstand.

5. Der Mensch als Gattungswesen und soziale Wandlung analog zum biologischen Wachsen

Ich werde jetzt nachzeichnen, wie eine solche Prämisse aus der soziologischen Theorie des 19. Jahrhunderts hervorgegangen ist. Wie bereits vorher erwähnt, waren die Denker des 19. Jahrhunderts damit beschäftigt, die Entstehung bestimmter Merkmale aufzuzeigen, die ihnen in dem Milieu, in dem sie lebten, einmalig schienen. Wenn man nun darangeht, die Entstehungsgeschichte eines Merkmales zu schreiben, kann man so verfahren, daß man erst die einfachen Anfänge und anschließend die über einen gewissen Zeitraum erworbene Komplexität beschreibt. Ist man zum Beispiel an dem komplexen Kreislauf des Geldes interessiert, kann man mit dem Naturaltausch beginnen, sodann darstellen, wie die Gewohnheit entsteht, eine bestimmte Ware mit der Funktion eines allgemeinen Zahlungsmittels auszustatten, wie diese Standardware durch Münzen und Noten ersetzt wird, usw.. Man kann dafür plädieren, diesen Vorgang als Entwicklung von "einfach" zu "komplex" zu betrachten. Wenn aber die Entstehung der gesamten komplexen Struktur untersucht werden soll, greift diese Methode nicht mehr. Sozialer Wandel ist eher als Übergang von einer komplexen Konfiguration zu einer anderen komplexen Konfiguration zu begreifen. Im 19. Jahrhundert wurde die Adäquatheit der Beschreibung des sozialen Wandels als Wandel vom Einfachen zum Komplexen durch zwei weitere Annahmen plausibel gemacht: (I) daß die humangeschichtliche Entwicklung nach dem Muster des biologischen Wachsens konzipierbar sei, und (II) daß die

motivierende Kraft der Geschichte in einem einzigen (metaphysischen) Faktor wie dem der 'Realisierung von Freiheit' zu suchen ist. Es ist plausibel, ein Neugeborenes als potentiellen Erwachsenen zu sehen, und Stadien seines Heranwachsens als aufeinanderfolgende Aktualisierungen dieser im Kind vorhandenen Potentiale. Man kann auch bei Personen, die in einem bestimmten Stadium steckenbleiben, von Entwicklungshemmung reden. Die Verbindung zwischen gesellschaftlichem Wandel und biologischem Wachsen wurde ursprünglich durch eine von Kant vorgebrachte Theorie der Geschichte hergestellt, und diese bestimmte das ganze 19. Jahrhundert hindurch die deutsche Geschichtsphilosophie, zu deren Erben das Webersche Modell gehört. Kant zufolge ist der Mensch so veranlagt, daß er sein Wesen nur durch die Entwicklung der ganzen Gattung verwirklichen könne, wohingegen das ganze Potential einer Tiergattung in einem individuellen Exemplar realisierbar sei. Das Wesen des Menschen sei seine Fähigkeit zur Selbstbestimmung. Er habe sich von der animalischen Existenz insofern emanzipiert, als er sich von der Determinierung durch äußere Kräfte und Vorgänge emanzipiert habe. Geschichte ist dann die Geschichte von der allmählichen Entwicklung solcher Institutionen ("Kultur"), die dem Menschen ermöglichen, über eigene Lebensweisen und Bestimmung zu entscheiden. Kultur ist das je erreichte Entwicklungsniveau dieser Fähigkeit. Mit anderen Worten: die verschiedenen Kulturen der Welt sind gekennzeichnet durch unterschiedliche Niveaus der Verwirklichung des Wesens des Menschen. Dies ist das Denkmodell, in dem die Suche nach einem bestimmten Hauptfaktor als Determinante für die Evolution menschlicher Gesellschaften einsetzte. Marxens Option ist die Technologie, deren Entwicklung als Gradmesser für die Emanzipation des Menschen von Naturzwängen gesehen werden kann. Webers Option ist die "Entzauberung der Welt" - sie ist die mentale Voraussetzung, um die Natur für die eigenen Zwecke zu nutzen ("die Mittel-Zweck-Rationalität").
Diese grandiose Konzeption kann uns ein erhabenes Gefühl über den Gang der menschlichen Geschichte zu einem vorbestimmten Ziel der Freiheit vermitteln. Aber kann sie uns mit den intellektuellen Mitteln ausstatten, die es uns gestatten, die tatsächlich vorliegenden Aufgaben der Entwicklung zu bewältigen? Wenn es unsere Aufgabe ist, die wirtschaftliche Not der Menschen zu lindern, müssen wir sowohl die lokalen als auch die globalen Kräfte begreifen, die in einem Milieu in der Weise auftreten, daß sie sowohl eine Unfähigkeit, sich der Aus-

beutung zu widersetzen, als auch ein Unvermögen, widerwärtiger Bedingungen Herr zu werden, verursachen. Die sowohl bei Marx als auch bei Weber zugrundeliegende Idee ist die einer menschlichen Gesellschaft als ein in sich geschlossenes Ganzes und eines sozialen Wandels als Ergebnis der inneren Dynamik eines solchen Ganzen (was der Soziologe A. Giddens als "das endogene Entfaltungsmodell des Wandels" bezeichnet hat). Die Frage ist, welche Art der Erkenntnis aus einem solchen Modell des Wandels für die Praxis gewonnen werden kann? Alles was wir mit seiner Hilfe tun können, ist ein bestimmtes Milieu als ein in sich geschlossenes Ganzes (eine "Gesellschaft") zu betrachten und festzustellen, ob ein bestimmtes technologisches "Niveau" besteht oder ob das Verhalten der Menschen "magisch-mythisch" ("abergläubig") geprägt ist, oder ob es "wissenschaftlich-rational" ("aufgeklärt") ist. Lassen wir die Frage beiseite, ob diese kategoriale Einteilung in einer realen Situation sinnvoll ist; nehmen wir das einfach als gültig an. Wenn wir versuchen, die Machtstrukturen in einer bestimmten Situation zu verstehen, können wir zur Bezeichnung des vorhandenen Typus auf Begriffe wie "feudal", "demokratisch" usw. zurückgreifen, die aus der Vorstellung von "Entwicklungsstufen der Geschichte" abgeleitet sind. Wir sind jedoch völlig im Stich gelassen, wenn wir nach einem Instrument suchen, um das Netzwerk der transregionalen und globalen Sozialbeziehungen zu analysieren, in das diese lokale Situation eingeflochten ist. Selbst wenn wir für bestimmte Zwecke eine Situation isoliert von den globalen Verflechtungen zu betrachten in der Lage sein mögen, so ist doch in Wirklichkeit heutzutage ein derart isoliertes Milieu kaum zu finden. Eine Invasion in Kuwait durch Irak führt in einem abgelegenen Dorf des weit entfernten Indien zur Erhöhung des Busfahrpreises, da das Erdöl teurer geworden ist. Dasselbe Ereignis wirkt sich auf den Alltag in einer ganzen Reihe von Gebieten in Süd-Asien und Südost-Asien aus. Die aus Kuwait fliehenden asiatischen Arbeiter wechseln sämtliche Ersparnisse, die sie aus Kuwait haben retten können, in Deutsche Mark um und bringen damit die Haushaltsplanungen vieler asiatischer Regierungen durcheinander, die den Zufluß dieser Ersparnisse ihrer Staatsbürger in die eigene Volkswirtschaft einkalkuliert hatten. Dies bedeutet wiederum, daß der ausgezeichnete Ruf, den sich die Bundesbank bei der DM-Stabilisierung erworben hat, weltweit Wirkungen zeitigt, einerlei ob sich die einzelnen Akteure der institutionellen Vernetzungen solcher Einflüsse bewußt sind oder nicht. Nur ein Modell, das Gesellschaft eher als ein Knoten im Netz weitreichender Interaktionen begreift denn als in sich geschlossenes Ganzes, ist imstande, Kategorien für die Analyse von realen Situationen in einer solchen Welt an die Hand zu geben.

In bezug auf die andere Aufgabe, nämlich das in den verschiedenen Traditionen beschlossene menschliche Erbe an Fertigkeiten zu erhalten, sind die Nachteile der von der Soziologie des 19. und frühen 20. Jahrhunderts bereitgestellten Modelle noch erheblicher. Denn diese Aufgabe verlangt von uns, daß wir solche Traditionen nicht als Durchgangsstufe auf dem unabänderlichen Marsch der Geschichte der Gattung Mensch sehen (wie es die Kantische Theorie tut). Wir sollen dies vielmehr so begreifen, daß unterschiedliche Gruppen von Menschen unterschiedliche Vergangenheiten haben. "Universalität" im Sinne der Konstitution einer Weltzivilisation ist nicht als eine Eigenschaft zu fassen, die eine ganz bestimmte Gruppe charakterisiert, sondern als eine Aufgabe des Zusammenbindens verschiedener geschichtlicher Wege einer Vielzahl von Gruppen. Dies ist ein Prozeß des interkulturellen Dialogs, wobei jeder die Perspektive der je eigenen Tradition als tragendes Moment in die zu gestaltende gemeinsame Zukunft einbringt.

Aus einem weiteren Grund noch eignen sich die aus dem 19. Jahrhundert überkommenen Modelle nicht, weil sie nicht zum Zweck der Ausarbeitung von Richtlinien für den Aufbau von Institutionen beabsichtigt waren. Das ist aber gerade das, was wir in Entwicklungssituationen brauchen: Entwicklungsaufgabe ist primär eine Aufgabe des Aufbaus von Institutionen in einem Milieu, wo es aus verschiedenen historischen Gründen einen Mangel an bzw. einen Zusammenbruch von institutionellen Einrichtungen gibt, die dazu geeignet wären, überkommenes Wissen zu bewahren, zu vermehren und den Bürgern zur Verfügung zu stellen. In Europa wurden die Institutionen der Universitäten, der Königlichen Akademien der Wissenschaften und anderer tragender Forschungs- und Ausbildungsstrukturen - fast alle Institutionen zum Zwecke der Verbindung von Erfahrungen der vergangenen Generationen mit der zukünftigen - ohne Mitarbeit und Beratung der Soziologen gebildet. Weber setzte sie als gegeben voraus. Um die Frage, wie die von der europäischen Vergangenheit geerbten Fertigkeiten und Technologien erhalten und entwickelt werden könnten, kümmerte er sich nicht und brauchte sich auch nicht darum zu kümmern. Auch die Frage, wie die Produktivität in der Gesellschaft zu erhöhen ist, war nicht Gegenstand seiner Theorie. In

Europa war die zur Lösung all dieser Probleme erforderliche Infrastruktur längst aufgebaut, als die Soziologie die Bühne betrat. Deshalb bieten ihre Modelle bei Untersuchungen über die in einem bestimmten Gebiet vorhandenen Fertigkeiten nicht einmal eine heuristische Hilfe. Webers Modell kann lediglich Klassifizierungen von Glaubenssystemen (belief systems) anbieten. Sogar wenn wir annahmen, daß Glaubenssysteme, wenn sie existieren, eine beträchtliche Rolle bei der Gestaltung der Dispositionen eines Milieus spielen, kann man den allgemeinen Verlauf gesellschaftlichen Lebens kaum auf der Grundlage der Glaubenssysteme thematisieren. Tatsächlich ist dafür zu plädieren, daß die angeblich traditionellen Milieus nicht durch Beharren auf solchen strengen Glaubenssystemen gekennzeichnet sind, wie es die Webersche Theorie nahelegt. Was sie aufweisen, ist dagegen ein Festhalten an der Praxis der Rituale, und dies ist nicht das Gleiche wie einen Glauben zu besitzen.

6. 'Tradition': ein System von Glauben (beliefs) oder ein System von Fertigkeiten?

Um den letztgenannten Punkt zu erläutern, muß ich auf ein Thema zurückkommen, das ich am Anfang vorgebracht habe, nämlich daß Tradition ein Wissenssystem ist. Aber was ist in diesem Zusammenhang unter dem Begriff 'Wissen' zu verstehen? Den Begriff kann man in zwei Verschiedenen Bedeutungen verstehen: a) als eine Menge von Aussagen, die als "wahr" gelten und b) wissen, wie etwas gemacht wird.
Der Fokus auf 'Wissen' im ersteren Sinne führt zu der Frage, ob ein Glaube 'richtig' oder 'wahr' ist. Unter diesem Gesichtspunkt wird eine Tradition daraufhin geprüft werden, ob sie richtige oder wahre Glaubenssätze enthält. Dann werden wir unausweichlich mit solchen Fragen konfrontiert wie: 'Respektieren' wir die Glaubensvorstellungen der anderen oder nicht? Welches sind die Grenzen unseres Respekts gegenüber anderen Glaubensvorstellungen? Und solche Fragen mehr. Ein solches Modell setzt einen Rahmen, innerhalb dessen wir zwangsläufig nur die Wahl zwischen zwei Möglichkeiten haben: entweder bewerten wir die Traditionen als Hindernisse zum Erreichen des fortgeschrittenen Wissensstandes unserer heutigen Zeit, oder wir sehen sie nur als Vorgeschichte europäischer Glaubenssysteme an.

Dies entspricht dem Modell, das Weber auf Wissenssysteme anwenden würde.

Wenn wir dagegen Traditionen als Horte des Wissens im Sinne von Fertigkeiten sehen, dann sind sie als unterschiedliche Arten des Umgangs mit den Problemen des Lebens zu verstehen. Fertigkeit ist mehr als Befolgung einer Faustregel und mehr als ein Rezept, sie jemandem beizubringen. Fertigkeit ist auch etwas anderes als eine Menge von Aussagen, die in einem bestimmten Kontext dazu benutzt werden können, jemandem zu erklären und zu begründen, wieso man etwas so und nicht anders macht. Lange bevor die Rolle der Enzyme bei der Weingärung bekannt war, hatten die Menschen es verstanden, Wein zu erzeugen. Während es eine übliche Sichtweise ist, die Entwicklung von Techniken bedürfe der Grundlage wissenschaftlicher Theorien, wird der umgekehrte Sachverhalt trotz seiner wiederholten Hervorhebung durch Wissenschaftshistoriker viel zu wenig beachtet: daß nämlich bedeutende theoretische Entdeckungen selbst von verschiedenartigen Heuristiken abhängen, die ihrerseits aus einer Vielzahl von Traditionen stammen. Wissenschaftler zu haben, die in verschiedenen Traditionen aufgewachsen sind, ist daher keineswegs ein Hindernis für den Fortschritt der Wissenschaft, sondern vielmehr eine notwendige Bereicherung der Quellen, aus denen für die Formulierung heuristischer Hypothesen und Theorien geschöpft werden kann.

Anders ausgedrückt: Eine Tradition formt den Menschen nicht, indem sie ihm eine Glaubensaussage gibt, an die er sich klammern kann. Eine Vielzahl begrifflicher Instrumente kann die gleiche Situation sinnvoll erklären, aber dies ist nicht dasselbe wie eine Menge von konsistenten Glaubensaussagen. Ein Beispiel: Wenn in einem italienischen Dorf ein Kind krank wird, wird seine Mutter vielleicht in die Kirche gehen und der Mutter Maria eine Kerze anzünden, gleichzeitig aber auch zum Arzt gehen und Medikamente holen. Nur einem dogmatischen Aufklärungsideologen wird es einfallen, dieses Verhalten als absonderlich zu bezeichnen, da er zwei widersprüchliche Überzeugungen konstruiert und sie den Eltern zuschreibt. Mit anderen Worten, es besteht ein Unterschied zwischen einerseits Begriffe zur Verfügung haben, mit denen die Umwelt gegliedert und Handlungen orientiert werden, und andererseits einen Glauben haben. Die 'Weltbilder' im Sinne von Glauben, die angeblich Menschen motivieren, sind vielmehr eine von Theologen oder Philosophen vorgenommene Projektion ihrer eigenen Ansichten, wie ein Verhalten sein soll, auf wirkliches Verhalten. Manchmal deckt sich vielleicht diese Projektion mit der Wirklichkeit, meist wird dies jedoch nicht der Fall sein. Daß es sich manchmal mit der Wirklichkeit deckt, soll nicht zur Annahme verleiten, es könne gar nicht anders sein. Im Gegenteil: es gibt ausreichende Gründe, warum eine solche Annahme abzulehnen ist. Ein Glaube, auch wenn realiter vorhanden, muß in jedem neuen Zusammenhang neu interpretiert werden, um als Leitschnur des Handelns brauchbar zu sein. Man kann sich aber genauso mit der Interpretation der sich verändernden Situation zufrieden geben, statt sich die zusätzliche Aufgabe aufzubürden, einen Glauben zu besitzen und ihn im Lichte der veränderten Situation immer wieder neu zu interpretieren.

Im Unterschied zu einem Glaubensystem, das konsistent und ausschließend zu sein hat und hochgradig kontext-invariante Formuilierungen erheischt, bietet eine lebendige Tradition stets mehrere Kombinationen diverser Sichtweisen, um eine Situation zu deuten. Mit einem Glaubenssystem kann gegenüber Kontextbedingungen nicht empfindlich genug reagiert werden. Tradition aber ist notwendigerweise kontext-sensitives System, da sie keine vorgeformten Formulierungen ihres Inhaltes hat, hängen doch die Formulierungen dessen, was Tradition ist, eben vom Kontext ab. Was die Tradition leistet, ist die Erhaltung der sozialen Erfahrungen in Form von Geschichten, Sprichwörtern, Redewendungen, Vorschriften, Legenden, Bildern und, was m.E. am wenigsten untersucht worden ist, von Ritualen, um jene Erfahrungen den nachfolgenden Generationen in kontextgerechter Form zur Verfügung zu stellen.

Zum Schluß kann wie folgt zusammengefaßt werden: Eine wichtige Frage, mit der sich Entwicklungstheoretiker noch nicht befaßt haben, ist, wie die das Leben der Bevölkerung in außereuropäischen Regionen prägenden Traditionen und darin verfügbare Fertigkeiten zu erforschen sind und welche institutionellen Strukturen zu ihrer Erforschung, Erhaltung und Entwicklung notwendig sind. Eines der Hindernisse, die der Einsicht der Wichtigkeit dieser Frage im Wege stehen, ist die Gewohnheit, Entwicklungsaufgaben mit Hilfe von Modellen wie zum Beispiel dem Weberschen zu thematisieren.

Georg Evers

Rapport zur Sektion II: Indien

Vorbemerkung

Ein helles Schlaglicht auf die gegenwärtige indische Situation haben die Ereignisse um die Zerstörung der Ram Janmabhoomi-Babri Moschee in Ayodhya geworfen. Dieser Gewaltakt hinduistischer Fanatiker, bei dem Freiwilligen-Gruppen radikaler hinduistischer Gruppen, unterstützt von mehr als 200.000 Hindus aus dem ganzen Land, am 6. Dezember 1992 die über 400 Jahre alte Moschee aus der Mogulzeit demolierten, stellt einen Höhepunkt der schon lange schwelenden Auseinandersetzungen unter den verschiedenen Volks- und Religionsgruppen Indiens dar.

Die Forderungen der Hindus gehen dahin, die während der Mogulzeit im 16. Jahrhundert durch den muslimischen Herrscher Babar auf der Geburtsstätte des von den Hindus verehrten Gottes Rama erbaute Moschee abzureißen und an ihrer Stelle wieder einen Hindu-Tempel zu seinen Ehren zu errichten. Das Insistieren der radikalen Hindus auf den Platz der Babri Moschee als dem historischen Ort, an dem der Gott Rama als siebte Inkarnation des Gottes Vishnu geboren sein soll, widerspricht eigentlich der hinduistischen Geisteshaltung, die weniger an der Geschichte als an Mythen interessiert ist. Im Ramayana, dem großen altindischen Epos von Rama, das dem legendären Dichter Valmiki zugeschrieben wird und seit dem 2. Jh. n. Chr. abgeschlossen wurde, wird Ayodhya als die Geburtsstätte Ramas genannt. Ayodhya wird dort als eine strahlende Stadt beschrieben, in der es "keine Geizhälse oder Betrüger, keine Gemeinen, Stolzen, Unbesonnenen, Unwürdigen oder Gottlosen" gab und wo die "Männer und Frauen gerecht lebten und voller Selbstbeherrschung" waren[1]. Die gewalttätigen Auseinandersetzungen der jüngsten Zeit passen weder zu dieser Beschreibung Ayodhyas noch zur Gestalt des Gottes Rama, der als Tröster und Lichtgestalt für Versöhnung und Verständigung steht.

---

[1] Vgl. Ramayana, Köln: Diederichs, 1981, S. 16.

Den radikalen hinduistischen Gruppierungen geht es denn auch weniger um die Bewahrung des genuinen Erbes des Gottes Rama, sondern ganz einseitig um die Erreichung ihrer politischen Ziele. Dafür wird die hinduistische Überlieferung manipuliert und für die politische Propaganda zubereitet. Im Gefolge der Ereignisse in Ayodhya kam es in ganz Indien zu heftigen Kämpfen zwischen Hindus und Muslimen, die über 1200 Todesopfer forderten. Die Ereignisse hatten ihre Auswirkungen auf den gesamten indischen Subkontinent, da auch in Pakistan und Bangladesh Muslime und Hindus sich gegenseitig bekämpften und es zur Zerstörung von hinduistischen Tempeln seitens der Muslime kam.

Die Gründerväter Indiens, Jawarhalal Nehru und Mahatma Gandhi, hatten den neuen indischen Staat auf den Grundsätzen einer "säkularen Staatsverfassung" aufgebaut. Eine strikte Trennung von Religion und Politik sollte nach dem Willen der Gründerväter der indischen Union die oberste Regel für die religiös pluralistische Bevölkerung Indiens sein. Dieses säkulare Prinzip hat bisher das Zusammenleben der verschiedenen Religionsgemeinschaften unter dem Dach einer gemeinsamen indischen Nation und Demokratie trotz mancher Spannungen im wesentlichen sicherstellen können.

Jetzt hat es den Anschein, als ob Indien von der Geschichte wieder eingeholt wird. Denn auf dem Spiel steht bei diesen Auseinandersetzungen, die in Indien mit dem Wort "Kommunalismus"[2] gekennzeichnet werden, letztlich der Fortbestand der säkularen Verfassung des modernen indischen Staates. Indien krankt am "Kommunalismus", d.h. am Mißbrauch von religiösen und ethnischen Vorstellungen und Werten für einseitig politische und ideologische Ziele. Gruppeninteressen werden den Zielen des Gesamtstaates so vorangestellt, daß die staatliche Einheit und die Zugehörigkeit religiöser und weltanschaulicher Gruppen zu ein und demselben Gemeinwesen grundsätzlich in Frage gestellt werden.

---

[2] "Kommunalismus ist eine Ideologie, die die Anhänger einer Religionsgemeinschaft nicht nur als eine ethisch dogmatische, sondern zusätzlich als eine soziale, politische, ökonomische und kulturelle Einheit betrachtet und die entsprechenden Unterschiede und Antagonismen zu anderen Gruppen auf religiöser Basis hervorhebt" (D.W. Smith, Modern Islam in India, Lahore 1943, S. 163).
Vgl. auch Christian Wagner: Kommunalismus in Indien: Die Entstehung und innenpolitische Bedeutung des Hindu-Muslim-Gegensatzes, in: Asien, Juli 1992, 59-74.

Die Auseinandersetzungen zwischen Muslimen und Hindus sind wegen der Zahl der beteiligten Personen die am meisten ins Auge fallenden. Es ist aber nicht zu übersehen, daß die Sikhs in ihrem Kampf um eine Neuordnung des Punjabs ebenfalls einen erheblichen Anteil an den "kommunalistischen Streitigkeiten" in Indien haben. Alle religiösen Gruppen übergreifend ist der Kampf der "Dalit" - wörtlich: "die Gebrochenen" - , der großen Gruppe der Kastenlosen bzw. der den unteren Kasten angehörigen indischen Volksgruppen, um Berücksichtigung ihrer politischen und gesellschaftlichen Rechte.

Der Hinweis auf diese aktuellen Ereignisse in Indien scheint mir als Hintergrund der Berichterstattung, der Bewertung und der Weiterführung der Diskussion der indischen Beiträge auf dem letzten Symposium von "Theologie Interkulturell" im November 1992 in Frankfurt von Bedeutung zu sein. Denn die Ereignisse um Ayodhya sind nicht nur von tagespolitischer Relevanz, sondern werfen grundlegende Fragen nach dem Verständnis von indischer Tradition und Kultur auf. Der Anspruch der radikalen Hindus von der Rashtriya Swayamsevak Sangh[3] (RSS = Nationale Vereinigung der Freiwilligen) gehen ja gerade dahin, daß jeder autochthone Inder gleichsam von Geburt ein Hindu ist. Religiösen Minderheiten, ganz besonders dem Islam und dem Christentum, wird das Indisch-Sein radikal abgesprochen, und sie werden zu den ausländischen fremden Kräften gezählt, die in Indien nie Heimatrecht werden beanspruchen können. Mitglieder der RSS sind in der vordersten Front derer, die "Anti-Konversions-Gesetze" in verschieden Bundesstaaten durchgesetzt haben oder sich um deren Durchsetzung bemühen. Die Belange der RSS werden politisch von der Bharatiya Janata Partei (BJP = Indische Volkspartei) und der mit ihr verbündeten Vishwa Hindu Parishad (VHP = Weltkongreß der

---

[3] Gegründet wurde die RSS schon 1925 von Kesha Baliram Hedgewar (1889-1940), der sich von der indischen Kongreßpartei wegen der Politik der Gewaltlosigkeit Mahatma Gandhis abwandte und eine Organisation schuf, die sich für den Erhalt hinduistischer Kultur und hinduistischen Gedankengutes einsetzte. Die straffe Organisation, die gezielte Führerschulung und die militante Überzeugung haben aus der RSS, die gegenwärtig über 3 Millionen Mitglieder zählt, eine schlagkräftige politische Kraft werden lassen. Die verschiedenen Ortsgruppen verpflichten neue Mitglieder mit einem feierlichen Eid, auf Lebenszeit der RSS anzugehören und mit Leib und Seele, sowie mit ihrem Geld, die Ziele der RSS zum Wohle der Hindus und des ganzen Landes zu verfolgen. Auch wenn die RSS selbst nicht als politische Partei antritt, so spielen ihre Mitglieder und ihr Gedankengut bei den sog. "hinduistischen Parteien" wie der BJP und VHP eine bestimmende Rolle.

Hindus) vertreten. Das erklärte politische Ziel dieser Parteien ist es, Indien zu einem hinduistischen Staat (Hindu-Rashtra) zu machen, in dem die anderen religiösen und ethnischen Minderheiten nur in dem Maß, als sie Indien und seine Kultur - d.h. das "hinduistische Erbe" - anzuerkennen bereit sind, ein Lebensrecht besitzen sollen[4].

Die indischen Beiträge auf dem Symposium

Der Rapport von Maria Hungerkamp über das dem Symposium voraufgegangene Kolloquium im Mai 1992 über "kultureigene Rationalisierungspotentiale Indiens" war sehr hilfreich, den erreichten Gesprächsstand zu bestimmen und auf offen gebliebene Fragestellungen hinzuweisen. Die drei von ihr genannten Herausforderungen und Aufgaben: Entlarvung von Universalisierungstendenzen, Konkretisierung des interreligiösen Weges und Weiterentwicklung einer "Theologie der Entwicklung" wurden in den nachfolgenden indischen Beiträgen und der allgemeinen Diskussion verschiedentlich aufgegriffen und weitergeführt.

Zum Beitrag von Rao Narahari:
Warum andere Traditionen "respektiert" werden müssen

Auch wenn der Beitrag von Rao Narahari im Symposium der zweite indische Beitrag war, möchte ich doch mit ihm beginnen, weil er am meisten Bezug auf das Einleitungsreferat von Hermann Pius Siller nahm und so die allgemeine Diskussion über die kultureigenen Rationalitäts- und Entwicklungspotentiale fortzuführen versuchte. Sein Plädoyer für die Notwendigkeit einer Diskussion der anstehenden Fragen auf einer hohen Reflexionsstufe, ohne sofort nach der "praktischen Umsetzbarkeit" zu fragen, hatte einen etwas apologetischen Charakter, wird aber aus der Anlage des Symposiums, sich in der knappen Zeit von drei Tagen mit Entwürfen aus vier verschiedenen Kontinenten zu befassen, verständlich.

Für die weiterführende Diskussion ist Raos Definition von Entwicklung von Bedeutung, wenn er unter Entwicklung auf der einen Seite die "Linderung des Leidens infolge ökonomischer Benachteiligung" versteht und dann als zweite Komponente den "Erhalt und die Wei-

---

[4] Vgl. A. G. Norrani: History of the BJP, in: Südasien, Heft 4, 1991.

terentwicklung des von früheren Generationen überlieferten Wissens" nennt. Durch diese Zusammenschau wird es ihm möglich, "Entwicklung" und "Kultur" (Tradition) ohne den dichotomischen Gegensatz von "Tradition" und "Moderne" zu behandeln. Auf dem Hintergrund seiner eigenen Biographie, der Herkunft aus der "traditionellen Gesellschaft" eines indischen Dorfes, übt Rao Kritik an der westlichen Vorstellung, daß die gesamte Menschheit eine gemeinsame Aufgabe in einer linear verstandenen "Entwicklung" hat. In allen Gesellschaften und Kulturen finden sich "Traditionen", verstanden als Wissenssysteme und Reservoire von Fähigkeiten, die zunächst ihre eigenen Aufgaben und Zielsetzungen haben. Im weltweiten Kommunikationssystem der heutigen Welt wird es darauf ankommen, die vorhandenen Fähigkeiten bestimmter Gruppen miteinander in Interaktion zu bringen, ohne sie zu bloßen Funktionen eines globalen universalen Systems zu machen. Dabei wird es eine wichtige Aufgabe sein, die vorhandenen Traditionen weniger als Glaubenssysteme (beliefs) zu sehen, bei denen sich immer die Frage nach der Orthodoxie stellt, sondern sie als Fähigkeiten (skills) zu verstehen, die dem Kriterium der Orthopraxis unterliegen. Von Rao wurde eine "Anwendung" seiner theoretischen Überlegungen auf die gegenwärtige indische Szene, getreu seiner zu Beginn geäußerten Überzeugung über den "Nutzen" von abstrakter theoretischer Reflexion, nicht versucht. Diesen Schritt unternahm Felix Wilfred, der einen schmalen Ausschnitt der indischen Wirklichkeit daraufhin untersuchte, inwieweit sich darin eine "alternative, im Lande selbst begründete soziopolitische Konzeption und Praxis" finden läßt.

Felix Wilfred:
Soziale Institutionen und Protestbewegungen in Indien

Auf dem Hintergrund der soziopolitischen Geschichte Indiens versuchte Felix Wilfred, Elemente demokratischer Prinzipien in den heterodoxen Sekten im dörflichen Indien aufzuzeigen, die durch Bewußtseinsveränderung zu gesellschaftlichen und kulturellen Veränderungen im heutigen Indien beitragen. Felix Wilfred nannte als Beispiel die Dalit-Bewegung mit ihren 100-200 Millionen Angehörigen aus den unteren Kasten bzw. Kastenlosen und der Stammesbevölkerung im dörflichen Indien, die im Rückgriff auf die "kleine Tradition" sich gegen die gesellschaftliche, wirtschaftliche und politische Diskriminierung durch die "große Tradition" zu wehren versucht. Ohne eine falsche Glorifizierung der Vergangenheit des dörflichen Indiens geht es bei den Bemühungen der Dalit darum, ihre eigene Identität im Rahmen ihres jeweiligen Kontexts zurückzufinden und zu bewahren. Das Bekenntnis zur fortdauernden Gültigkeit und Wertigkeit von "Mikro-Ideologien" ist verbunden mit einer Absage an alle "universellen Ideologien", wie der Kommunismus, Marxismus und der liberale Kapitalismus sie darstellen. Bewegungen, wie die der Dalit, bemühen sich darum, die Kluft zwischen der lokalen Gesellschaft und den großen politischen Institutionen zu überbrücken. In Indien hat die Dalit-Bewegung eine doppelte Auseinandersetzung zu führen, indem sie einerseits im Lande gegen die sie ausgrenzenden Bestrebungen der oberen Kasten, der "größeren Tradition", zu kämpfen hat, andererseits aber dem Sog der universalistischen Entwürfe, wie sie der Westen in den politischen Ideologien und Deutungsmustern der Evolution u.ä. anzubieten versucht, zu widerstehen.

Wie Rao Narahari wendet sich auch Felix Wilfred gegen einen falschen Gegensatz zwischen Tradition und Moderne, der unter "Tradition" das Alte und Zurückgebliebene und unter "Moderne" den jeweiligen Höhepunkt einer universalen globalen Entwicklung versteht. Mit genau dieser Annahme befindet sich der Westen nach Felix Wilfred in einer dreifachen "Unschuld" oder auch Blindheit, weil er einmal die tiefe Krise nicht wahrnimmt, an der die westliche Gesellschaft gegenwärtig leidet, die innere Dynamik in den anderen gesellschaftlichen Systemen übersieht und die Machtfrage ausklammert, die im eigentlichen Sinn das Miß-Verhältnis zwischen dem Westen als der Ersten Welt zu den anderen Gesellschaften, der Dritten Welt, bestimmt. Bei dieser Frage handelt es sich um ungleiches und unfaires Paaren von höchst ungleichen Partnern zu einem Wettlauf, bei dem "Behinderte", d.h. die Gesellschaften der Dritten Welt, mit "Herkules", d.h. die Gesellschaften der Ersten Welt, um die Wette laufen sollen.

Francis X. D'Sa:
Die Vernünftigkeit der Vernunft - eine Untersuchung zum kosmotheandrischen Wesen der Vernunft

Auf dem Hintergrund seines Papiers für das Kolloquium im Mai 1992 entwickelte Francis D'Sa, der im Rückgriff auf Raimundo Panikkar im kosmotheandrischen Verständnis der Vernunft einen Schlüssel für eine interkulturelle Kommunikation und Begegnung sieht, seine Thesen. Ausgangspunkt für seine Überlegungen ist die Einsicht, daß sowohl die anthropozentrische wie auch die kosmische Weltsicht je für sich eigene Verstehenshorizonte darstellen, die jeder für sich ihr eigenes Wahrheitsverständnis hat und die nicht gegeneinander ausgespielt werden können. Unter Benutzung der Terminologie der modernen Computersprache liegt die Aufgabe einer interkulturellen Verständigung über die verschiedenen Verstehenshorizonte hinweg darin, ein "inter-face" zu finden, das auf dem Hintergrund und in der Bewahrung der eigenen Tradition den Beitrag der anderen sehen und verstehen kann. Die zentrale These des Beitrags von Francis D'Sa beinhaltet, daß nach ihm in der kosmotheandrischen Sicht eine Verständigungsbasis besteht, die unter Wahrung des jeweils eigenen Verstehenshorizonts das Fremde im Eigenen zu verstehen ermöglicht. Grundlage dafür ist, daß sich in jedem Verstehenshorizont die drei Elemente der kosmischen, der menschlichen und der göttlichen Dimension finden lassen. Sie können so das Fundament dafür darstellen, daß es eine echte Mit-Verantwortung für die Welt und die Menschen in allen Kulturen geben kann.

Es ist deutlich, und die nachfolgende Diskussion belegte dies, daß die Annahme dieses kosmotheandrischen Wesens der Vernunft in sich sehr formal bleibt und nicht unmittelbar konkrete Antworten für bestimmte Probleme abwirft. D'Sa wies mehrfach darauf hin, daß es vor der Frage der möglichen "Anwendung" dieser Wesensstruktur darauf ankomme, in einem Schritt heraus aus der eigenen Überlieferung im Bereich des "Heiligen" in der anderen Tradition die "Sakra-Mentalität" in der säkularen Wirklichkeit des Anderen zu entdecken.

Der Ertrag der Diskussion oder die Schwierigkeiten einer interkulturellen Kommunikation

Das Symposium litt sicher darunter, daß die Fülle der Einzelbeiträge aus Afrika, Lateinamerika und Indien es nur eingeschränkt zuließen, die durchlaufende Problematik der Menschenrechte und Entwicklung in der an sich erforderlichen Ausführlichkeit zu diskutieren. Die vorausgegangenen Einzelkolloquien zu Afrika und Indien hatten nur eingeschränkt für eine gemeinsame "kontinentale" Gesprächssituation als Ausgangspunkt für eine allgemeine Diskussion gesorgt.

Bei den drei indischen Beiträgen macht sich ebenfalls bemerkbar, daß sie nicht aufeinander abgestimmt sind und nicht direkt aufeinander bezogen argumentieren. Die Problematik der Eigenständigkeit anderer Kulturen und Weltanschauungen im Zusammenhang mit der Frage nach menschlicher Entwicklung und den Menschenrechten wird aber in allen drei Beiträgen aufgegriffen und entweder theoretisch oder mehr praxisbezogen diskutiert. Gemeinsam ist allen drei Beiträgen, daß sie eher philosophisch oder soziologisch die Problematik angehen. Eine Auseinandersetzung mit der Fragestellung aus der Sicht einer christlich-indischen Theologie wurde nicht gegeben. Der Beitrag von Felix Wilfred hätte dies sicher am ehesten leisten können, wenn ihm die Gelegenheit gegeben worden wäre, die Problematik der Dalit auf dem Hintergrund der katholischen Kirche in Indien in einem zweiten Schritt auszuführen. Die allgemeine Bewegung der Dalit in Indien hat jedenfalls in den letzten Jahren in zunehmendem Maß auch auf die christlichen Kirchen übergegriffen. Von den 16 Millionen Katholiken Indiens gehören schließlich fast 50% zur Gruppe der Dalit. In der doppelten Entfremdung, Angehörige der gesellschaftlich diskriminierten Dalit und zugleich Mitglieder der christlichen Minderheitengruppe in Indien zu sein, ist das Bewußtsein der christlichen Dalit für die Anliegen der Dalit-Bewegung nach Verbesserung ihrer Stellung in Gesellschaft, Politik und Kirche besonders sensibilisiert worden. Die christlichen Dalit klagen immer deutlicher ihre Rechte ein und reagieren zunehmend kritischer auf die auch in der katholischen Kirche ihnen gegenüber ausgeübte Diskriminierung. Der Widerstand gegen nach Kasten aufgeteilte christliche Friedhöfe, nach Sonderplätzen für bestimmte Kasten in den Kirchen und mangelnde Beteiligung der Dalit an kirchlichen Führungsämtern wird immer stärker. Es gibt die ersten Ansätze einer Dalit-Theologie[5], die mit dem methodischen Rüstzeug der Befreiungstheologie das Anliegen der vielfältigen Unterdrückung der Dalit theologisch reflektiert. Die Frage der Standortbestimmung dieser Art von "indischer Befreiungstheologie" im Rahmen der sonst in Indien geführten theologischen Diskussion über eine inkulturierte indische Kirche und Theologie hat allerdings gerade erst begonnen. Die bisherigen Versuche, eine indische Theologie zu entwickeln, gingen in ihrem Bezugsrahmen fast immer davon aus, das eigentlich "Indische" im kulturellen und religiösen Erbe in der "großen Tradition", d.h. in den von der brahmanischen Überlieferung festgelegten Kanon von Werten, Ideen und Vorstellungen zu sehen. Ziemlich unreflektiert übernahmen christliche

---

[5] Vgl. das Themenheft "Dalit Theology" in: Journal of Dharma, Vol.16 (1991)1 nr.

Theologen diese Vorgaben, die im letzten Verständnis "indische Kultur" mit "hinduistischem Erbe" gleichsetzen. Damit finden sie sich etwas überraschend in der Nähe des Gedankenguts, wie es in der gegenwärtigen Diskussion um Ayodhya auch von den radikalen hinduistischen Gruppen um die RSS und ihre politischen Vertreter der BJP und VHP vertreten wird.

In der theologischen Diskussion um Gestalt, Methode und Inhalt einer "christlichen indischen Theologie" fehlen bisher die Stimmen, die sich Gedanken über das große muslimische Potential machen, das in Indien, wo immerhin 12% der Bevölkerung oder 120 Millionen Personen dem Islam angehören, gegeben ist. Inwieweit gehören die muslimischen Beiträge während der über 400 Jahre Mogulherrschaft zum "indischen Erbe"? Ist der Islam nicht ebenfalls zum konstitutiven Bestandteil dessen geworden, was man heute "indische Kultur" nennt? Wenn indische Christen sich vehement dagegen wehren, daß das Christentum von den Hindus als "fremdes Element" gesehen wird, das in der indischen Geschichte und Kultur keinen Platz hat, indem sie auf die Geschichte und Tradition der Thomaschristen im Land hinweisen, dann müßten sie auch bereit sein, den Muslimen ebenfalls Heimatrecht in Indien einzuräumen. Bisher ist noch nicht zu sehen, daß die Ereignisse um Ayodhya mit ihren Implikationen für die theologische Diskussion unter indischen Theologen sich schon ausgewirkt haben. Die erste Reaktion der indischen Christen war jedenfalls, diese Auseinandersetzungen als Streit zwischen Hindus und Muslimen anzusehen, bei denen die Christen als kleine Minderheit zum Glück nicht direkt beteiligt sind. Weitsichtigere Beobachter haben aber schon darauf hingewiesen, daß die Geschehnisse von Ayodhya den Kern des säkularen Staatsverständnisses Indiens berühren und für alle religiösen und ethnischen Minderheiten des Landes von weitreichender Bedeutung für die Zukunft sind.

Im Zusammenhang mit den Fragen der Menschenrechte und der Entwicklung geht es in Indien bei den gegenwärtigen kommunalistischen Auseinandersetzungen um entscheidende Weichenstellungen, ob an dem Konzept eines für alle Religionsgemeinschaften offenen pluralistischen Entwicklungsmodells der indischen Gesellschaft festgehalten wird, oder ob es zu einer Verengung auf das Modell eines "Hindustan" kommt, in dem zuerst die Hindus ein Heimatrecht hätten und die übrigen Religionsgemeinschaften nur untergeordnet beteiligt sein würden.

Bemerkungen zur Podiumsdiskussion am Schluß des Symposiums

Die Podiumsdiskussion im Anschluß an das Referat von Uwe Simson vom Bundesministerium für Wirtschaftliche Zusammenarbeit brachte wichtige Fragen für die weitere Behandlung der Thematik zur Sprache. In seinem Referat hatte Uwe Simson wohl bewußt provokativ seine Thesen: "Entwicklung ist unteilbar" und: "Es gibt nur *einen* Entwicklungsweg" in den Raum gestellt. Auch wenn Simson die Forderung vertrat, daß "beide Seiten", d.h. die Erste Welt und die Gemeinschaften der Dritten Welt, sich ändern müßten, wurde von den Podiumsteilnehmern aus der Dritten Welt dem entgegen gehalten, daß dieses Entwicklungsverständnis und -modell die Frage der ungleichen Machtverhältnisse ignoriere und an eurozentrischen Vorstellungen weiter festhalte. Letztlich ging es wieder um die Frage, die schon mehrfach im Symposium behandelt worden war, ob es die *eine* Weltkultur und den *einen* Entwicklungsweg als erstrebenswerte und realistische Ziele geben könne, ohne daß eine Religion oder Weltanschauung sich illegitim absolut setze. Die Aussagen der afrikanischen, asiatischen und lateinamerikanischen Teilnehmer gingen letztlich übereinstimmend dahin, daß diese Vorstellungen so nicht zu halten sind.

Die Voraussetzung für eine vertiefte Diskussion über Entwicklung liegt ihrer Meinung nach in der Feststellung, daß das westliche Entwicklungsmodell nicht universalisierbar ist, weil es den ökologischen Kollaps der Erde zur Folge haben würde. Der auf Kosten der wirtschaftlichen, politischen und ökologischen Ausbeutung der Dritten Welt erzielte "Entwicklungs-stand" der Ersten Welt läßt sich nicht halten oder ausbauen. Die Länder der Dritten Welt können ihre eigenen Entwicklungsvorstellungen daher nicht an diesem selbstmörderischen Modell ausrichten. Sulak Sivaraksa brachte aus der Sicht des thailändischen Buddhisten die Fragestellung auf den Punkt, als er die unzweifelhaften Erfolge des Westens auf den Gebieten der Wirtschaft, der Politik und der Technik als durch maßlose Begierde (greed) erkauft bezeichnete. Damit trügen diese Errungenschaften in sich auch immer schon die Keime des Unheils, weil aus Begierde sich Haß und Illusion ergeben, die letztlich zum Chaos und Zusammenbruch führen müßten.

In einer akademischen Podiumsdiskussion läßt sich die Einsicht in die Notwendigkeit eines radikalen Umdenkens in der Frage der Entwicklung noch einigermaßen vermitteln. Es bleibt aber die weiterreichende

Frage, wie bei der gegebenen Machtverteilung ernsthaft daran gegangen werden kann, die grundlegende Ausrichtung des westlichen Entwicklungsmodells auf immer mehr an Gütern, Produktion und Leistung zu stoppen und umzudrehen und zugleich den Gesellschaften in der Dritten Welt in ihrer gegenwärtigen miserablen Situation die notwendigen Entwicklungsmöglichkeiten zu geben, die Grundbedürfnisse ihrer Völker zu befrieden.
Die eingangs erwähnten Ereignisse von Ayodhya machen die Brisanz dieser Fragestellung für den gesamten indischen Subkontinent sicher zur Genüge deutlich. Wer die Auseinandersetzungen und die Diskussion um die Asylanten und die Ausländer in Deutschland und anderen Ländern Europas in den letzten Monaten verfolgt hat, wird ebenfalls leicht einsehen, daß es sich hier um eine Problematik handelt, die von höchster gesellschaftlicher und politischer Brisanz ist.

Sektion Lateinamerika

Hans Josef Wüst

Die Lebensbewältigung der Menschen in Amazonien und am Rio Negro
- ihre Bedrohung durch Modernisierung -

Ich berichte aus der Praxis und habe das Folgende nicht wissenschaftlich durchdacht oder geordnet.
1960 zum Priester geweiht, kam uns der Gedanke, auch auf rein kirchlicher Ebene als Weltpriester - nicht als Missionare - einer Ortskirche in Lateinamerika "Entwicklungshilfe in Religion, Pastoral" zu geben. Nach längeren Auseinandersetzungen mit unseren kirchlichen Behörden durften wir dann 1966/1968 nach Brasilien gehen - bis 1981 -, nach Camacari in Bahia in der Nähe von Salvador da Bahia. In unserem Reisegepäck hatten wir die Idee, die nach unserer Kenntnis unterentwickelte Pastoral vor Ort auf einen "ordentlichen europäischen Standard" zu bringen. Die Bücher, die ich mitnahm, zeugen davon. Wir kamen in eine Zeit des Aufbruchs in den Kirchen Lateinamerikas. So wurden wir sehr schnell ganz konkret in den Prozeß der beginnenden befreienden Pastoral und Theologie hineingenommen. Selbst in der Tradition der eurozentrierten Katholizität verhaftet und verankert, lernten wir sehr schmerzlich und sehr langsam eine ganz neue Form und damit auch die Kraft unseres Evangeliums kennen. Wir erfuhren im Miteinander diese neue Form von Kirche in den vielen Basisgruppen und kirchlichen Gemeinschaften.
Diese 13 Jahre sind der wichtigste Teil meines Lebens geworden. Es war nicht leicht und ist es bis heute nicht, die so tief und weit verwurzelten Vorurteile eines Europäers und eines europäischen Christen zu spüren, sie aufzuspüren, sie zu beschneiden oder umzuwandeln. Sehr viel Hilfe erfahre ich dabei mehr und mehr aus meiner Herkunft aus einem kleinen katholischen Dorf, aus einer einfachen bäuerlichen Familie mit einem gesunden Glauben der Volkskirche. Um so schmerzlicher werden mir aber dabei auch all die Formen der Entfremdung bewußt. Wieviel gesunde, tiefe Gläubigkeit ist in mir - und so vielen anderen - erstarrt, vereist worden, durch eine Moralauffassung, die von Gott weiß woher, nur nicht vom Evangelium geprägt

war, von einem Dogmatismus und auch Fundamentalismus, der kaum noch als notwendige Hilfe erfahren werden konnte für eine lebendige christliche Gemeinde, beseelt durch die Frohe Botschaft unseres menschgewordenen Gottes.

Ich deute das an, weil das für mich ganz wichtig geworden ist, auch für diesen sehr begrenzten Erfahrungsbericht eines Aufenthaltes von einem Jahr (von Aug. 1991 bis Aug. 1992) am oberen Rio Negro im Staate Amazonas.

1989 lernte ich bei einem meiner regelmäßigen Kontaktbesuche mit Austauschgruppen von brasilianischen und deutschen Industriearbeitern einen jungen brasilianischen Priester kennen, der seit zehn Jahren im letzten Winkel Brasiliens arbeitet, im Grenzdreieck von Kolumbien, Venezuela am oberen Rio Negro. Die Diözese Sao Gabriel da Cachoeira ist etwas mehr als fünf Jahre alt.

Bis dahin haben über ca. 100 Jahre hinweg Salesianermissionare und -missionarinnen in dieser Prälatur (etwa von der Größe Italiens) zahlreiche Indiovölker mit eigenen Kulturen und Sprachen missioniert. In diesem Gebiet haben in der Kautschukära Tausende von Gummisammlern und Soldaten ihr Glück versucht und dieses "schwarze Gold" nach Manaus geliefert.

Ich landete in dem kleinen ca. 5 000 Einwohner zählenden Städtchen Barcelos, das noch vor Manaus über eine gewisse Zeit Hauptstadt des Staates Amazonien war. Nichts deutet mehr darauf hin. In ca. 30 bis 40 Stunden gelangt man mit einem Linienboot einmal in der Woche dorthin. Vor drei Jahren wurde der wöchentlich regelmäßige Flugverkehr eingestellt. Nur das Postflugzeug und die Luftwaffe benutzen den kleinen Flughafen. Mitten aus diesen riesigen Wasserläufen am Rio Negro und seiner zahlreichen Nebenflüsse und den dichten Urwäldern auf den zahllosen Inseln (nur im Distrikt Barcelos - 2 1/2 mal die Größe der Schweiz - soll es auf den 120.000 km^2 mehr als 2 000 Inseln geben) erhebt sich eine große Missionsstation der Salesianer. Bis vor drei Jahren waren hier wenigstens immer drei Salesianerpatres. Nun gibt es dort keinen Priester mehr. Fünf Salesianerinnen leiten die große Schule (ca. 1 000 Schüler täglich), helfen mit bei der sehr mangelhaften medizinischen Versorgung. 1991/1992 waren wir, d.h. ca. 2500 Menschen, mehr als drei Monate ohne jeden Arzt. Das kleine Krankenhaus wird von Krankenschwestern und Pflegern aufrechterhalten. Wenn ein Arzt da ist, dann ist es ein junger Militärarzt, der dorthin im Rahmen seiner Laufbahn

abgeordnet wird. Diese Menschen arbeiten ebenfalls in der Pastoral und Katechese mit.
Wenn man die restlichen 700 km den Rio Negro hinauffährt oder dem einen oder anderen Nebenfluß folgt, trifft man weitere elf ähnliche Missionsstationen mit großen Kirchen, mit riesigen Schul- und Internatsgebäuden, Lehrwerkstätten, landwirtschaftlichen Gebäuden und meist mit einem kleinen Krankenhaus. In den letzten Jahren sind hier und dort große Sporthallen (Gymnasien) dazugekommen.
1958 schon soll Präsident Kubischek bei einem Besuch dort gesagt haben: Hier entsteht ein weiteres Brasilia und niemand nimmt davon Kenntnis.
Die in diesem Gebiet (bis an die Grenzen von Kolumbien und Venezuela) wohnenden Menschen sollen die niedrigste Analphabetenquote Brasiliens haben. Ein Jahr oder länger haben die meisten von der älteren Generation in diesen Internaten und Schulen der Salesianer verbracht. Noch heute sind ca. 90 % der Bevölkerung reine Indigenas (Indios). Der Rest ist fast ausschließlich Cabolco - eine Mischung von Brasilianern (schon gemischt aus Europäern und/oder Negern/Indios) und diesen Indigenas. Es sollen hier noch vor 100 Jahren ca. 200 eigenständige Indiovölker gelebt haben, mit eigener Kultur und Sprache (nicht Dialekt). Heute werden dort nur noch ca. 25 Sprachen gesprochen, oft nur noch von wenigen älteren Einwohnern, wie mir ein französicher Sprachforscher versicherte, der seit acht Jahren diese Sprachen erforscht, sie aufzeichnet und damit zumindest für die Wissenschaft erhält.
Noch 1964, so erfuhr ich von einzelnen, wurde mit dem Entzug des Mittagessens bestraft, wer seine Sprache in den Internaten sprach und erwischt wurde. Erst seit einigen Jahren beginnen die meisten europäischen Missionare und Missionarinnen ihre Verachtung und Ablehnung all dessen, was mit den Indigenas zusammenhängt, aufzugeben. Einer fragte mich: "Wir haben gehört, daß unsere Kultur vernichtet werden müsse, unsere Religion vom Teufel sei, unsere Sprache nichts tauge. Und so sind wir Christen geworden. Und heute sollen wir wieder unsere Kultur bejahen, unsere Religion neu bedenken, unsere Sprache sprechen. Hat das Christentum seine Kraft verloren?"
In den Missionszeitschriften der zwanziger Jahre fand ich den bebilderten Bericht des Aufbaus einer Missionsstation. Bei der Ankunft der Schwestern zeigt ein Bild nackte Indios, wie sie ihre Bananen essen und voll Staunen die weißgekleideten Schwestern anschauen - "Primitive" (wie Affen). Das zweite Bild zeigt den Erfolg einige Jahre

später: In langen Kleidern die Mädchen, in schönen Anzügen die Jungen. Mit Kopfbedeckung gehen sie in wohlgeordneten Reihen in die Kirche zu Taufe und Erstkommunion - junge Christen.
Es gab von Anfang an Patres, die mit wissenschaftlicher Akribie die Sprachen erforschten und sie damit für uns erhalten haben, ja auch großartige Beispiele, die religiöse Tiefe der Einheimischen zu erforschen, ihre Kulturen zu erhalten und so zu einer Inkulturation zu kommen. Aber sie konnten sich nicht durchsetzen. Das sicher etwas vereinfachte Bild sagt ganz deutlich: Hier wurde diesen Menschen das eigene Bewußtsein, ihre Identität genommen. Man mußte erst Italiener, Spanier oder ... werden, um Christ zu sein. Ein neues Bewußtsein wurde ihnen mit dem Christwerden übergestülpt. Sie wurden entwurzelt. Sie haben nichts mehr zu sagen. Von "außen" wird festgelegt, was Wert hat im Leben, was Moral ist, was geglaubt werden darf. Ziemlich wahllos füge ich einige Beispiele an, die mir in der kurzen Zeit aufgefallen sind. Sie sind nicht vollständig. Ich ordne auch nicht ein, ob es sich um den mehr religiösen Bereich oder um die täglichen Lebensvorgänge handelt, in denen sowohl der Wille und auch der Widerstand gegen all diese so subtilen Formen der Bewußtseinsverdrängung, Vernichtung sich zeigt und zur Lebensbewältigung führt. Auch die unterschiedlichen Formen der Bedrohung durch die "Moderne" zeigen sich darin, ohne daß ich es eigens hervorhebe. Ich möchte bei dem Erfahrungsbericht bleiben.
Hinter der Missionsstation steht eine große Ruine, ein ehemaliger Kuhstall. Noch vor zehn Jahren haben dort Kühe geweidet, mit großen Traktoren wurden große Flächen bearbeitet, eine Landwirtschaft gelehrt, die keiner der "Zöglinge" mit in seine kleine Siedlung nehmen konnte. Von besserem Anbau von Maniok, z.B. Pflanzen, die schon nach sechs bis sieben Monaten geerntet werden können (ganz wichtig wegen der Überschwemmungsperioden dieses ganzen Gebietes), haben sie nichts erfahren.
Die Versorgung der Stadt Barcelos geht über Schiffe von Manaus aus. Es wäre möglich, viele Grundnahrungsmittel, Fische, Wild, einige Gemüsearten von der eigenen Bevölkerung aufzubringen. Einige Veränderungen der Infrastruktur, z.B. kleine Funkstationen für Mitteilungen, hätten in den Siedlungen vorgenommen werden müssen - die großen Missionsstationen unterhalten sich nur über die Bevölkerung, von den Menschen selbst hört man nichts. Die Entfernungen sind enorm, zwischen den Siedlungen liegen oft tagelange Bootsfahrten. Dafür landen die Leute in einer sklavereiähnlichen Abhängigkeit

von Händlern. Für sie sammeln sie Gummi in der Trockenheit, schlagen an den Flußrändern Piacava, eine sehr wertvolle Faser, oft mit Frau und Kindern. Sie bekommen keine Zeit, um selbst Nahrungsmittel anzubauen. Statt dessen zahlen sie hohe Preise für Lebensmittel, erhalten aber kaum einen angemessenen Preis für ihre sehr harte, oft lebensgefährliche Arbeit. Ich habe eine Familie getroffen, die seit 15 Jahren immer am Ende des Jahres im Defizit war, nie herauskam, mit Mord bedroht wurde ... Ein Beispiel für Tausende solcher Menschen. Justiz und Polizei gibt es nur für die in der Stadt "Bestimmenden". Wieviele werden wohl in diesen riesigen Wäldern und Flüssen verschwinden? Der Indigeno hat heute zum Teil ein wenig Schutz durch die Funai, die staatliche Schutzbehörde für die Indios, aber der Caboclo ist rechtlos, niemand redet für ihn. Er ist noch entwurzelter als die verachteten Indios. Er muß sich anbiedern, ist, wie auch viele Indios, für ein paar Flaschen Schnaps kaufbar.
Als ich in Barcelos ein paar Leute zusammenrief, um so eine Art Verwaltungsrat für die Gemeinde zur Verwaltung des nicht unbeträchtlichen Landbesitzes nahe der Stadt zu schaffen, sagten sie mir in der ersten Sitzung: "Bitte, lassen Sie die Fassade, bis jetzt haben die Missionare immer alles entschieden, wir durften nicken."
Aus einem Brief der Schwestern erfahre ich, daß diese Gruppe nun sehr verantwortungsbewußt arbeitet. Es ist kein Priester mehr da. In den Jahren zuvor war die bestens ausgestattete Lehrwerkstatt für Mechaniker nach dem Weggang der Priester total ausgeplündert worden. Ich mußte mir selbst Schraubenzieher oder Hammer kaufen. Die Menschen vor Ort waren bei der Einrichtung der Lehrwerkstatt nicht beteiligt - es war kein Teil von ihnen gewesen.
Auf den weiteren Reisen zu den ca. 53 kleinen Siedlungen, Gemeinschaften traf ich Gemeinden an, die von Katecheten/Katechetinnen, Gemeindeleitern/Gemeindeleiterinnen sehr gut geführt werden.
Sie geben ihren Glauben in einer sehr einfachen Form an ihre Kinder und Jugendlichen weiter, feiern Sonntag für Sonntag ihre Gottesdienste, bereiten auf Taufe, Erstkommunion und Ehe vor. Oft kommt nicht einmal jährlich ein Priester dort vorbei. Ohne Taufe zu sterben bedeutet - nach der ihnen vermittelten christlichen Lehre - den Verlust des Himmels. So gießen sie, wie ich das mit großem Erstaunen vernehme, dem neugeborenen Kind zu Hause Wasser über den Kopf. Aber dem damaligen Missionar durften sie das nicht sagen. Wenn es herauskam, wurden ihnen Vorwürfe gemacht, auf jeden Fall goß der Priester dann geweihtes Wasser über bei der eigentlichen Taufe. Sie

atmeten auf, als ich ihnen sagte, was ihr eigenes Bewußtsein ihnen schon gesagt hatte, daß es sich nämlich unter diesen Umständen, in ihrer Situation bei dieser "Hausaktion" um eine gültige Taufe handelte. Ich ermutigte sie, diese Form doch feierlich in der Kapelle beim Sonntagskult zu feiern. Wie deutlich wird mir hier, wie die sich an europäischen Situationen orientierte Kirche diesen Menschen hier das Entscheidende raubt, nämlich die Feier der Eucharistie.

Für diese weit entfernt wohnenden Gemeinden wird es nie genügend Priester geben, solange das Ausbildungssystem nur Männer zuläßt und sie dazu noch zum Zölibat verpflichtet. (Noch vor 30 bis 40 Jahren durfte ein "Indio" nicht zum Priestertum zugelassen werden!).

Drei Monate sind die Menschen dort ohne Arzt. Ein Arzt ist für ca. 25.000 Menschen da. Die Medikamente sind sehr teuer. Aber gerade hier gibt es noch sehr viele sehr gute medizinische Heilpflanzen. Aber das reiche Wissen der Indigenas wurde lächerlich gemacht, oft sogar verteufelt, nicht aufgenommen. Das Vertrauen der Leute in Naturheilmittel wurde zerstört, durch Propaganda wurde für Arzneimittel und chemisch hergestellte Vitamine geworben.

Gerade die christlichen Basisgemeinden sehen eine ihrer Hauptaufgaben darin, das Wissen um dieses wertvolle Erbe der Ahnen aufzufrischen. In Kursen und Gesprächen, in kleinen Experimentiergärten werden diese Erfahrungen wieder aufgenommen und erweitert.

So wächst in diesen wie in vielen anderen Bereichen ein wenig Hoffnung. Die Indigenas gründen eigene Organisationen, um ihre Rechte in aller Öffentlichkeit einfordern zu können. Auch die "Caboclo"-Gemeinden wollen in schwierigen Situationen mit einer Stimme reden, z.B. wenn zehn- bis zwölfjährige Kinder zu schwerer, gefährlicher Arbeit beim Fasernschlagen verpflichtet werden, weil die Eltern verschuldet sind. Sie gründen eine Genossenschaft, um sich besser zu organisieren und auch mehr politisches Gewicht und Einflußnahme zu erreichen. In den neuesten Pastoralrichtlinien der Diözesen lesen wir: Die Pastoralarbeit muß ausgerichtet sein auf die Bewertung aller Bereiche und Kräfte, die am Amazonas und in der Region vorkommen. Wir müssen die Projekte der herrschenden Klassen im Amazonasgebiet offenlegen, Formen der Sklaverei anklagen und öffentlich machen, die Selbstorganisationen der Indiovölker und der Bewohner unterstützen, die Markierung des Grundbesitzes der Indios einklagen, die Verwirklichung der Agrarreform, angepaßt an die Situation des Amazonasgebietes, vorantreiben.

Es handelt sich bei dem hier Gesagten um einige Bereiche, um Streiflichter eines Beobachters, der nicht vorgibt, die dortige so komplexe Wirklichkeit in einem Jahr verstanden zu haben.

Das eigene Gewissen und Bewußtsein darf sich entfalten. Denn das ist einer der entscheidenden Schritte aus den Formen der Ausbeutung und Unterdrückung heraus. Allen diesen "kleinen Menschen" wurde das eigene Gewissen, Bewußtsein genommen. Eine herrschende Klasse, die herrschende Religion etc. traten an deren Stelle mit einem auferlegten Bewußtsein, einem Übergewissen. Daraus sich zu befreien ist die entscheidende Grundlage für die Lebensbewältigung.

Enrique Dussel

Kultureigene Entwicklungspotentiale Lateinamerikas

Ich möchte zwei Fragen aufwerfen. Zunächst geht es um theoretische Definitionen der möglichen Bedeutung der Begriffe "Moderne", "Mythos der Moderne", "Entwicklung" und "entwicklungsideologischer Fehlschluß"; zweitens möchten wir über die Bedeutung einer befreienden Entwicklung reflektieren, die ihren Ausgang bei der Möglichkeit einer anderen, eigenen lateinamerikanischen Kultur nimmt (im Sinne einer linguistischen, künstlerischen, politischen, ökonomischen ... Totalität).

1. Einige kurze Definitionen

1.1 Mit ihrem vorrangigen und positiv begrifflichen Inhalt meint *Moderne* die rationale Emanzipation. Die Emanzipation als "Ausgang"[1] aus der Unmündigkeit durch die Anstrengung der Vernunft als kritischen Prozeß, welcher der Menschheit eine neue historische Entwicklung des menschlichen Seins eröffnet.

1.2 Zugleich aber meint die Moderne mit ihrem negativ *mythischen* Inhalt[2] die Rechtfertigung reiner irrationaler Gewaltpraxis. Der *Mythos* ließe sich so umschreiben:

---

[1] Kant, Was heißt Aufklärung?, A 481.

[2] Es ist bekannt, daß Max Horkheimer und Theodor Adorno, Dialektik der Aufklärung (1944), Fischer Verlag, Frankfurt 1971 (vgl. Jürgen Habermas, Der philosophische Diskurs der Moderne, Suhrkamp, Frankfurt 1988, S.130ff: "Die Verschlingung von Mythos und Aufklärung") eine gewisse mythische Ebene der Moderne definieren. Unsere Bedeutung von "Mythos" situiert sich nicht auf einem innereuropäischen Niveau (wie im Falle von Horkheimer, Adorno oder Habermas), sondern auf einer Ebene von Zentrum-Peripherie, Nord-Süd, d.h. auf einer Weltebene.

a) Die moderne Zivilisation versteht sich selbst als höherentwickelt, überlegen (was die unbewußte Aufrechterhaltung einer ideologischen eurozentrischen Position impliziert).

b) Die Überlegenheit verpflichtet im Sinne einer moralischen Forderung dazu, die Primitiven, Rohen, Barbaren zu entwickeln.

c) Der Weg des sogenannten Entwicklungsprozesses liegt in der Wiederholung des von Europa verfolgten Weges (das ist tatsächlich eine einlinige Entwicklung auf europäisch, was neuerlich unbewußt den *entwicklungsideologischen Fehlschluß* determiniert).

d) Da sich der Barbar dem Zivilisationsprozeß widersetzt, muß die moderne Praxis letztlich wenn nötig gar Gewalt anwenden, um die Hindernisse der Modernisierung (gerechter Kolonialkrieg) zu beseitigen.

e) Diese Beherrschung verursacht Opfer (auf viele verschiedene Weisen), wobei das Opfer als unvermeidlicher Akt verstanden und mit einer quasi-rituellen Bedeutung ausgestattet wird; der zivilisierende Heros bekleidet dabei seine Opfer mit dem Charakter, selbst Opfergaben eines rettenden Opfers (des Kolonisierten, des afrikanischen Sklaven, der Frau, der ökologischen Zerstörung der Erde etc.) zu sein.

f) Für den Modernen trägt der Barbar eine *Schuld*[3] (Widerstand gegen den Zivilisationsprozeß)[4], welche der Moderne erlaubt, sich nicht nur als unschuldig, sondern auch als von dieser Schuld ihrer Opfer emanzipiert zu präsentieren.

g) Schließlich werden durch den "zivilisatorischen" Charakter der Moderne die Leiden und Opfer (die Kosten) der Modernisierung anderer "rückständiger" Völker (unmündiger)[5], der anderen versklavbaren Rassen als unvermeidlich interpretiert.

1.3 Unter "entwicklungsideologischem Fehlschluß" (*desarrollismo*) verstehen wir das einlinige Verständnis der Entwicklung der verschiedenen Völker und Kulturen, die dem tatsächlichen konkret-histori-

---

[3] Kant, a.a.O., spricht von der "selbstverschuldeten Unmündigkeit".

[4] Francisco de Vitoria selbst, Professor von Salamanca im 16. Jahrhundert, erlaubt als ultima ratio die Kriegserklärung, wenn die Indigenen der Predigt der christlichen Lehre Hindernisse in den Weg stellen. Nur mit dem Ziel, diese Hindernisse zu beseitigen, darf Krieg geführt werden.

[5] Für Kant heißt unmündig roh, nicht erzogen.

schen Weg Europas (der Vereinigten Staaten oder Japans) folgen mußten. Der konkrete europäische Prozeß seit seinem eigenen sog. "Mittelalter" schuf die moderne kapitalistische Gesellschaft, ging aus Kultur und System des Feudalismus hervor und etablierte sich seit 1492 als "Zentrum" des ersten "Weltsystems" (um es mit E. Wallerstein zu sagen); d.h. er schuf eine "Peripherie" (als Kolonialwelt ausgebeutet und, von einem politischen und militärischen Standpunkt aus gesehen, beherrscht) als ergänzenden, aber wesentlichen Ausgangspunkt seiner eigenen Entwicklung als "Zentrum".

Der "entwicklungsideologische Fehlschluß" verfällt demnach zwei fundamentalen theoretischen Irrtümern. Erstens ignoriert er die um einer ausgebeuteten und in ihrer eigenen Entwicklung beherrschten "Peripherie" willen in Europa (und sodann in den Vereinigten Staaten und Japan) ausgeübte Funktion als "Zentrum". Zweitens betrachtet er die peripheren Länder als "rückständig", d.h. als einen historischen Moment, der dem des Entwicklungsprozesses in Europa zeitlich vorausliegt. Er versteht weder, daß die Ausbeutung der Peripherie eine Quelle seiner eigenen Entwicklung darstellt, noch den Charakter der Unterentwicklung der Peripherie (als Produkt der Ausbeutung).

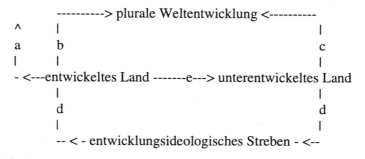

Die Vision des "entwicklungsideologischen Fehlschlusses" geht also davon aus, die unterentwickelten Länder müssen dem Weg Europas folgen (Pfeil d), um sich wie die entwickelten Länder entwickeln zu können. Diese selbst bauen, um sich weiter zu entwickeln, dieses Projekt auch als Projekt für die unterentwickelten Länder auf (Pfeil a).

1.4 Die differenzierte "Entwicklung" der Peripherie müßte den Weg einer pluralen Weltentwicklung verfolgen (Pfeil c), die auch die Mitwirkung der entwickelten Länder einschließt (Pfeil b). Es ginge dabei um eine von den Unterschieden ausgehende "Entwicklung", die aber zugleich die Struktur des die Peripherie beherrschenden "Zentrums" in Betracht nähme (Pfeil e), eine Beherrschung, die heute eine *reale* Entwicklung der Peripherie als illusorisch verhindert. Darum ist die *Befreiung der Peripherie* (oder die Autonomie hinsichtlich der politischen Struktur ihrer Entscheidungen, der kulturellen Bejahung und ökonomischen Autonomie) der Ausgangspunkt für jede integrierte Entwicklung (Pfeil c). Die heute angestrebte "Entwicklungshilfe" (im Sinne des entwicklungsideologischen Fehlschlusses) gegenüber den Ländern der sog. Dritten Welt ist nichts anderes als ein "Pflaster", ein "Almosen", das den Entzug des Reichtums (monopolistische Preisfixierung, Forderung extrem hoher Zinsen für fiktive Kredite etc.) in den gigantischen und strukturellen Proportionen der Dritten Welt nicht kompensieren kann. Nach dem Bericht zum Entwicklungsprogramm der UNO von 1992[6] werden der Peripherie in den letzten zehn Jahren Gewinne von 5000 Billionen Dollar entzogen, und an Entwicklungshilfe wurden 50 Billionen netto investiert.

2. Historische Unmöglichkeiten der realen Entwicklung der Peripherie

Lateinamerika, Afrika und Asien waren von Geburt an, seit 1492 (als das "Weltsystem" faktisch seinen Anfang nahm) Peripherie des "Weltsystems", vor dem es lediglich regionale autonome Systeme gab. Die erste Peripherie im 16. und 17. Jahrhundert war Lateinamerika, später, seit dem 18. Jahrhundert (neben dem Phänomen der Sklaverei und des Sklavenhandels, der schon im 16. Jahrhundert beginnt) waren es Afrika und Asien. Die Struktur dieser Kontinente war (vom kulturellen, politischen und ökonomischen Standpunkt aus betrachtet) durch die koloniale Beherrschung grundlegend modifiziert, die als solche die kulturellen, politischen oder ökonomischen Institutionen in der Polarität von Zentrum und Peripherie begründete. Das Zentrum machten Lissabon, Sevilla, Amsterdam, Paris und London aus; die Peripherie waren Mexiko, Peru, Angola, Mocambique, Indien, Philippinen oder Macao.
Nachdem die Zentrum-Peripherie-Struktur einmal erstellt war, bedingte diese die Gesamtheit der internationalen Beziehungen; sie war

---

[6] Oxford University Press 1992.

aber zugleich auch ein konstitutives Moment für die internen eigenen Strukturen der kolonialisierten Länder. Selbstverständlich waren die *internen* Strukturen der peripherischen Länder sehr unterschiedlich im Gegenüber zur Eroberung und Kolonialisierung, alle aber wurden modifiziert und restrukturiert durch ihre Verortung im "Weltmarkt", der gegen Ende des 15. Jahrhunderts mit der Schiffahrtsexpansion von Portugal und Spanien entstand.

So konstruiert sich die Peripherie in einem komplementären und für den durch das "Zentrum" angeführten Weltkapitalismus notwendigen Raum (zunächst Portugal und Spanien, dann Holland und schließlich England, Frankreich und andere Mächte, bis 1945 unter englischer Vorherrschaft, die von diesem Datum an von den Vereinigten Staaten abgelöst werden sollte).

Unter diesen Bedingungen einer beherrschten und ausgebeuteten Peripherie ist reale Bedingung nur fiktiv und scheinbar möglich, ohne langfristige Resultate.

3. Möglichkeiten einer alternativen lateinamerikanischen Entwicklung

Lateinamerika verfügt über eine definierte kulturelle Persönlichkeit, sowohl durch seine prähispanischen Kulturen (jahrhundertealte Kulturen wie die Mittelamerikas, der Azteken oder Maya, oder der südamerikanischen Anden wie die der Chibcha oder der Inka) als auch durch die spätere mestizische Entwicklung (seit dem 16. Jahrhundert bis zur Gegenwart). Es ist hier nicht der Ort, die positiven Elemente dieser Möglichkeiten (vom linguistischen, künstlerischen, allgemein kulturellen, religiösen, politischen, ökonomischen Standpunkt her etc.) zu beschreiben.

Die Krise der gewaltsamen Eroberung im 16. Jahrhundert schuf die einzige mestizische Zivilisation europäischen und indianischen Ursprungs (im Unterschied zu Asien und Afrika, die sich ohne wesentliche interne europäische Einflüsse bezüglich der Rassen, autochthonen Sprachen, alten Religionen, eigenen Kulturen ...) gehalten haben.

Die lateinamerikanischen Unabhängigkeitskriege gegen Spanien und Portugal (zu Beginn des 19. Jahrhunderts, seit 1810, im Unterschied zu Asien und Afrika, die sich Mitte des 20. Jahrhunderts von der kolonialen Struktur befreien) kennzeichnen gewiß die politischen, republikanischen, ökonomischen und kulturellen Strukturen des *abhän-*

gigen Industriekapitalismus (da die Eliten weiterhin der augenblicklichen europäischen Kultur unterworfen bleiben) etc.
Daher kommt die Schwierigkeit in der Debatte um Projekte oder Alternativen *der künftigen lateinamerikanischen Entwicklung*, die nicht so sehr durch gewisse, noch nicht definierte Inhalte zu bestimmen ist, sondern auf gewisse Kriterien zu antworten hat, welche alle diese Projekte und Alternativen zu erfüllen hätten.

a) Das erste Kriterium dürfte in der Möglichkeit einer autonomen Entscheidung über den Typ von Entwicklung liegen. Dies setzte einen Prozeß politischer Befreiung voraus, der alles übrige bedingt. Es wäre andererseits eine ideale Situation. Der Gedanke an eine reale Entwicklung ist in einer Situation semi-kolonialer Herrschaft nicht möglich. Darum besteht das erste Kriterium für eine künftige Alternative in der Forderung nach einem *demokratischen System*. Dabei wird Demokratie jedoch intern als reale Beteiligung des Volkes verstanden bei gleichzeitiger Freiheit von ausländischen Mächten. Es kann nämlich in den lateinamerikanischen Ländern keine innere Demokratie geben, während von anderen die politische Herrschaft der Vereinigten Staaten erlitten wird, wie dies zur Zeit der Fall ist. Mit anderen Worten: Ausgangspunkt ist das Volk als Subjekt, sind die Bewegungen und Organisationen des Volkes (wirklich repräsentative politische Parteien, Gewerkschaften, populare künstlerische, kulturelle, religiöse Bewegungen), die dem Volk erlaubten, Gesprächspartner in der Darlegung des Projekts einer geeigneten Entwicklung für jede Nation und die Gesamtheit des Kontinents zu sein.

b) Das zweite Kriterium bestünde in der Definition einer Entwicklung, welche die Unterstellungen des "entwicklungsideologischen Fehlschlusses" überwindet. Das heißt, es wird von Lateinamerika nicht gefordert, den Beispielen anderer Situationen zu folgen (wie den Vereinigten Staaten, Europa oder Japan), damit es in jedem Einzelfall die konkrete Realität einer Peripherie erforscht, die immerzu mit allen Momenten ihrer Struktur die Herrschaft des "Zentrums" erleidet. So ist zum Beispiel die Schwächung des Staates durch Privatisierung der Institutionen und Unternehmen des "Wohlfahrtsstaates" in der Epoche des Populismus und der Entwicklungsideologie (aktuelle Vormachtstellung des nordamerikanischen ökonomischen Neoliberalismus) das "Entwicklungsverbrechen", das gegenwärtig in vielen lateinamerikanischen Ländern begangen wird.

c) Das dritte Kriterium läge in einem Gleichgewicht zwischen *freiem Markt*, der Konkurrenz ermöglicht und einer gleichzeitigen *minimalen, aber strategischen Planung*, die auf vernünftige Weise den Markt einschränken kann (von einer ethischen Warte der Gerechtigkeit und der Effizienz einer "nationalen" Entwicklung der Ökonomie her gesehen, die Produktion und Konsum der gesamten Bevölkerung ausmacht). So aus der Krise des Sozialismus und der Unmöglichkeit des "Zentrum"-Kapitalismus lernend, würde der Reichtum auf die Mehrheit der Menschen verteilt (die in der unterentwickelten, verarmten "Peripherie" lebt und unweigerlich durch den Ausschluß vom Markt ins Elend fällt (in einem nie zuvor in der Menschheitsgeschichte, weder in absoluten noch in relativen Zahlen, gekannten Ausmaß).

d) Das vierte Kriterium wäre die Bejahung der regionalen *kulturellen Identität*, die vor dem Niederschlag der Propaganda eines transnationalen Kapitalismus verteidigt würde, der eine Kultur des Güterkonsums auferlegt, die implizit zugleich eine beeindruckende kulturelle Beherrschung bedeutet.

Stephan Menne

Rapport zur Sektion III: Lateinamerika

1. Die Referate

1.1 Der Erfahrungsbericht von Pfarrer Hans-Josef Wüst erinnerte die SymposiumsteilnehmerInnen daran, daß ein Verstehen der Lebensrealität von Armen aus nicht-betroffener Sicht nur im Sinne einer "asymptotischen Kurve" möglich ist.[1] Die Nicht-Betroffenen müssen sich in Demut stets neu auf die Welt der Armen einlassen. So erlangen sie eine Annäherung an deren Leben, jedoch niemals vollen Anteil. Die Rede von einer Differenz zwischen zwei Lebenswelten führt die Aufmerksamkeit zu der Gefahr einer euphemistischen Sicht der Lebensrealität der verarmten und armen Menschen Lateinamerikas, die den größten Teil der auf diesem Kontinent lebenden Menschen ausmachen. Der Kontextunterschied läßt sich exemplarisch mit dem Begriffspaar "Leben-Tod" verdeutlichen. Bewegt in Europa die meisten Menschen die Frage, ob es ein "Leben nach dem Tod" gibt, so sind die meisten Menschen Lateinamerikas auf der Suche nach einem "Leben vor dem Tod", im Kampf um das Überleben in lebenszerstörender Armut[2].
Angesichts der Tatsache der Unmöglichkeit fremde Kulturen und Lebenskontexte und deren mögliche sinnvolle Veränderungen adäquat beurteilen zu können, ist entwicklungspolitisch zu fordern, daß Kulturen und ihre Menschen von aufoktroyierten Bewußtseinsmustern befreit werden, damit sie auf ihrem kulturellen, sozialen, ökologischen und ökonomischen Hintergrund eigene, ihrer Rationalität entsprechende stimmige Antworten auf die sie herausfordernden Probleme entwickeln können. Diese Forderung widerspricht jedoch nicht der Notwendigkeit des interkulturellen Dialogs, um in einen an Herrschaftsfreiheit orientierten Diskurs die Chance der kritischen Reflexion der eigenen

---

[1] Vgl. Gutiérrez, Gustavo, Aus der eigenen Quelle trinken, Spiritualität der Befreiung, München/Mainz 1986, 138.
[2] Vgl. Fornet-Betancourt, Raúl, Einleitung, in: Verändert der Glaube die Wirtschaft? Theologie und Ökonomie in Lateinamerika, hrsg. v. Raúl Fornet-Betancourt, Freiburg-Basel-Wien 1991, 12-14.

Entwicklung durch Außenstehende zu nutzen sowie der hinsichtlich der global (noch) unaufhaltsamen Verelendung der Menschheit und der sich anbahnenden ökologischen Katastrophe dringlichen Aufgabe der gemeinsamen Gestaltung des einen Lebensraumes gerecht zu werden. Aus dem kirchlichen Blickwinkel bedeutet dies den Abschied von Translations-, Adaptions- oder kontextuellen Inkulturationsmodellen zugunsten einer im Einzelfall genauer zu spezifizierenden Inkulturation, die die Befreiung im kulturellen Kontext eines Volkes verankert[3].

1.2 Der zentrale Begriff des "entwicklungsideologischen Fehlschlusses" im Referat von Prof. Dr. Enrique Dussel beschreibt unter der "allmächtigen" Kategorie der Industrialisierung die Beziehungen zwischen den in dieser Hinsicht entwickelten Ländern des Zentrums und den unterentwickelten Ländern an der Peripherie des kapitalistischen Weltwirtschaftssystems als ökonomischen und ideologischen Zwang zur Nachfolge der Industrienationen, die die Herrschaft des Zentrums ignoriert und den Sachverhalt einer ausgebeuteten Peripherie nicht erklären kann.

Ein Einholen der Lebenswirklichkeit der meisten lateinamerikanischen Menschen ist in den Kategorien "Lebenswelt" und "Kommunikationsgemeinschaft" unmöglich, da diese für einen in Lateinamerika (ideologisch bezeichnet) nicht vorherrschenden Spätkapitalismus entwickelt wurden. Vorrangig zu jeder Kommunikationsgemeinschaft, in der der Mensch zum Subjekt des kommunikativen Handelns wird, ist jeder Mensch a priori einer Lebensgemeinschaft zugeordnet. Die lateinamerikanische Lebenswelt steht jedoch in einem im Vergleich mit Europa völlig anderen Verhältnis zu Staat und Wirtschaft: "Tatsächlich leidet die 'Lebenswelt' an einer solchen Art von Widersprüchen, daß der halbbürokratisierte Staat keinerlei Kontrolle über die Entstrukturierung hat, die das wirtschaftliche 'System' der Abhängigkeit über diese 'Welt' bringt. Darüber hinaus gibt es keinerlei wirtschaftlichen Ausgleich (der die Bürger zu Komplizen eines verdeckten, aber erträglichen Herrschaftssystems machen würde)"[4]. Im Ausgang vom Spätkapitalismus sind diese Kategorien eurozentrisch verallgemeinernd und übersehen, daß die hiesige, im 19. Jahrhundert grundgelegte, soziale Temperierung des

---

[3] Vgl. Collet, Giancarlo, Inkulturation, in: Neues Handbuch theologischer Grundbegriffe, Erweiterte Neuausgabe, München 1991, 394-407.

[4] Dussel, Enrique, Theologie und Wirtschaft. Das theologische Paradigma des kommunikativen Handelns und das Paradigma der Lebensgemeinschaft als Befreiungstheologie, in: Verändert der Glaube die Wirtschaft? Theologie und Ökonomie in Lateinamerika, hrsg. v. Raúl Fornet-Betancourt, Freiburg-Basel-Wien 1991, 41f.

kapitalistischen Weltsystems (Bändigung des Kapitals) in Lateinamerika nicht stattgefunden hat. Die Kommunikationsgemeinschaft findet von hierher ihre Grenze. Nur in einem Neuansatz dieser Kategorien in der transnationalen Dimension des kapitalistischen Weltsystems wäre die Lebensrealität der meisten Menschen Lateinamerikas unter der Herrschaft eines Rohkapitalismus zu fassen, indem das, was im Spätkapitalismus als einfach beigestelltes System gilt, zum grundlegenden Moment der menschlichen Existenz wird: das Ökonomische in seinem anthropologischen, ethischen und sogar ontologischen Sinne[5].

Die umfangreichen Abhandlungen zum 500. Jahrestag der Eroberung Lateinamerikas haben den Charakter des europäischen Bewußtseins als ein Weltsystem deutlicher hervorgehoben. Die UreinwohnerInnen verfügten über eigene Sinnsysteme[6]. Nicht zuletzt die vielen Widerstände der autochtonen Kulturen gegen das neue Bewußtsein der Invasoren belegen die Existenz eigener rationaler Sinnsysteme[7]. Die Geschichte der Entdeckung war nie eine Ent-deckung, sondern eine Ver-deckung: Autochtone Strukturen wurden zerstört, europäische transplantiert. Es folgte eine lange Epoche produktorientierter wirtschaftlicher Ausbeutung. In der Rückschau sind die historischen Unmöglichkeiten der realen Entwicklung der Peripherie als Ursachen für heutige Entwicklungsdefizite mit zu bennen[8]. Die ökonomisch-kulturelle Unterdrückung offenbart sich heutzutage u. a. im zügellosen Produkttransfer (auch mancher Projekte in der Entwicklungszusammenarbeit), in der Zerstörung regionaler Strukturen durch implizit transferierte Lebens- und Konsummuster und ihren Wertvorstellungen, in einem durch westliche Produkte dominierten Medienmarkt, in Sextourismus, in den Verzerrungen der gesellschaftlichen Entwicklungsprozessse durch die Krise der Verschuldung, in einer protektionistischen Wirtschaftspolitik der Indu-

---

[5] Vgl. ebd. 43.
[6] Aus der Sicht der Azteken waren die Eroberer eben nicht der langerwartete und ersehnte Federschlangengott Quetzalcoatl, als welcher die Entdecker auf dem Hintergrund der aztekischen Welterklärung zuerst verstanden wurden, sondern Invasoren, die die alte Weltanschauung zerstörten und ausrotteten und ihr Volk von dortan kulturell beherrschten.
[7] Zum Nachweis der Widerstände siehe Dussel, Enrique, Von der Erfindung Amerikas zur Entdeckung des Anderen. Ein Projekt der Transmoderne, Düsseldorf 1993, 147-152.
[8] Vgl. Dussel, Enrique, Kultureigene Entwicklungspotentiale Lateinamerikas, in: Johannes Hoffmann, Hrsg., Die Vernunft in den Kulturen - Das Menschenrecht auf kultureigene Entwicklung, Bd. 3, Das eine Menschenrecht für alle und die vielen Lebensformen", Frankfurt 1995, 295.

strieländer gegenüber Agrarimporten bei gleichzeitiger Subvention der Agrarimporte in jene Länder und in Rüstungsexporten.

Ein befreiendes Verstehen der Menschen und Völker jenseits unseres Horizontes, von der "Rückseite der Geschichte" (Gutiérrez) her, ist für Dussel auf dem Hintergrund seines philosophischen Denkens nur möglich, wenn die herrschende Totalität des Weltsystems in ihrem grundlegenden ökonomischen Strukturprinzipien der Kapitalakkumulation und der bedingungslosen Konkurrenz aufgebrochen und die "peripheren" Wirtschaftsgebiete des kapitalistischen Weltsystems in ihrer Exteriorität bejaht werden[9]. Eine Negation der Negation, die Integration der Peripherie in die herrschende Totalität kann nicht das Ziel sein[10]. Durch die Bejahung der Exteriorität ist die Dialektik der alten Totalität "ana-lektisch" zu überwinden[11]. Die Analektik bricht den eigenen Horizont (des Weltsystems) auf, in dem die Exteriorität, der Fremde, nun begegnet, in der Wiederbelebung seines Subjekt-Seins wieder eine Stimme findet und durch die in der Analektik bedingte Disposition des Zuhörens innerhalb des alten Horizontes sich selbst erklärt, um verstanden zu werden. Es wird so der Aufbau einer neuen Totalität denkbar, in welcher der andere als Freiheit vertreten ist. Jedoch ist auch die neue Totalität nicht eine vollkommene Gemeinschaft, sondern hat sich vielmehr stets neu der Positivität von Exterioritäten zu öffnen: "In analektischer Perspektive erscheint das Absolute nicht als letzter Grund des Seienden im Ganzen, sondern als absolutes Nichts, jenseits des

---

[9] Zur Darstellung der Philosophie Enrique Dussels vgl. Hans Schelkshorn, Ethik der Befreiung. Einführung in die Philosophie Enrique Dussels, Freiburg-Basel-Wien 1992, 69-131.

[10] Eine Negation der Negation, die Integration der Peripherie in die herrschende Totalität, ob im Sinne von Modernisierungstheorien als nachholende Entwicklung durch Beseitigung regionaler interner Störfaktoren oder entsprechend dependenztheoretischer Ansätze als Entwicklung durch Aufhebung externer, struktureller Behinderungen kann nicht das Ziel sein. Ein solcher Ansatz würde sowohl den regionalen kulturellen Besonderheiten nicht gerecht, wie wegen der äußeren globalen Wachstumsgrenzen des vorherrschenden Wirtschaftsmodells scheitern müssen. Gemeinsam ist der Blick auf eine wirklich neue Weltordnung zu richten.

[11] Zur philosophiegeschichtlichen Situierung der Philosophie der Befreiung im Horizont Hegels eurozentrischer Geschichtsphilosophie vgl. Schelkshorn, 57-68: "Die Destruktion der abendländischen Philosophie hat also die strenge Unterscheidung zwischen der "Logik der Totalität", die sich als dialektische Ontologie vollzieht, und der "Logik der Andersheit" zum Ergebnis, die Dussel in der sogenannten "Analektik", bzw. "Anadialektik" entwickelt (...)"(ebd. 66). Jenseits von Kosmologie, Theo-logie und Ego-logie will seine Philosophie die anthropologische Offenbarung der unterdrückten Völker der Peripherie zum Gegenstand der Philosophie machen.

Ganzen, als das "absolut, absolut Andere", das sich *jeder* Totalisierung entzieht"[12]. Das absolute ethische Kriterium der unveräußerlichen Personenwürde der positiven Setzung der Exteriorität erlaubt Kriterien für ein befreiendes Verstehen und so eine befreiende Entwicklung zu formulieren. Von hierher lassen sich Rahmenbedingungen für das Entstehen einer neuen Weltgemeinschaft benennen, über ihre konkrete Gestalt ist damit noch nichts gesagt.

2. Zum Asymmetrieverständnis

2.1 Zentrum: Als Weltsystem überschreitet der Kapitalismus heutzutage die politischen und wirtschaftlichen Grenzen einzelner Nationen. Zugunsten des Kapitals beeinflußt er global die Produktionsbedingungen, die Industrialisierung und eignet sich in zunehmender Weise auch die Beherrschung der sozialen und politischen Sphäre an[13]. Das Weltsystem besteht aus Zentren als Orte der größten Akkumulation und peripheren, teils ausgegrenzten Gebieten. Jedoch ist nicht naiv-dependenztheoretisch zu behaupten, nur der industrialisierte Norden bereichere sich im Mehrwerttransfer am Süden und bedinge somit dessen Verelendung. Vielmehr ist das Zentrum transnational zu begreifen. Den Kern des Zentrums stellen zur Zeit zwar die nördlichen Industrieländer (die sogenannten G7) dar, doch gibt es darüber hinaus global Wohlstandssatelliten. Periphere Gebiete von ausgebeuteten und vergessenen Menschen gibt es zudem nicht nur auf der südlichen Hemisphäre, sondern in zunehmenden Maße auch bei uns. Die in diesem Verständnis des Weltsystems sichtbar werdende Dynamik findet ihren Grund in der Tatsache, daß das Weltsystem kein dauerndes Gleichgewicht kennt, so daß langfristige Wandlungsprozesse stattfinden, die zu Verlagerungen des Zentrums führen". Der sich heute abzeichnende Verlagerungsprozeß des Zentrums wird als postindustrielle Revolution, zunehmend unabhängiger von Rohstoffen und Arbeitskräften, die Situation der Armen weltweit verschlechtern. Neben der vertikalen Beziehung der Ausbeutung zwischen Kapital und Arbeiter liegt das Wesen und der eigentliche Skandal der ökonomischen Dependenz in der Schaffung von Mehrwert in der horizontalen Beziehung des Wettbewerbs zwischen unterschiedlich entwickelten nationalen Kapitalien, in der Mehrwert

---

[12] Schelkshorn 125.
[13] Vgl. Souza, Herbert José de, O Capital Transnacional e o Estado, Petrópolis 1985.

transferiert wird, ohne daß dieser geschaffen würde. Die gegenwärtige Krise der Dependenztheorie besteht folglich darin, daß ihre Erklärungsansätze weitgehend in der geschichtlichen Dimension stecken bleiben und über die Phänomene der Dependenz nicht hinauskommen[14].

2.2 Antieuropäismus: TeilnehmerInnen des Symposiums fragten zurück, ob mit der Behauptung des entwicklungsideologischen Fehlschlusses nicht ein "Antieuropäismus", bzw. "Lateinamerikanismus" als Lösungsmöglichkeit für die bestehenden Probleme nahegelegt würde. Die den Ausführungen des Referates Dussels zugrunde liegende Befreiungsphilosophie beabsichtigt jedoch gerade nicht, das vorherrschende Weltbewußtsein durch ein neues zu ersetzen, indem sich die heutige Exteriorität zum Herrscher über die alte Totalität erkläre. Die unveräußerliche Personwürde als oberstes ethisches Prinzip zum Aufbau eines neuen Weltbewußtseins steht in ihrem universalen Anspruch jeglicher partikulärer Verabsolutierung diametral gegenüber.

2.3 Rationalität: Bezugnehmend auf den dem Symposium zugrundegelegten Ansatz Max Webers zur Erklärung für die unterschiedlichen Rationalisierungsgrade der Entwicklungen von Kulturen erklärten die Referenten, daß dieser funktionalistische Ansatz nicht hinreichend ist für die Analyse, da er die Abhängigkeit zwischen dem Zentrum und der Peripherie nicht mitbedenkt. Weber behandelt zwar als Kern von Modernisierungsprozessen die Rationalisierung aller Verhaltensweisen und die Frage der europäischen Sonderentwicklung, jedoch denkt er nicht *Abhängigkeit*, die die jeder Kultur inhärente Rationalität auch behindern könne. Jede Kultur ist rational, hat ihre Welterklärung, jedoch ist der Grad der Komplexität der Rationalisierungen unterschiedlich. Webers Erklärung der Entwicklung von technisch-instrumenteller Rationalität in Europa, die der hiesigen Reproduktion des Lebens mehr Kapazität, mehr quantitative Rationalität gab, berücksichtigt nicht hinreichend die Herrschaft dieser über andere Kulturen: Die quantitativ entwickeltere Rationalität wurde und wird zum Kolonialismus, sie benutzt andere Kulturen für den eigenen Zweck.

2.4 Zukunft des Weltsystems: Im Horizont des Asymmetrieansatzes ist festzustellen, daß das Weltsystem heutzutage fast in der ganzen Welt präsent ist und nur noch sehr wenige Regionen sich seinem Einfluß

---

[14] Vgl. Schelkshorn 148.

entziehen können. So stellt sich die Frage nach der Zukunft der Kulturen und Traditionen der marginalisierten Regionen als eigenständige Entwicklungspotentiale. Werden diese in Kürze in das Weltsystem aufgesogen oder gelingt die Bildung einer offenen Weltgesellschaft?
Die Chance, die sich aus dem Zusammenbruch des real existierenden Sozialismus Osteuropas und fast aller seiner Satellitenstaaten weltweit ergeben hat, nämlich jenseits von Prestigeobjekten die Situation und die Bedürfnisse der Marginalisierten dieser Welt nüchterner und realer in den Blick zu nehmen, könnte ungenutzt vergehen, wenn es zu einer fortgesetzten Verabsolutierung des "siegreichen" Wirtschaftssystems käme. Ein großer Teil der Entwicklungsregionen verschwände dann aus dem Blickfeld, da es im postindustriellen Zeitalter zunehmend weniger Bedarf an billigen Arbeitskräften und Rohstoffen zum Zwecke eines optimierten Mehrwerttransfers gibt und diese Regionen zudem nicht über lukrative Absatzmärkte verfügen. Daß aber durch eine derartige Abkoppelung vom Weltmarkt als "Glück im Unglück" Freiräume für authentische Entwicklungen geschaffen würden, muß wohl trotz mancher Stimmen der Betroffenen gegen das Postulat eines "allmächtigen" Weltsystems fraglich erscheinen[15]. Die hohen Durchwirkungen der Welt durch die bis vor kurzem konkurrierenden Wirtschaftssysteme und die mit ihnen verbundenen politischen Ideologien haben auf der nationalen Ebene einzelner Gesellschaften wohl erheblich vergiftende Wirkungen auf regionale Entwicklungspotentiale gehabt.
Dieser Vorstellung einer Abkoppelung "peripherer" Wirtschaftsgebiete widerspricht es nicht, wenn festgestellt wird, daß dem Weltsystem eine völlige Durchdringung der Welt und Funktionalisierung regionaler Entwicklungspotentiale gelingt, die sogar in den eigentlich ausgegrenzten Wirtschaftsgebieten jede Entwicklung von alternativen Wirtschafts-

---

[15] Hinsichtlich der Frage nach der Existenz einer Weltkultur sei relativierend auf eine Feststellung Al Imfelds zu einem Symposium verwiesen: "Die Teilnehmer aus der 'Dritten Welt' verneinten ein totales Überrannt- und Überschwemmtwerden von einer Weltkultur. Sie nannten unsere westliche Sorge eine Variante des Kultur-Paternalismus. Wir sollten uns doch nicht wie ängstliche Eltern verhalten, die ihre Kinder vor allem Schädlichen bewahren möchten. Vielleicht ist dieses Schädliche gerade das Fremde, mit dem es sich ernsthaft auseinanderzusetzen gilt" (Imfeld, Al, Draußen und drinnen - "aham" und "puram". Zur Kunst des Hereinholens und Draußenlassens, in: ZfK (Zeitschrift für Kulturaustausch), Stuttgart 38 (1988), 15-18). Die sich beispielsweise auch in der islamischen Revolution offenbarende existente Kraft vieler alter Kulturen auch in der Ver-deckung durch westliche Kulturmuster der Industriegesellschaften scheint ein weiterer Beleg für die Relativierung der Annahme einer Weltkultur zu sein.

systemen verhindert. Es entstehen auf den Kontinenten in unterschiedlichen Proportionen Wohlstandszentren des einen Wirtschaftssystems (Wirtschaftsräume), die die regionalen Entwicklungspotentiale zum eigenen Vorteil, bei minimaler, größtenteils illusionärer Partizipation im Umfeld des Wohlstandes funktionalisieren und gleichschalten[16].
Ob die Verabsolutierung des gegenwärtigen Weltsystems andauert, dürfte davon abhängen, inwieweit es dem allgemeinen Bewußtsein der ökonomisch priviligierten Bevölkerungsschichten in den Industrieländern gelingt, sich der Krisenhaftigkeit des kapitalistischen Weltsystems vor allem in der "dritten" und "vierten" Welt, aber auch der zunehmenden Armut in hiesigen Regionen und der sich anbahnenden globalen ökologischen Katastrophe als seine Folgen bewußt zu werden und deshalb seinem Anspruch, trotz einiger Mängel nunmehr das einzig denkbare und praktikable System zu sein, zu trotzen. Gelingt letzteres, so erscheint es auch möglich, daß die Bedeutungen der anderen Kulturen und Traditionen mit den in ihren Geschichten, Liedern und Mythen noch glühenden Entwicklungspotentialen eigener Rationalitäten als Wissensreservoire für die notwendige gemeinsame Entwicklung des einen Lebensraumes Welt erkannt werden. Dann läßt sich das Weltsystem in einem Vernunfttakt zugunsten einer offenen Weltgesellschaft zurückdrängen, in der den anderen Kulturen und Traditionen zum Wohle ihrer Menschen und der Menschheit eine Überlebenschance gegeben wird.

2.5 Alternativen: Es stellt sich die Frage, welche Alternativen es zur Weltwirtschaftsordnung des sich vergötzenden Marktes geben kann, damit die zunehmende Opferung von Menschen in der "*ewige(n) Feier des totalen Marktes*"[17] gestoppt wird. Allein das Ergreifen von Alternativen ist jedoch schon ein schwieriges Unterfangen. Es kann sich bei der Suche nach einer Alternative nur um eine Alternative im Rahmen des Marktes handeln, nicht aber um dessen Abschaffung, da der Markt "ein unverzichtbares Kernelement jeder menschlichen Gesellschaft"[18] ist. Die Frage zielt heute also auf eine Alternative zu einer Marktwirtschaft,

---

[16] Zu möglichen Entwicklungen des Weltwirtschaftssystems, insbesondere der Verlagerungen seines Zentrums vgl. Menzel, Ulrich, Das Ende der Dritten Welt und das Scheitern der großen Theorie, Frankfurt am Main 1992, 201, der ein Tendenz zu einer G3 (USA, Japan und Deutschland inklusive ihrer Satellitenregionen) für möglich hält; auch Santa Ana, 282, der das neue Zentrum im europäischen Wirtschaftsraum und Japan sieht.

[17] Hinkelammert, Franz J., Kapitalismus ohne Alternative?, *in*: Neue Wege, Beiträge zu Christentum und Sozialismus, Zürich 09/1993, 257.

[18] Santa Ana 283.

"die den *Markt* immer mehr in die *totalisierende, einzige Instanz* aller gesellschaftlichen Entscheidungen verwandelt"[19]. Über die Ablehnung sozialistischer Produktionsverhältnisse stalinistischer Ideologie und kapitalistischer Produktionsverhältnisse neoliberaler Ideologie hinaus ist deshalb zu fragen, welche Form von (sozialer) Marktwirtschaft zur Wahrung einer am Menschen orientierten ökonomischen Rationalität anzuversieren ist.

Angesichts des sich global immer mehr durchsetzenden Götzen "Markt" ist zu erkennen, daß Alternativen an sich nicht unmöglich sind, sondern unmöglich gemacht werden, indem der Weltmarkt zum Weltgericht wird: "Was sich im Weltmarkt durchsetzt, sitzt zur Rechten des Weltenrichters, was sich dort nicht durchsetzt, sitzt als Verurteilter zu seiner Linken. Nichts weiter als das ist die Neue Weltordnung"[20]. Auf gesellschaftlicher Ebene wird die Frage nach Alternativen zur Machtfrage, indem eine über die nötige Macht verfügende Gesellschaft qua Machtbeweis (Autoritätsbeweis) erklärt, daß es zu ihr keine Alternativen gibt, die es, der Logik dieses Beweises entsprechend, dann während ihrer Herrschaft auch nicht geben kann[21].

Das absolutistische Wirtschaftssystem wird nicht in Konfrontation mit anderen Wirtschaftssystemen, sondern nur an sich selbst scheitern, an "seiner eigenen Automatik, seiner "unsichtbaren Hand", die zur akkumulativen *Zerstörung des Menschen und der Natur* tendiert"[22]. In einer solchen grundsätzlich "wahnsinnigen" Gesellschaft wird der Wahnsinn zum Maßstab der Rechtfertigung: "Werden alle verrückt, ist es das Vernünftige, auch verrückt zu werden".[23] Als Alternative gegen die Selbstzerstörung der Menschen und ihrer ökologischen Grundlagen bietet sich gegen die Rationalität dieses Wahnsinns der Weltgesellschaft die Weigerung, selbst wahnsinnig zu werden. Dies ist die einzige Alternative zu einer Wirtschaftsform, die sich in der Behauptung, zu ihr gäbe es keine Alternative, selbst als mögliche Alternative ad absurdum geführt

---

[19] Hinkelammert 248.
[20] Ebd. 249.
[21] Vgl. ebd. 254f.
[22] Ebd. 257: "Je frenetischer Alternativen abgelehnt werden, um so schneller verläuft der Prozeß der Zerstörung. Das System verwandelt sich in einen *Dinosaurier*, der alles frißt und schließlich nichts mehr zu fressen hat. Die Verwilderung einer Welt, die jeweils die Überflüssigen herauswirft, um den Planeten für den Rest in eine Arche Noah zu verwandeln, ist ebenfalls akkumulativ und mündet deshalb in den kollektiven Selbstmord ein, der im Namen des Kampfes gegen den eigenen Untergang verwirklicht wird" (ebd.).
[23] Ebd.

hat. Hier bietet sich für Christen der Glaube als Oase der orientierenden Gelassenheit und Stärkung in der Wüste heutiger Weltwirklichkeit in einem solchen Unterfangen an: Werden wir zum in der Gesellschaft verrückten und deshalb nicht wahnsinnigen "Vasall eines höheren Herrn".
Im Lichte der Ereignisse des Jahres 1989 ist mit dem Zusammenbruch des real existierenden Sozialismus in Osteuropa und seiner Folgestaaten der Weg einer sozialistischen Alternative für Lateinamerika nicht unmöglich geworden. Sozialismus als Planifizierung im Sinne Lenins und Marx hatte weder damals noch heute eine Zukunft und war niemals eine wirkliche Alternative für Lateinamerika. Zur Entscheidung einer Option sollte vielmehr jetzt eine Diskussion einsetzen, was Sozialismus auf dem Hintergrund der konkreten Geschichte, der sozialen, ökonomischen und ökologischen Realität der heutigen BewohnerInnen dieses Kontinents bedeuten könnte[24]. Für alle Veränderungswilligen des jetzigen ökonomischen Weltwirtschaftssystems aber dürfte gelten, daß die *sozialistische Utopie* als *ethische Überzeugung*, als Theorie und utopische Vision, die nicht einfach zu verwirklichen ist, sondern der sich nur schrittweise angenähert werden kann, lebendig ist, auch wenn das sozialistische Projekt durch seine Geschichte, wie durch die verblendende Herrschaft des Kapitalismus an Substanz verloren hat.

3. Diskussion zu den Entwicklungskriterien

Die von Prof. Dr. Enrique Dussel genannten Kriterien für künftige lateinamerikanische Entwicklungen provozierten in ihrer Offenheit hinsichtlich der konkreten Realisation von Entwicklung die Diskussion.

3.1 Überwindung des "entwicklungsideologischen Fehlschlusses".
Die Überwindung der beiden fundamentalen Irrtümer des entwicklungsideologischen Fehlschlusses, des ökonomischen und ideologischen Zwangs zur Nachfolge Europas in der Entwicklungsvorstellung, bietet in der Anerkennung der Herrschaft des Zentrums die hinreichende Bedingung und in der damit verbundenen Ermöglichung der konkreten Erforschung der Peripherie die notwendige Bedingung der Möglichkeit zur Entwicklung der Peripherie. In diesem Zusammenhang diskutierten die

---

[24] Vgl. beispielsweise Olivera, Manfredo Araùjo de, Sozialismus heißt, das Volk an die Macht bringen, *in*: Neue Wege zu Christentum und Sozialismus, 12/1991, 317-322; Siehe auch: Souza, Herbert José de, Construir a Utopía, Proposta de Democracia, Petrópolis 1987.

SymposiumsteilnehmerInnen, wie die ökonomisch-kulturelle Übermacht abgebaut werden und welche Konturen ein Miteinander jenseits von ökonomischer Ausbeutung und Herrschaft im Spannungsfeld zwischen autonomer Entwicklung und Notwendigkeit zur gemeinsamen Lösung der die Menschheit bedrängenden Probleme haben könnte.

3.2 Gleichgewicht zwischen freiem Markt, der Konkurrenz ermöglicht, und einer gleichzeitigen minimalen, aber strategischen Planung.
Die Bedeutung einer solchen Forderung wird einsichtiger, wenn die Verschiedenheit der Kontexte *Europa* und *Lateinamerika*, eines sozial temperierten Kapitalismus und eines laisser-fairen Wirtschaftsliberalismus, in Erinnerung gerufen wird. Die Dominanz der Ökonomie über alle Bereiche der lateinamerikanischen Gesellschaften bedeutet für die meisten Menschen den täglichen Kampf um das Überleben, gegen eine "Todesstrafe auf Raten", in wirtschaftlicher Ausbeutung, sozialer Vernachlässigung und im psychischen Ruin zwischen Partizipation vortäuschendem Schein und unerreichbarem Sein der Wohlstandsinseln.

Als mögliche Konturen eines solchen Marktes sind auszumachen:
- Entmythologisierung des Begriffes "Marktwirtschaft" im allgemeinen Bewußtsein, um zu den realen Funktionsprinzipien und Gesetzen und deren Wirkungen vorzustoßen, ausgehend von der Problematisierung diagnostizierbarer Unzufriedenheit vieler Menschen unserer hiesigen Wohlstandsgesellschaft und der hiesigen Konsum- und Lebensmuster hinsichtlich ihrer begrenzten globalen Verbreitungsmöglichkeiten.
- Thematisierung der sich aus der Existenz der multi- und transnationalen Konzerne ergebenden Problematik von Mehrwerttransfer und Monokultur: Der durch die Transnationalität bedingte Entzug der Wirtschaftskonzerne der Kontrolle des einzelnen Staates als sozial-vermittelndes Korrektiv.
- Beseitigung der Priorisierung des Geldes in allen Lebensbereichen, der Funktionalisierung der Wirklichkeit durch das Geld. Erste Schritte hierzulande wären beispielsweise ethisch an ökologisch und sozialer Wirklichkeit orientierte Anlageentscheidungen des eigenen Kapitals.
- Sofortige Lösung der Schuldenkrise und der damit verbundenen Verzerrungen der Weltwirtschaft.
- Abbau der unproportionalen Vertretung der Betroffenen und Benachteiligten in den Entscheidungsgremien auf Weltebene wie beispielsweise Weltbank und IWF.

- Vertretung der marginalisierten Menschen nicht ausschließlich durch die Eliten der Entwicklungsländer, sondern Gewährleistung einer wirklichen Interessensvertretung, indem den Betroffenen selbst Stimmrecht zugestanden wird.
- Intergesellschaftliche Sozialordnung, d. h. Machtausgleich, indem über Gesetze und Ordnungen allgemeiner Zugang zu den Technologien und wissenschaftlichen Erkenntnissen ermöglicht wird im Rahmen einer Option zur Entfaltung der je eigenen Intelligenz eines Landes und Hilfestellung zur Entwicklung einer entsprechenden Infrastruktur.

3.3 Bejahung der kulturellen Identität.

Die heutige kulturelle Persönlichkeit Lateinamerikas ist regional von den jeweiligen Menschen auf dem Hintergrund ihrer prähispanischen Kulturen, der mestizischen Entwicklung, dem Sklavenhandel und den aus Afrika ererbten auf Trance basierenden Kulten wie u. a. das Candomblé und seiner Verfallsformen der Macumba und Umbanda in Brasilien, den aus den vergangenen und gegenwärtigen kulturellen und wirtschaftlichen Entfremdungen und vielen weiteren dem außerhalb der Kultur stehenden Betrachter verborgenen Komponenten zu definieren. Die Frage, inwieweit es noch Kulturen jenseits einer Weltkultur gibt und welches Verhältnis diese zur Weltkultur einnehmen wollen, ist somit nur durch die Kulturträger selbst entscheidbar. In der Gestaltung ihrer kulturellen Persönlichkeit werden sie Antwort geben. Entscheidend für die wirklich freie Gestaltung kultureller Persönlichkeiten wird der ideologisch und ökonomisch an Herrschaftsfreiheit orientierte interkulturelle Diskurs sein.

An die in Europa zunehmende Diskussion über die Bedeutung des kulturellen Aspektes im Entwicklungsgeschehen ist jedoch kritisch zurückzufragen, ob diese Diskussion nicht über die Sprachlosigkeit angesichts der katastrophalen Lebenslage des größten Teils der Menschheit hinwegtäuscht und die entscheidenden Ursachen zumindestens teilweise verdeckt.

3.4 Die Möglichkeit einer autonomen Entscheidung über den Typ von Entwicklung.

Es wurde die Frage aufgeworfen, wie sich EuropäerInnen, auf deren Boden das Symposium stattfand, zu einer solchen Forderung verhalten bzw. diese unterstützen könnten.

Die Grundhaltung müßte die eines solidarischen Loslassens sein, die den Völkern die Suche ihres eigenen Weges erlaubt. Dazu wäre es nötig, daß wir EuropäerInnen uns nicht im Unrecht einnisten[25]. Wir EuropäerInnen müßten uns den zunehmenden globalen Erscheinungen der Krisenhaftigkeit des Kapitalismus stellen, um davon ausgehend die transnationalen Struktur- und Funktionsprinzipien zu erkennen und diese hörbar in unseren Gesellschaften zu thematisieren. Die katastrophale globale Gesamtlage ist im Horizont unseres Handelns zu verwurzeln. Wir müssen die "demokratische Frage" neu stellen: Wir müssen uns von der Vorstellung einer starren institutionellen Realität lösen und so die Möglichkeiten von Veränderungen durch Initiativen erkennen und nutzen[26].

Der Weg zu (und von) mit den Marginalisierten dieser Welt solidarischen gesellschaftlichen Gruppierungen und Bewegungen als Subjekte einer Veränderung des bestehenden gesellschaftlichen Systems gestaltet sich aber steinig, denn aus der Tatsache des Marktes als ein unverzichtbares Kernelement jeder menschlichen Gesellschaft ergibt sich für jedes Bemühen um Änderung die Problematik des Zwiespaltes von Ziel und Methode insofern, als im Versuch, den Kräften des Marktes zu widerstehen, jedes diesbezügliche Engagement sich doch im Rahmen dieses Systems vollzieht[27]. Die Gefahr liegt in der Konsequenz, daß bei allem Bemühen die technisch-instrumentelle Rationalität des zu verändernden Systems übernommen und jedes Engagement in den Widerspruch geführt wird. Dennoch können Anti-Rassismus-Bewegungen, feministische Bewegungen, ökologische Bewegungen und Menschenrechtsbewegungen stellvertretend für den Ausgriff größerer Bevölkerungsteile (einschließlich der diesen Bewegungen sympathisierenden Nicht-Aktivisten) zur Überwindung/Reformation des dominanten Weltsystems genannt werden, da in der von diesen gewählten Priorität des Seins über das Haben, des sozialen Besitzes über den Privatbesitz, ein antisystemischer Charakter zum Vorschein kommt. Trotz des Zwiespaltes von Ziel und Methode können wohl besonders Bewegungen, die über die nationalen Grenzen hinausgreifen, wie die genannten, zu einer Erosion des Systems von innen beitragen. Sie thematisieren in ihrem Engagement, daß der "Kapitalismus das Problem der *Armut* in unseren Gesellschaften weder lösen kann noch lösen will, genausowenig, wie er die Unversehrtheit der

---

[25] Vgl. Rottländer, Peter, Dritte Welt - wohin? Analysen und Orientierungen, *in*: Arbeiterfragen 4/92 der Wissenschaftlichen Arbeitsstelle des Oswald-von-Nell-Breuning Hauses, Sonderdruck für Misereor e. V./Aachen, 24-31.

[26] Vgl. Rödel, Ulrich, Frankenberg, Günter und Dubiel, Helmut, Die demokratische Frage, Frankfurt am Main 1989.

[27] Vgl. im Folgenden Santa Ana 283-285.

Umwelt respektiert", und zeigen damit dessen Grenzen auf. Sie entlarven und entmystifizieren im Aufweis der Überspielung wesenseigener Defizite des Kapitalismus durch seine Repräsentanten als reformfähig die *moralischen Widersprüche* des Kapitalismus. Sie werden zum Samenkorn für eine *neue Zivilgesellschaft*, "die autonom ist gegenüber der politischen Struktur und widerstandsfähig gegenüber den Interessen der Wirtschaftsmächte"[28]. Jedoch ist es auch diesen systemverändernden Bewegungen bisher nicht gelungen, Konsens für ein alternatives Wirtschafts- und Gesellschaftsmodell zu entwickeln.

Die Umkehr zum Widerstand scheint aus zwei Gründen bevorzugt in unseren Breitengraden gegeben: Zum einen ist aufgrund der Entwicklungen des 19. Jahrhunderts im hiesigen sozial temperierten Kapitalismus nicht eine totale Exkommunikation aus der Wohlstandsgesellschaft, der Entzug jeder wirtschaftlichen Basis als existentieller Grundlage von Kritik, möglich. Zum anderen erlaubt die Kritik im Zentrum des Weltsystems die Chance zu einer starken Gegenmachtbildung, die sich im Gegensatz zu den Marginalisierten in den informellen Arbeitsmärkten und Schattenwirtschaften nicht nur Gehör verschaffen kann, sondern auch Druck auf wesentliche Entscheidungsträger im Weltsystem auszuüben mag. Da sich die unmittelbar Betroffenen nur bedingt selbst werden befreien können, sind grundlegende Befreiungsschritte fern von Assistentialismus und Paternalismus als Bedingung der Möglichkeit für eine Selbstbefreiung der Marginalisierten von den mittelbar Betroffenen voranzugehen.

Konkretisierend sind u. a. folgende Fragen zu formulieren:
- In welchem Grad sind wir EuropäerInnen uns den Konturen unserer Gesellschafts- und Wirtschaftsform und deren globalen Auswirkungen bewußt?
- Welches sind unsere handlungsleitenden Werte und inwieweit sind unsere Wertvorstellungen für die Möglichkeit autonomer Entwicklungen aller Völker noch relevant, bzw. helfen uns, uns im Unrecht einzunisten?
- Sind unsere Regierungen überhaupt an einer autonomen Entscheidung der Entwicklungsländer über den Typ von Entwicklung interessiert, wenn die Vergabe von Entwicklungshilfe an die Einhaltung der aus europäischer Perspektive interpretierten Menschenrechte gekoppelt wird; zwingt dieses Junktim nicht zur Übernahme europäisch geprägter Wertvorstellungen und kalkuliert die Unannehmbarkeit für einige Völker mit ein, um

---

[28] Ebd. 285.

einem wirklichen Dialog mit seinen Implikationen der Infragestellung auch unserer Lebensweise, der Herausarbeitung der Konturen unserer Kulturform und ihren globalen Auswirkungen zu entgehen?

Hinsichtlich der Realisierung autonomer Entscheidungen über den Entwicklungstyp der LateinamerikanerInnen ist u. a. zu fragen:
- Wie ist eine politische Binnenentwicklung angesichts der großen wirtschaftlichen Misere denkbar? Wie sollen sich Menschen politisch betätigen, die größtenteils unterhalb des Existenzminimums in zerstörten gesellschaftlichen Strukturen leben, im gesellschaftlichen "Nichts" leben?
- Wieweit ist die vielfältig bedingte Lethargie der in Favelas lebenden Menschen revidierbar, wieweit sind Straßenkinder noch resozialisierbar, um zukünftige autonome Entscheidungsträger zu werden?
- Wie kann man angesichts des massenhaften Hungers und Elends dem kurzfristigen Handlungsdruck gerecht werden?
- Werden die vielen regionalen Unterschiede eine notwendigerweise gemeinsame politische Entwicklung aller Völker zulassen oder in fatale regionale Egoismen zerbrechen und wie könnte dieser Gefahr gegebenenfalls präventiv begegnet werden?
- Wie kann verhindert werden, daß AnalphabetInnen und Menschen mit einem überwiegend traditionell-mythischen Hintergrund erneut der hermeneutischen Überlegenheit eines Zweckrationalismus unterliegen und zum Spielball neuer Eliten werden?
- Wie können die existierenden Eliten bewegt werden, Demokratisierungsprozesse für eine autonome Entscheidung der Völker hinsichtlich ihrer Entwicklung überhaupt zuzulassen?
- Wie könnte die differenzierte Realität der Industrieländer so vermittelt werden, daß anfängliche Versuche einer autonomen Entwicklung nicht zwangsläufig dem Schein dieser verfallen und damit von vornherein zum Scheitern verurteilt sind?

4. Ausblick

Die aus der Überwindung des entwicklungsideologischen Fehlschlusses abgeleiteten Entwicklungskriterien bieten Orientierungshilfen zur Annäherung an die Ursachen für defizitäre Entwicklungen gesellschaftlicher Strukturen und deren Beseitigung. Besonders förderlich für autonome Entwicklungen aller Völker ist die in ihrer impliziten Bedingung zur stetigen Hinterfragung der Analysen und der daraus entwickelten Lösungswege aus der Sicht der gesellschaftlich Schwächsten ethische Offenheit und Weite des obersten Postulates der den Entwicklungskriterien zugrundeliegenden Befreiungsphilosophie, die Positivität der Exteriorität.

Die in unterschiedlichsten Erfahrungshorizonten der TeilnehmerInnen gründenden Rückfragen, Anmerkungen und Meinungsverschiedenheiten hinsichtlich der Praktikabilität dieser Entwicklungskriterien unterstreichen die Notwendigkeit einer induktiv-deskriptiven Erarbeitung und Konkretisierung von Entwicklungskriterien. In der Erarbeitung von Kriterien zur theoretischen Orientierung von kultureigenen Entwicklungen kommt somit dem narrativen Moment als Praxisbezug der Reflexion und in der Überprüfung der Brauchbarkeit methodisch eine entscheidende Funktion zu. Der Erfahrungsbericht der Sektion über die Lebensbewältigung der Menschen in Amazonien am Rio Negro und die informellen Gespräche auf dem Symposium zwischen TeilnehmerInnen unterschiedlichster Kulturkreise zur Verifikation und/oder Falsifikation, zur Weiterentwicklung und näheren Spezifikation von Entwicklungskriterien erlangen von dorther ihren Stellenwert.

Nicht zuletzt der Zustand der Welt, die katastrophale Lebenslage der Mehrheit der Menschheit und die Bedrohung der Menschheit durch einen ökologischen Kollaps begründen zwingend den Rückgriff auf die Wissensreservoire aller Kulturen bei der Suche nach Lösungen und zur Erarbeitung von gemeinsamen Entwicklungskriterien, eventuell von Metawerten. Hierzu sind das interkulturelle, interreligiöse und interdisziplinäre Gespräch (die beiden zuletzt genannten Aspekte eines solchen Gespräches kamen durch die Zusammensetzung des Symposiums wohl nicht hinreichend zur Geltung) als Austausch auf allen Bevölkerungsebenen und in allen Gesellschaftsbereichen zu intensivieren.

Der elendige Zustand des größten Teils der Menschheit gebietet aber in begründeten Ausnahmefällen wegen des kurzfristigen Handlungsdrucks auch eine Abkürzung des interkulturellen Diskurses. Eine Einmischung in die "inneren Angelegenheiten" eines Landes kann vorab auch auf dem Hintergrund des derzeitigen Weltbewußtseins geboten bzw. notwendig sein. Dies darf angesichts heutiger globaler Machtverhältnisse aber nicht zur Verschleierung der Tatsache führen, daß vor allem in den Industrieländern einschneidende Veränderungen hinsichtlich eines rücksichtslosen Produktions- und Konsumverhaltens von Nöten sind.

Auf die politischen Entscheidungsträger müßte auf breiter internationaler Basis und in Solidarität mit den Ärmsten dieser Welt Druck zur schnellen Erarbeitung der für ein derartiges Eingreifen und einen weitgehend herrschaftsfreien Dialog zur gemeinsamen Gestaltung des einen Lebensraumes notwendigen Institutionen (oder der entsprechenden Anwendung bereits bestehender Institutionen) und rechtlichen Rahmenregelungen ausgeübt werden.

Johannes Hoffmann

Möglichkeiten zur Verbesserung interkultureller Kommunikationskompetenz in ökonomischen, gesellschaftlichen und kirchlichen Kontexten

Der Weg, den wir zur Verbesserung der interkulturellen Kommunikationskompetenz einschlagen können, ist in den Diskursen zwischen den Vertretern der praktischen Entwicklungszusammenarbeit und der Wissenschaft während des Symposiums am Beispiel der Frage nach dem Menschenrecht auf kultureigene Entwicklung klarer definiert worden, als das vorher der Fall war. Denn unser methodischer Ausgangspunkt war der Versuch, bei interkulturellen Konflikten und bei Störungen interkultureller Kommunikation zu beginnen, um im Diskurs mit Vertretern anderer Kulturen einen Weg zur Bearbeitung und zur Lösung dieser Konflikte zu finden. Das haben wir ein Stück weit erreicht. Wir haben gelernt: Die erste Voraussetzung für interkulturelle Kommunikation ist das Hören. Wir sind zu sehr daran gewöhnt, selber zu reden, zu belehren. Offensichtlich haben wir es in der von Männern dominierten Welt über Jahrhunderte verlernt, hinzuhören. Murray Schafer, Spezialist für akustische Ökologie, sagt dazu: "Unsere Gesellschaft, die ganze westliche Welt, ist vom Sehen geprägt. Das Auge ist das Hauptübertragungsmedium für jegliche sensorische Erfahrung geworden. Visuelle Metaphern und Maßstäbe dominieren. Sehen ist analytisch und reflektierend. Es stellt Dinge nebeneinander und vergleicht sie: Szenen, Diagramme, Abbildungen. Deshalb hat schon Aristoteles dem Sehen als der Hauptquelle des Wissens den Vorzug gegeben. Vielleicht geht es zu weit, aber ich möchte sagen, daß sich die modernen Wissenschaften, allen voran Mathematik und Physik, in einer rein akustisch orientierten Gesellschaft nicht hätten herausbilden können. Andersherum gesagt: Jeder weiß, daß man ein Flüstern nicht wiegen, ein Kinderlachen nicht messen kann".[1] Allein dieser Hinweis genügt, um uns die Bedeutung des Hörens, des geduldigen Hinhörens für das Gelingen interkultureller

---

[1] Alf Haubitz, Warum kämpfen Sie für die Stille, Professor Schafer?, in: Frankfurter Allgemeine Magazin, 14.7.1995, Heft 802, 34f.; hier: 34.

Kommunikation zu vergegenwärtigen. Ohne dem Anderen zuzuhören, können wir seine eigentlichen Fragen an uns gar nicht wahrnehmen. Wir fangen dann selber viel zu schnell an zu reden, ja auf den anderen einzureden. Der Andere, auf den wir einreden, kann oft mit unseren Ratschlägen nichts anfangen. Denn das sind ja Antworten auf Fragen, die er gar nicht gestellt hat. Statt aufzuhorchen, wenn unser Reden bei unserem Gegenüber nicht ankommt, gehen wir davon aus, daß der Andere uns nicht gut zugehört hat. Wir werden also lauter, bedrängen unseren Dialogpartner, werden dreister in unserer Überzeugungsarbeit, zwingen ihm unsere Rezepte förmlich auf und wenden schließlich Gewalt an, wenn wir mit unseren Ratschlägen, die wir für universal geltend erachten, keine Wirkung erzielen, beim Anderen nicht ankommen. Wir nehmen nicht wahr, daß in Wirklichkeit wir selbst für unüberbrückbar scheinendes Unverständnis ursächlich sind, weil wir den Anderen in seiner Andersheit gar nicht an uns heranlassen. Die Resultate unserer Vorgehensweise sind notwendigerweise Fehleinschätzungen sowohl der Wirklichkeit des Anderen wie auch unserer eigenen. Denn wir werden auch unfähig, die Fragen wahrzunehmen, die wir für andere sind. Wir tun so, als hätten wir schon immer verstanden, könnten eine Analyse präsentieren und Ratschläge geben, ohne ernsthaft dem Anderen zugehört zu haben. Aber erst "wo die eigene Rede abbricht, beginnt das Hören. Die Erwartung, die alle Berechnung vergißt, hört, zurückhaltend mit dem Wort, auf das Wort, das ihr zukommen wird".[2] Erst, wo der Widerspruch des Anderen gegen meinen Anspruch bei mir ankommt, von mir gehört wird, da beginnt Kommunikation, die den Anderen als Anderen ernst nimmt. "Dem Anderen als Anderen bin ich erst dann geöffnet, wenn ich mich in der Stille des Hörens von ihm ansprechen lasse"[3], formuliert Michael Theunissen in seiner Interpretation der Orientierung am Angesprochenwerden bei Grisebach. Im Grunde setzt interkulturelle Kommunikation voraus, daß ich die Perspektive wechsle, daß ich mein Erblicken des Anderen nur als eine abgeleitete, sehr auf mich als Subjekt bezogene Erfahrung des Anderen eintausche gegen eine Erfahrung, die von meinem Erblicktwerden durch den Anderen ausgeht und mein Für-den-Anderen-Sein in den Blick kommen läßt. Sodann haben wir gelernt, daß wir durch das Hinhören die Störungen wahrnehmen, die wir für andere Länder und Kulturen seit Beginn der Mo-

---

[2] Eduard Grisebach, Gegenwart. Eine kritische Ethik, Halle 1928, 577.
[3] Michael Theunissen, Der Andere. Studien zur Sozialontologie der Gegenwart, Berlin 1965, 365.

derne sind. Wir müssen uns sagen lassen, welche Verwüstungen wir Europäer im Ordnungswissen anderer Kulturen hervorgerufen haben, welche Anomien wir Europäer in funktionierenden Regelsystemen anderer Kulturen allein durch die hohen Exporte von Massenprodukten hervorgerufen haben.[4] Wir haben aufgrund der Wahrnehmung der Störungen, die wir für andere sind, gelernt, uns kritisch auf die kulturellen und ökonomischen Voraussetzungen unserer eigenen Entwicklung zu beziehen, den abendländischen Rationalisierungs- und Modernisierungsprozeß aus der Perspektive der Anderen in den Blick zu nehmen und daraufhin zu analysieren und zu befragen, inwieweit im Verfolg abendländischer Rationalität destruktive Potentiale freigesetzt werden und inwieweit die Folgen dieser zerstörerischen Potentiale die Grundlagen unseres sozialen Zusammenlebens auflösen und die Basis unserer natürlichen Lebensgrundlagen gefährden und auch bei uns Anomien hinterlassen, für deren Bewältigung wir noch kein Ordnungswissen erarbeitet und für deren Beherrschung wir noch keine moralischen Regelmechanismen gebildet und individuell und kulturell internalisiert haben.
Wenn wir all das sehen, werden wir fähig zu interkultureller Kommunikation. Dann lernen wir, daß interkulturelle Kommunikation, die diesen Namen verdient, in Gang kommt, wenn wir selbst mit der Dekonstruktion unserer universalen Geltungsansprüche beginnen, die wir bei allen interkulturellen Interessenkonflikten bewußt oder unbewußt einzufordern versuchen.

Wenn wir einmal auf dem Hintergrund der Diskussionen zu Menschenrechtsfragen davon ausgehen, daß sich die universalen Geltungsansprüche, die in der Charta der Vereinten Nationen bis hin zum Menschenrecht auf Entwicklung ihren Niederschlag gefunden haben, dem kulturellen Kontext des Abendlandes verdanken, dann müssen wir im Westen zunächst auf die Einsprüche hören, die vom Ordnungswissen anderer Kulturen vorgetragen werden und in Kommunikation mit signifikanten Gesprächspartnern anderer Kulturen an der Dekonstruktion der in unserer Kultur verorteten universalen Geltungsansprüche arbeiten. Alle Gesprächspartner, die auf unsere Einla-

---

[4] Nach Peter Atteslander "bedeutet Anomie effektive oder empfundene Ausweglosigkeit, mithin einen gesellschaftlichen Zustand verhinderter oder unmöglicher Eigenentwicklung". Peter Atteslander, Kulturelle Eigenentwicklung als Kampf gegen Anomie, in: Ders., Hrsg., Kulturelle Eigenentwicklung, Frankfurt 1993, 13-32; hier: 13.

dung hin - trotz zahlreicher leidvoller Erfahrungen im Umgang mit dem Westen auf unterschiedlichen Ebenen - zu uns gekommen sind und sich mit uns eingelassen haben, haben sich ungeheure Mühe gegeben, uns über die verheerenden Folgen ins Gespräch zu verwickeln, die die Geltung unserer Ansprüche in den ökonomischen, kulturellen und kirchlichen Strukturen für sie, für die anderen Kulturen, hat. Sie haben uns weiter transparent gemacht, daß das destruktive Potential[5], das der Rationalisierungs-, Industrialisierungs- und Modernisierungsprozeß freisetzt und unter dessen kulturzerstörender und menschenverachtender Gewalt sie selbst in ihren Gesellschaften gelitten haben und leiden[6], auch vor unseren Türen nicht halt macht, wie es sich in der konsumistischen und egoistischen Gier des Götzen Markt[7] zeigt, einer Gier, von der wir alle erfaßt sind und die unser Verhältnis zu uns selbst, zum Mitmenschen, zur Mitwelt und zur Natur determiniert. Mir ist in den interkulturellen Dialogen und Begegnungen, in der Reflexion und Bearbeitung der damit gegebenen Erlebnisse und Erfahrungen, einsichtig geworden, daß wir im Westen mit der Analyse und der Dekonstruktion unserer universalen Geltungsansprüche ernst machen müssen. Ich möchte daher den Versuch unternehmen und über die Dekonstruktion der universalen Geltungsansprüche nachdenken, die mit unserem Wirtschaftssystem und unseren monetären Strukturen einhergeht.

---

[5] Tzvetan Todorov, Die Eroberung Amerikas. Das Problem des Anderen, Frankfurt 1985; Enrique Dussel, Von der Erfindung Amerikas zur Entdeckung des Anderen. Ein Projekt der Transmoderne, Düsseldorf 1993.

[6] Jon Sobrino schreibt in seinem Buch: Sterben muß, wer an Götzen rührt. Das Zeugnis der ermordeten Jesuiten in San Salvador: Fakten und Überlegungen, Fribourg 1990, 55: "Ich verstehe, daß es für Bürger der Ersten Welt schwierig ist, das Ausmaß der Tragödie zu verstehen. Denn für die, die Leben und Freiheit haben, ist es natürlich schwer zu begreifen, was Armut und Repression in den Ländern der Dritten Welt bedeuten; deshalb neigen sie dazu, diese Wirklichkeit zu ignorieren, die Unbeteiligten zu spielen und zu schweigen. Vielleicht schweigen sie aber auch, weil sie ein unbewußtes Schuldgefühl haben: Man kann nicht weiter im Überfluß leben, praktisch alles besitzen und immer mehr haben wollen, während jeden Tag viele Millionen Menschen an Hunger sterben. Die Gesamtheit dieser Handlungsweisen und Unterlassungen ist es, die die Armen tötet sowie jene, die sie verteidigen. Deshalb richtet sich die Frage nach den Mördern an uns alle".

[7] Hugo Assmann/Fraz J. Hinkelammert, Götze Markt, Düsseldorf 1992; Franz J. Hinkelammert, Die ideologischen Waffen des Todes. Zur Metaphysik des Kapitalismus, Freiburg/Münster 1985.

Der erste Bereich ist unser ökonomisches System. Im Rahmen unserer Frage nach der kultureigenen Entwicklung wurden wir auf Schritt und Tritt mit dem globalen Geltungsanspruch der Marktwirtschaft konfrontiert, unter dem wir uns selbst in die Krise manövriert haben, unter dem 4/5 der Menschheit leidet und durch dessen Fortbestand unsere Natur zerstört wird[8] und die ganze Welt unsäglichem Leid überantwortet wird.

---

[8] An Untersuchungen, die die dramatische Zuspitzung der sozialen und ökologischen Probleme aufzeigen, mangelt es nicht. Stellvertretend für viele möchte ich nur zwei nennen: Zunächst den "Human Development Report 1992, undp, New York/Oxford 1992". Dort ist unter der Überschrift "The widening gap in global opportunities" zu lesen:
"Growth in national income does not automatically increase the well-being of poor people. Income and assets are often very unevenly distributed. And the poor have little access to credit and to market opportunities.
Governments do have many means of redistribution that they may apply; progressive income tax, economic planning mechanisms and social safety nets that can prevent people from falling into destitution. Moreover, people are generally free to move from one part of the country to another if they see an opportunity to improve their well-being.
Globally, the disparities between rich and poor nations can be even greater. But since the kinds of institutions and mechanisms that can redistribute income *in* countries are generally absent, it is hardly surprising that the gap in global opportunities has widened in the past three decades.
Income disparities
The income gap between the richest and the poorest in developing countries is often startlingly wide. In Brazil, the top 20 % of the population receives 26 times the income of the bottom 20 %. This may be an extreme case of national inequality, but at a global level the contrast is even starker - and getting worse year by year.
This deterioration ist clear from changes in the distribution of the world's GNP in the past 30 years. Between 1960 and 1989, the countries with the richest 20 % of world population increased their share of global GNP from 70.2 % to 82.7 %. The countries with the poorest 20 % of world population saw their share fall from 2.3 % to 1.4 %. The consequences for income inequalities have been dramatic. In 1960, the top 20 % received 30 times more than the bottom 20 %, but by 1989 they were receiving 60 times more. The Gini coefficient, a statistical measure of inequality, rose to an intolerable level that far exceeds anything seen in individual countries (from 0.69 to 0.87, on a scale where zero is perfect equality and 1.00 is total inequality).
Even these figures conceal the true scale of injustice since they are based on comparisons of the average per capita incomes of rich and poor *countries*. In reality, of course, there are wide disparities within each country between rich and poor *people*.
Global inequality would be expressed much more accurately if such national income disparities were taken into account. Relatively few countries publish in-

Der zweite Bereich betrifft die Überprüfung der Deutung des Modernisierungsprozesses, unsere Deutung von Rationalität, von Rationalitätspotential etc. Unsere Gesprächspartner aus Afrika, Asien, Australien und Lateinamerika haben uns mit ihrer Weigerung, das Deutungsraster von Max Weber überhaupt zur Gesprächsgrundlage zu machen, jedesmal in Erstaunen versetzt. Wir konnten es einfach nicht erklären, womit das zusammenhängt. Inzwischen ist klar, daß sich hinter dem Weberschen Deutungs- und Verstehensraster von Rationalität ein ganz hartnäckiger Kandidat für einen universalen Geltungsanspruch verbirgt, den es zu dekonstruieren gilt.

Schließlich müßten wir fragen, wo die christlichen Kirchen des Abendlandes gegenüber anderen Kulturen mit allgemeinen Geltungs-

---

formation on income distribution, so it is not possible to make a worldwide assessment. But a rough estimate can be made for a group of 41 countries for which data are available a calculation for this group produces a country-based inequality ratio of 65 to 1-though once internal income distribution is taken into account, the ratio between the richest and the poorest people more than doubles to 140 to 1.

If data were available for all 160 countries, the global diparity ratio would undoubtedly be higher still - because in the group of 41 countries, the industrial countries (where income disparities tend to be smaller) are overrepresented. The inequality ratio for the whole world is probably more than twice and may be well over 150 to 1.

The income disparity between rich and poor nations might be better measured using real purchasing power rather than nominal GNP. Even this would still suggest a real income disparity greater than 50 to 1.

Moreover, it is *absolute* rather than *relative* income differences that are even more significant as far as indiviudal people and their attitudes are concerned. The absolute difference in per capita income between the top 20 % and the botton 20 % of world population, expressed in 1989 US dollars, increased between 1960 and 1989 from $ 1,864 to $ 15,149.

These disparities are reflected in real consumption levels. The North, with about one fourth of the world's poulation, consumes 70 % of the world's energy, 75 % of ist metals, 85 % of its wood and 60 % of its food.

However it is measured, the current disparity between the world's richest and poorest people is extremely large.", 34f.; noch aktueller sind die Analysen im neuesten Bericht des Club of Rome. Hier wird festgestellt: Inzwischen gibt es zahlreiche weitere Erkenntnisse, die nicht nur die sich abzeichnenden Katastrophen bestätigen, sondern die auch Grund zu der Annahme geben, daß die Grenzen des Wachstums möglicherweise schon längst überschritten sind und daß sich die Welt schon seit einigen Jahren in einem Zustand der Degenerierung befindet." Zitiert nach: Frankfurter Rundschau, 1.7.95, Nr. 126, Seite 22; der Bericht des Club of Rome ist auch als Buch veröffentlicht: Wouter van Dieren, Mit der Natur rechnen, Basel 1995.

ansprüchen aufgewartet haben und dies auch weiter tun, die die Inkulturation der Botschaft Jesu in anderen Kulturen behindern und die daher ebenso zu analysieren und zu dekonstruieren sind. Dies kam auf dem Symposium nicht explizit zur Sprache und wird daher von mir nicht in die zusammenfassenden Erwägungen aufgenommen.

1. Die Verhinderung interkultureller Kommunikation aufgrund der Globalisierung des kapitalistischen Wirtschaftssystems

Solange der real existierende Sozialismus als Staatskapitalismus noch nicht zusammengebrochen war, war ein faktisch potenter Konkurrent auf der Weltbühne da, der dem marktwirtschaftlichen Kapitalismus gegenüberstand. Auf diesen Konkurrenten blickte der Kapitalismus, mit ihm wurde er an seinen Früchten gemessen. Diese Konkurrenz veranlaßte den Kapitalismus, sich an Rahmenbedingungen zu halten, die ihm ein menschen- und umweltfreundliches Image verleihen sollten. Auf dem Hintergrund dieser globalen Konkurrenzsituation universaler Geltungsansprüche konnten die politischen Klassen und die ökonomischen Interessen unter den jeweiligen Geltungsansprüchen profitabel kommunizieren, ohne daß ihnen die politische Legitimation in ihren jeweiligen Ländern entzogen werden konnte. Die Länder der sogenannten Dritten Welt wurden mit Hilfe der Übereinkunft der politischen Klassen und ökonomischen Interessen mit den Geltungsansprüchen des kapitalistischen Systems sozusagen zum eigenen Besten überrollt, ihre Sozialgefüge und Traditionen erschüttert oder gar zerstört, sie wurden so auf der Basis des Geltungsanspruches ökonomisch expandierender Industriestaaten zu Unterentwickelten erklärt. Enrique Dussel hat dies in seinem Beitrag in diesem Band ebenso transparent gemacht wie dies Felix Wilfred, Bénézet Bujo, Obiora Ike, Sulak Sivaraksa, John May und viele andere verdeutlicht haben. In einem Vortrag am 20.3.1988 in Liverpool sprach Bischof Peter Kwasi Sarpong aus Ghana über diesen Zusammenhang. Ich will aus seiner prophetischen Rede einen Abschnitt zitieren, der uns zu denken geben sollte: "Was ist dann diese Gerechtigkeit, über die wir so viel sprechen? Im Namen der gepriesenen Gerechtigkeit werden über Libyen wirtschaftliche Sanktionen verhängt; afrikanische Rebellengruppen werden gegen ihre Regierungen unterstützt; die Theorien 'Verkettung' und 'konstruktives Engagement' werden erfunden, um Untätigkeit angesichts unverschämter kolonialistischer und abscheulicher, von Apartheid geprägter Politik zu rechtfertigen; kubanische Truppen können nicht in Angola sein; und SWAPO und ANC-Nationalbewegungen werden als terroristisch gebrandmarkt. Ganz klar, es gibt keine Gerechtigkeit für Afrika. Wie kann es also Entwicklung geben? Was ist Entwicklung überhaupt? Wir neigen normalerweise dazu, Unterentwicklung als Vorstufe zu Entwicklung anzusehen: Die Menschen sind unterentwickelt, und dann entwickeln sie sich oder werden entwickelt. Darf ich darauf hinweisen, daß zu Anfang alle Völker entwickelt waren, denn wenn Entwicklung Frieden bedeutet, wie Papst Paul VI. lehrt, dann ist Entwicklung die Fähigkeit, Probleme ohne Störung oder Behinderung anzupacken.

In der Vergangenheit gelang es den Afrikanern, in zufriedenstellender Weise mit den Wechselfällen des Lebens fertig zu werden. Sie kamen mit komplexer Politik zurecht. Sie hatten ihre eigenen Wirtschaftssysteme entwickelt, in denen eine Person nicht auf Kosten anderer Reichtum anhäufen konnte.

Die Leiden Afrikas heute stammen weitgehend von der wahllosen Übernahme politischer und wirtschaftlicher Systeme, an die es nicht gewöhnt ist. Armut wird Afrika aufgelastet als unmittelbares Ergebnis politischer und wirtschaftlicher Entscheidungen und der Politik von Regierungen, Parteien und einflußreichen Unternehmen in besser entwickelten Ländern.

In den 90er Jahren dieses Jahrhunderts sollten wir Entwicklung nicht nur als wirtschaftlichen Fortschritt ansehen, sondern auch als Zunahme von Wissen, Kultur und den Bedürfnissen des Lebens. Wir möchten die Weltmächte dringend bitten, dem Afrikaner beizustehen beim Wachstum seiner ganzen Person und der Entwicklung seiner umfassenden Möglichkeiten".[9]

Die Stimmen aus den Ländern nicht-westlicher Kulturen ließen sich zu dieser Frage vermehren. Das Echo auf den universalen Geltungsanspruch unseres Wirtschaftssystems ist in den letzten zwanzig Jahren aus verschiedenen kulturellen Kontexten ein unüberhörbares Unisono bis auf den heutigen Tag.[10] Und obwohl unser Wirtschaftssy-

---

[9] Peter Kwasi Sarpong, Bischof von Kumasi, Gerechtigkeit und Entwicklung in Afrika: Die Herausforderung der 90er Jahre, in: Weltkirche 5(1988) 139-147; hier: 143.

[10] Vgl. hier z.B. Felix Wilfred, (Ed.), Globalization or Peripheralization, in: Jeevadhara, A Journal of Christian Interpretation, Vol XXV, No 145, Kottayam/India 1995, 1-92.

stem für uns selbst verheerende Folgen zeitigt und die destruktiven Kräfte des Systems uns in unseren Lebensbedingungen in die Enge treiben, schlagen wir lediglich die Hände über dem Kopf zusammen und beschwichtigen uns selbst mit der Formel: "Es gibt keine Alternative, die besser ist". Ist das wirklich so? Oder können wir uns nur deswegen keine vorstellen, weil auch wir vor dem universalen Geltungsanspruch wie versteinert sitzen wie das Kaninchen vor der Schlange? Es ist auch hier so, wie es Francis X. D'Sa sagte, bevor wir in Alternativen und in Visionen zu denken fähig werden, müssen wir uns an die Dekonstruktion der vorherrschenden Geltungsansprüche unseres Wirtschaftssystems machen, sie in ihrer Begrenztheit und in ihren destruktiven Potentialen entlarven.

1.1 Zum universalen Geltungsanspruch der Neoklassik in der Nationalökonomie

Da ist zunächst der Geltungsanspruch der Neoklassik in der Nationalökonomie zu sehen. Nach Bertram Schefold beherrscht "die vor etwa 100 Jahren entstandene und seit etwa 50 Jahren - wenn auch nicht unangefochten - dominierende Neoklassik"[11] das Feld in der Ökonomie. Im Grunde stellt sie ein "Optimierungskalkül auf wirtschaftliche und gesellschaftliche Zusammenhänge"[12] dar. In der Praxis aber sei diese Definition zu unbestimmt, da "keine Schule der Nationalökonomie ohne Optimierungsvorstellungen"[13] auskomme. Daher plädiert Schefold für eine Definition von Neoklassik, "wonach sie - in Abgrenzung von der Klassik - die Preisbildung auf Güter und Faktormärkten durch ein markträumendes Gleichgewicht von aus subjektiven Präferenzen abgeleiteten Angeboten und Nachfragen erklärt. Sie ist daher ihrem Wesen nach eine Theorie der Vollbeschäftigung, denn die Gleichgewichtspreise sind so definiert, daß insbesondere die zu den Faktorpreisen gehörigen Angebote der Faktorbesitzer nachgefragt werden".[14] Das aber trifft in der Wirklichkeit nicht zu. Denn einerseits werden die Konsequenzen nicht bedacht, die sich aus der Teilhabe aller Individuen an "mehreren verschiedenen Präferenzsystemen" ergeben, so daß "diese verschiedenen Präferenzsysteme des Individu-

---

[11] Bertram Schefold, Wirtschaftsstile, Band 1: Studium zum Verhältnis von Ökonomie und Kultur, Frankfurt 1994, 29.
[12] Ders., ebd.
[13] Ders., ebd., 30.
[14] Ders., ebd., 31.

ums im allgemeinen genausowenig zu einer übergeordneten Präferenzordnung aggregiert werden könnten wie die Präferenzen vieler Individuen zu einer sozialen Wohlfahrtsfunktion".[15] Würde gemäß neoklassischer Theorie ein allgemeines Gleichgewicht erreicht, bedürfte es keiner sonstigen sozialethischen oder politischen Regulierungen. Das Gegenteil ist jedoch der Fall. Die Widersprüche unseres Systems lassen sich auch mit entsprechenden Weiterungen nicht beseitigen. Wir haben nicht die als grundsätzlich vorausgesetzte Vollbeschäftigung. Nicht zuletzt wurde im Modell der Sozialen Marktwirtschaft von Ludwig Erhard und Alfred Müller-Armack ein Modell geschaffen, das zwischen Liberalismus und Sozialismus, zwischen Konkurrenz und Solidarität und zwischen Marktwirtschaft und sozialem Ausgleich vermitteln wollte und will. Es war also die Intention der Gründer der sozialen Marktwirtschaft, "auf der Basis der Wettbewerbswirtschaft die freie Initiative mit einem gerade durch die marktwirtschaftliche Leistung gesicherten sozialen Fortschritt zu verbinden".[16]

Die soziale Marktwirtschaft ist für die Sicherung einer menschenwürdigen Existenz ein hohes Gut. Ihre Sicherung wird gemäß ihrer Väter[17] dadurch gefördert, daß an den sich entwickelnden ökonomischen Disparitäten und Unangepaßtheiten und an der Sicherung von Verteilungsgerechtigkeit ebenso wie an Ökologieverträglichkeit der Wirtschaft gearbeitet wird. Das aber verlangt, daß wir die Sollbruchstellen aufdecken, analysieren und die Ursachen beseitigen. Die Schwierigkeiten, die sich dabei ergeben haben, rühren nicht nur von "Verschmutzungen" her, die sich etwa durch "zunehmende Einschränkung individueller Handlungsspielräume" oder durch die "Entwicklung zum Wohlfahrtsstaat"[18] ergeben. Dies verlagert das eigentliche Problem lediglich auf einen unzureichenden Erklärungsansatz für die auftretenden Disparitäten. Die Diskussion der Ordoliberalen, die sich im Streit um die Sicherung der Sozialen Marktwirtschaft zwischen Markt und/oder Konzeptkonformität hin und her bewegt, verfehlt im Grunde den Bereich, in dem nach Sollbruchstellen

---

[15] Ders., ebd., 34.
[16] Alfred Müller-Armack, Soziale Marktwirtschaft, in: Handwörterbuch der Sozialwissenschaften, Bd. 9, Stuttgart/Tübingen/Göttingen 1956, 390.
[17] Ders., Genealogie der Sozialen Marktwirtschaft, Frühschriften und weiterführende Konzepte, zweite, erweiterte Auflage, Bern und Stuttgart 1981.
[18] Detlef Radke, Soziale Marktwirtschaft - eine Option für Transformations- und Entwicklungsländer? Deutsches Institut für Entwicklungspolitik, Berlin 1994, 8f.

unseres Systems gesucht werden muß. Eine solche Sollbruchstelle aber ist meines Erachtens in den monetären Strukturen zu suchen, die neuer Regelung bedürften. Wie schon Bertram Schefold gegen die Neoklassiker gewendet ausführt, muß "die Kapitalakkumulation als autonomer Prozeß" angenommen werden, der "eigener Gesetzlichkeit" folgt, "der sich nicht automatisch an die äußeren Gegebenheiten des Bevölkerungswachstums oder natürlicher Ressourcen anpaßt".[19] Und: "die von den Klassikern gemeinte Arbeitslosigkeit oder Überbeschäftigung beruht auf der Kapitalakkumulation als autonomem Prozeß; sich anzupassen, ist Sache der Bevölkerung durch Wanderungen, Veränderungen der Partizipationsraten usw.".[20] Schließlich sei auch "die Annahme, daß die Zinssätze die Rate des Kapitalertrages steuern, nicht mehr so abwegig".[21] Schon daraus erhellt, wie fundamental die Kapitalakkumulation und die Akkumulation der Geldvermögen für eine marktregulierte Wirtschaft ist und in welche Nebenrolle Politik abgedrängt wird, wenn es zu keiner Regulierung der monetären Prozesse kommt und die Beherrschung der Geldvermögen durch ethische Prinzipien nicht mehr gelingt. Nicht ohne Grund wird in unserer gegenwärtigen Krisensituation nach einer Neubelebung der "Sozialidee" gerufen, die dem System einer Sozialen "Marktwirtschaft zugrunde liegt und ordnungspolitische Disziplin"[22] angemahnt, wenn denn Soziale Marktwirtschaft mehr sein soll als eine Beschwichtigungsformel für die Mehrheit der Menschen, die angesichts der offen sichtbar werdenden Hinweise auf eine tiefe Krise unseres Systems verunsichert sind, wie die Zunahme von Langzeitarbeitslosigkeit, die Zunahme der privaten und öffentlichen Verschuldung, die Verselbständigung und Verwilderung des Wettbewerbs, das ständige Auseinandergehen der Schere zwischen Armen und Reichen im eigenen Land und zwischen den Nationen, wachsende Kriminalität, der Zweifel an der Finanzierbarkeit der Renten in etwa 25 bis 40 Jahren usw..

1.2 Kennzeichen der Krise der Marktwirtschaft

Es ist durchaus sinnvoll, sich an dieser Stelle die Situation wenigstens schlaglichtartig mit ein paar Zahlen zu verdeutlichen. Zunächst zu

---

[19] Bertram Schefold, a.a.O., 45.
[20] Ders., ebd., 38.
[21] Ders., ebd., 48.
[22] Graphik in der Süddeutschen Zeitung (Quelle: Globus) v. 22.5.95, Nr. 117, S. 19.

Arbeitslosigkeit: Während europaweit z.Zt. rund 20 Millionen Menschen ohne Arbeit sind und sich die Zahl der Arbeitslosen unter Einbeziehung der verdeckten Arbeitslosigkeit auf 6 Millionen hin bewegt, ist die Zahl der Langzeitarbeitslosen in besonderer Weise besorgniserregend. So ist "in den vergangenen drei Jahren die Zahl der Arbeitslosen, die ein Jahr oder länger keiner geregelten Beschäftigung mehr nachgegangen sind, drastisch gestiegen": Waren im Jahr 1992 in Deutschland insgesamt 745.000 Menschen ein Jahr oder länger arbeitslos, so stieg die Zahl im Jahr 1994 auf 1.159.000. Noch gravierender ist der Anstieg der Jugendarbeitslosigkeit. Nach einer Statistik der Bundesanstalt für Arbeit für 1994 waren in Westdeutschland 75.860 Jugendliche ohne Arbeit, von denen 78 % keine abgeschlossene Berufsausbildung hatten. In Ostdeutschland waren 20.030 Jugendliche arbeitslos, von denen 48 % keine abgeschlossene Berufsausbildung erreicht hatten. Damit waren in Deutschland im Jahr 1994 insgesamt 95.890, also fast 100.000 Jugendliche ohne Arbeit.[23] Dies ist alarmierend. Hier müssen im System Rahmenbedingungen geschaffen werden, die diesen Mißstand beseitigen, sonst hat das Modell einer Marktwirtschaft, dem in einem demokratischen Entscheidungsprozeß das Adjektiv "sozial" beigefügt wurde, keine Lebenschance und gefährdet zugleich den Bestand unserer demokratischen Grundordnung.

Des weiteren ist die private und öffentliche Verschuldung und die Verschuldung der sogenannten Dritten Welt als Verschlechterung der menschlichen Lebensbedingungen in den Blick zu nehmen. Auf dem Hintergrund des Werbeslogans: "Heute kaufen - morgen bezahlen" ist eine hohe Verschuldung privater Haushalte im Konsumentenkredit entstanden. Inzwischen ist bei neun Zehntel aller privaten Haushalte der Zinssaldo negativ. Im Wochenbericht des Deutschen Instituts für Wirtschaftsforschung vom Juni 1995 nahmen "die privaten Haushalte 1994 Kredite in Höhe von 16 Mrd. DM in Anspruch, 1 Mrd. mehr als 1993. Die von den Haushalten beanspruchten längerfristigen Bankkredite, die üblicherweise zum Kauf langlebiger Gebrauchsgüter eingesetzt werden, waren im Berichtsjahr um 500 Mill. DM höher als im Vorjahr. Die gesamten Verpflichtungen der privaten Haushalte aus Konsumentenkrediten summierten sich am Ende des vorigen Jahres auf 366 Mrd. DM. ... Die durchschnittliche Verschuldung der west-

---

[23] Vgl.: Jugendarbeitslosigkeit, SZ Graphik, Süddeutsche Zeitung, 6.7.95, Nr. 153, S. 19.

deutschen Haushalte ist von 11.500 DM (1993) auf 11.700 DM (1994) gestiegen, die der ostdeutschen Haushalte nahm von 2.500 DM (1993) auf 2.900 DM (1994) zu. Die für Bauzwecke aufgenommenen Kredite summierten sich Ende 1994 auf 1.120 Mrd. DM; mit 27 Mrd. DM entfielen davon reichlich 2 v.H. auf die Haushalte in den neuen Bundesländern".[24] "Auf die Konsumentenkredite zahlten die privaten Haushalte 1994 Zinsen in Höhe von 44 Mrd., 5 Mrd. DM mehr als im Jahr davor".[25] Nimmt man alle Schulden der westdeutschen Privathaushalte zusammen, die diese Banken, Teilzahlungsbanken, Kreditinstitute, Bausparkassen, Versicherungen etc. angehäuft haben, dann summieren sich diese durchschnittlich auf rund 42.200,-- DM. Damit hat sich die "nominale Verschuldung seit 1980 verdoppelt".[26] Dabei nahmen in der Zeit von 1985-1992 die Konsumentenkredite doppelt so stark zu wie die Wohnungsbaukredite. Und aus dem Schuldenturm kann sich ein privater Schuldner auch mit dem Verbraucher-Konkursrecht nicht so leicht befreien.[27] Dazu kommt die Belastung, die sich aus der wachsenden Staatsverschuldung ergibt. Immerhin belief sich die Nettoneuverschuldung des Bundes in den letzten Jahren auf jeweils rund 66 Milliarden DM.

Die Finanzschulden des Bundes haben Ende 1994 die Rekordhöhe von über 1 Billion, genau 1.019,0 Milliarden Mark. Dafür zahlte der Bund 53 Milliarden DM Zinsen. Inzwischen sind seit dem 1.1.1995 dem Bund durch das neue Sondervermögen "Erblastentilgungsfond" weitere 206,2 Milliarden DM Schulden entstanden. Es handelt sich dabei um Schulden des Kreditabwicklungsfonds mit den hinterlassenen Verbindlichkeit der inzwischen aufgelösten Treuhandanstalt".[28] Die Gesamtverschuldung aller öffentlichen Haushalte von Bund, Ländern und Gemeinden schaukelte sich Ende 1994 gar auf 1.549 Mrd. DM, also 1.549 Billionen Mark, auf. Auch wenn für den Bundeshaushalt für 1996 drastische Einsparungen vorgesehen sind und

---

[24] Deutsches Institut für Wirtschaftsforschung (= DIW), Die Vermögenseinkommen der privaten Haushalte 1994, Wochenbericht 25/95, 22. Juni 1995, 435-442; hier: 438.
[25] Ebd., 440.
[26] Mehr Schulden für den Konsum, in: Frankfurter Allgemeine Zeitung, 15.6.93, Nr. 135, S. 17.
[27] Hugo Grote, Wer im modernen Schuldenturm sitzt, haftet sein Leben lang. Auch das von der Bundesregierung geplante Verbraucher-Konkursrecht erlaubt keinen Neuanfang, in: Frankfurter Rundschau, Dokumentation, 25.9.93, Nr. 223, S. 14.
[28] Schulden des Bundes eine Billion Mark, in: Süddeutsche Zeitung, 6.6.1995, Nr. 128, S. 1.

die Nettoneuverschuldung wesentlich geringer ausfallen soll, so ist damit nicht zu verhindern, daß inzwischen jede 2,5te Mark eines jeden Bürgers und jeder Bürgerin eine Zinsmark ist, an der also beim Brot und bei der Milch auch der Sozialhilfeempfänger teilhat und so zur Kasse gebeten wird. Nicht zuletzt hat diese Entwicklung dazu geführt, daß "1,5 Millionen oder 4,5 % der deutschen Privathaushalte überschuldet"[29] sind, d.h. diese Haushalte können aus ihren Einkünften nach Abzug der Lebenshaltungskosten den Schuldendienst nicht mehr aufbringen.

Hier muß auch an den Schuldenberg und die Zinslast erinnert werden, die die Banken aus den Ländern der sogenannten Ersten Welt den Ländern der sogenannten Dritten Welt aufgebürdet haben. Für diese Schulden, die die Banken längst abgeschrieben haben, haben die Entwicklungsländer in zehn Jahren, nämlich von 1982 bis 1992, Zinszahlungen von insgesamt 1.500 Mrd. US-Dollar geleistet. Diese Summe ist fast doppelt so hoch wie die der gesamten Auslandsschulden der Entwicklungsländer im Jahr 1982".[30] Ferner haben die Entwicklungsländer im Rahmen ihrer Kreditbeziehungen mit den Industrienationen einen Nettokapitalabfluß von 225 Milliarden US-Dollar hinnehmen müssen. Es ist also nach dieser Ausbeutung durch die Kreditgeber der Industrieländer an der Zeit, daß diese den Schuldnerländern alle Schulden erlassen.

Nichtsdestotrotz wird die Werbetrommel in Deutschland kräftig gerührt. Gerade in der Wirtschaftsflaute wird Geld in die Werbung gesteckt, um die "lustlosen Verbraucher"[31] mobil zu machen und um die nachdenklich reagierenden Konsumenten im Interesse des Wirtschaftswachstums zur Ader zu lassen. So ergaben die Nettowerbeeinnahmen in ausgewählten Werbeträgern 1992 einen Betrag von 29,4 Milliarden Mark und für 1993 wurde eine weitere Steigerung auf 30,6 Mrd. Mark prognostiziert.[32]

---

[29] Wie die Verbraucher ihr Konsumniveau halten, in: Südd. Zeitung, 13./14.4.1995, Nr. 87, S. 23.
[30] Immer tiefer in die Schuldenkrise, in: Main-Spitze, 27.10.1992; vgl. auch: Kuno Füssel, Franz Hinkelammert, Markus Mugglin, Raúl Vidales, "...in euren Häusern liegt das geraubte Gut der Armen", Ökonomisch-theologische Beiträge zur Verschuldungskrise, Fribourg/Brig 1989.
[31] Lustlose Verbraucher, in: Südd. Zeitung, 11.10.1994, Nr. 234, S. 21.
[32] Werbung in Deutschland, in: Südd. Zeitung, 26.1.1993, Nr. 20, S. 21.

Der Wettbewerb wird weiter verschärft, um die Gewinnspanne zur Befriedigung der Geldvermögen zu vergrößern. Da ist jedes Mittel recht, das sich rechnet, die Externalisierung von ökologischen Kosten sind ebenso an der Tagesordnung wie das Ausweichen in sogenannte Billiglohnländer, in denen die Ausbeutung von Arbeitskräften bis hin zu Kinderarbeit im Bündnis mit den politischen Klassen und korrupten Eliten in vielen Ländern der sogenannten Dritten Welt leichter gelingt, als in den Ländern des Westens, in denen Arbeitnehmervertretungen für menschenwürdige Arbeitsbedingungen eintreten.

Das Scheitern der Sozialen Marktwirtschaft zeigt sich auch in der schnell wachsenden Kluft zwischen Armen und Reichen in Deutschland und in vielen anderen Ländern und zwischen armen und reichen Ländern. Nach dem Armutsbericht des Paritätischen Wohlfahrtsverbandes zusammen mit dem DGB, 1994 veröffentlicht, haben wir auch hier als Folge einer Häufung von Notlagen einen neuen Rekordstand erreicht. Es gibt 7,25 Millionen Arme in Deutschland. Große Familien, Alleinerziehende, Kranke, Behinderte und Ausländer sind besonders unter den Betroffenen.[33]

Als Kehrseite gibt es auch andere Fakten. Es gibt Spitzenverdiener, die verdienen je Arbeitstag 1.500,-- DM. Es gibt mehrere Tausend 50fache Millionäre, die verdienen je Arbeitstag 15.000,-- DM an Zinsen. Und es gibt nach dem Wirtschaftsmagazin "forbes" 400 Millionäre in der BRD, die jeweils 500 Millionen DM besitzen und damit jeweils je Arbeitstag 150.000,-- DM verdienen. Das hat bewirkt, daß durch Zinstransfers im Jahr 1990 acht Zehntel der ärmeren Haushalte um 116 Milliarden ärmer wurden und im wesentlichen ein Zehntel reicher Haushalte noch reicher machten, was den Trend verstärkt, daß die Reichen nicht nur weniger, sondern auch älter werden und die Armen nehmen an Zahl zu, und es sind immer jüngere Leute. Im Grunde kann unter unseren Gegebenheiten nur der mit einem blauen Auge davonkommen und nicht in die Armut abrutschen, der

---

[33] Walter Hanesch u.a., Armut in Deutschland. Der Armutsbericht des DGB und des Paritätischen Wohlfahrtsverbandes, Reinbek b. Hamburg 1994; vgl. auch: Richard Hauser/Werner Hübinger, Arme unter uns. Teil 1: Ergebnisse und Konsequenzen der Caritasarmutsuntersuchung, herausgegeben vom Deutschen Caritasverband e.V. Freiburg 1993; Diether Döring, Walter Hanesch, Ernst-Ulrich Huster, Hrsg., Armut im Wohlstand, Frankfurt 1990; Matthias Lutz/Autorenkollektiv, Arm in einer reichen Stand. Zur Armutssituation in Frankfurt, Frankfurt 1992.

300.000,-- DM gut verzinst angelegt hat. Alle, die das nicht haben, werden langsam aber sicher einen zunehmenden negativen Zinssaldo haben, der immer mehr wächst und - wenn es nicht zu einer sozialen Einbindung der großen Geldvermögen kommt - auch den heutigen Mittelstand erfaßt und in die Armut drängen wird. Auf diesem Hintergrund läßt sich die These von Kurt Biedenkopf nicht halten, "daß es sich um Umverteilungen innerhalb der Mehrheit handelt".[34] Daher könne der ärmere Teil (die Minderheit) nicht mehr den wohlhabenden Teil zwingen, sich an Umverteilung zu beteiligen.[35] Wer die Zahlen lesen kann, merkt, daß diese These Biedenkopfs die Wirklichkeit glatt auf den Kopf stellt, die Realität bewußt verdreht. Es kann doch nicht übersehen werden, daß sich der größte Teil des Vermögens im Besitz einer ganz kleinen Minderheit befindet. Die These Biedenkopfs ist dazu angetan, dem Mittelstand Sand in die Augen zu streuen und ihm zu suggerieren, er gehöre zu den Wohlhabenden. Wie Norbert Blüm ihm mit Recht entgegenhält, "widerlegt die Vermögensverteilung in Westdeutschland (absolute Beträge = Ende 1992) eindeutig die Behauptung" Biedenkopfs. Denn, - so fährt Blüm fort -, es "besitzen die reichsten 10 % der Haushalte mehr als die Hälfte (drei Billionen) und weitere 25 % der Haushalte (mit Vermögen von etwa 150.000 Mark bis 450.000 Mark mehr als ein Drittel (zwei Billionen Mark) des gesamten verfügbaren Privatvermögens. Auf die übrigen 65 % der Haushalte verteilt sich das restliche Zehntel der Vermögenssumme (eine halbe Billion)".[36] Ähnlich, aber noch deutlicher, noch ausgeprägter zeichnen sich nach unterschiedlichen Analysen seit den 70er Jahren die Besitzverhältnisse in den USA ab. Danach besitzen "1 % der Bevölkerung rund 40 % des nationalen Vermögens".[37] Ähnliches offenbaren auch die Einkommensverhältnisse. "1992 verdienten 20 % der US-Haushalte elfmal mehr als das untere Fünftel der Gesellschaft. In Kanada und Großbritannien liegt dieses Verhältnis bei etwa 7:1, in Deutschland bei 5,5:1".[38] Tatsache ist, daß mehr und mehr Menschen dieser Sachverhalt bewußt wird und sie nach Alternativen in unserem und zu unserem Wirtschaftssystem fragen.

---

[34] Kurt Biedenkopf, Was hält unsere Gesellschaft, was hält unser Land zusammen?, in: Frankfurter Rundschau, 4.7.1995.
[35] Norbert Blüm, Gerechtigkeit nicht vorschnell durch Barmherzigkeit ersetzen, in: Frankfurter Rundschau, 29.6.1995.
[36] Ders., ebd.
[37] USA. Kluft zwischen arm und reich wird immer größer, in: Frankfurter Rundschau, 6.5.1995, Nr. 105, S. 26.
[38] Ebd.

Die Zinslasten für die großen Geldvermögen wirken nicht zuletzt auf den Arbeitsmarkt zurück. Vergleicht man die Entwicklung des Kapitalmarktzinses mit der Zahl der Unternehmenspleiten und der Zahl der Arbeitslosen, dann zeigt sich, daß bei steigendem Zins sowohl die Pleiten wie auch die Arbeitslosigkeit zunimmt. Dabei ist darauf aufmerksam zu machen, daß sich nach einer Zinssenkung die vorangegangene Beschäftigungslage nie wieder herstellte, sondern auf einem höheren Niveau einpendelte, weil der Zinsschub einen Rationalisierungsschub im Gefolge hatte, durch den auch Arbeitsplätze wegrationalisiert wurden.

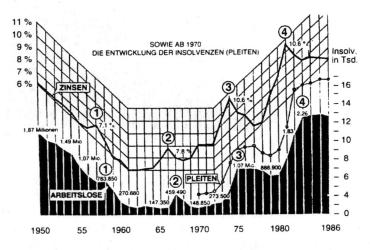

Aus: H. Creutz, Das Geldsyndrom, München 1993, S. 354

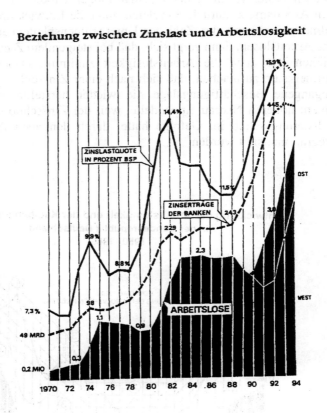

Aus: H. Creutz, Das Geldsyndrom, München 1993, S. 364

Ergebnisse sind u.a.: Ungerechte Einkommensverteilung aus Vermögen, Ungerechtigkeit durch Umverteilung der Einkommen aus Zinsen. Mit anderen Worten: Die Anzahl der Verliererhaushalte steigt ständig.

1.3 Geld als soziale Institution

Die Ungleichheiten werden zunehmend in der Öffentlichkeit wahrgenommen und angesichts von Arbeitslosigkeit, Verschuldung, Obdachlosigkeit und wachsender Armut als ungerecht bewußt. Geld ist ein vom Staat garantiertes Gut. Es ist eine staatliche Einrichtung, eine soziale Institution. Niemand könnte einen Nutzen davon ziehen, wenn dieses Gut in seinem Wert und als Tauschmittel nicht durch wirtschaftliche Leistung der Vielen einerseits und den Staat andererseits garantiert würde. Also ist es auch recht und billig, daß, gemessen am Modell sozialer Marktwirtschaft, alle einen für eine menschenwürdige Existenz ausreichenden Anteil erhalten. Es ist nicht einzusehen, warum einige wenige Menschen, die über ein hohes Geldvermögen verfügen, die bevorzugten Nutznießer des sozialen Mediums Geld sind. Tatsächlich kommt aber zur Zeit der Nutzen des Geldes aufgrund der durch wirtschaftlichen Wandel bedingten Unangepaßtheit unserer Geldordnung den Besitzern von disponiblem Geldvermögen fast allein zugute. Weder durch eine entsprechende Besteuerung, noch durch eine Anpassung der Rahmenbedingungen wird für einen gerechten Ausgleich Sorge getragen. Die im Grundgesetz geforderte Sozialpflichtigkeit des Eigentums wird nicht eingefordert, obwohl der Staat die Geldordnung garantiert und damit die Basis für die Möglichkeit von Gewinnen aus Geldvermögen setzt. Ich denke, diese Zusammenhänge vermögen zu zeigen, wo und welche Anpassungsleistungen im System der sozialen Marktwirtschaft zu erbringen sind. In diesen Kontexten und angesichts dieser Gegebenheiten sollten wir über Konsequenzen nachdenken und die Unangepaßtheiten der monetären Strukturen an die Bedingungen einer sozialen Marktwirtschaft anpassen. Die Krise, in der wir uns befinden, könnte die Kreativität freisetzen, die dafür erforderlich ist. Auch wenn dies vor allem bei den Besitzern großer Geldvermögen mit Opfern verbunden sein wird, sollten wir die Anpassungsleistungen zu erbringen versuchen, wenn uns am Erhalt der sozialen Marktwirtschaft und der demokratischen Grundordnung gelegen ist. Daher meine These: Die Sicherheit, die wir allen in unserem Staat geben, werden wir auch alle bekommen. Die soziale Marktwirtschaft ist für die Sicherung einer menschenwürdigen Existenz ein hohes Gut. Dafür müssen wir, wie die Väter der sozialen Marktwirtschaft, Alfred Müller-Armack und Ludwig Erhard, es uns aufgegeben haben, Sorge tragen und an den entsprechenden Sollbruchstellen die erforderlichen Anpassungsleistungen in Gang setzen.

Wenn wir es recht betrachten, dann befinden wir uns in unserer Gesellschaft zwischen Reichen und Armen in einer Situation, wie sie im Gefangenendilemma beschrieben wird. Wenn wir aus dem Dilemma herauskommen wollen, müssen beide Gruppen, die Armen und die Reichen, zusammenarbeiten. Das bedeutet, daß keiner nur seinen

Vorteil allein im Auge haben kann. Jeder muß die Interessen des anderen angemessen berücksichtigen. Wenn das jede der beiden Gruppen macht, dann kommt für beide unterm Strich das Beste heraus, was sie erreichen können: Die einen geben den anderen von ihrem Reichtum ab, verzichten z.B. nur auf Zinsen. Dafür können sie in Frieden und Sicherheit leben und wahren ihren Besitz. Für die anderen können Arbeitsplätze erhalten oder neu geschaffen werden, sie können dadurch für ihre eigene Existenz und ein menschenwürdiges Auskommen sorgen, sind zufrieden und garantieren dadurch für alle Sicherheit. Ein solches Verhalten entspricht nicht einmal dem christlichen Liebesgebot, sondern funktioniert über die Regel: "Do ut des"/"Ich gebe, daß du gibst." Aber über diese Regel läßt sich ein hohes Maß an Gerechtigkeit und innerer Sicherheit erreichen.
Dieser Vorschlag ist nicht Utopie, sondern ist den realen Gegebenheiten angemessen. Um das zu verdeutlichen, möchte ich noch holzschnittartig ein paar Hinweise geben.
Zunächst spricht es für sich, wenn die Unternehmer bei jeder Zinssenkung aufatmen. Der Schuldendienst mit unsicheren Zinsmargen macht den Unternehmen mehr zu schaffen, als die relativ hohen, aber durchaus kalkulierbaren Lohnnebenkosten. Im übrigen könnten die lohnintensiven Unternehmen und Handwerksbetriebe dadurch entlastet werden, wenn die Lohnnebenkosten nicht von der Lohnsumme, sondern von der Wertschöpfung einbehalten würden. Das könnte zusätzlich den Effekt haben, daß einerseits weniger Arbeitsplätze wegrationalisiert würden. Andererseits würde die Phantasie der Manager im Interesse der Wettbewerbsfähigkeit der Unternehmen mehr auf die Entwicklung intelligenter Produkte und Verfahren gelenkt. Bisher sieht es so aus, daß deutsche Manager lieber zu immer neuen Auflagen des Rationalisierungskonzeptes greifen, wenn sie von der vornehmlich auf Rendite gepolten Bankermehrheit in den Aufsichtsräten bedrängt werden. Das aber ist sehr kurzsichtig gedacht und geht ins Auge. Daß die andere Strategie besser ist, beweisen Konzerne in anderen Ländern. Hier, in der Phantasielosigkeit in weiten Teilen unseres Managements, sind wichtige Ursachen für die Gefährdung des Wirtschaftsstandortes Deutschland begraben. Das Gejammer von Managern und Verbänden der Industrie über die vergleichsweise hohen Lohnnebenkosten nimmt sich wie ein Alibi aus für das eigene Versagen und für mangelnde Kreativität.
Ursächlich für die Fehlprogrammierung im Management dürfte die Tatsache sein, daß die Banken und mit ihnen das Geld vorrangig die

Problemdefinition in Gesellschaft und Wirtschaft usurpiert haben. Hier muß sich etwas ändern. Vielleicht bewirkt ja die Krise, in der wir stehen und der soziale Druck, der dabei erzeugt wird, daß die Perspektive der Opfer, der Arbeitslosen und der Armen für die Problemdefinition durch Politik und Wirtschaft fokussiert wird.

1.4 Der Zusammenhang von Wachstum und Geldvermögen

Um die Folgen des autonomen Prozesses der Kapitalakkumulation zu verdeutlichen, möchte ich die Wirkung des Wachstums der Geldvermögen auf das Wirtschaftswachstum aufzeigen. Das durch Zinseszins bedingte exponentielle Wachstum der Geldvermögen induziert der Wirtschaft zwangsläufig progressives Wachstum. Unserer Wirtschaft, den Menschen, der Natur und unserer Kultur wird dadurch eine kontinuierliche Anpassung abverlangt, die für die Befriedigung der wachsenden Geldvermögen notwendig wird. Die nachfolgende Graphik gibt einen Einblick in die durch die Bedürfnisse des Geldes induzierten Anpassungsprozesse in der Bundesrepublik Deutschland über einen Zeitraum von 40 Jahren. Es läßt sich sehr leicht erkennen, daß nicht nur die Wirtschaft, sondern alle Lebensbereiche unserer Gesellschaft, der Kultur, der Politik, unserer Beziehungen zu anderen Ländern und Kulturen in den Sog der Anpassung an das Geldwachstum geraten und auf die Bedienung der Wachstumsbedürfnisse des Geldes hin instrumentalisiert werden.

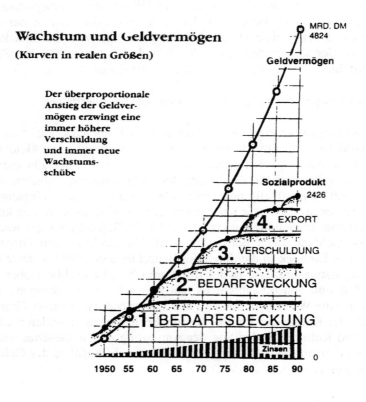

Aus: H. Creutz, Das Geldsyndrom, München 1993, S. 312.

Durch die Graphik werden einerseits die Wachstumsschübe erkennbar. Die Entwicklung setzt sozusagen beim Nullpunkt an. Die Wachstumsbedürfnisse der Geldvermögen können leicht durch ein Wachstum der Wirtschaft befriedigt werden, das auf die Deckung des unmittelbaren Bedarfs an Grundversorgungsgütern abgestellt ist. Nachdem in der ersten Phase der Nachkriegsentwicklung der unmittelbare Bedarf gedeckt war und seinen Sättigungsgrad erreichte, mußte der Bedarf neu geweckt, mußten Bedürfnisse auf einer anderen Ebene produziert werden, damit der Nachfrage der Geldvermögen nach Zins entsprochen werden konnte. Als dies nicht mehr hinreichte, kam 1967 das "*Gesetz zur Förderung des Wachstums und der*

Stabilität der Wirtschaft". Zweck dieses Gesetzes war, durch Verschuldung der privaten Haushalte eine weitere Konsumsteigerung zu erreichen, die das Wirtschaftswachstum erneut beflügeln und dem Geldvermögen weitere Renditen ermöglichen sollte. Heute stehen viele Familien und Einzelpersonen vor dem Scherbenhaufen dieser Entwicklung. Viele haben sich bis an den Rand ihrer finanziellen Möglichkeiten verschuldet in der Hoffnung, daß sich für sie selbst die ökonomischen Verhältnisse nicht zum Schlechten verändern. Darin wurden sie aber getäuscht: Unvorhergesehene Ereignisse, wie Krankheit, Kurzarbeit oder gar vorübergehender Verlust des Arbeitsplatzes stürzte sie in die Überschuldung, Verarmung und Obdachlosigkeit.

Wie die steil ansteigende Kurve der Geldvermögen zeigt, war etwa Mitte der 70er Jahre trotz Anheizen des Konsums durch private Verschuldung ein Sättigungsgrad erreicht, so daß die Wirtschaft nach neuen Expansionsmöglichkeiten Ausschau halten mußte, den immer schneller wachsenden Geldvermögen Rendite zu verschaffen. Da also eine wesentliche Ausweitung des Inlandsmarktes nicht mehr möglich war, begann die Phase der Ausweitung des Exportes, in der vor allem die sogenannten Entwicklungsländer in die Verschuldung getrieben wurden. Ihnen wurden gegen einen unangemessenen Preis die Ressourcen abgenommen und Fertigprodukte teuer verkauft. Die Verschuldung der Länder der sogenannten Dritten Welt nahm ihren Lauf. Das vorläufige Ergebnis ist die Überschuldung vieler Länder, denen weitere folgen werden. Damit tritt für jeden, der sehen will, klar zutage, daß die ganze Welt zur Befriedigung der wachsenden Renditebedürfnisse der Geldvermögen in den Dienst genommen und versklavt wird. Wie aber ist das möglich? Was sind die Gründe, die da hingeführt haben?

1.5 Wo liegen die Ursachen der Ausrichtung unseres Wirtschaftssystems am Geldvermögen?

Den entscheidenden Grund nennt Bertram Schefold in Anlehnung an Adam Smith. Er schreibt: "Ich übernehme daher die These, daß die marktregulierte Ökonomie bei Smith nur deshalb bestehen kann, weil das politische und soziale Leben von ethischen Prinzipien beherrscht wird. Bekanntlich war Smith nicht allein Nationalökonom, sondern auch Moralphilosoph. In seiner *Theorie der sittlichen Gefühle* formuliert Smith das Prinzip der "sympathy". Es ist eine Art gefühlsmäßiger

Anteilnahme am Schicksal anderer, zu der gehört, daß jedes Individuum die Handlungsweisen der anderen verurteilt, indem es sich gleichsam in diese hineinzuversetzen und deren Motive nachzuempfinden sucht, kurz, zum Beobachter ("spectator") von deren Verhalten wird. Das "sympathy-Konzept" wird zum Prüfstein moralisch gutzuheißenden Handelns. Da jedes Individuum die "sympathy" der anderen zu erringen erachtet, wird es bei seinen Handlungen stets berücksichtigen, wie seine Umwelt, d.h. seine potentiellen "spectators", über diese denken. Es wird überlegen, wie an anderer an seiner Stelle geurteilt und gehandelt hätte. Das Individuum wird damit gleichsam zum eigenen "spectator", der "impartial spectator" wird zum Gewissen des Individuums - ein dem Freudschen Über-Ich nicht unähnliches, aber sozial verankertes Konzept.

Diese "Widerspiegelungstheorie" vermittelt so den gesellschaftlichen Zusammenhang der agierenden Individuen.

Smith sieht also soziale Verhaltensweisen von ethischen Prinzipien geregelt, die unabhängig von ökonomischen Zwängen und Marktmechanismen sind und den Charakter einer das politische und soziale Leben ordnenden Gesetzlichkeit besitzen. Nicht umsonst taucht die "invisible hand" bereits in der *Theorie der sittlichen Gefühle* in einem Zusammenhang auf, in dem der Marktmechanismus keine Rolle spielt. Es ist diese "Sozialisation des Individuums" (Heilbronner), vor deren Hintergrund die Rolle des eigennutzorientierten Handelns im Wealth of Nations zu relativieren ist".[39] Mit anderen Worten: Wirtschaftliche Prozesse sind soziale Prozesse. So sind auch die wirtschaftlichen und ökonomischen Strukturen von Menschen gemacht und können auch wieder verändert werden, wenn es als sinnvoll erscheint. Es wäre geradezu ein Zeichen von Unterentwicklung, wenn wir nicht in der Lage wären, mit unseren in der Kultur gewachsenen ethischen Erfahrungen, sozialen Institutionen die monetären Strukturen so zu modifizieren, daß Leid vermindert und eine menschenwürdige Lebensweise für alle Menschen ermöglicht wird. Ökonomie bedarf der Steuerung durch die moralischen Kräfte einer Kultur. Sie dürfen sich gerade nicht selbst überlassen werden. Wir dürfen uns auch nicht einreden lassen, daß erst die Kasse stimmen muß, bevor über Moral geredet werden kann. Es genügt auch nicht, darauf zu vertrauen, daß Ökonomie aus sich heraus Moral freisetzt, weil Ökonomie zu ihrem Funktionieren der Moral bedürfe. Das Gegenteil ist der Fall:

---

[39] Bertran Schefold, Wirtschaftsstile, a.a.O., 39f.

Die Wirtschaft erweist sich als Moralverzehrer, wenn sie in ihren Strukturen nicht nach ethischen Zielen ausgerichtet wird, nämlich eine menschenwürdige Lebensweise für alle Menschen zu ermöglichen und nicht zu verhindern und die für die Bewahrung des begrenzten und knappen Gutes Natur zu sorgen.
Es ist ein gefährlicher Irrtum, Wirtschaftswachstum sei ein Naturgesetz, dem wir nicht entgehen können. "Es ist von entscheidender Bedeutung" - so heißt es im neuesten Bericht des Club of Rom, "zu erkennen, ... daß es keine Gesetze einer wirtschaftlich unabdingbaren Ordnung gibt, daß - obwohl wirtschaftliches Wachstum als statische Größe definiert werden kann - der politische Gebrauch dieses Konzeptes hauptsächlich rhetorischer Natur ist, daß die Volkswirtschaftslehre eine Sammlung von Theorien und nicht eine Naturwissenschaft ist, daß jede Haltung gegenüber den Grenzen des Wachstums eine Frage der kulturellen Übereinkünfte ist und eine Sache der Wahl, des freien Willens und möglicherweise der Vernunft".[40] Wenn wir überleben und zu einer natur-, sozial- und kulturverträglichen Gestaltung unserer Wirklichkeit kommen wollen, müssen wir der Wirtschaft ethische Vorgaben machen, an denen sie sich messen lassen muß. Sonst kann es durchaus sein, daß der Untergang des Menschen und der Welt programmiert ist. "So vollständig ist der Sieg des Neoliberalismus, daß die authentischen Neoliberalen sich schon gar nicht mehr wohl in ihrer Haut fühlen ... und daß man in den Kreisen der vermeintlichen Gewinner bereits schwarz zu sehen beginnt ... und es zeigt sich, daß der Weltmarkt einfach keine Verwendung für den größten Teil der Menschheit hat", schreibt sarkastisch Robert Kurz.[41] Wir dürfen nicht die Hände in den Schoß legen.

"Religion und Kultur, Bildung, Recht und Wirtschaft (ja: Wirtschaft) werden im Jahrhundert der Umwelt vom ökologischen Diktat bestimmt sein."[42] So formuliert Ernst U. von Weizsäcker und er fordert eine Erdpolitik, die realpolitisch und international vorgehen und nach

---

[40] Die Grenzen des Wachstums werden schon heute überschritten. Der neue Bericht des Club of Rome fordert ein neues Maß für den Wohlstand: Das Ökosozialprodukt soll das Bruttosozialprodukt ablösen, in: Frankfurter Rundschau, 1.6.1995, Nr. 126, S. 22.
[41] Robert Kurz, Zeitdiagnose 1, Unzeitgemäß, neunziger Jahre, in: Dorio Fo, Bezahlt wird nicht!, Frankfurt 1995, 12-14; hier: 12f.
[42] Ernst U. von Weizsäcker, Erdpolitik. Ökologische Realpolitik an der Schwelle zum Jahrhundert der Umwelt, 3. aktualisierte Auflage - nach dem Erdgipfel von Rio de Janeiro -, Darmstadt 1992, 9.

dem Prinzip ausgerichtet sein soll: "Think globally - act locally".[43] Im Grunde setzen wir heute damit einen Akzent, der Globalisierung als Heilmittel unserer internationalen sozialen und ökologischen Probleme mehr und mehr in Frage stellt und die lokalen Traditions- und Entwicklungspotentiale, die in der Weisheit der Völker[44] schlummernden Potentiale herausarbeitet und zu mobilisieren versucht. Selbst in der Frage der Universalisierbarkeit der Menschenrechte, die ja im Sinne westlichen Denkens das Universale als Verallgemeinerung des Besonderen darstellt, meldet sich Widerstand aus anderen Kulturen an.[45] Dieses Verständnis repräsentiert nach Felix Wilfred nur einen kleinsten gemeinsamen Nenner, der "nicht wirklich das Gemeinsame"[46] sei. Dagegen verlaufe der Weg zum Universalen im Denken von Dritt-Welt-Gesellschaften untrennbar mit dem Kontext verbunden. Das Allgemeine sei Teil ihrer Erfahrung, ihres Lebenskontextes und Allgemeines müsse Vieles sein und das immer auch in Beziehung zum Kontext. Mit anderen Worten: Menschenrechte, die diesen Namen verdienen, müssen "auf die vitalen menschlichen Überlebensfragen antworten, mit denen die Völker der Dritten Welt befaßt sind".[47] Auf dieser Basis ist zu fragen, inwieweit die Menschenrechte so gestaltet werden können, daß sie "ein Instrument mehr im Kampf der Völker für mehr Humanisierung, zwischenmenschliche und zwischenkollektive Beziehungen einschließlich des Religiösen"[48] sein können. Und Per Frostin glaubt die Sackgasse eurozentrischer Universalisierungskonzepte vermeiden zu können, wenn man die Perspektive der Opfer als hermeneutischen Ort für die Begründung von Menschenrechten zum neuen Maßstab für Wahrheit macht und in einer Erkenntnistheorie "von unten" bzw. der Befreiung der Armen und Marginalisierten den Vorrang bei der Problemdefinition einräumt. Wahrheit kann für alle nur von unten her entdeckt werden.

---

[43] Ebd., 10.
[44] Vgl. Raimon Panikkar, Der Weisheit eine Wohnung bereiten, München 1991; ferner: Juan Carlos Scannone, Weisheit und Befreiung, Theologie Interkulturell Bd. 5, Düsseldorf 1991.
[45] Vgl. Johannes Hoffmann, Hrsg., Universale Menschenrechte im Widerspruch der Kulturen. Das eine Menschenrecht für alle und vielen Lebensformen, Bd. II, Frankfurt 1994.
[46] Felix Wilfred, Die Sprache der Menschenrechte, ein ethisches Esperanto? Reflexionen über universale Menschenrechte aus einem indischen/Dritte-Welt-Kontext, in: Johannes Hoffmann, Hrsg., a.a.O., Bd. II, S. 158.
[47] Ebd., 165.
[48] Ebd., 177.

Daher erwächst den Gesellschaften nur von den Rändern her Kreativität, von den Arbeitslosen, von den Umweltgeschädigten, den Armen, den Marginalisierten.[49] Wenn wir Europäer also auf diesem Hintergrund gelernt haben, im Umgang mit eurozentrischem Universalismus vorsichtig zu werden und ebenfalls von einem "qualifizierten Universalismus"[50] oder besser von begrenztem Universalismus sprechen können, wird in neoliberaler Manie unter dem Dach der Weltformel Geld von der Weltbank, der IWF, World Trade Organization (WTO) und den reichen Industrienationen eine Globalisierung betrieben, die den bei wenigen Reichen angehäuften Geldbergen einen Freihandel bescheren soll, der den Geldbergen über die Verschärfung eines weltweiten Wettbewerbs bessere Gewinn- und Wachstumschancen ermöglichen soll. Das neue GATT-Abkommen (General Agreement on Tarifs and Trade), das am 15. April 1994 nach siebenjähriger Verhandlungsdauer von 117 Staaten beschlossen wurde, soll genau diesem Zweck dienen. Es heißt zwar in einer Erklärung vom Wirtschaftsminister der Bundesrepublik Deutschland, das GATT-Abkommen solle eine neue "Rahmenordnung für den Welthandel zur Förderung von Investitionen und zur Schaffung von Arbeitsplätzen"[51] gewährleisten. Aber es mehren sich die Stimmen, daß das GATT-Abkommen sowohl den Produktionsfaktor Mensch (= Arbeit) als auch den Produktionsfaktor Natur (Boden, Umwelt etc.) unter weiteren Wettbewerbsdruck setzt, der die Schere zwischen Reichen und Armen weltweit weiter auseinandertreiben und die Umweltzerstörung beschleunigen wird. Ich möchte dies an einigen Punkten verdeutlichen:

1.6 Die weltweite Umwertung aller Werte mittels der Weltformel Geld

Aristoteles unterschied zwischen Geld als Tauschmittel und Geld als Geldkapital und wies darauf hin, "daß sich aus der Realisierung dieser

---

[49] Per Frostin, Kulturelle Transformationen: "Die Perspektive der Opfer" und die schwedische Menschenrechtsdiskussion, in: Johannes Hoffmann, Hrsg., a.a.O., Bd. II, S. 239-258.

[50] Gertrud Nunner-Winkler, Moralischer Universalismus - kultureller Relativismus. Zum Problem der Menschenrechte, in: Johannes Hoffmann, Hrsg., a.a.O., Bd. II, 79-103.

[51] Bundesminister Günter Rexrodt, Erklärung der Bundesregierung zur Unterzeichnung der GATT-Schlußakte in Marrakesch, in: Bulletin, hrsgg. vom Presse- und Informationsdienst der Bundesregierung, Nr. 36, 317-319.

Rolle des Geldes als Kapital eine ganz andere Wirtschaftsweise ergibt als aus der Verwendung des Geldes als reinem Tauschmittel ... Diese auf dem Prinzip des Geldkapitals beruhende Wirtschaftsweise wird von Aristoteles scharf verurteilt".[52] Heute ist es, ausgehend von den modernen Industrienationen, ein Kennzeichen unserer ökonomischen und kulturellen Realität, daß Geld nicht nur "Relation ist", sondern "Relation hat", wie Georg Simmel dies in seiner Philosophie des Geldes herausstellt.[53] Geld ist geradezu zu einer "Weltformel"[54] avanciert und ist in die "geistige Welt" dermaßen verwoben, daß es zum Symbol für die Moderne geworden ist.[55] Ja, Geld als letzter Bezugspunkt führt zur Umwertung aller Werte, so daß es nach Simmel "nicht Werte gibt, die wir als solche wollen, sondern daß wir umgekehrt einen Wert nennen, was wir wollen"[56]. Das Verhältnis zwischen Personen und Sachen wird zu einem vermittelten, weil sich zwischen Personen und zwischen Personen und Sachen das Geld schiebt und den kulturell gewachsenen Werthierarchien einen neuen Bezugspunkt gibt, nämlich das Geld. Die Entwicklung zu einer Geld-Gesellschaft und zu einer Geld-Kultur ist die Folge. Der Mammon wird damit zum neuen Herrn, dem jeder/jede dienen soll, auf den, wie der hebräische Wortstamm sagt, man/frau vertrauen, auf den sie setzen. Es gilt Abschied zu nehmen vom subjektiven Wollen der Menschen zugunsten des objektiven Wertes des Geldes. Das Geld hat es fertiggebracht, zum letzten Ziel, vom reinen Mittel zum letzten Zweck zu werden. Simmel argumentiert: "Da das praktisch ökonomische Interesse sich aber fast ausschließlich an das einzelne Stück bzw. eine begrenzte Summe von Stücken heftet, so hat die Geldwirtschaft es wirklich zustande gebracht, daß unser Wertgefühl den Dingen gegenüber sein Maß an ihrem Geldwert zu finden pflegt."[57] Und er fährt fort: "Die Bedeutung des Geldes, - das größte und vollendetste Beispiel für die psychologische Steigerung der Mittel zu Zwecken zu sein -, tritt erst in ihr volles Licht, wenn das Verhältnis zwischen Mittel und End-

---

[52] Paschen von Flotow, Geld und Wachstum in der "Philosophie des Geldes" - die Doppelrolle des Geldes, in: H. C. Binswanger/P. von Flotow, Hrsg., Geld und Wachstum. Zur Philosophie und Praxis des Geldes, Wien 1994, 32-60, hier: 37.
[53] Georg Simmel, Philosophie des Geldes, in: David P. Frisby und Klaus Christian Köhnke, Hrsg., Georg Simmel Gesamtausgabe Bd. 6, Frankfurt 1989, 131.
[54] Ebd., 93.
[55] Vgl. Ottheim Rammstedt, Geld und Gesellschaft in der "Philosophie des Geldes", in: Binswanger/Flotow, Hrsg., a.a.O., 15-31, hier: 22.
[56] Georg Simmel, Gesamtausgabe Bd. 4, 70ff.
[57] Georg Simmel, Gesamtausgabe Bd. 6, 274.

zwecke noch näher beleuchtet wird".⁵⁸ Auf diese Weise ist es sogar möglich, daß sich das Geld als letzter Wert an die Stelle des letzten Zieles, nämlich Gott zu setzen vermag. Simmel führt dazu aus: "Allein in Wirklichkeit hat das Geld als das absolute Mittel und dadurch als der Einheitspunkt unzähliger Zweckreihen in seiner psychologischen Form bedeutsame Beziehungen gerade zu der Gottesvorstellung ... Der Gottesgedanke hat sein tieferes Wesen darin, daß alle Mannigfaltigkeiten und Gegensätze der Welt in ihm zur Einheit gelangen, daß er nach dem schönen Worte des Nikolaus von Kusa die Coincidentia oppositorum ist ... Unzweifelhaft haben die Empfindungen, die das Geld erregt, auf ihrem Gebiete eine psychologische Ähnlichkeit mit diesen. Indem das Geld immer mehr zum absolut zureichenden Ausdruck und Äquivalent aller Werte wird, erhebt es sich in abstrakter Höhe über die ganze weite Mannigfaltigkeit der Objekte, es wird zu dem Zentrum, in dem die entgegengesetzten, fremdesten, fernsten Dinge ihr Gemeinsames finden und sich berühren".⁵⁹ Aufgrund der Tatsache, daß Geld als Wert für viele Menschen "die teleologischen Reihen" und Werthierarchien abschließt, schaukelt es sich zum Endzweck auf, gewinnt die Bedeutung eines "absoluten Zweckes", nimmt quasi religiöse Züge an.⁶⁰

"Geld ist der normierende Faktor der modernen Wirtschaft".⁶¹ Es ist das Wasser, das die Mühlen der Wirtschaft in Gang setzt. Jede noch so kreative Idee oder Erfindung ist für ihre Verwirklichung vom Geldfluß abhängig. Das gilt für ökologisch als sinnvoll und notwendig erachtete Innovationen ebenso wie für soziale Innovationen. Schauen wir uns an, welche Wirkung derzeit unsere wirtschaftlichen Rahmenbedingungen im monetären Sektor haben.

1.7 Die Marktwirtschaft und das Mammondilemma

Die Ausrichtung aller Werte am Geld hatte im 19. Jahrhundert durchaus auch sein Gutes. Was eine vorrangig am Gewinn und nicht mehr am Lebensunterhalt orientierte Weltwirtschaft am wenigsten brauchen konnte, war Krieg. Daher ist es nicht verwunderlich, daß die Hochfinanz im englischen Jahrhundert mit allen Mitteln das System

---

[58] Ebd., 302.
[59] Ebd., 305.
[60] Ebd., 307.
[61] Hans Christoph Binswanger, Geld und Wachstumszwang, in: Binswanger/Flotow, Hrsg., a.a.O., 81 - 123, hier: 81.

des Kräftegleichgewichtes zu sichern versuchte. Aus diesem Grund schien der Friede aus europäischer Sicht als Folge des Freihandels entstanden zu sein.[62] Freilich ist das letzte Viertel des 19. Jahrhunderts auch eine Zeit kolonialer Expansion, in deren Gefolge die Berliner Konferenz von 1884/85 zu nennen ist, auf der Afrika unter den wichtigsten Kolonialmächten auf dem Reißbrett aufgeteilt wurde, ohne Rücksicht auf das von den Ahnen ererbte Recht der Afrikaner und ohne Rücksicht auf die Stammes- und Völkergrenzen, die sich in Afrika über Jahrhunderte ergeben hatten und allen Menschen ein gutes Leben und ein gutes Zusammenleben ermöglicht hatten. Aber auch in Europa hinterließ die Ausrichtung des Lebens am Wert des Geldes tiefe zerstörerische Spuren. Auch hier wurden im Zuge des am Geld orientierten Gewinnstrebens in Verbindung mit der Idee des sich selbst regulierenden Marktes die sozialen und gesellschaftlichen Strukturen revolutioniert. Und so erwies sich der Friede im Kräftegleichgewicht von Europa als ein Friede, der auf Kosten ungeheurer innerstaatlicher Konflikte erkauft war. Karl Polanyi folgert daraus, "daß die Ursprünge der Katastrophe in dem utopischen Bemühen des Wirtschaftsliberalismus zur Errichtung eines selbstregulierenden Marktes lagen"[63]. Und er führt dazu weiter aus: "Der Mechanismus, der durch das Gewinnstreben in Gang gesetzt wurde, war in seiner Wirksamkeit nur mit wildesten Ausbrüchen religiösen Eifers in der Geschichte zu vergleichen. Innerhalb einer Generation wurde die ganze menschliche Welt seinem kompakten Einfluß unterworfen. Wie allgemein bekannt, gelangte das Gewinnstreben im Gefolge der Industriellen Revolution in England in der ersten Hälfte des 19. Jahrhunderts zur Hochblüte. Etwa fünfzig Jahre später erreichte es den europäischen Kontinent und Amerika. Schließlich kam es in England, auf dem europäischen Kontinent und sogar in Amerika dazu, daß ähnliche Gegebenheiten die Tagesfragen in eine Richtung zwangen, deren Hauptmerkmale in allen Ländern des Westens gleich waren. Und so müssen wir die Ursprünge der Katastrophe im Aufstieg und Fall der Marktwirtschaft suchen."[64] Die ungeheuren sozialen und ökologischen Wunden, die die Umwertung der Werte und ihre Ausrichtung an Geld und Gewinn im Zuge der industriellen Revolution

---

[62] Vgl. Karl Polanyi, The Great Transformation. Politische und ökonomische Ursprünge von Gesellschaften und Wirtschaftssystemen, Deutsche Ausgabe, Wien 1977, 34ff.
[63] Ders., ebd., 49.
[64] Ders., ebd., 50.

nach sich zogen, sind bis heute nicht geheilt. Aber sie werden uns mehr und mehr bewußt. Geld und das an der Vermehrung des Geldes orientierte Gewinnstreben macht sich alles untertan: Mensch und Natur. Natur wird so ebenso zum Subsystem Wirtschaft, wird zum bloßen Produktionsmittel wie auch der Mensch, der nur noch als Arbeitskraft interessant ist. Wird er als Arbeitskraft nicht mehr gebraucht, wird er in der Marktwirtschaft überflüssig. So können ganze Kontinente, wenn sie für das Gewinnstreben bzw. die Geldvermehrung nicht mehr benötigt werden oder nicht mehr nützlich erscheinen, für überflüssig erklärt werden, wie etwa Afrika. Wir sprechen zwar immer noch von Überbevölkerung, aber aus der Perspektive der Gewinnmaximierung der Marktwirtschaft handelt es sich um überflüssige Bevölkerung. Diese Umwertung der Werte verlangte auch "eine Veränderung der Motivation der Mitglieder der Gesellschaft. Das Motiv des Lebensunterhalts mußte durch das Motiv des Gewinns ersetzt werden. Alle Transaktionen werden in Geldtransaktionen verwandelt. ... Die von solchen Einrichtungen verursachten Verschiebungen müssen zwangsläufig die zwischenmenschlichen Beziehungen zerreißen und den natürlichen Lebensraum des Menschen mit Vernichtung bedrohen."[65] Wer sich vergegenwärtigt, das zwischen dem wirtschaftlichen Handeln der Menschen und ihren Sozialbeziehungen ein differenziertes und enges Geflecht von Ritualen existiert, wird dies nachempfinden können. Dazu gehört auch die Regelung von Tauschbeziehungen und Märkten, die es zur Regelung von Arbeitsteilung in allen Gesellschaften gab.[66] In Gesellschaften vor Einführung

---

[65] Ders., ebd., 63f.
[66] Polanyi weist darauf hin, daß es zu allen Zeiten in Gesellschaften zwar immer irgendwelche Formen von Volkswirtschaft und Märkten gegeben hat, aber es habe vor unserer Zeit noch niemals eine Wirtschaftsform gegeben, "die, und sei es auch nur im Prinzip, vom Markt gelenkt worden wäre. Trotz der im 19. Jahrhundert hartnäckig verbreiteten akademischen Beschwörungsformeln haben Gewinn und Profit beim Güteraustausch in der menschlichen Wirtschaftstätigkeit vorher nie eine wichtige Rolle gespielt. Obwohl die Einrichtung des Marktes seit der späten Steinzeit ziemlich verbreitet war, so spielte er im wirtschaftlichen Geschehen bloß eine Nebenrolle.
Wir haben guten Grund, mit allem Nachdruck auf dieser Feststellung zu beharren. Kein geringerer Denker als Adam Smith behauptete, die Arbeitsteilung in der Gesellschaft beruhe auf der Existenz von Märkten, oder, wie er es formulierte, auf der Neigung des Menschen zum Tausch, zum Handeln und zum Umtausch einer Sache gegen eine andere. Diese Wendung sollte später zum Begriff des *Homo oeconomicus* führen. Rückblickend kann man feststellen, daß kein Mißverstehen der Vergangenheit sich als so prophetisch für die Zukunft erwiesen

der Marktwirtschaft wurde aus dem Sozialgefüge der Gesellschaft und den sozialen Beziehungen heraus der Lebensunterhalt aller über die Pflicht zu Wechselseitigkeit, zu Reziprozität und durch "eine Haltung des Gebens und Nehmens" - wie das die Vollversammlung der Katholischen Bischofskonferenz Nigerias empfiehlt -[67] gewährleistet. "Das Prinzip der Reziprozität dient(e) somit im weiteren Sinne der Sicherung sowohl der Produktion als auch der Familienerhaltung."[68] Die Verteilung der Produktion wurde auch über weite Räume und Zeiten mit Hilfe des Prinzips des Sammelns und der Wiederverteilung, der Redistribution geregelt. Entscheidend bei dieser Wirtschaftspraxis ist, daß die sozialen Beziehungen und das soziale Verhalten Reziprozität und Redistribution gewährleisten. Die in den sozialen Beziehungen begründete Reziprozität bewirkte eine Solidarität, die für eine gerechte Verteilung der Güter und für eine angemessene Partizipation sowohl intra- wie auch intergesellschaftlich

---

hat. Denn während bis zur Zeit Adam Smiths diese Tendenz im Leben keiner bekannten Gesellschaft in größerem Maße hervorgetreten war und bestenfalls eine untergeordnete Rolle im Wirtschaftsleben spielte, herrschte hundert Jahre später ein industrielles System über den Großteil der Erde, das praktisch und theoretisch implizierte, daß die Menschheit in allen ihren wirtschaftlichen, wenn nicht gar in ihren politischen, intellektuellen und geistigen Aktivitäten von dieser einen besonderen Tendenz bestimmt wurde. In der zweiten Hälfte des 19. Jahrhunderts konnte Herbert Spencer, der nur eine oberflächliche Kenntnis der Ökonomie besaß, das Prinzip der Arbeitsteilung mit Tausch und Tauschhandel gleichsetzen, und fünfzig Jahre später konnten Ludwig von Mises und Walter Lippmann denselben Trugschluß wiederholen. Aber um diese Zeit brauchte man keine Argumente mehr. Eine Unzahl von Autoren, die sich mit Nationalökonomie, Gesellschaftsgeschichte, Staatswissenschaft und allgemeiner Gesellschaftswissenschaft befaßten, waren den Spuren von Smith gefolgt und übernahmen sein Paradigma vom Tauschhandel treibenden Wilden als ein Axiom für ihre jeweiligen Wissenschaften. Im übrigen waren Adam Smith Behauptungen bezüglich der wirtschaftlichen Psychologie des Frühmenschen ebenso falsch wie Rousseaus Auffassungen über die politische Psychologie der Naturmenschen. Die Arbeitsteilung, ein Phänomen so alt wie die Gesellschaft selbst, entsteht aus der natürlichen Verschiedenheit der Geschlechter, der geographischen Lage und der individuellen Fähigkeiten, und die angebliche Neigung des Menschen zum Tausch, zum Handeln und Umtausch ist sehr zweifelhaft. Während Geschichte und Völkerkunde verschiedene Wirtschaftsformen kennen, von denen die meisten die Einrichtung von Märkten enthalten, so kennen sie keine Wirtschaft vor der unseren, die auch nur annähernd von Märkten beherrscht und geregelt worden wäre.", in: Karl Polanyi, a.a.O., 65f.
[67] Plenary Meeting of the Catholic Bishops' Conference of Nigeria Held at Enugu on September 12-16, 1994, Communique, Nr. 3.
[68] Karl Polanyi, a.a.O., 71.

sorgte. Daraus wird deutlich, daß die Sozialbeziehungen die Grundlage des ökonomischen Systems bildeten. Die Produktion war daher auf den Verbrauch und die Wiederverteilung entsprechend den gesellschaftlichen Erfordernissen gerichtet. Im Gegensatz dazu ist die Produktion in einer Marktwirtschaft am Gewinn orientiert. Gesellschaft, soziale Beziehungen und die natürliche Umwelt werden zum "Anhängsel" des Marktes, wie Polanyi es analysiert: "Die Marktform hingegen, die mit einer eigenen, spezifischen Zielsetzung verbunden ist, nämlich Austausch, Tauschhandel, ist imstande, eine spezifische Institution hervorzubringen: den Markt. Dies ist letztlich der Grund, warum die Beherrschung des Wirtschaftssystems durch den Markt von ungeheurer Bedeutung für die Gesamtstruktur der Gesellschaft ist: sie bedeutet nicht weniger, als die Behandlung der Gesellschaft als Anhängsel zum Markt. Die Wirtschaft ist nicht mehr in die sozialen Beziehungen eingebettet, sondern die sozialen Beziehungen sind in das Wirtschaftssystem eingebettet. Die entscheidende Bedeutung des wirtschaftlichen Faktors für die Existenz der Gesellschaft schließt jedes andere Ergebnis aus. Sobald das wirtschaftliche System in separaten Institutionen gegliedert ist, die auf spezifischen Zielsetzungen beruhen und einen besonderen Status verleihen, muß auch die Gesellschaft selbst so gestaltet werden, daß das System im Einklang mit seinen eigenen Gesetzen funktionieren kann. Dies ist die eigentliche Bedeutung der bekannten Behauptung, eine Marktwirtschaft könne nur in einer Marktgesellschaft funktionieren.

Der Schritt, der einzelne Märkte in eine Marktwirtschaft, und geregelte Märkte in einen selbstregulierenden Markt verwandelt, ist von entscheidender Bedeutung. Unabhängig davon, ob diese Tatsache als Gipfel der Zivilisation gepriesen oder als Krebsgeschwür beklagt wurde, glaubte man im 19. Jahrhundert naiverweise, daß eine solche Entwicklung das natürliche Ergebnis der Ausbreitung der Märkte sei. Man erkannte nicht, daß die Verwandlung der Märkte in ein selbstregulierendes System von ungeheurer Machtfülle nicht das Ergebnis einer den Märkten innewohnenden, natürlichen Tendenz zur Ausuferung war, sondern vielmehr die Auswirkung der durchaus künstlichen Anreize, die dem Gesellschaftskörper appliziert wurden, um mit einer Situation fertig zu werden, die wiederum von dem nicht weniger künstlichen Phänomen der Maschine geschaffen worden war. Der begrenzte und nicht expansive Charakter der Marktform als solcher wurde nicht erkannt; und doch ist es eben dieses Faktum, das sich einleuchtend aus der modernen Forschung ergibt."[69]

Aus all dem werden die Gefahren unserer Marktwirtschaft und des freien Handels deutlich. Wird der freie Handel in einer weltweit organisierten Marktwirtschaft nur nach ökonomischen Prinzipien, also auf der Basis von Geldinteresse, Gewinn und Wettbewerb organisiert, dann wird "nach der Maximierung von Profiten und Produktion" gestrebt, "ohne die verborgenen sozialen und ökologischen Kosten in Betracht zu ziehen."[70] Mensch und Natur sind eben nur "Anhängsel" der Geldmarktinteressen. Das aber kann für beide nur ins Desaster führen. Der freie Handel wird global gefordert, weil er im Zuge internationaler Arbeitsteilung Kostenvorteile biete. Das läßt sich sicher nicht bestreiten. "Wenn kein internationaler Handel stattfindet, wird die Produktion jedes Landes nur durch sein Kapital und seine Ressourcen begrenzt ... Wenn es freien Handel gibt, vermögen sich die Länder aufgrund komparativer Kostenvorteile zu spezialisieren. Theoretisch könnte letztlich das gesamte Kapital eines Landes in die Herstellung eines einzigen Produktes investiert werden. Die absoluten Kostenunterschiede zwischen den Ländern spielen dabei keine Rolle - allerdings nur unter der stillschweigenden Annahme, daß das Kapital die Landesgrenzen nicht zu überschreiten vermag. Wenn das Kapital ebenfalls beweglich ist, kann es dem absoluten statt dem relativen Kostenvorteil folgen."[71] Da das Geld der beweglichste Faktor im System der Weltwirtschaft ist und noch dazu die Wertrangliste anführt, wird nur nach seiner Logik verfahren. Mit anderen Worten: Die grundlegenden Ziele der Wirtschaftspolitik, nämlich "wirksame Allokation (Zuweisung), gerechte Verteilung und nachhaltige Nutzung der Ressourcen"[72] brauchen gar nicht berücksichtigt zu werden, sofern unterm Strich Gewinn erzielt wird. Ob dabei darüber hinaus Mensch und Natur überall in der Welt durch den Wettbewerb mit gesenkten Standards großen Schaden nehmen und Sozialsysteme auseinanderbrechen, ist aus der Perspektive der Gewinnmaximierung unerheblich.

---

[69] Ders., ebd., 81.
[70] Hermann E. Daly, Die Gefahren des freien Handels. In der Regel ignorieren die Wirtschaftsforscher die versteckten Kosten, die ein deregulierter Welthandel der Umwelt und dem Gemeinwesen aufbürdet, in: Spektrum der Wissenschaft, Januar 1994, 40-46; hier: 40.
[71] Ders., ebd., 42.
[72] Ders., ebd., 42f.

"Das Kapital wird aus einem Land in ein anderes strömen und dabei vielleicht auch Arbeitsplätze und Wohlstand mit wegspülen. Diese internationale Arbeitsteilung wird zwar die Weltproduktion insgesamt steigern; aber damit ist überhaupt nicht gesagt, daß alle beteiligten Länder etwas davon haben."[73] Daraus erhellt, daß die anfangs angeführte Umwertung aller Werte, die sich im Zuge der Absolutsetzung von Geld und Gewinn in der Marktwirtschaft ergeben hat, erneut transformiert werden muß. "Ökonomische Rationalität muß wieder systematisch an praktische Kriterien des guten Lebens und des fairen Zusammenlebens der Menschen"[74] rückgebunden werden, wie das Peter Ulrich postuliert. Es ist also gerade das Gegenteil von ökonomischer Globalisierung notwendig, wie das John Maynard Keynes empfohlen hat: "Ich sympathisiere darum mit denen, die die wirtschaftlichen Verflechtungen zwischen den Nationen nicht maximieren, sondern möglichst gering halten wollen. Ideen, Wissen, Kunst, Gastfreundschaft, Reisen - solche Dinge sind ihrem Wesen nach international. Doch Waren sollten, wann immer es vernünftig und praktisch ist, hausgemacht sein; und vor allem sollten die Finanzen überwiegend national bleiben."[75] Wenn die Verantwortlichen in den Unternehmen und in der Industrie und die Besitzer von hohen Geldvermögen dieses beherzigen würden, dann würde das derzeitige lediglich an der Gewinnmaximierung orientierte Gerede über Standortfragen einen anderen Inhalt bekommen. In einer Zeit, in der täglich das 20fache an Geld um den Globus tanzt als die Weltwirtschaft benötigt, ist es absurd geworden, der Gewinnmaximierung und der weiteren Anhäufung von Geldbergen Priorität zu geben. Dies wird in einer Krise der Weltgesellschaft enden, die in einem Zusammenbruch der ökonomischen und der monetären Strukturen mündet. Schon jetzt ist offensichtlich, daß diese Geldberge nicht mehr mit realer Produktion befriedigt werden können und daher in den Handel mit fiktiven Produkten, also in eine Virtualisierung der Realität ausweichen, was sich für alle im Börsenkrach vom Herbst 1987 unübersehbar offenbarte.[76]

---

[73] Ders., ebd., 43.
[74] Peter Ulrich, Transformation der ökonomischen Vernunft. Fortschrittsperspektiven der modernen Industriegesellschaft, 3. Auflage, Bern/Wien/Stuttgart 1993, 5.
[75] Zitiert nach: Hermann E. Daly, a.a.O., 40.
[76] Vgl. Mathias Albert, Internationale Beziehungen im cyberspace? Virtualisierungsprozesse im Weltwirtschaftssystem, Vortrag anläßlich des Symposiums "Konstruktion und Wirklichkeit" der Ethikgruppe innerhalb der Interdisziplinä-

Offensichtlich haben wir es auch im Konzept einer sozialen und ökologischen Marktwirtschaft nicht geschafft, zwischen Wettbewerb und Solidarität, zwischen Marktwirtschaft und Sozial- und Ökosystem zu vermitteln. Wir müssen verstehen lernen, daß das Wettbewerbsprinzip nach dem Schöpfer des Konzeptes der Sozialen Marktwirtschaft überhaupt nur akzeptabel sein kann bei ausreichender sozialer Sicherung aller durch den Staat als Verkörperung der Solidargemeinschaft, ferner "eine sozialverträgliche Gestaltung internationaler politischer Rahmenbedingungen"[77], die Gestaltung der Wirtschaft als Subsystem der Natur, was ihr ein maximales Maß für ihren Durchsatz an Materie und Energie und das Erreichen eines stationären Zustands abverlangt.[78] Den Weg in diese Richtung gilt es zu beschleunigen.

1.8 Ethisch motivierter Umgang mit Geld. Kapital auf neuen Wegen

Kultureller Druck kann die erforderlichen Anpassungsleistungen erzwingen, ein Druck, der von der Basis ausgeht, von den Benachteiligten. Sie bilden sozusagen die innovative und kreative Kraft, die die Veränderung erzwingen. In einer Gesellschaft wird Kreativität immer an ihren Rändern freigesetzt. Diese Kreativität muß im Interesse des Erhaltes des Gesamtsystems von den herrschenden Klassen in der Gesellschaft aufgegriffen und umgesetzt werden. Geschieht das nicht, dann ist das Ende des Systems programmiert.

Wir müssen fragen: Wie sind die monetären Strukturen als Sollbruchstelle wandelbar? Prinzipiell sehe ich zwei Wege:

1.8.1 Der Weg der Änderung der monetären Strukturen.

Ich möchte den einen den radikalen Weg nennen. Er impliziert eine grundlegende Änderung der Rahmenbedingungen der Geldordnung, also eine Änderung des Zinssystems. Mit anderen Worten: "Die Bildung von (spekulativen) Liquiditätsreserven muß erschwert werden durch ihre Belastung mit Unkosten ..., die jeden mit z.B. 4 % seiner durchschnittlichen Kassenhaltung trifft, soweit er die einge-

---

ren Arbeitsgruppe Technikforschung an der Johann Wolfgang Goethe-Universität Frankfurt vom 23. - 25. Juni 1994.
[77] Lothar Czayka, Mehr Wettbewerb ist kein Allheilmittel. Und ausreichende soziale Sicherung ist keine Wohltätigkeitsveranstaltung, in: Frankfurter Rundschau, 20.9.94, Nr. 219, S. 16.
[78] Vgl. Hermann E. Daly, a.a.O., 44f.

nommenen Geldbeträge nicht umgehend für Konsum, Investition oder Einzahlung aufs Sparkonto wieder aus der Hand gibt. Diese Umlaufsicherung, also Verhinderung von Stockungen im Wirtschaftskreislauf hat als Antriebsmotor nicht mehr die unzulässige Zinsbelohnung, ... sondern die stets wirksame Bestrafung des Rückzuges liquider Geldmittel aus dem Wirtschaftskreislauf ...".[79] Das ist, nach sittlichen Maßstäben gedacht, dadurch zu rechtfertigen, daß Geld öffentlich als Geld anerkannt, also in seinem Wert - wie schon weiter oben erläutert - sozial garantiert wird, eine soziale Institution darstellt. Insofern kann Geld die Funktionen sowohl eines Tausch- als auch eines Wertaufbewahrungsmittels übernehmen und es erhält dadurch, daß man jedes Produkt jederzeit eintauschen kann, einen universalen Wert für jede/jeden, die/der im Besitz von Geld ist. Denn Geldbesitzer entstehen durch die Aufbewahrung des Geldes keine Lagerkosten und Geld verdirbt auch nicht, wenn man/frau es hortet, im Gegensatz zu den Kartoffeln des Bauern, der diese möglichst schnell umsetzen muß, wenn er nicht Verluste durch alt oder faul werdende Kartoffeln riskieren will. Gegenüber dem Produkt des Bauern hat Geld Jokereigenschaften. Dies bewirkt, daß Geld sehr begehrt ist und so kann man es denen, die keines haben, gegen Zins und Zinseszins auf Zeit überlassen, einen Kredit geben. Das ist beim Bauern anders. Wenn der nun einen Sack Kartoffeln leiht, dann ist er zufrieden, wenn er nach einer beliebig festgelegten Zeitspanne genau diesen Sack und nicht mehr wieder zurückbekommt. Pierre Joseph Proudhon (1809-1865), ein Zeitgenosse von Karl Marx (1818-1883) hat dieses Problem erkannt und betrachtete im Gegensatz zu Marx den Mehrwert als Ergebnis der Geldzirkulation. "Tauschgeschäfte und Kreditgeschäfte, in denen der Zins vorkommt, sind Erscheinungen der Zirkulationssphäre"[80], so formuliert es Dieter Suhr in Anlehnung an Proudhon. Das aber heißt, der eigentliche Kapitalist ist nicht der Unternehmer oder der "industrielle Kapitalist", sondern der Geldkapitalist, der für sein Geld dank des Jokervorteils des Geldes als universales Tausch- und Kommunikationsmittel Zins und Zinseszins kassiert ohne auch nur einen Beitrag zur Wertsteigerung zu leisten. Folgerichtig schreibt dazu Dieter Suhr:

---

[79] Ernst Winkler, Vor einer Mutation unseres Wirtschaftssystems, in: Sozialökonomische Arbeitstexte 3, 2. Auflage, Lütjenburg 1994, 16.
[80] Dieter Suhr, Befreiung der Marktwirtschaft vom Kapitalismus. Monetäre Studien zur sozialen, ökonomischen und ökologischen Vernunft, Berlin 1986, 14.

"Die Geldkapitalisten müßten dem guten Marx für ein solches Leumundszeugnis, das sie vom Mehrwertverdacht entlastet, wahrhaftig dankbar sein bis zum jüngsten Tag. Bringt doch der Zins, den der Unternehmer als Borger zahlen muß, ihn um einen Teil des Gewinnes, den er durch seine unternehmerischen Anstrengungen erwirtschaftet hat; muß er doch über das, was er für sich erwirtschaften kann, selbst noch *unternehmerische* 'surplus-Arbeit' leisten, um die Zinsforderungen des Geldkapitalisten zu befriedigen, soweit er nicht den Druck, der auf ihm lastet, auf die Arbeiter wälzen kann.

Entspringt aber der Mehrwert nicht der Produktionssphäre, sondern der Zirkulationssphäre, genauer: dem Geld- und Kapitalmarkt, dann haben auch die Renditen von (vermehrbaren) Realkapitalien ihre mittelbare Ursache im Zins des Geldes, und mit diesen entscheidenden Überlegungen hat Proudhon auf der ganzen Linie recht behalten: Der Geldanleger steht vor der Qual der Wahl, ob er sein Geld in verzinsliche Geldforderungen stecken soll (Obligationen u.ä.) oder in ein Unternehmen, in Häuser oder Aktien (Realkapitalien). Sieht man hier der Einfachheit halber einmal von Portfolio - theoretischen Verfeinerungen der Problematik ab (Risiko-Überlegungen und Ähnlichem), dann gilt: Der Anleger schiebt seine Liquidität dorthin, wo er sich die höheren Erträge erhofft. Sein Geld steht für die Vermehrung von Realkapitalien nur dann zur Verfügung, wenn er erwarten kann, daß ihre Rendite höher ist als die Zinsen, welche bei einer Anlage in Obligationen in Aussicht stehen. Deshalb werden Realkapitalien, die nicht wenigstens den Zins des Geldes erwarten lassen, gar nicht erst geboren. Das wissen spätestens seit Keynes die ABC-Schützen der Volkswirtschaftslehre: Der Grenznutzen des Geldkapitals setzt den Standard für den Grenznutzen von Realkapital; der Zinsfuß begrenzt die Wachstumsrate von Realkapital.

Mit anderen Worten: Das Hindernis für eine Volkswirtschaft auf dem Wege in den *wirklichen* Reichtum ist der Zins des Geldes: Die Entstehung von *realen* Kapitalen, sei es in Form von Produktionsanlagen, sei es in Form von Kostbarkeiten, die als Kapitalanlage fungieren können, wird gebremst und verhindert, wenn und soweit sie sich nicht rentieren, - also die Konkurrenz mit dem Zins des Geldes nicht gewinnen können.

So verschieden also sieht die wirtschaftliche Welt aus, je nachdem, ob man sie durch die Marxsche oder die proudhonsche Mehrwert-Brille betrachtet".[81]

Das aber sollte uns deutlich werden lassen, wo die Sollbruchstelle in unserem System liegt, nämlich im Zinssystem und den darauf aufruhenden monetären Strukturen. Sie sind ursächlich für den Wachstumszwang, unter dem die Wirtschaft steht. Damit sind diese auch

---

[81] Ders., ebd., 19.

ursächlich für die private, öffentliche und internationale Verschuldung, unter deren Folgen die Menschen, die Natur und die Kulturen leiden. Wenn auf eine andere Weise als über Zins und Zinseszins der Geldumlauf gesichert und Rückhaltung des Geldes durch die Geldbesitzer mit anderen Anreizen verhindert werden kann, dann sollten wir das auch politisch durchsetzen und dafür alle erforderlichen kulturellen Kräfte mobilisieren. Auf diesem Hintergrund betrachtet war es nicht sehr weitsichtig und ethisch problematisch, daß die Kirche, die bis ins 20. Jahrhundert das Zinsverbot aufrecht erhalten hat, dieses Zinsverbot bei der Neufassung des Kirchenrechtes von 1983 fallen gelassen hat. Dies hängt sicher nicht zuletzt damit zusammen, daß zumindest die reichen Kirchen als wirtschaftliche Akteure von den ungerechten monetären Strukturen profitieren: Sie haben daher aber auch Anteil an den schlimmen Folgen für Mensch und Natur, sind verstrickt in strukturelle Sünde und beteiligt an der Fortwirkung und Verfestigung von Strukturen der Sünde. Es bleibt zu hoffen, daß die Bischöfe reicher Diözesen und deren Finanzdezernenten, Verwaltungsräte und Anlageberater sich dieser Problematik stellen und dafür sorgen, daß ihr Finanzgebaren nicht ihrem Verkündigungsauftrag widerspricht.

Für eine Änderung der monetären Strukturen fehlt zur Zeit noch das erforderliche gesellschaftliche Bewußtsein. Die Verantwortlichen in den Kirchen sollten sich dafür stark machen, daß alle Kräfte für eine Änderung der monetären Strukturen mobilisiert werden. Wenn auch zur Zeit das Bewußtsein dafür, was ich den radikalen Weg bezeichnet habe, noch nicht hinreichend verbreitet ist, so könnte es sich bei zunehmendem sozialen, ökologischen und kulturellen Druck schnell bilden. Außerdem meinen viele, die weltweite Verflochtenheit unseres Systems sei ein Hindernis, was einen Alleingang der Bundesrepublik zum Scheitern verurteilt, obwohl es durchaus gelungene lokal begrenzte Versuche gibt.

1.8.2 Der Weg der ethischen Mobilisierbarkeit aller Wirtschaftssubjekte.

Den zweiten Weg nenne ich den sanften Weg. Er rechnet mit der ethischen Motivierbarkeit der Beteiligten und setzt auf diese. Allerdings verlangt dies eine Bewußtseinsveränderung und Mobilisierbarkeit der Konsumenten ebenso, wie der Unternehmer und auch der Anleger, der Besitzer von Geldvermögen und der Banken. Sie alle dürfen es nicht mehr zulassen, daß der Gott, um den sich in unserer Gesellschaft alles dreht, das Geld ist. Wir dürfen uns vom Gott "Mammon" nicht diktieren lassen, welches die Probleme sind, die wir zu lösen haben. Wir müssen dem Gott "Mammon" die Problemdefinition streitig machen. Mit andern Worten: Wir dürfen es uns nicht mehr gefallen lassen, daß Unternehmer und Banker daherkommen und sagen: "Erst muß die Kasse stimmen, erst muß Gewinn gemacht werden und dann kann man über die Moral reden". Dieses Rezept absolut gesetzt ist ökonomisch kurzsichtig und führt in die Sackgasse. Nach diesem Rezept haben wir ja ständig verfahren, nicht zuletzt in den Finanzdezernaten der Kirche.

Wir brauchen daher eine neue Sichtweise, um zu begreifen, was denn unsere Wirklichkeit ist, wo Prioritäten gesetzt werden müssen. Es kann doch wohl im Ernst nicht die Aufgabe von 90% der Bevölkerung sein, sich dafür krumm zu legen und Opfer zu bringen, nur daß die exponentiellen Wachstumsbedürfnisse des Geldes befriedigt werden können. Die Menschen sind nicht für das Geld da, sondern das Geld ist dafür da, den Menschen bei der Sorge und dem Bemühen um eine menschenwürdige Existenz aller Menschen zu dienen. Daraus folgt, daß die Opfer unserer derzeitigen monetären Rahmenbedingungen, die Arbeitslosen, die am Schuldendienst zugrunde gerichteten Unternehmer, die Armen in der ganzen Welt und die geschundene Umwelt den Vorrang bei der Problemdefinition erhalten müssen. Die vorrangige Frage ist gerade nicht: "Was ist fürs große Geld gut?", sondern: "Was ist für die Menschen und für die ganze Schöpfung gut?"

Politiker, die sich diese Problemdefinition nicht zu eigen machen und noch dazu in Geldskandale verwickelt sind, sollten wir nicht mehr wählen. Auf diese Weise können wir auch in der Politik den Perspektivenwechsel bei der Problemdefinition herbeiführen.

Auch in der Wirtschaft läßt sich der Perspektivenwechsel durch Mitwirkung der Vielen bewirken. Außerdem gibt es wie in der Politik, so auch in der Wirtschaft und unter den Besitzern von disponiblem Geldvermögen Männer und Frauen und Institutionen, die einen solchen Perspektivenwechsel mitmachen würden, die dafür offen sind, wenn dafür die Rahmenbedingungen geschaffen werden.

Wie aber kann das funktionieren? Die erste Voraussetzung ist ein breit gestreutes Interesse der Menschen am Erhalt der sozialen Marktwirtschaft. Ich denke, dies ist vorhanden. Aber gibt es wirklich keine Alternative dazu, die besser wäre? In unserer demokratischen

Grundordnung und dem damit gegebenen Ordnungswissen unserer Kultur haben wir eine Form gesellschaftlicher Verhältnisse und Bedingungen des Zusammenlebens ausgeprägt, in der ein Gleichgewicht zwischen Wirtschaft und Staat im Interesse eines menschenwürdigen Zusammenlebens und im Interesse des Erhaltes der natürlichen Lebensgrundlagen erreicht werden sollte. Von dieser Bestimmung her müssen die Verhältnisse in Staat und Wirtschaft geordnet werden und angesichts dieser Bestimmung müssen sie sich rechtfertigen. Mit anderen Worten: Der Staat darf nicht einfach in den Dienst der wirtschaftlichen und monetären Strukturen gestellt werden. Staat muß immer wieder neu daraufhin befragt werden, inwieweit er gegen den Druck der Geldvermögensbesitzer und gegen den Druck des Kapitals seiner eigentlichen Aufgabe gerecht wird, die Rahmenbedingungen so zu gestalten, daß menschenwürdiges Zusammenleben gelingt und daß die natürlichen und kulturellen Lebensgrundlagen gesichert werden. Das ist keine einfache Aufgabe für die Politik. Denn einerseits haben wir es von den gesellschaftlichen Ordnungsstrukturen mit Nationalstaaten zu tun, die daher ihre Grenzen bei der Umsetzung ihres Ordnungswissens haben, angesichts von Geldvermögen, die global beweglich sind und sich dorthin bewegen, wo sich die höchste Rendite ergibt.[82] Das heißt: "Das Verständnis der Entwicklung des Nationalstaates kann keine Frage der Untersuchung interner und externer Determinanten sein, sondern des Versuchs einzusehen, was es heißt, daß der Nationalstaat ein Moment des globalen Kapitalverhältnisses ist. Vorderhand bedeutet dies, daß die Entwicklung eines bestimmten Staates nur im Kontext der globalen Entwicklung kapitalistischer Gesellschaftsverhältnisse, deren Bestandteil er ist, verstanden werden kann".[83] Es ist daher wichtig, darauf aufmerksam zu machen, daß das Geld als weltweit bewegliches Kapital zum Selbstzweck geworden ist und sein Interesse auf Rendite überall verfolgen kann, ohne auf die Interessen von Menschen, Natur, Nationalstaat, Kulturen etc. achten zu müssen. Wer das zur Kenntnis nimmt, wird zu dem Schluß kommen, daß sich "die Krisen der Produktionsverhältnisse in der Verflüssigung von Kapital ausdrückt".[84] Um zu verhindern, daß "Geld als die frechste, arroganteste Form des Kapitals"[85] sich absolut setzt und

---

[82] John Holloway, Reform des Staates: Globales Kapital und nationaler Staat, in: PROKLA, 23. Jg., Heft 90 (Münster 1993), 12-33; hier: 21.
[83] Ders., ebd., 24.
[84] Ders., ebd., 28.
[85] Ders., ebd., 30.

zum Selbstzweck erhebt, müssen wir darauf hinarbeiten, daß das Geld seine Dienstfunktion für die Produktion, für die Ermöglichung menschenwürdigen Zusammenlebens einlöst. Die Schaffung von Freihandelszonen und die Ausweitung von Märkten bis hin zur Globalisierung wie etwa bei der WTO müssen den Beweis antreten, daß sie nicht vorrangig den Interessen des Geldes, sondern den Menschen dienen und Menschwerdung in Gemeinschaft zu garantieren vermögen.[86] Ich denke, dies ist durchaus realisierbar, wenn die demokratischen Möglichkeiten genutzt werden und Kontrollstrukturen geschaffen werden, die die Geschäftspolitik der Banken daraufhin kontrollieren, daß durch die Geldflüsse die Produktionsverhältnisse so gestaltet werden, daß eine nachhaltige Entwicklung der Weltgesellschaft ermöglicht wird, in der Naturverträglichkeit, Sozialverträglichkeit und Kulturverträglichkeit als vorrangige Kriterien fungieren. Ich stimme insoweit auch der These von Joachim Hirsch zu, "daß der Kapitalismus nachhaltig verändert werden kann, wenn es gelingt, die Produktions-, Investitions- und Marktprozesse einer funktionierenden öffentlichen und demokratischen Kontrolle zu unterwerfen. Denkbar ist ein Gesellschaftsmodell, das zwar Kapitalverwertung und Profit zuläßt, aber in einer politisch kontrollierten und 'sozialverträglich' regulierten Form. Dies ist weniger eine Frage der formalen Eigentumsverhältnisse, sondern der sozialen und politischen Machtstrukturen".[87] Das Interesse an der Umgestaltung des Modells der sozialen und ökologischen Marktwirtschaft unter den vorgenannten Bedingungen wächst in Deutschland. Wenn diese Umgestaltung gelingt, könnte auch das Interesse an der Übernahme bzw. der Transformation dieses Modells in andere Länder und Kulturen zunehmen und zu einer humanen Gestaltung der Lebenswelt beitragen. Insofern ist genügend kultureller Druck bei uns vorhanden, der im Interesse der Erhaltung der sozialen Marktwirtschaft in die Richtung von fälligen Anpassungsleistungen auf den Weg gebracht werden kann. Im Grunde impliziert das Interesse am Erhalt der sozialen Marktwirtschaft die Forderung nach Veränderung der Rahmenbedingungen, d.h., wenn die monetären Strukturen allein auf der Basis ökonomischer Bewer-

---

[86] Enrique Dussel Peters, Bye Bye Weltmarkt? Freihandel oder Regionalisierung des Weltmarktes: Das Freihandelsabkommen zwischen Kanada, Mexiko und den USA, in: PROKLA, a.a.O., 129-156.
[87] Joachim Hirsch, Kapitalismus ohne Alternative? Materialistische Gesellschaftstheorie und Möglichkeiten einer sozialistischen Politik heute, Hamburg 1990, 181.

tungskriterien nicht mehr hinreichend gesteuert werden, dann müssen diese durch eine ethische Gewichtung so ergänzt werden, daß die Geldflüsse in ethisch, ökologisch und sozial wichtige Bereiche gelenkt werden können. Geldflüsse müssen so gesteuert werden, daß sie der neuen Problemdefinition dienen.[88]

Es gibt Besitzer von großem Geldvermögen, die begriffen haben, daß die weitere Anhäufung von Geld in eine Sackgasse führt. Daher reduzieren sie ihre Geldberge und führen erhebliche Anteile der Solidargemeinschaft national oder auch international zu durch Stiftungen oder andere Formen der Überlassung.

1.9 Ethisch-ökologisches Rating als Etappe auf dem Weg zu einer natur-, sozial- und kulturverträglichen Weltwirtschaft

Bisher - so sagte ich - orientieren sich die Geldanleger bei ihren Anlageentscheidungen allein an ökonomischen Kriterien, wie Bonität, Rendite, Laufzeit etc. Sie greifen dabei auf die Bewertung von unabhängigen Bewertungsinstitutionen, sogenannten Ratingagenturen, zurück. Bekannte Bewertungsagenturen sind z.B. "Moody's und Standard & Poor's". Diese bewerten sowohl die kurzfristigen als auch die langfristigen Verbindlichkeiten von Wertpapieremittenten. Das können einzelne Unternehmen, Banken, Länder, Staaten und internationale Organisationen sein. Wird eine hohe Kreditwürdigkeit attestiert, dann ist das für die Geldgeber sehr interessant. Sie wissen, daß sie ihr Geld nach der vereinbarten Laufzeit sicher zurückerhalten und können sich daher auf eine niedrigere Rendite einlassen. Das wiederum kommt den Schuldnern zugute, insofern sich dadurch der Schuldendienst verringert.

Wenn nun im Interesse des Erhaltes der sozialen Marktwirtschaft eine ethische, ökologische und soziale Bewertung erforderlich ist, dann müssen Ratingagenturen gegründet und instand gesetzt werden, daß sie für Anleger entsprechende Einstufungen/Bewertungen von Emittenten, also von Unternehmen, Banken, Staaten und internationalen Organisationen zur Verfügung stellen. Diese könnten sich ethisch oder ökologisch motivierte Anleger zu eigen machen und ihr Geld in solche Kanäle fließen lassen. Dabei entspräche es ihrer ethischen Motivation, daß sie die Bewertung nach ethischen, ökologischen

---

[88] Peter Roche, Johannes Hoffmann, Walter Homolka, Hrsg., Ethische Geldanlagen. Kapital auf neuen Wegen, Frankfurt 1992.

und/oder sozialen Kriterien so hoch ansetzen, daß sie bereit sind, diese gegenüber den ökonomischen Bewertungen vorrangig zu behandeln. Dies könnte dazu führen, daß Anleger teilweise oder ganz auf Rendite verzichten, weil es ihnen darum geht, sich verantwortlich und gemäß der Sozialpflichtigkeit des Eigentums im Wirtschaftsprozeß einzubringen und entsprechend sozial- und ökologiepolitisch mit ihrem Geld zu wirken.
Gäbe es eine solche ethisch-ökologische unabhängige Bewertungsinstanz, dann wäre das nicht nur für Anleger von großem Geld interessant. Vielmehr könnten auch die kleinen Sparer auf diese Bewertungen zurückgreifen und bei der Anlage eines Sparbuches oder Briefes bei Festgeldanlagen o.ä. darauf dringen, daß die Bank, bei der sie anlegen, diese Gelder nur dorthin geben darf, wo sie vorrangig z.B. ökologisch wichtige und sozialverträgliche Innovationen realisieren helfen.
Damit werden sozusagen durch verantwortliche Einmischung alle Glieder der sozialen Marktwirtschaft befähigt, sich entsprechend ihrer Möglichkeiten als Anleger, Sparer und/oder Konsumenten für den Erhalt der sozialen Marktwirtschaft einsetzen zu können. So würden in der Folge in sanfter Form durch kleinschrittige Veränderung des Normalverhaltens die monetären Rahmenbedingungen mittel- und langfristig umgestaltet, so daß sie dem Erhalt von sozialer und ökologischer Sicherheit für uns hier und für alle Menschen in anderen Ländern ebenso dienen wie für die Menschen künftiger Generationen. Wenn wir bedenken, daß wir immer nur die Sicherheit erhalten, die wir auch anderen für eine menschenwürdige Existenz zugestehen, dann müßte das genau den kulturellen Druck erbringen, den wir für die nötigen Anpassungsleistungen und für eine optimale Gestaltung der Rahmenbedingungen der sozialen Marktwirtschaft brauchen.

1.9.1 Die Rolle der Kirchen als wirtschaftliche Akteure

Kirche muß in all ihren Vollzügen die befreiende und segnende Gegenwart Gottes in Jesus Christus in der Geschichte und in dieser Gesellschaft bezeugen. Zu diesem Zeugnis ist jeder/jede einzelne Glaubende und die Kirche als ganze aufgefordert. So wie Jesus den gütigen und liebenden Gott für alle Menschen und die ganze Schöpfung behauptet hat, so müssen wir die Glaubenden und die Kirche als Gemeinschaft der Glaubenden diesen gütigen und liebenden Gott für andere und für die geschundene Erde behaupten.

Wenn das für alle Vollzüge kirchlichen Handelns gilt, dann hat nicht zuletzt auch "Die Finanzordnung Anteil am Verkündigungsauftrag der Kirche".[89]
Daher gilt für die Kirche als Institution, sie muß sich in ihrem Finanzgebaren gegenüber den Gebern und deren Verantwortung für die Bezeugung des Evangeliums Christi durch ihr gespendetes Geld rechtfertigen und - etwa wie Paulus rückmelden -, daß die Spenden bei den Empfängern als Zeugnis für den gütigen und alle Menschen liebenden Gott angekommen sind und darüber Dank und Lobpreis Gott gegenüber hervorgerufen haben.

Meines Erachtens heißt dies: Öffentlichkeit, Transparenz und Partizipation sind für alle kirchlichen Institutionen geboten, die Steuergelder oder Spenden anvertraut erhalten. Sie sind das den Kirchensteuerzahlern/innen und den Spendern/innen schuldig. Dies läßt sich aus dem Verkündigungsauftrag herleiten. Denn institutionenethisch gesehen, bringt sich Kirche in der Gesellschaft nicht nur argumentativ, nicht nur durch das Wort ein, sie ist nicht nur pragmatisch in ihrem Sprachhandeln in die gesellschaftliche Kommunikationsgemeinschaft involviert, sondern Kirche ist als größter Arbeitgeber in Deutschland als Geldanleger, als Aktionär etc. zugleich wirtschaftlicher Akteur dieser gesellschaftlichen Kommunikationsgemeinschaft.

Als relevante wirtschaftliche Akteure dürfen sich die christlichen Kirchen nicht einfach den dominanten ökonomischen und monetären Strukturen anpassen, sondern sie müssen sich aus der Mitte ihres Glaubenszeugnisses heraus dazu kritisch und innovativ verhalten. Von so finanzstarken und hochmotivierten Institutionen wie den Kirchen wird dies in der Öffentlichkeit - auch der internationalen Öffentlichkeit - einfach erwartet. Die gesellschaftliche Akzeptanz der Kirchen hängt daher nicht unerheblich davon ab, ob die Finanzordnung und das Finanzgebaren der Kirchen mit ihrer Verkündigung in Einklang erfahren werden können.
Dafür sind die Kirchen als institutionelle Verwalterinnen von Kirchensteuer- und Spendengeld den Gebern gegenüber beweispflichtig. Kommt kirchliche Behörde dieser Pflicht gegenüber den Abgaben oder Spenden zahlenden Glaubenden nicht in angemessener Form

---

[89] Wolfgang Lienemann, Eine Einführung,; in: Ders., Hrsg., Die Finanzen der Kirche, München 1989, 14-29; hier: 11.

nach, dann haben letztere das Recht und die Pflicht, das im Rahmen ihrer Möglichkeiten für Andere für die Bezeugung des Evangeliums Christi zurückgelegte und gesammelte Geld (vgl. 1 Kor 16,2), also die Kirchensteuer, zurückzuhalten oder dafür Sorge zu tragen, daß das Geld entsprechenden Zwecken gewidmet wird.

Die Enttäuschung vieler Christen über die mangelnde Transparenz z.B. der katholischen Kirche in der Finanzverwaltung, die bekanntgewordenen faktischen Mißbräuche und ihr ambivalentes Verhalten als wirtschaftlicher Akteur haben schon viele veranlaßt, aus dem Verband der Kirchensteuerzahler auszutreten. Nun haben die beiden christlichen Kirchen jüngst in einem gemeinsamen Wort zur wirtschaftlichen und sozialen Lage in Deutschland ihre Gläubigen aufgefordert, sich in den Diskurs der Gesellschaft um die wirtschaftlichen, sozialen und ökologischen Gegebenheiten einzumischen. Leider finden sich in dem Impuls der Bischöfe zum Auftakt und zur Einleitung des Konsultationsprozesses wenig Hinweise auf Handlungsmöglichkeiten von Christen und Kirchen, die auf Alternativen zu den gegenwärtigen wirtschaftlichen und sozialen Gegebenheiten hinwirken könnten. Vergeblich sucht man/frau auch nach einer Vision oder nach Leitlinien für die Gestaltung des wirtschaftlichen und sozialen Lebens. Ein ganz entscheidender Mangel aber zeigt sich darin, daß die beiden Kirchen in dem Impulswort nicht auf ihre eigene Rolle als wirtschaftlicher Akteur reflektieren.[90] Das aber ist unbedingt erforderlich, wollen die Kirchen mit ihren Vorschlägen oder Forderungen an Politik, Wirtschaft, Gewerkschaften, Arbeitgeberverbänden nicht völlig unglaubwürdig werden. Wer als Arbeitgeber, als Besitzer von großen Geldvermögen und Immobilien an den Vorteilen unseres Wirtschaftssystems Anteil hat und von der Produktivität, die die arbeitenden Menschen erwirkt haben, profitiert, der muß sich kritisch mit der eigenen Rolle als Akteur in diesem Kontext auseinandersetzen. Ich will dazu ein paar Andeutungen machen.. Die Kirchen schöpfen auf verschiedenen Wegen aus der Kasse erwirtschafteter Produktivität. Da ist zunächst die Kirchensteuer. Diese wird von rund 30 % bis 35 % der Kirchenmitglieder erbracht, nämlich nur von denen, die über ein steuerpflichtiges Einkommen verfügen. Von diesen erbringen ein Viertel, nämlich die leistungsstarken Zahler, also die

---

[90] Zur wirtschaftlichen und sozialen Lage in Deutschland. Diskussionsgrundlage für den Konsultationsprozeß über ein gemeinsames Wort der Kirchen, hrsgg. vom Kirchenamt der Evangelischen Kirche in Deutschland und vom Sekretariat der Deutschen Bischofskonferenz, Bonn/Hannover 1994.

mit höherem Lohn/Einkommen etwa 70 % des Kirchensteueraufkommens. Von diesen verzichten die meisten, die über sehr hohes Einkommen verfügen, auf die Inanspruchnahme der Kappung, die sozusagen eine Möglichkeit der Steuerermäßigung für Höherverdienende darstellt. Immerhin nahmen 1993 in Deutschland die Katholische Kirche insgesamt 18,5 Milliarden DM und die Evangelische Kirche 16,3 Milliarden DM Kirchensteuern ein, und darüber hinaus erhielten über Spenden, Staatszuschüsse, Leistungsentgelte und Zinsen die Evangelische Kirche noch "rund 16 Milliarden Mark", die Katholische Kirche "über 18 Milliarden Mark".[91]

Die Kirchen verdienen an der Produktivität sodann durch hohe Renditen und ausgezeichnete Sicherheit bei der Anlage ihrer Geldvermögen. Da noch längst nicht alle Diözesen, Gliedkirchen und Ordensgemeinschaften ihre Vermögenshaushalte offenlegen, muß man sich mit Schätzungen begnügen. Nach Schätzungen von Peter Wingert betrug "das Geldvermögen beider Kirchen Anfang der neunziger Jahre mindestens 15 Milliarden Mark".[92] Nach Wingert lassen aber "die ausgewiesenen Zinseinnahmen auf höhere Beträge" schließen. Die Kirchen zahlen keine Vermögenssteuer. Wenn man nun für diese 15 Milliarden einen mäßigen Zins von 6 % berechnet, dann liegt man bei einer jährlichen Zinseinnahme von 900 Millionen D-Mark. Dieser Betrag muß von den Menschen unserer Gesellschaft erwirtschaftet werden. Konkret heißt das z.B.: Die zur Zeit knapp 26 Millionen Arbeitnehmerinnen/Arbeitnehmer erzielen insgesamt einen Bruttolohn von 1.195 Milliarden Mark. Damit ergibt sich ein Durchschnittslohn pro Arbeitnehmer/in in Höhe von 46.600,-- DM. Umgerechnet würden also 19.300 Beschäftigte zusammen einen Bruttolohn erzielen, der den 900 Millionen Zinseinnahmen der Kirchen entspricht. Da zur Zeit bei jedem/r Arbeitnehmer/in 40 % des Bruttolohns auf Zinszahlungen entfallen, also jede 2,5te Mark eine Zinsmark ist, müssen 48.200 Beschäftigte angesetzt werden, um die 900 Mio. Zinsen zu erwirtschaften, mit anderen Worten: sie müssen allein 3,2 Stdn. pro Tag arbeiten, um die Zinsen der Geldvermögen der Kirchen zu bedienen.

1991 betrugen die Zinsausschüttungen der Banken 360 Milliarden Mark. Sie erzielten insgesamt im gleichen Zeitraum 464 Milliarden

---

[91] Der Spiegel, 10 (6.3.95), 80.
[92] Ebd., 83.

DM Zinserträge. Das entspricht etwa den gesamten Fremdkapitalkosten der Unternehmen.
Eine selbstkritische Betrachtung der Kirche als Besitzer von großem Geldvermögen könnte ihr bewußt machen, welche Rolle sie bei der Ausbeutung der Umwelt und der Menschen hier und in der sogenannten Dritten Welt spielt. Das aber unterlassen die Kirchen. Haben sie sich selbst so sehr auf Wachstum eingestellt, daß sie ihren eigenen Beitrag zum Ressourcenverbrauch und zur privaten und öffentlichen Verschuldung nicht mehr sehen?
Die gegenwärtige Auseinandersetzung der Kirchenverwaltungen mit den Kirchensteuereinbußen ist von Defensive und Verunsicherung gekennzeichnet. Dies ist zunächst einmal verwunderlich, als die Kirchensteuereinnahmen von 1975 bis 1992 ständig zugenommen haben und der Index in dieser Zeit von 100 auf ca. 230 bei der Ev. Kirche und bei der Kath. Kirche gar auf ca. 270 gestiegen ist. Es rächt sich heute, daß man damals nicht hinreichend darüber nachgedacht hat, welche Prioritäten zu setzen seien, sondern im Sinne des Auslaufmodells Volkskirche einfach weitergewurstelt hat.
Es war sicher weitsichtig, daß in den 60er Jahren in die kirchlichen Finanzverwaltungen Bankfachleute berufen wurden. Das hat zu sachlicher Geschäftsführung beigetragen, aber damit gerieten die pastoralen, sozialethischen und gesellschaftspolitischen Aspekte noch weiter aus dem Blick. Im Grunde hinken die deutschen Kirchen etwa denen in Holland oder den USA hinterher. Ich erinnere beispielsweise an die bedeutende Rolle, die die christlichen Kirchen der USA beim Boykott des Apartheidregimes in Südafrika gespielt haben. Auch haben manche Kath. Orden Vorstöße einer kritischen Intervention bei der Anlage ihrer Gelder unternommen. Aber zur Zeit ist bei vielen Diözesen und auch bei Orden nicht erkennbar, daß sie sich angesichts unserer ungerechten monetären Strukturen sensibel verhalten.
Es gibt zwar vereinzelte Projekte alternativer Art, die u.a. beim Bischöflichen Hilfswerk Misereor entwickelt oder unterstützt werden, wie z.B. "TransFair" oder "Dritte Welt Handel". Positiv anzumerken ist hier auch der Entwurf der Grundsätze der EKHN für die Anlage des Kapitalvermögens.[93] Zu einer grundlegenden Auseinandersetzung mit dem Wirtschaftssystem und einer alternativen Praxis durch die Kirchen kommt es in Deutschland bisher jedoch nicht. Vielleicht füh-

---

[93] Anlage zum Protokoll des Anlageausschusses Nr. 4/94. "Grundsatz für die Anlage des Kapitalvermögens und der Mittel der Versorgungsstiftung der EKHN, redigierter Arbeitsentwurf, Stand 20. Febr. 1995.

ren die Ergebnisse der u.a. von Misereor beim Wuppertal-Institut in Auftrag gegebenen Studie "Zukunftsfähiges Deutschland" in diese Richtung.[94] Wie ein Prospekt über die Studie ausweist, geht es in der Studie darum, "mögliche Wege aus der gegenwärtigen ökologischen, ökonomischen und sozialen Fehlentwicklung in eine zukunftsfähige Lebens- und Wirtschaftsweise" aufzuzeigen. In einem ersten Schritt soll die Studie analysieren, "welche Aspekte der Struktur- und Ordnungskrise prägend sind, welcher sozial-ökologische Neuorientierungsbedarf existiert und welche Chancen sich aus der Verknüpfung zwischen den einzelnen Handlungsfeldern ergeben können." Sodann wird gezeigt, "inwieweit das Niveau der Umwelt-, Energie- und Stoffverbräuche in der Bundesrepublik nicht zukunftsfähig ist, wir also gegenwärtig 'über unsere Verhältnisse' leben und zu einer ungleichen Verteilung von Lebenschancen beitragen." In einem dritten Schritt will man in der Studie "eine qualitative Orientierung entwickeln und dabei möglichst quantitativ aufzeigen, welche Verbrauchsniveaus in der Bundesrepublik zukunftsfähig wären, wenn man Kriterien wie 'Umweltverträglichkeit' und 'Gerechtigkeit' ... zur Grundlage macht."
Und schließlich wird die Studie "aufzeigen und abschätzen, wie sich Wirtschaft und Gesellschaft in der Bundesrepublik Deutschland vom gegenwärtigen Zustand auf einen tragfähigen Zustand hinbewegen können, ohne daß es dabei zu schwerwiegenden sozialen Verwertungen kommen muß." Diese Studie ist ein Schritt in die richtige Richtung. Es ist zu hoffen, daß die darin vorgestellten umweltpolitischen Ziele und Leitbilder nicht nur im Sozialwort der Kirchen Eingang finden, sondern auch bei der Prioritätendiskussion in den kirchlichen Behörden eine ausschlaggebende Rolle spielen und im Handeln der Kirchen als wirtschaftliche Akteure umgesetzt werden.

Der Kirche als Anleger z.B. obliegt die Pflicht, für eine ethisch vertretbare Verwendung ihrer Anlagegelder zu sorgen. Wenn das aufgrund der Komplexität unseres monetären Systems oder der Anonymität der Geldflüsse schwierig erscheint, sollte sich die Kirche durch eine ethische Ratingagentur (= Bewertungsinstitution) eine ent-

---

[94] Zukunftsfähiges Deutschland - sustainable Europe. Zwei Objekte im Auftrag von BUND, Misereor, Friends of the Earth Europe, Vereniging Milieudefensie beim Wuppertal Institut für Klima-Umwelt-Energie im Wissenschaftszentrum NRW, Wuppertal. Die Ergebnisse der Studie "Zukunftsfähiges Deutschland" sollen am 23.10.1995 der Öffentlichkeit vorgestellt werden.

sprechende Beratung holen und wenn es eine solche nicht gibt, sollte sie sich auch im Interesse ökologischen und ethischen Investments durch private Anleger bei der Gründung einer solchen ethischen Ratingagentur beteiligen und diese mitfinanzieren. Selbst, wenn die Rendite auch geringer sein sollte, hat die Kirche gerade auf dem Hintergrund des Wechselspiels von religiösen Ideen und materiellen Interessen die sozialethische politische Aufgabe, sich mit ihrem innovativen Potential im Wirtschaftsprozeß so einzubringen, daß einer unsittlichen Verwendung ihrer Gelder gegengesteuert wird und daß innovative Impulse auf eine ökologisch und sozial verträgliche Umweltentwicklung ausgehen. Die Kirche kann sich hier zur Rechtfertigung ihres Handelns auch nicht auf das Prinzip der Doppelwirkung einer Handlung zurückziehen. Darüber hinaus gilt angesichts der Aufforderung des Evangeliums "ihr könnt nicht Gott dienen und dem Mammon" hier für die Kirche, sich jedem "sowohl als auch" zu enthalten. Das durchaus berechtigte Anliegen, die Einkünfte der Kirche für die Wahrnehmung ihrer Verkündigungsaufgaben zu mehren, darf nicht zum Alibi für die Inkaufnahme negativer Nebenwirkungen gemacht werden. Würde das geschehen, dann käme das einer Anpassung an die gesellschaftliche Auffassung in der Moderne gleich, daß nämlich im Interesse von Machterwerb und -erhalt und im Interesse der Vermehrung von Geld jedes Mittel gerechtfertigt werden kann. Kirche würde dann der Durchkapitalisierung aus finanziellen Gründen nachgeben, obwohl es ihr von der Botschaft her in besonderer Weise zukäme, hier Widerstand zu leisten. Wenn sich die Kirche als Anleger mit ihrem Geld an der Realisierung unmoralischer Zwecke - wenn auch nur indirekt - beteiligt, dann versündigt sie sich gegenüber dem gütigen und liebenden Gott, ist sie in strukturelle Sünde involviert, weil sie die glaubhafte Verkündigung der Botschaft Christi der Vermehrung ihres Geldes nachordnet. Nach dem Prinzip der Doppelwirkung einer Handlung dürfen die Kirchen nur dann einen Schaden hinnehmen oder mitverursachen, wenn es ihnen nicht gelingt, eine Alternative zu finden, dem in der Handlung angestrebten Wert gerecht zu werden, nämlich die befreiende und segnende Gegenwart Gottes in Jesus Christus in dieser Gesellschaft zu bezeugen. Die Kirchen sollten sich das bewußt machen. Sie werden dann herausfinden, welche Prioritäten heute gesetzt werden müssen.

Gewinnmaximierung mit Anlagekaptial angesichts hoher Geldberge ist - wie wir gesehen haben - eine Beteiligung an der in der Marktwirtschaft dominanten Mammonorientiertheit. Weil dies aber sowohl ökologisch, sozial wie auch kulturell ins Desaster führt, darf Kirche sich daran nicht beteiligen, sondern sie muß aktiv gegensteuern. Der neueste Bericht des Club of Rome stellt die erforderlichen Analysen bereit.[95] Wirtschaftswachstum dient heute nicht mehr der Wohlstandsmehrung der Menschen, sondern ist zum Selbstzweck für die Vermehrung der Geldvermögen geworden. Dies aber hat dazu geführt, daß "die Grenzen des Wachstums möglicherweise schon längst überschritten sind und daß sich die Welt schon seit einigen Jahren in einem Zustand der Degenerierung befindet".[96] Um das zu verdeutlichen, zitiert der Club of Rome Jay Forrester: "In den letzten hundert Jahren wurde das Leben auf der Erde vom Wachstum dominiert: Bevölkerungswachstum, Produktionsanstieg, Einkommenssteigerung und wachsende Kapitalbildung, zunehmende Erschöpfung und Verschmutzung von Ressourcen und Umwelt. Dieses Wachstum wird aufhören und muß aufhören. Die einzige Frage ist, durch was? Freiwillig, durch Regierungen und freie Wahl oder durch natürliche Prozesse, die Zusammenbruch und Katastrophen bedeuten würden".[97] Hat hier Kirche etwa keine Aufgabe in und für die Gesellschaft, für den Erhalt unseres demokratischen Systems und den Schutz der Kultur? Kann sich Kirche so naiv aus der Verantwortung stehlen, indem sie einfach erklärt, "Geldumgang ist visionslos", wie das der Generalvikar von Köln, Norbert Feldhoff, am 18. Mai 1995 im Frankfurter Presseklub erklärte? Ist es angesichts dieser Gegebenheiten nicht sittliche Pflicht der Kirchen, nicht nur ernsthaft über Alternativen zu unserem Geldwachstumsmodell nachzudenken, sondern sich auch mit ihrem Geld an der Umsetzung solcher Alternativen maßgeblich zu engagieren? Ist es für Kirche als wirtschaftlicher Akteur überhaupt noch sittlich vertretbar, Geldanlagen ausschließlich oder vorrangig nach sogenannten ökonomischen Gesichtspunkten wie Rendite und Bonität anzulegen? Haben Kirchen nicht die sittliche Pflicht, bei der Anlage ihrer Geldvermögen auf Sozialverträglichkeit, Kulturverträglichkeit und Naturverträglichkeit zu achten? Ist es sittlich vertretbar, daß die Erzdiözese Köln, die

---

[95] Wouter van Dieren, Mit der Natur rechnen, Basel 1995.
[96] Die Grenzen des Wachstums werden schon heute überschritten. Der neue Bericht des Club of Rome fordert ein neues Maß für den Wohlstand: Das Ökosozialprodukt soll das Bruttosozialprodukt ablösen, in: Frankfurter Rundschau, 1.6.1995, Nr. 126, S. 22.
[97] Ebd., S. 22.

heuer einen Jahreshalt - natürlich ohne Vermögenshaushalt - von einer Milliarde DM ausweist, ihr Geldvermögen der Bank in Liechtenstein ohne jede ethische Auflage zur Verwaltung anvertraut, was - wie mir der Generalvikar bestätigte - bis heute geschieht? Oder ist es sittlich noch zu rechtfertigen, daß kirchliche Institutionen, wie Diözesen, Verbände oder Orden ihr Geldvermögen nach Kriterien der Anlageberatung der Deutschen Bank verwalten lassen, die sich vorrangig an den gegenwärtig vorherrschenden ökonomischen Zielen orientieren?

Wie das Beispiel der amerikanischen Kirchen während der Apartheidkonflikte in Südafrika zeigt, kann Kirche mit ihrem Anlagekapital sehr effektiv sein, und zwar in zweifacher Hinsicht. Einerseits bewirkte "der Druck auf die US-amerikanischen Unternehmen, daß zwischen 1984 und 1990 mehr als 200 von ihnen das Engagement in Südafrika ganz oder zum größten Teil einstellten und damit einen effektiven Beitrag zum Niedergang des Apartheidsystems leisteten."[98] Ende der 80er Jahre gab es an der Börse fast keine Aktien mehr mit Anlageempfehlungen von Unternehmen mit Beziehungen zu Apartheidstaaten. Andererseits verhalf gleichzeitig "der Rückzug vieler öffentlicher Pensionsfonds aus in Südafrika engagierten Unternehmen ethischem Investment zur Verzehnfachung seines Volumens zwischen 1984 und 1987 auf 400 Mrd. US-$. In den achtziger Jahren kam es zu einer Gründungswelle ethischer Fonds, die zunächst nach Großbritannien und dann auch nach Kontinentaleuropa überschwappte."[99]

Es ist also klar, daß die reichen Kirchen in der BRD mit einem deutlich erkennbaren und kreativen Anlageverhalten erhebliche Wirkungen in unseren monetären Strukturen hervorrufen könnten. Das würde in der Öffentlichkeit mehr Überzeugungsarbeit auch für die Akzeptanz von Kirche in unserer Gesellschaft bringen als die noch dazu teure Imagepflege durch Werbekampagnen, wie es zur Zeit geschieht. Es wäre für die Glaubwürdigkeit der Kirche sehr wichtig, daß sie die Zusammenhänge genau reflektiert und als wirtschaftlicher Akteur im Rahmen ihrer Möglichkeiten nicht nur rendite- und bonitätorientiert ihr Anlagekapital verwaltet, sondern nur in ethisch vertretbare Fonds, Aktien, Unternehmen etc. fließen läßt. Es gäbe auch die Möglichkeit,

---

[98] Walter Rieks, Ethische und ökologische Finanzanlagen, Diplomarbeit, Frankfurt 1994, 78f.
[99] Ders., ebd., 14f.

daß Kirche im Interesse der Armutsbekämpfung hier und in der Dritten Welt Projektsparbriefe auflegt usw.

Erforderlich wäre vor allem eine Prioritätendiskussion über eine Umorientierung in der Verwaltung der Kirchen, die sich konsequent an Zielen für eine zukunftsfähige Entwicklung orientiert. Sie müßte sich hier bei der Erarbeitung konkreter Handlungsschritte an den Grundbedingungen für menschenwürdiges Leben orientieren, nämlich:

Erstens an Naturverträglichkeit: Dazu gehört u.a.
- die Erhaltung der Pufferkapazität der Natur;
- die Steigerung der Ressourcenproduktivität;
- Förderung von technischen Innovationen, die zu einer Minimierung der Nutzung nicht erneuerbarer Ressourcen führt;
- Förderung der Umsetzung von technischen Innovationen, die eine stärkere Nutzung erneuerbarer Ressourcen ermöglicht und vermehrtes Umsteigen der Menschen in die Nutzung erneuerbarer Ressourcen einleitet;
- Reduktion des Energie- und Materialdurchsatzes.

Zweitens Sozialverträglichkeit: Hier möchte ich exemplarisch anführen:
- Ausrichtung der Wirtschaft und der monetären Strukturen an Zielen zukunftsfähiger Lebensmöglichkeiten und an der Verbesserung der Lebenschancen aller Menschen, aller Kulturen und künftiger Generationen;
- Wachstum der Lebensqualität, die sich einen möglichst hohen Beschäftigungsgrad zum Ziel setzt, wie die Entwicklung naturverträglicher und kulturverträglicher Produktionsverfahren und Produkte;
- die In-Frage-Stellung und den Abbau eines Wirtschaftsstiles, der sich vorrangig an sogenannten rein ökonomischen Werten, Strukturen und Mechanismen orientiert und der die Einseitigkeit ökonomischer Rationalität und das damit einhergehende natur- und kulturzerstörende Potential nicht reflektiert und nicht hinreichend wahrhaben will;
- Reduktion von Zeitnot;
- Verlangsamung der Lebens- und Arbeitsrhythmen;
- Modelle geglückten Zusammenlebens entwickeln und erproben.

Drittens an Kulturverträglichkeit: Darunter verstehe ich z.B.:
- Weltweite Förderung kultureigener Fertigkeiten, die Menschwerdung in Gemeinschaft und menschenwürdiges Zusammenlegen ermöglichen;
- Stärkung der Lebensweisheit in den Kulturen, die ein achtsames Miteinander von Mensch und Natur garantieren;
- Abwehr aller Einwirkungen auf Kulturen, die die Fähigkeiten der Kulturen beeinträchtigen, mit den in ihnen inhärenten Weisheiten, gewonnenen Erfahrungen und Institutionen auf die sich ergebenden Probleme angemessen, im Sinne zukunftsfähiger Entwicklung zu reagieren;
- Reduktion medialer Wirklichkeitsvermittlung und Einschränkung des Bilderkonsumismus und der Kolonisierung der Seelen;
- die bis heute andauernde ökonomische Ausbeutung und kulturelle Kolonisierung der Länder der sogenannten Dritten Welt beenden und Methoden interkultureller Kommunikation im Dialog erarbeiten und erproben;
- Traditionen und soziale Institutionen fremder Kulturen achten.

2. Zur Analyse und Deskonstruktion universaler Geltungsansprüche europäischer Rationalität

Natürlich kann hier keine detaillierte Analyse geliefert werden, die die Voraussetzung für die Dekonstruktion abendländischer Rationalität bilden könnte. Dennoch möchte ich einige Andeutungen anzeigen, für deren Entfaltung wir uns offen halten sollten.

2.1 Noch einmal Max Weber

Als hartnäckig erweist sich die der abendländischen Kultur eigene Rationalität zunächst, weil sie außerordentlich erfolgreich war in der Beherrschung der Natur durch eine außerordentliche Beschleunigung der Technikentwicklung, durch Steigerung der Arbeitsproduktivität und der Durchrationalisierung aller Lebensbereiche. Wir haben uns daher daran gewöhnt, die Ursachen für den westlichen Industrialisierungs- und Modernisierungsprozeß dem Rationalitätspotential der abendländischen Kultur zuzuschreiben. Wir alle sind trotz unübersehbarer Zeichen einer fundamentalen Krise immer noch stolz auf den Stand der Entwicklung, den wir - nach Max Weber - dem in der christlichen Religion inhärenten Rationalisierungspotential verdanken. Es scheint, daß der Modernisierungsprozeß nirgendwo sonst in der Welt einen solchen Verlauf genommen hat. Wir sind daher von dieser Vorstellung fasziniert, und in ihrer unkritischen Übernahme lassen wir uns dazu hinreißen, unseren Modernisierungsprozeß der ganzen Welt als Rezept zu verschreiben, den westlichen Rationalisierungsprozeß zu universalisieren. Gerade dadurch werden wir blind für die Tatsache, daß dieser Prozeß nicht nur konstruktive, sondern auch ungeheure destruktive Potentiale freigesetzt hat. Auch wenn in diesem Band an verschiedenen Stellen auf Max Weber Bezug genommen wurde, möchte ich noch einmal auf sein Verständnis von Modernisierung zurückgreifen, um den Blick für andere Deutungen zu öffnen.

Unter Modernisierung verstand Max Weber den für die abendländischen Gesellschaften typischen "Prozeß der Entzauberung der Welt, welcher mit der altjüdischen Prophetie einsetzte und, im Verein mit dem hellenistischen wissenschaftlichen Denken, alle magischen Mittel der Heilssuche als Aberglaube und Frevel verwarf".[100] So wurde in der Sicht Webers einer Intellektualisierung und Rationalisierung in der Gesellschaft zum Durchbruch verholfen, die zur Versachlichung der Wirklichkeit und der Lebensführung beitrug. Für das Verständnis von Rationalität in Max Webers Handlungstheorie ist die Unterscheidung folgender Ebenen wichtig.[101] Die Mindestanforderung für Rationalität verlangt nach Weber Kommunizierbarkeit, Reproduzierbarkeit und Kontrolle.[102] Über der lediglich an Kontrollierbarkeit ausgerichteten Rationalität ist die Ebene begründeten Handelns anzusiedeln, die sich in zweckrationales und wertrationales Handeln gliedert. Wertrationales Handeln ist prinzipiengeleitetes, an systematisierten und generalisierten Werten oder Geboten orientiertes Handeln. Zweckrationales Handeln kann einerseits material-zweckrational sein, d.h. "sie begründet die Mittelhandlung vom subjektiv antizipierten Zweck her"[103], und das bedeutet, das Handeln war erfolgreich. An-

---

[100] Max Weber, Die protestantische Ethik und der Geist des Kapitalismus, in: Ders., Gesammelte Aufsätze zur Religionssoziologie I, Tübingen, 1.-9. Auflage 1988, 17-206; hier 94f.
[101] Vgl. dazu auch: Hermann Pius Siller, in diesem Band.
[102] Johann Weiß, Max Webers Grundlegung der Soziologie, München 1975.
[103] R. Döbert, Max Webers Handlungstheorie und die Ebenen des Rationalitätskomplexes, in: J. Weiß, Hrsg., Max Weber heute, Frankfurt 1989, 210-249; hier: 232.

dererseits bezeichnet Max Weber zweckrationales Handeln als formal-zweckrational, "wenn bewußt und planvoll auf der Basis vorhandenen Wissens zwischen alternativen Handlungsmöglichkeiten entschieden wird".[104] Versachlichung der Wirklichkeit und der Lebensführung besteht damit für Max Weber darin, "daß man ... alle Dinge ... durch Berechnen beherrschen"[105] kann, und zwar in dem Sinne, "daß sämtliche Elemente des Handlungsraumes reversibel gemacht, organisiert werden".[106] Max Weber nahm an, im Zuge des fortschreitenden Rationalisierungsprozesses würden zwar nach wie vor die Ideen, die Weltbilder "als Weichensteller die Bahnen" bestimmen, "in denen die Dynamik der Interessen das Handeln fortbewegte".[107] Aber er vermutete zugleich, die Religion werde aufgrund der "intellektuellen und zweckhaften Durchrationalisierung des Weltbildes und der Lebensführung ... in das Irrationale geschoben".[108] Auf der anderen Seite hat er gegen Ende seines Lebens dies relativiert, wenn er schreibt: "Die alten vielen Götter, entzaubert und daher in Gestalt unpersönlicher Mächte, entsteigen ihren Gräbern, streben nach Gewalt über unser Leben und beginnen untereinander wieder ihren ewigen Kampf. Das aber, was gerade dem modernen Menschen so schwer wird, und der jungen Generation am schwersten, ist: einem solchen *Alltag* gewachsen zu sein. Alles Jagen nach dem 'Erlebnis' stammt aus dieser Schwäche. Denn Schwäche ist es: dem Schicksal der Zeit nicht in sein ernstes Auge blicken zu können".[109] Daraus kann sicher nicht vorschnell der Schluß gezogen werden, daß die modernen Gesellschaften zu ihrer Stabilisierung auf Religion nicht verzichten können, weil zahlreiche Funktionen, für die Religion zuständig war - wie Franz-Xaver Kaufmann annimmt -, "heute zu-

---

[104] Ders., ebd., 233; vgl. auch: M. Weber (3), Die Wirtschaftsethik der Weltreligionen, in: Ders., Gesammelte Aufsätze zur Religionssoziologie I, a.a.O., 272; Ders. (4), Zwischenbetrachtung, in: Ders., Gesammelte Aufsätze zur Religionssoziologie I, a.a.O., 544.

[105] M. Weber (1), 594. Vgl. hierzu auch: G. Dux, Religion. Geschichte und sozialer Wandel in Max Webers Religionssoziologie, in: C. Seyfarth und W.M. Sprondel, Hrsg., Seminar: Religion und gesellschaftliche Entwicklung. Studien zur Protestantismus-Kapitalismus-These Max Webers, Frankfurt a.M., 1973, 313-337; hier: 316f.

[106] R. Döbert, a.a.O., 246.

[107] M. Weber (3), 252.

[108] Ders., ebd., 253.

[109] Ders., Wissenschaft als Beruf, in: ders., Gesammelte Aufsätze zur Wissenschaftslehre, J. Winckelmann, Hrsg., Tübingen ^{7}1988, S. 605.

mindest teilweise auch von Institutionen erfüllt werden, die im landläufigen Sinne nicht religiös gelten".[110] Auf jeden Fall bleibt für eine rationale Wirklichkeitsdeutung im Weberschen Verständnis die Sinnfrage eine wichtige Frage, die der Letztbegründung bedarf.
Dies ist um so dringlicher, insofern der Modernisierungsprozeß immer deutlicher auch die negativen Seiten dieser Entwicklung zu erkennen gibt. "Die Zukunft ist negativ besetzt"[111], formuliert es Habermas.
Dabei ist zunächst an die Probleme zu erinnern, die sich für die westlichen Gesellschaften aus dem Modernisierungsprozeß ergeben: Der Prozeß der Subjektivierung ist in einem Individualisierungsprozeß aufgefangen, in dem die gleichzeitige Verwirklichung von Freiheit und Gleichheit immer weniger zu gelingen scheint, also Solidarisierung schwierig wird und die Atomisierung der Gesellschaft Hand in Hand mit der Pluralisierung der Lebensformen zunimmt. Dies hat auch Konsequenzen für die Steuerung des Verhältnisses der Triebkräfte der modernen Gesellschaften, nämlich Solidarität, Macht und Geld.[112] Wenn Solidarität kaum mehr eine Potenz in der Gesellschaft darstellt, dann fällt sie auch als Kraft aus, die die Triebkräfte Geld und Macht zu steuern und zu zügeln vermöchte. Die Folgen sind unschwer an der Durchrationalisierung und Durchkapitalisierung der Lebenswelt, an der zunehmenden Verarmung in den modernen Gesellschaften, an der in die Krise geratenen Sozialstaatsidee und an der ökologischen Krise erkennbar.
Wenn moralischer und humaner Fortschritt denkbar ist, dann sind wir auch dazu verpflichtet, diesen Fortschritt voranzubringen. Dennoch müssen wir dies in dem Bewußtsein tun, daß unsere Entscheidungen immer unter der Bedingung unvollständigen Wissens gefällt werden und daß wir unsere Endlichkeit, Begrenztheit ernst nehmen müssen. Das bedeutet: Wir werden die Differenz zwischen Ideal und Wirklichkeit nie zum Verschwinden bringen. Wir werden auch durch ideales moralisches Verhalten Leiden nicht völlig beseitigen können. Aber wir haben die Pflicht, durch Verringerung der Differenz zwischen Ideal und Wirklichkeit fortzuschreiten. Wer zur Verringerung dieser Differenz beitragen will, muß eine Zielvorstellung haben, muß einen Sinn sehen, muß eine Perspektive haben, aus der die Richtung

---

[110] F.-X. Kaufmann, Religion und Modernität, Tübingen 1989, 86.
[111] J. Habermas, Die Neue Unübersichtlichkeit, Frankfurt a.M. 1985, 143.
[112] Ders., ebd., 158.

erkennbar wird, in die die Verringerung der Differenz zwischen Ideal und Wirklichkeit vorangetrieben werden soll. Die Frage nach dem Sinn unseres Tuns ist wichtig. Ihr ist in den konkreten Kontexten einer hochtechnisierten Gesellschaft nachzugehen.
Angesichts dieser Probleme bietet natürlich die Systemtheorie[113] auch lediglich einen Beschreibungsansatz, wenn sie den Modernisierungsprozeß als strukturelle Ausdifferenzierung der Teilsysteme Ökonomie, Politik und Kultur betrachtet. Auf die Sinnfrage wird damit keine Antwort gegeben. Wenn sich die Sinnlosigkeit des Universums nicht beweisen läßt und es auch kein Wissen über ein a priori von Sinnlosigkeit gibt, dann müssen wir uns auch nicht einfach dem Zufall überlassen. Dies wäre der Fall, wenn wir Richard Rorty's Vorschlag folgen würden, zu versuchen, "an den Punkt zu kommen, wo wir nichts mehr verehrten (wie z.B. Gott oder Wahrheit oder uns selbst = Einfügung von J. Hoffmann), nichts mehr wie eine Quasi-Gottheit behandeln, wo wir alles, unsere Sprache, unser Bewußtsein, unsere Gemeinschaft als Produkte von Zeit und Zufall behandeln ..." und "den Zufall für würdig halten, über unser Schicksal zu entscheiden".[114] Ich vermute, es reicht nicht aus, auf einen moralischen Fortschritt "in Richtung auf mehr Solidarität"[115] zu hoffen, der allein auf die Entfaltung der "Wir-Intentionen"[116] setzt und auf eine Ausweitung von Solidarität hofft, die uns mehr und mehr nicht nur unseren unmittelbaren Bezugspersonen gegenüber, wie Kindern, Freunden etc., solidarisch handeln läßt, sondern auch den Anderen, den Fremden, den Marginalisierten in unsere Solidarität einbeziehen läßt. Ich fürchte, der Impuls, der von hier ausgeht, ist zu schwach, um eine entfesselte, an Geld und Macht orientierte Rationalität so zu bändigen, daß sie an der freien Entfaltung ihrer destruktiven Kraft gehindert wird und nicht in Selbstzerstörung von Mensch und Schöpfung endet.
Entgegen der Auffassung von Richard Rorty halte ich es für wichtig, die Sinnfrage und die Frage nach dem Leiden als aufeinander bezogen zu bearbeiten und zu klären. Die Sinnfrage ist keine rein private Frage oder eine Frage nach dem Vokabular, "ob du und ich dasselbe

---

[113] Vgl. T. Parsons/M. Platt, The American University, Cambridge Mass. 1973, 1, und Th. Luamann, Talcott Parsons: Die Zukunft eines Theorieprogramms, ZsS, 9(1980), 8ff.
[114] Richard Rorty, Kontingenz, Ironie und Solidarität, Frankfurt 1989, 50.
[115] Ders., ebd., 310.
[116] Ders., ebd., 319.

Vokabular haben".[117] Nicht nur die Christen glauben, daß man die Sinnfrage positiv beantworten kann und eine gerechte Weltordnung vorstellbar ist, mithin an der Verringerung von Leiden gearbeitet werden kann. Auf der anderen Seite ist ebenso klar, daß wir endlich sind, begrenzt in unseren Möglichkeiten, eingebunden in komplexe Systeme und deswegen dem Zufall nicht entrinnen können. Dennoch müssen wir uns nicht mit der Absolutsetzung des Zufalls abfinden.
Die Erfahrung ökologischer, wirtschaftlicher, sozialer und politischer Krisen und Katastrophen hat gelehrt, uns gegenüber ungezügelter zweckrationaler Vernunft kritischer als bisher zu verhalten. Aber reicht das aus, um jene Widerstandskraft zu erzeugen, die im Rationalisierungsprozeß zugängig gewordene destruktive Kraft zu bändigen? Werden uns, wie Rorty hofft, die in den Katastrophen gewachsenen "Selbstzweifel" für die Domestizierung hinreichen? Es ist zu befürchten, daß dies nicht ausreicht, wie die schnelle Verdrängung von Katastrophen und Leid aus unserem Bewußtsein belegt.
Deutlicher und daher wirksamer als Rorty's Versuch scheint mir die bewußte Option für den Anderen zu sein, wie sie Emmanuel Lévinas herausstellt, wenn er schreibt: "Meine Freiheit ist nicht das letzte Wort. Ich bin nicht allein".[118] Dennoch bin ich Mensch, nicht definiert, sondern frei und verantwortlich. Wie aber geht das zusammen? Der Mensch ist geschaffen, sagt Lévinas, nicht hervorgegangen aus dem Milieu seiner Geburt, sondern er ist aus dem ganz Anderen geschaffene Existenz. Er ist als frei wollender Partner des ganz Anderen gewollt und so ist er vom Anderen gerufen, ist durch den Anruf des Anderen zum Unersetzbaren gemacht und herausgefordert. So gefordert, kann ich mich auch um meiner selbst willen dem Anderen nicht entziehen. Sein Antlitz erzeugt in mir Liebe, Solidarität, weil ich von ihm zum Subjekt, zum Nächsten gemacht werde. Mir wird auf diese Weise meine Identität zugesprochen, in der ich einmalig und unersetzbar bin. Das Antlitz, das mich anblickt, hat die Kraft eines unbedingt fordernden Gebotes.

---

[117] Ders., ebd., 320.
[118] Emmanuel Lévinas, Totalité et infini, Den Haag 1971, 74.

2.2 Alterität als Herausforderung jenseits des Seins bei Emmanuel Lévinas

Abendländisches Denken ist nach Lévinas ein egologisches Denken, Seinsdenken, Totalitätsdenken, Herrschaftsdenken. Dieses Denken generiert eine Ethik, die immer schon vom Ich her denkt (Descartes, Kant, Sidgwick u.a.). John Rawls bringt dieses Denken auf den Punkt, wenn er schreibt: "Wir bemerken zunächst, daß es eine Betrachtungsweise der Gesellschaft gibt, die in der Tat die utilitaristische als die vernünftigste Gerechtigkeitsvorstellung erscheinen läßt. Denn man bedenke: Jedermann hat bei der Verfolgung seiner eigenen Interessen sicherlich die Freiheit, seine Verluste gegen seine Gewinne aufzurechnen. Man erlegt sich vielleicht jetzt ein Opfer auf, um später größere Vorteile zu erlangen. Für einen Menschen ist es also völlig richtig, jedenfalls wenn andere nicht betroffen sind, daß er soweit wie möglich auf sein eigenes Bestes, auf seine vernünftigen Ziele aus ist. Warum sollte nun eine Gesellschaft nicht nach genau demselben Grundsatz, angewandt auf die Gruppe, verfahren und demnach das, was für einen Menschen vernünftig ist, auch für eine Vereinigung von Menschen als richtig ansehen? So wie das Wohlbefinden eines Menschen aus der Reihe von Befriedigungen konstruiert wird, die er zu verschiedenen Zeiten in seinem Leben erfährt, genau so wäre das Wohl der Gesellschaft zu konstruieren aus der Erfüllung des Systems der Bedürfnisse der vielen Menschen, die zu ihr gehören. Für den einzelnen heißt der Grundsatz: bestmögliche Förderung seines eigenen Wohlbefindens, Befriedigung seiner Bedürfnisse; und entsprechend lautet er für die Gesellschaft: bestmögliche Förderung des Wohls der Gruppe, weitestgehende Befriedigung des Systems der Bedürfnisse, das sich aus den Bedürfnissen der Mitglieder ergibt. Ganz wie ein einzelner gegenwärtige und zukünftige Gewinne und Verluste gegeneinander aufrechnet, so kann eine Gesellschaft Wohl und Übel ihrer verschiedenen Mitglieder gegeneinander aufrechnen".[119]
Mit Auschwitz erachtet E. Lévinas dieses Denken und die darauf aufbauende Ethik als gescheitert. Obwohl Schüler von Heidegger, fordert er in Auseinandersetzung mit dem Hauptwerk von Martin Heidegger, nämlich "Sein und Zeit", eine Ethik, die aller Ontologie vorausliegt. Diese Ethik bezeichnet er daher als erste Philosophie, "die sich in der

---

[119] John Rawls, Eine Theorie der Gerechtigkeit, Frankfurt 1979, 41.

Epiphanie des Antlitzes, das die Totalität zerreißt, das einen unüberbrückbaren Keil in sie treibt, ereignet".[120]

Die traditionelle abendländische Philosophie ging, wie wir gesehen haben, davon aus, daß allem Seienden eine gleichbleibende Substanz anhaftet und daß es Unterschiede gibt aufgrund verschiedener Zustände und Attribute. Und so haben wir Abendländer uns daran gewöhnt zu sagen: "sum res cogitans". Der Mensch ist seinem Wesen nach Denker. "Deswegen wird dieses identische Substrat auch Vernunft genannt. Die Vernunft ist das Organ des Unbedingten im Menschen".[121] Was sich hier zeigt, ist der Versuch der abendländischen Philosophie, die Vernunft als Organ des Unbedingten aufzuweisen, um die Verhaftetheit im Seienden zu überwinden. In der Vorstellung z.B. versuchen wir zwischen Vernunft und ihrem zeitlichen Erleben zu trennen, versuchen wir uns vom unmittelbaren Erlebnis, von der Empfindung zu lösen.

Wenn nun die Vernunft der entscheidende Weg ist, in dem sich die Beziehung des Geistes zum Sein vollzieht, dann ist wissenschaftliche Forschung die entscheidende Form, diese Beziehungen zwischen Geist und Sein zu verwirklichen. So wird der Mensch zum unbeteiligten Beobachter, der aus Distanz die Wirklichkeit betrachtet, der dabei schon immer über sich selbst hinausgreift und sich aus der Perspektive des absoluten, des vollkommenen und unendlichen Seins sieht bzw. zu sehen trachtet.

Nach Claude Lévy-Bruhl bedeutet dies: "Der Ausgangspunkt liegt im Menschen; aber der Mensch erhebt sich selbst in dem Maße, in dem er seine Stellung unter Bezug auf die Idee des Vollkommenen definiert".[122] Über dieses Denken hat sich der Mensch in der Moderne außergewöhnliche Möglichkeitshorizonte eröffnet. Im Grunde ist damit die Freiheitsgeschichte in Gang gesetzt worden, die das Abendland prägt.

Hinter diese Freiheitsgeschichte gibt es auch kein Zurück. Unser Autonomieverständnis ist der Kontext, in dem wir nach der Wahrheit

---

[120] Torsten Habbel, Der Dritte stört. Emmanuel Lévinas-Herausforderung für Politische Theologie und Befreiungstheologie, Mainz 1994, 19.
[121] W. N. Krewani, Hrsg., in: Emmanuel Lévinas, Die Spur des Anderen, Freiburg/München ²1987, 12. Verweis auf Kants Unterscheidung: Der Mensch ist ein Wesen der Sinnenwelt und der Verstandeswelt.
[122] Lévy-Bruhl, zitiert nach W. N. Krewani, Hrsg., a.a.O., 13.

unseres Sein-Könnens suchen müssen.[123] Gleichwohl dürfen wir dabei nicht übersehen, daß neben den konstruktiven Kräften ein oft wenig beachtetes destruktives Potential einhergegangen ist und den Rationalisierungs- und Modernisierungsprozeß durchdrungen und geprägt hat, auf dessen Hintergrund nicht nur Auschwitz möglich wurde. Im Zuge dieser Modernisierung sind wir dabei, unsere natürlichen Lebensgrundlagen ebenso zu zerstören wie auch die unseres menschlichen Zusammenlebens, so daß uns Menschwerdung in Gemeinschaft und Solidarität miteinander kaum mehr gelingt.[124] Genau das aber müssen wir gewährleisten, wenn wir unsere Freiheitskultur erhalten wollen. "Das aber bedeutet: Als Bedingung der Möglichkeit konkreter gesellschaftlicher Freiheit kommt Gleichheit in den Blick, die Realisierung von Gleichheit wird als notwendige Bedingung für die Realisierung von Freiheit in der Gesellschaft bewußt, Solidarität evolutioniert, solidarischer Umgang in der modernen Gesellschaft ist keine Utopie".[125]

Natürlich wäre hier auch die Diskursethik zu nennen, die ja mit dem Anspruch auftritt, die Grundlagen menschlichen Zusammenlebens in Gesellschaften über den herrschaftsfreien Diskurs rekonstruieren zu können, insofern sie die gesellschaftlichen Konflikte glaubt einer Lösung zuführen zu können. Enrique Dussel bestreitet der Diskursethik diese Fähigkeit, weil sie eine Ausgeburt eurozentrischer Vernunft sei, der der Blick für den Anderen als Anderen verschlossen bleibt, die die Nichteuropäer marginalisiert und unterdrückt.[126] Selbst wenn man berücksichtigt, daß es das Ziel der Diskursethik ist, Fragen der Gerechtigkeit vom Standpunkt der Unparteilichkeit aus zu lösen, so bleibt das Faktum, daß sich die Frage nach dem Anderen als Anderen in seiner Andersheit nicht in Fragen der Gerechtigkeit erschöpft. Weder die Wahrnehmung des Anderen noch seine Anerkennung als Anderer kann ohne ein Bewußtsein von der grundsätzlichen Verpflichtet-

---

[123] Vgl. Johannes Hoffmann, Hrsg., Wie kann Menschsein heute glücken? Alfons Auers theologisch-ethischer Beitrag zur Begegnung von Christentum und Moderne, Frankfurt 1993.
[124] Vgl. Johannes Hoffmann, Hrsg., Entwicklungsland Deutschland. Ansätze und Erfahrungen kirchlicher Solidaritätsarbeit, Frankfurt 1994.
[125] Johannes Hoffmann, Evolution der Solidarität. Ansätze einer Theologie der Befreiung für Reiche und Arme, in: Ders., Hrsg., Entwicklungsland Deutschland, a.a.O., 225-261; hier: 225.
[126] Enrique Dussel, Von der Erfindung Amerikas zur Entdeckung des Anderen. Ein Projekt der Transmoderne, Düsseldorf 1993, 75ff.

heit gegenüber dem Anderen allein durch eine kognitivistisch operierende Diskursethik evoziert werden. Vielmehr bedarf es dazu eines Moralprinzips, das die Perspektive des Anderen auf mich hin schon immer als primär zu berücksichtigende ausweist.
Genau in diese Richtung weist das zentrale Anliegen von Emmanuel Lévinas. Er möchte angesichts der Erfahrung der Schoah jüdische Theologie philosophisch behandeln. Ihm geht es nicht um den unendlichen Anderen, sondern um den konkreten Anderen, um den Anderen in seiner Wehrlosigkeit, in seiner Passivität, in seiner Nacktheit, der sich auch auf dem Wege in den Tod im KZ selbst für den Verfolger als verantwortlich empfindet und Verantwortung für die Freiheit des Verfolgers übernehmen will.

"In ihrem Kern ist die Philosophie von Emmanuel Lévinas Ethik, allerdings nicht im Sinne einer materialen Ethik, sondern als Freilegung der einer jeden materialen Ethik zugrunde liegenden ethischen Dimension des Menschseins.[127] Diese jeder materialen Ethik vorausliegende Dimension des Menschseins kann nun mit dem "Ruf der Sorge" und dem "Anruf-Verstehen auf sein eigens Selbstseinkönnen hin" verglichen werden, das wir mit Heidegger "als-Gewissen-haben-wollen" interpretieren können. "Den konkreten Ausgangspunkt bildet hierbei für Lévinas zwar seine Auseinandersetzung mit der Intentionalitätsanalyse Husserls sowie der Heideggerschen Fundamentalontologie, doch er wendet sich damit zugleich praktisch gegen die gesamte philosophische Tradition seit Sokrates und Platon. Er wirft ihr vor, daß ihr Erkenntnisideal darin bestehe, alles auf die Identität eines einheitlichen Seins zu beziehen und damit von allem Unverrechenbaren, Nichtidentischen zu abstrahieren, es zu unterdrücken. Das sieht Lévinas etwa bei Heidegger gegeben, insofern dieser das je besondere Seiende den allgemeinen Strukturen des Seins unterordnet und es von daher versteht".[128] Genau das Gegenteil will aber E. Lévinas sicherstellen, nämlich: Das Besondere muß in seiner unverwechselbaren Einmaligkeit zur Geltung kommen, darf deswegen gerade nicht einem

---

[127] Markus Knapp, Die Anderen - der blinde Fleck der Moderne? Überlegungen zum Verhältnis der Theologie zur Theorie des kommunikativen Handelns, Manuskript Kath. Akademie Rabanus Maurus, Wiesbaden 1995, S. 7. Vgl. auch: Ders., Ist die Ontologie fundamental?, in: E. Lévinas, Die Spur des Anderen. Untersuchungen zur Phänomenologie und Sozialphilosophie, übersetzt und herausgegeben von Wolfgang Nikolaus Krewani, unveränderte Auflage, Freiburg/München 1987.
[128] Ders., ebd., 7.

umfassenden Allgemeinen subsumiert werden. Daraus resultiert: "Das Ethische bedeutet eine Umwendung der Subjektivität. Die Subjektivität, die offen ist für die Seienden, die sich die Seienden immer irgendwie vorstellt, sie setzt, sie als diese oder jene meint (...), kehrt sich um in eine Subjektivität, die mit einer Singularität in Berührung ist, mit einer absoluten und als solche unvorstellbaren Singularität, welche die Thematisierung und die Vorstellung ausschließt".[129] Dies geschieht durch die Begegnung mit dem "Antlitz", dessen Blick mich in seiner Nacktheit, in seiner Ausgeliefertheit trifft und zu mir spricht. Ich kann mich dieser Unmittelbarkeit des Anderen auf mich hin nicht entziehen. Sein Flehen gebietet mir, ihm gegenüber Verantwortung zu übernehmen, wenn ich denn mein Selbstsein gewinnen und nicht verlieren will. Dieses Gebieten vom Anderen her ist so unausweichlich, daß man von Heteronomie sprechen muß, die keinen Raum zu lassen scheint für eine am Ich festgemachte Autonomie. Von dieser Heteronomie sagt Lévinas: "Die Existenz ist nicht zur Freiheit verdammt, sondern anerkannt und eingesetzt als Freiheit. Die Freiheit kann sich nicht ganz nackt darstellen. Diese Einsetzung der Freiheit ist das moralische Leben selbst. Es ist durch und durch Heteronomie.
Der Wille, der in der Begegnung mit dem anderen sein Urteil erfährt, übernimmt nicht in seine Entscheidung das Urteil, das er empfängt. Dieses wäre noch einmal die Rückkehr zum Selben, welches in letzter Instanz über das Andere entscheidet, die Absorption der Heteronomie in der Autonomie. Die Struktur des freien Willens, der *Güte* wird, ähnelt nicht mehr der eitlen und genügsamen Spontaneität des Ich und des Glücks, begriffen als äußerste Bewegung des Seins. Im Verhältnis dazu ist der zur Güte gewordene Wille gewissermaßen eine Umkehrung. Das Leben der sich selbst als ungerecht entdeckenden Freiheit, das Leben der Freiheit in der Heteronomie, besteht für die Freiheit in der unendlichen Bewegung, sich selbst mehr und mehr in Frage zu stellen. Und so tut sich die Tiefe der Innerlichkeit selbst auf. Das Anwachsen der Forderung, die ich an mich stelle, verschärft das Urteil, das über mich ergeht, d.h. meine Verantwortlichkeit. Und die Verschärfung der Verantwortlichkeit erhöht ihre Forderungen. In dieser Bewegung hat die Freiheit nicht das letzte Wort, ich finde mich niemals in meiner Einsamkeit wieder; oder, wenn man so will, das moralische Bewußtsein ist wesentlich unbefriedigt; oder noch anders, es ist immer Begehren.

---

[129] Ders., Ist die Ontologie fundamental?, a.a.O., 275.

Die Unbefriedigtheit des moralischen Bewußtseins ist nicht nur der Schmerz der zarten und gewissenhaften Seelen, sondern die Kontraktion, die Höhlung, der Rückzug des Bewußtseins in sich, die Systole des Bewußtseins überhaupt; in dieser ganzen Darstellung tritt das ethische Bewußtsein selbst nicht als eine 'besonders empfehlenswerte' Variante von Bewußtsein, sondern als die konkrete Form auf, welche die Idee des Unendlichen als eine Bewegung annimmt, die fundamentaler ist als die Freiheit. Das ethische Bewußtsein ist die konkrete Form dessen, was der Freiheit vorhergeht und was uns dennoch weder zur Gewalt noch zur Vermischung des Getrennten, weder zur Notwendigkeit noch zur Schicksalhaftigkeit zurückbringt. Dies ist schließlich in hervorragender Weise die Situation, in der man nicht allein ist."[130] Die Verpflichtung, die mir dabei erwächst, ist unbedingt, weil ich in der Situation des "vom Antlitz des Anderen Getroffen-Seins" nicht nur meine Kontingenz erfahre, sondern sich mir die Dimension des Unendlichen zeigt. Meine Kontingenzerfahrung stößt mich auf mein über mir schwebendes Dach, macht mir meine Begrenztheit bewußt. Gleichzeitig werde ich im Antlitz des Anderen der Unendlichkeit gewiß, die sich über mir wölbt, mich in ihren Bann zieht, mir gebieterisch und befreiend zugleich begegnet". Dabei muß nach Lévinas gerade diese Dimension des Unendlichen als Grund angenommen werden, wodurch die absolute Andersheit des Anderen gewährleistet wird, wenn er schreibt: "Die Intentionalität, die die Idee des Unendlichen belebt, kann mit keiner anderen verglichen werden. Sie intendiert, was sie nicht fassen kann, und in diesem genauen Sinne intendiert sie das Unendliche".[131] Das ethische Bewußtsein, das nach Lévinas der Freiheit vorgeht, gehört zu seiner Geschöpflichkeit, macht seine Geschöpflichkeit aus, ist also "Verantwortung ohne Freiheit" oder ist "Verantwortung ohne Wahl", ist "die Verantwortung des Geschöpfes, Verantwortung dessen, der zu spät ins Dasein eintritt, um es nicht zur Gänze zu tragen".[132] In dieser Bestimmung der Relation von Schöpfer und Geschöpf wird deutlich, daß "Gott nicht einfach der 'erste Andere' oder der 'Andere schlechthin' oder der 'absolute Andere', sondern ein Anderer als der Andere, in anderer Weise ein Anderer, ein Anderer, dessen Andersheit der Andersheit des Anderen, der ethischen Nötigung zum Nächsten hin, vorausliegt und der sich von jedem Nächsten unterscheidet, der bis in die Abwesenheit, bis zu sei-

---

[130] Emmanuel Lévinas, Die Spur des Anderen, a.a.O., 205.
[131] Ders., ebd., 196f.
[132] Ders., ebd., 318.

ner möglichen Verwechslung mit dem Hin- und Her-Treiben des 'Es gibt' transzendiert. Spur einer Vergangenheit, die nie gegenwärtig gewesen ist - aber Abwesenheit, die noch Verwirrung stiftet".[133]

"Gott - Eigenname und Einziger, in keine grammatische Kategorie passend - paßt er umstandslos in den Vokativ? - und so nicht-thematisierbar und auch hier nur Thema, weil sich in einem Gesagten alles für uns ausdrücken läßt, selbst das Unsagbare, doch um den Preis eines Verrats, den zu reduzieren die Philosophie aufgerufen ist: die Philosophie, aufgerufen, die Ambivalenz zu denken, sie in mehreren Zeiten zu denken, selbst wenn sie, durch die Gerechtigkeit zum Denken aufgerufen, die Diachronie der Differenz zwischen dem Einen und dem Anderen im Gesagten immer noch synchronisiert und Dienerin des Sagens bleibt, das die Differenz zwischen dem Einen *und* dem Anderen als das der-Eine-*für*-den-Anderen bedeutet, als Nicht-Indifferenz *für* den Anderen - die Philosophie: Weisheit der Liebe im Dienste der Liebe".[134]

Wenn Lévinas sagt, daß die ethische Beanspruchung der Freiheit des Menschen vorausliegt, dann rührt das daher, daß er die sittliche Beanspruchung als Ausdruck seiner Geschöpflichkeit begreift. Wie kommt Lévinas zu dieser Verknüpfung? Zunächst halten wir mit Knapp noch einmal fest: "das 'umgewendete' Subjekt setzt sich radikal dem Anderen seiner selbst aus, indem es sich von dessen unableitbarer und einzigartiger Andersheit ergreifen läßt. Dabei wird das eigene Bewußtsein und Wissen vom Anderen her aufgebrochen. So ist die ethische Beziehung zugleich die einer unmittelbaren Nähe wie einer absoluten Fremdheit".[135] Nach Lévinas nun begegnet die Andersheit des Anderen im "Antlitz", in seiner "Nacktheit", in seiner "Ungeschütztheit". "Das Antlitz ist Not. Die Nacktheit des Antlitzes ist Not, und in der Direktheit, die auf mich zielt, ist es schon inständiges Flehen. Aber dieses Flehen fordert".[136] "Von daher bedeutet Ichsein, sich der Verantwortung nicht entziehen können".[137] Das heißt Heteronomie in der sittlichen Beziehung. Sie liegt der Freiheit schon immer voraus. "Der ethische Widerstand ist es, der die Dimension des Unendlichen selbst

---

[133] E. Lévinas, Gott und die Philosophie, in: Bernhard Casper, Hrsg., Gott nennen. Phänomenologische Zugänge, Freiburg/München 1981, 108.
[134] Emmanuel Lévinas, Jenseits des Seins oder anders als Sein geschieht, Freiburg/München 1992, 353.
[135] Markus Knapp, a.a.O., 8.
[136] Emmanuel Lévinas, Die Spur des Anderen, a.a.O., 222.
[137] Ders., ebd., 224.

öffnet, den Bereich dessen, was dem unwiderstehlichen Imperialismus des Selben und des Ich Einhalt tut. Wir nennen Antlitz die Epiphanie dessen, was sich so direkt und eben dadurch von außen kommend einem ich darstellen kann".[138] Diese Rede vom "Unendlichen" zeigt an, daß erst im Unendlichen die nicht überspringbare absolute Andersheit des Anderen erscheint. Dieses Unendliche verendlicht sich nicht, nein, "die Intentionalität, die die Idee des Unendlichen belebt, kann mit keiner anderen verglichen werden. Sie intendiert, was sie nicht umfassen kann, und in diesem genauen Sinne intendiert sie das Unendliche".[139] Und "das Begehren oder die Antwort auf das Rätsel oder die Moralität ist eine Intrige zu dritt: Das Ich nähert sich dem Unendlichen, indem es großmütig auf ein Du zugeht; das Du ist noch mein Zeitgenosse, aber in der Spur der Illeität tritt es mir aus der Tiefe der Vergangenheit entgegen, nähert es sich mir. Ich nähere mich dem Unendlichen in dem Maße, in dem ich mich für meinen Nächsten, der mich ansieht, vergesse; ich vergesse mich nur, indem ich die unverrückbare Gleichzeitigkeit der Vorstellung durchbreche, indem ich über meinen Tod hinaus existiere. Ich nähere mich dem Unendlichen, indem ich mich opfere. Das Opfer ist die Norm und das Maß der Näherung. Und die Wahrheit der Transzendenz besteht darin, Reden und Handeln in Einklang zu bringen".[140]

Knapp deutet das dahingehend: "Wohlgemerkt, das Unendliche verendlicht sich also nicht im Anderen; es bleibt vielmehr schlechterdings transzendent, denn nur so bleibt seine unendliche Andersheit gewahrt. Lévinas spricht daher von einer 'Spur', die sich im Antlitz des Anderen manifestiert. Es ist die Spur eines Abwesenden, einer unvordenklichen Vergangenheit, so wie sie in der Idee der Schöpfung gedacht wird. Die von Lévinas reklamierte Vorgängigkeit des ethischen Bewußtseins vor der Freiheit erweist sich damit als Ausdruck der Geschöpflichkeit des Menschen".[141]

Was E. Lévinas unter Heteronomie versteht, die sich aus seiner Geschöpflichkeit ergibt, wird im folgenden klar: "Wir erkennen in der Besessenheit eine Verantwortung, die auf keinerlei freier Bindung beruht, also eine Verantwortung ohne Freiheit; dies ist die Verantwortung des Geschöpfs, Verantwortung dessen, der zu spät ins Sein eintritt, um es nicht zur Gänze zu tragen. Diese Weise zu sein, nämlich

---

[138] Ders., ebd., 199.
[139] Ders., ebd., 197.
[140] Ders., ebd., 258.
[141] Markus Knapp, a.a.O., 10.

ohne vorheriges Engagement und verantwortlich für den Anderen, das ist mit einem Wort das Faktum der menschlichen Brüderlichkeit, der Freiheit vorausgeht".[142] Mit anderen Worten: Der Mensch begegnet im Antlitz des Anderen der Andersheit des absolut - wenn auch eigentlich nicht thematisierbaren - Anderen, dem Schöpfer, wodurch er in der Verantwortung für den Anderen zugleich die Verantwortung für alle Menschen und für die ganze Schöpfung übernimmt, Solidarität zwingend wird. Aber genau aus der Annahme einer Freiheit vorausliegenden Geschöpflichkeit wird deutlich, daß hier Heteronomie und Autonomie durchaus nebeneinander denkbar sind wie auch bei dem Verständnis von theonomer Autonomie. "Das Ethische ist jenes Feld, das durch das Paradox eines mit dem Endlichen in Beziehung stehenden Unendlichen beschrieben wird, welches sich gleichwohl durch diese Beziehung nicht Lügen straft. Das Ethische ist das Zerbersten der Unreinheit der transzendentalen Apperzeption - das heißt das Jenseits der Erfahrung. Bezeugt - und nicht thematisiert - im Zeichen, das den Anderen gilt, bedeutet das Unendliche von der Verantwortung für die Anderen her, des Einen für den Anderen, von einem Subjekt her, das alles erträgt - allem unterworfen ist -, das heißt das für alle leidet, dem aber alles übertragen, alles aufgeladen wird; und zwar ohne daß es bezüglich dieser Übernahme der Last, die sich, nach Art der Herrlichkeit, in dem Maße ausweitet, wie sie auferlegt wird, eine Entscheidung hätte treffen können. Gehorsam, der allem Hören des Gebotes vorausgeht. Als Möglichkeit, auf anachronistische Weise den Befehl gerade im Gehorsam zu finden und den Befehl von sich selbst her zu erhalten - ist diese Umkehrung der Heteronomie in Autonomie genau die Weise, in der das Unendliche sich vollzieht, "passiert" - und die durch die Metapher der Einschreibung des Gesetzes ins Gewissen auf bemerkenswerte Art zum Ausdruck gebracht wird; bemerkenswert, weil sie Autonomie und Heteronomie versöhnt".[143] "Heteronomie" kann sich umkehren in "Autonomie", wandelt sich in die Bejahung der Verantwortung für alle Menschen und die ganze Schöpfung. Dieser Verantwortung kann sich der Mensch in seinem Gewissen nicht entziehen. Tut er es doch, verfehlt er sich selbst, dann löst er sein Freiheits- und Subjektsein aus dem ihn tragenden geschöpflichen Grund und dann entfaltet er ein Freiheitsbewußtsein, das destruktiv ist und letztlich sich nicht nur in seiner De-

---

[142] Emmanuel Lévinas, Die Spur des Anderen, a.a.O., 318f.
[143] Ders., Jenseits des Seins, a.a.O., 325.

struktivität gegen den Anderen richtet, sondern auch gegen sich selbst. Emmanuel Lévinas hat sich allerdings damit vom Philosophen zum Theologen gemausert. Das wird bestätigt, wenn er schreibt: "Gott erteilt Befehle allein durch die Vermittlung der Menschen, die unseres Handelns bedürfen".[144] Das aber ist ein Hinweis darauf, daß Philosophie dort auf Theologie angewiesen bleibt ohne das Deutungspotential des Glaubens/der Religion nicht zurecht kommt, ohne das sie in Ausweglosigkeit endet.

Vielleicht ist gerade dies auch ein Hinweis darauf, daß die Webersche These, das jüdisch-christliche Fundament habe im Abendland jene Rationalität freigesetzt, der wir unseren spezifischen Modernisierungsprozeß verdanken, zu ungenau ist. Der Prozeß der Entzauberung ist nur eine Seite der Entwicklung. Wäre es dabei geblieben, hätte das nicht zu einer völligen Entfremdung des Menschen der Moderne von Gott kommen müssen. Meines Erachtens macht Marianne Gronemeyer zu Recht darauf aufmerksam, daß der Beginn der Moderne in unmittelbarer Nähe zur großen Pest im Abendland (1348) nicht außer Betracht bleibe. Die Pest hat die Menschen des Mittelalters in ihrem Gottvertrauen fundamental erschüttert. Sie schreibt: "In der Pest also begegnet den Menschen des späten Mittelalters der andere, der wildgewordene, der alles niedermähende Tod, der alle Ordnung außer Kraft setzt, dem weder Rituale noch Haltungen noch Glauben gewachsen sind, der nur die konfusesten Fluchtbewegungen auslöst, welche sich aber ihrerseits als vergeblich erweisen. Über beinah vier Jahrhunderte (bis zum Jahr 1720) fällt der schwarze Tod die Menschen Europas in ungewissen Abständen aus dem Hinterhalt an. Der Bevölkerungsniedergang in Europa während der großen Pest von 1347 bis 1352 wird von den Historikern unterschiedlich beziffert. Die Schätzungen schwanken zwischen 30 und 50 Prozent der Gesamtbevölkerung. Über einzelne Städte und Regionen weiß man genauere Zahlen. Es gab Städte, in denen während eines oder zweier Jahre 50 bis 65 Prozent der Bewohner dahingerafft wurden (vgl. K. G. Zinn 1989, S. 150ff.).

Daß das den vollständigen Zusammenbruch der öffentlichen Ordnung bedeutete, ist offensichtlich. Aber nicht nur die öffentliche Ordnung nimmt Schaden; angesichts dieses Grauens, dieser Trost- und Ausweglosigkeit hält auch die innere Ordnung nicht stand. Aller Hoff-

---

[144] Ders., Die Spur des Anderen, a.a.O., 207.

nung und Zuversicht, allen Trostes und Gottvertrauens beraubt, fallen die Menschen aufs nackte 'Rette sich, wer kann' zurück".[145]
Die Angst vor dem Tod, die alle erfaßte und gegen die der Glaube an Gott hilflos und nutzlos schien, hat nicht nur "Mutlosigkeit" zur Folge gehabt, sondern die Menschen auch herausgefordert, ihre Sache selbst in die Hand zu nehmen, und zwar in bewußter Absetzung zu einer religiösen Wirklichkeitsdeutung. Ich denke, der Prozeß der Entzauberung hätte nicht zu einer Abkehr von jeder Möglichkeit religiöser Wirklichkeitsdeutung geführt, wenn der Glaube an Gott nicht so radikal in Frage gestellt worden wäre, wie es durch die Pest geschah. Das heißt nicht, daß sich keine technische und industrielle Entwicklung ergeben hätte. Aber es ist wahrscheinlich, daß sich Beginn und Verlauf der Entwicklung nicht losgelöst von Glaube und theologischer Durchdringung vollzogen hätte. Wir hätten heute auch nicht so große Schwierigkeiten bei der Entfaltung einer theologischen Theorie der Moderne.
Schließlich sei darauf hingewiesen, daß es in anderen Kulturen, etwa in Japan, einen Rationalisierungs- und Modernisierungsprozeß gibt, der ganz im Gegensatz zu Webers Deutungsansatz Religion als Bedingung der Modernisierung Japans ausweist. Der Shinto-Glaube ist neben der konfuzianischen Ethik der entscheidende Träger der Modernisierung Japans. Von daher "ist es kein Zufall, daß die Antriebskraft für die Modernisierung in erster Linie von den Samurai ausging".[146]

Wie sich zeigt, ist es mehr und mehr ein schwieriges Unterfangen, die Frage nach der Vernunft in den Kulturen und nach den kultureigenen Entwicklungspotentialen mit Hilfe des Deutungsrasters von Max Weber zu beantworten. Die Begrenztheit seines Ansatzes zeigt sich nicht nur für Analyse, Beschreibung und Deutung der Vernunft uns fremder Kulturen, sondern auch in Hinblick auf die Analyse und das Verständnis des Modernisierungsprozesses im Abendland.

---

[145] Marianne Gronemeyer, Das Leben als letzte Gelegenheit. Sicherheitsbedürfnisse und Zeitknappheit, Darmstadt 1993, 10.
[146] Haruko Kunigunde Okano, Religion als Bedingung oder Hindernis der Modernisierung der japanischen Gesellschaft?, Gastvorlesung im WS 94/95 am Fachbereich Katholische Theologie der Johann Wolfgang Goethe-Universität Frankfurt, nach dem Manuskript zitiert, S. 8.

Verlag für Interkulturelle Kommunikation

Postfach 900421, D-60444 Frankfurt, Telefon (069) 784808, Fax (069) 7896575

Theologie Interkulturell Frankfurt e.V.
Symposium:
Das eine Menschenrecht für alle und die vielen Lebensformen

Band 1
Johannes Hoffmann (Hrsg.)
Begründung von Menschenrechten aus der Sicht unterschiedlicher Kulturen
1991, 310 S., DM 39.80, ISBN 3-88939-046-3

Band 2
Johannes Hoffmann (Hrsg.)
Universale Menschenrechte im Widerspruch der Kulturen
1994, 326 S., DM 39.80, ISBN 3-88939-057-9

Wiss. Reihe: Ethik - Gesellschaft - Wirtschaft
(Hrsg. von Johannes Hoffmann)

Band 1
Johannes Hoffmann (Hrsg.)
Ethische Vernunft und technische Rationalität
Interdisziplinäre Studien
1992, 294 S., DM 42.00, ISBN 3-88939-245-8

Band 2
Johannes Hoffmann (Hrsg.)
Wirtschaftsethik aus der Perspektive der Armen und der Schöpfung
ca. 250 S., ca. DM 39.80, ISBN 3-88939-246-8
erscheint im Frühjahr 1996

Theologisch-Ethische Werkstatt: Kontext Frankfurt
(Hrsg. von Johannes Hoffmann)

Band 1
Matthias Lutz/Autorenkollektiv
Arm in einer reichen Stadt
Zur Armutssituation in Frankfurt
1992, 80 S., DM 24.80, ISBN 3-88939-190-7

Band 2
Konrad Ott/Hans-Dieter Mutschler
Vernunft in der Weltraumfahrt?
Der deutsche Raumgleiter „Sänger"
1992, 100 S., DM 29.80, ISBN 3-88939-191-5

Band 3
Johannes Hoffmann (Hrsg.)
Wie kann Menschsein heute glücken?
Alfons Auers theologisch-ethischer Beitrag zur Begegnung von Christentum und Moderne
1993, 116 S., DM 24.80, ISBN 3-88939-192-3

Band 4
Johannes Hoffmann (Hrsg).
Entwicklungsland Deutschland
Ansätze und Erfahrungen kirchlicher Solidaritätsarbeit
1994, 270 S., DM 32.00, ISBN 3-88939-193-1

**Bestellen Sie bitte über den Buchhandel oder direkt beim Verlag.
Gern senden wir Ihnen unseren Verlagsprospekt zu.**

WIR VERÖFFENTLICHEN

Dissertationen

Habilitationen

Diplomarbeiten

Tagungsberichte

Forschungsberichte

Dokumentationen

Skripte

Reprints

Verlag für Interkulturelle Kommunikation
Postfach 90 04 21
D-60444 Frankfurt am Main
Tel. (069) 78 48 08 • Fax (069) 78 96 57 5

FORDERN SIE BITTE UNSER INFORMATIONSMATERIAL AN!